Nachhaltige Entwicklung

EBOOK INSIDE

Die Zugangsinformationen zum eBook Inside finden Sie am Ende des Buchs.

Ulrich Holzbaur

Nachhaltige Entwicklung

Der Weg in eine lebenswerte Zukunft

Ulrich Holzbaur
Aalen, Baden-Württemberg, Deutschland

ISBN 978-3-658-29990-3   ISBN 978-3-658-29991-0   (eBook)
https://doi.org/10.1007/978-3-658-29991-0

Die Deutsche Nationalbibliothek verzeichnet diese Publikation in der Deutschen Nationalbibliografie; detaillierte bibliografische Daten sind im Internet über http://dnb.d-nb.de abrufbar.

© Springer Fachmedien Wiesbaden GmbH, ein Teil von Springer Nature 2020
Das Werk einschließlich aller seiner Teile ist urheberrechtlich geschützt. Jede Verwertung, die nicht ausdrücklich vom Urheberrechtsgesetz zugelassen ist, bedarf der vorherigen Zustimmung des Verlags. Das gilt insbesondere für Vervielfältigungen, Bearbeitungen, Übersetzungen, Mikroverfilmungen und die Einspeicherung und Verarbeitung in elektronischen Systemen.
Die Wiedergabe von allgemein beschreibenden Bezeichnungen, Marken, Unternehmensnamen etc. in diesem Werk bedeutet nicht, dass diese frei durch jedermann benutzt werden dürfen. Die Berechtigung zur Benutzung unterliegt, auch ohne gesonderten Hinweis hierzu, den Regeln des Markenrechts. Die Rechte des jeweiligen Zeicheninhabers sind zu beachten.
Der Verlag, die Autoren und die Herausgeber gehen davon aus, dass die Angaben und Informationen in diesem Werk zum Zeitpunkt der Veröffentlichung vollständig und korrekt sind. Weder der Verlag, noch die Autoren oder die Herausgeber übernehmen, ausdrücklich oder implizit, Gewähr für den Inhalt des Werkes, etwaige Fehler oder Äußerungen. Der Verlag bleibt im Hinblick auf geografische Zuordnungen und Gebietsbezeichnungen in veröffentlichten Karten und Institutionsadressen neutral.

Planung/Lektorat: Ulrike Loercher
Springer ist ein Imprint der eingetragenen Gesellschaft Springer Fachmedien Wiesbaden GmbH und ist ein Teil von Springer Nature.
Die Anschrift der Gesellschaft ist: Abraham-Lincoln-Str. 46, 65189 Wiesbaden, Germany

Vorwort

Liebe Leserin, lieber Leser,
die Nachhaltige Entwicklung ist kein Thema des Überlebens der Menschen, sie IST das Überleben der Menschheit als solche. Die zentrale Frage des 21sten Jahrhunderts ist, wie es die Menschheit schaffen kann, sich nicht selbst die Chance auf eine lebenswerte Zukunft zu zerstören. Dabei ist dieses Überleben nicht im Sinne der Erhaltung eines Genpools der Spezies homo sapiens gemeint, sondern als der Erhaltung dessen, was die Menschheit ausmacht, was die Menschheit geschaffen hat und worauf sie zu Recht stolz ist. Diese Errungenschaften wie die Menschenrechte und Politik, Technik und Gesellschaft, Kunst und Wissenschaft lassen sich einfach unter dem Begriff Kultur subsumieren. Dabei meint Kultur alles vom Menschen geschaffene im Gegensatz zum Begriff der Natur. Nachhaltige Entwicklung als anthropozentrisches Prinzip berücksichtigt die Natur deshalb, weil die natürlichen Ressourcen unabdingbare Voraussetzungen dafür sind, dass zukünftige Generationen ein lebenswertes Leben haben – oder wie die Brundtland-Definition sagt, ihre Bedürfnisse befriedigen können. Man kann also kurz sagen: Nachhaltige Entwicklung ist der Erhalt der menschlichen Kultur und der Natur. Und wie geht das?

Nachhaltige Entwicklung umfasst die gesellschaftliche Verantwortung und hat umfangreiche Überlappung mit dem Globalen Lernen. Ihre Kerne liegen in den Bereichen Zukunftsfähigkeit und Gerechtigkeit sowie in den Hauptaspekten Schutz der natürlichen Lebensgrundlagen und Erhalt des sozioökonomischen Systems. Dabei kann Nachhaltige Entwicklung weder durch Panikmache nach dem Motto „das Ende ist nah" noch durch Heilslehren nach dem Motto „mit XY die Welt retten" oder „nur die XY sind schuld" erreicht werden. Wenn es eine Basis zur Rettung einer lebenswerten Zukunft gibt, liegt diese eher in den Begriffen Aufklärung und Verantwortung und in der Bildung. Und wie setzen wir diese um?

Nachhaltige Entwicklung geht in Zeit und Raum über das Leben des Einzelnen hinaus. Warum sollte sich jemand, der im Hier und Heute lebt, mit diesen Fragen beschäftigen? Wenn es brennt, ruft man ja auch nicht den Kaminfeger! Warum ist das ein Thema in der Lehre von immer mehr Hochschulen aller Hochschultypen? Die sollen doch klausurrelevante Stoffe vermitteln! Warum beschäftigen sich Unternehmen mit diesem Thema? Die sollen doch Gewinne erwirtschaften! Die Antworten gehen in den Bereich der Ethik und der Frage des „richtigen" Handelns von Individuen und Organisationen. Hier spielt der Begriff der Verantwortung eine wichtige Rolle. Die Antwort knüpft daran an, dass Unternehmen und Individuen in einer Gesellschaft leben und sich auch der Frage stellen müssen, was sie für eine lebenswerte Zukunft folgender Generationen getan haben. Schulen und Hochschulen, die den Bildungsauftrag ernst nehmen, kommen um das Thema Nachhaltige Entwicklung nicht herum. Wie kann das gelingen?

Um Nachhaltige Entwicklung umzusetzen, gibt es viele Ansätze: man kann von der Theorie her starten oder einfach eine Liste von Aktionen zusammenstellen. Ich möchte die Grundlagen zusammenfassen, Zusammenhänge verdeutlichen und darauf aufbauend Lösungswege skizzieren. Damit möchte ich die Leser zur Umsetzung eigener Konzepte befähigen. Nachhaltigkeit muss erreicht werden, und jeder kann dazu beitragen. Dazu gehört die Trias aus Wissen, Können und Wollen. Nachhaltigkeit hat normative Aspekte, die besprochen werden müssen, ohne dabei den Lesern eine Meinung aufzuzwingen. Einfache Lösungen auf komplexe Fragen sind im Allgemeinen nur eines: falsch. Im Hinblick auf die Gestaltung der Zukunft müssen wir uns vor Panikmache, Verschwörungstheorien und Heilslehren hüten und vielmehr die Menschen befähigen, Falschmeldungen und Fehlinterpretationen zu erkennen und sinnvoll zu handeln. Wir müssen uns nicht nur mit den Fakten auseinandersetzen, sondern uns generell über Ziele und die Prozesse, die zur Definition und zur Erreichung von Zielen führen, Gedanken machen.

Das vorliegende Buch vertieft mehrere spezielle Aspekte der Nachhaltigen Entwicklung. Zunächst ist da die Bildung für Nachhaltige Entwicklung (BNE): Ein Buch über Nachhaltige Entwicklung sollte nicht nur die BNE als wichtiges Ziel und Mittel zentral behandeln, es IST selbst ein Beitrag zur Bildung für Nachhaltige Entwicklung. Daneben spielen viele Einzelthemen eine Rolle, die nicht nur eine Bedeutung für die Umsetzung der Nachhaltigkeitsziele oder der gesellschaftlichen Verantwortung haben, sondern denen sich jeder stellen muss, der sich für Nachhaltigkeit interessiert und sich nach Außen dafür einsetzt. In der Diskussion um die Nachhaltige Entwicklung gibt es häufig keinen wissenschaftlichen, gesellschaftlichen oder politischen Konsens, und trotzdem müssen wir den interessierten Bürgern eine Antwort geben können. Andernfalls holen sie sich die Antwort bei denen, die um eine schnelle Lösung niemals verlegen sind, weil sie weder die Komplexität noch die Abhängigkeiten eines Problems sehen wollen und alles auf ihr Lieblingsthema zurückführen. Die Antworten auf Fragen der Nachhaltigkeit sind nicht immer einfach, und sie können auch in einer Reflexion bestehen, die den Fragenden selbst die Antwort überlässt. Dazu braucht man die Kompetenz, Probleme zu analysieren, systematisch Ursachen und Lösungen zu suchen, und diese Lösungen dann in die Realität umzusetzen.

Dieses Buch entstand aus vielen Aktivitäten in Lehre, Forschung, Transfer, Ehrenamt und Privatleben. An der Hochschule habe ich über 20 Jahre Vorlesungen zu Umweltmanagement und Nachhaltiger Entwicklung gehalten und dabei vielfältige Projekte umgesetzt. Darüber hinaus hat die Arbeit im Rahmen von Projekten der Hochschule, der Lokalen Agenda 21 Aalen und der Steinbeis-Stiftung für Wirtschaftsförderung wesentliche Impulse gebracht. Für anregende Diskussionen, Korrekturen und Beiträge danke ich den vielen Menschen, die mich zu diesem Thema begleitet, gefördert und gefordert haben.

Es wäre zu hoffen, dass der Begriff Nachhaltigkeit vielleicht einmal obsolet – weil selbstverständlich – wird. Wenn jedes Handeln an den Prinzipien der Nachhaltigkeit orientiert ist, wird der Begriff ebenso zu einer Selbstverständlichkeit wie heute (noch) der Begriff der Aufklärung. Ein Mathematikbuch beinhaltet nur Aussagen, die auch in Tausenden von Jahren noch stimmen. Wie zukünftige Generationen allerdings die Themen Zukunftsfähigkeit und Nachhaltigkeit beurteilen werden, und ob sie das überhaupt tun wollen, wissen wir nicht. Wir können nur dazu beitragen, dass sich auch zukünftige Generationen in einer lebenswerten Welt Gedanken machen und auch dann Ihren Beitrag zu einer lebenswerten Zukunft leisten wollen, können und dürfen.

Das vorliegende Buch soll den Lesern das Thema Nachhaltige Entwicklung nahebringen und zeigen, wie sie diese Themen in ihrem privaten, ehrenamtlichen und beruflichen Bereich umsetzen können. Als Sachbuch vermittelt es die notwendigen Grundlagen um nicht-nachhaltige Entwicklungen und Konflikte zu erkennen und um im Sinne Nachhaltiger Entwicklung agieren zu können. Auch im Rahmen der formalen oder informellen Bildung kann es zum zukunftsorientierten Handeln in einer komplexen Welt befähigen. Und nicht zuletzt soll es den Lesern damit die Angst vor der Zukunft nehmen.

Wir können auf unterschiedlichen Ebenen handeln. Jede(r) von uns ist nur eine(r) von acht Milliarden Menschen. Aber alle diese acht Milliarden Menschen können agieren. Wir können etwas bewegen und Zeichen setzen: durch Aktionen, durch Wahlen und als Multiplikatoren. Jede Aktion hat nicht nur eine Wirkung, sondern auch eine Vorbildfunktion. Der Untertitel wurde geändert „Der Weg in eine lebenswerte Zukunft" bezieht sich nicht nur auf die theoretischen Kenntnisse, sondern vor allem auf die Erkenntnis, was wir bewirken können und wie wir diesen Weg vorbereiten und gehen können.

Es gibt viel zu tun – fangen wir an, nachzudenken, zu erkennen und zu handeln!

Aalen
im Winter 2019/20

Ulrich Holzbaur

Inhaltsverzeichnis

1 Nachhaltige Entwicklung – Sustainable Development   1
- 1.1 Nachhaltigkeit – Sachbuch und Leitfaden   5
  - 1.1.1 Wissenschaft und Normen   5
  - 1.1.2 Aufbau und Gliederung   6
  - 1.1.3 Durchläufer   6
  - 1.1.4 Quellen und Zitate   8
  - 1.1.5 Gender   8
  - 1.1.6 Verwendung   8
- 1.2 Nachhaltigkeit und Begriffe   9
  - 1.2.1 Nachhaltige Entwicklung   9
  - 1.2.2 Planet Erde   10
  - 1.2.3 Zukunft und Zeit   11
  - 1.2.4 Brundtland-Definition und Zukunftsorientierung   12
  - 1.2.5 Aktions- und Wirkungsbereiche   14
- 1.3 Gerechtigkeit und Normen   16
  - 1.3.1 Wissenschaftliche und Normative Aspekte   16
  - 1.3.2 Nutzungskonflikte und Konsens   20
    - 1.3.2.1 Bedürfnisse   20
    - 1.3.2.2 Stakeholder   20
    - 1.3.2.3 Konflikte   21
  - 1.3.3 Ethik   21
    - 1.3.3.1 Ethik und Moral   21
    - 1.3.3.2 Ansätze der Ethik   22

		1.3.4	Verantwortung	22
			1.3.4.1 Prinzip Verantwortung	22
			1.3.4.2 Scope	23
			1.3.4.3 Verantwortung im Bermudadreieck	25
		1.3.5	Recht und Gesetz	26
		1.3.6	Argumentationsprinzipien	27
	1.4	Begriffe und Zahlen		28
		1.4.1	Umgang mit Begriffen	28
		1.4.2	Skalen und Reichweiten	29
	1.5	Kernbegriffe		30
		1.5.1	Nachhaltigkeit	30
		1.5.2	Bedürfnisse und Nutzen	32
		1.5.3	Bildung für Nachhaltige Entwicklung	32
	1.6	Strategieelemente der Nachhaltigen Entwicklung		35
		1.6.1	Integration	35
		1.6.2	Ganzheitlichkeit und Bewertung	37
		1.6.3	Friede und Gerechtigkeit	38
			1.6.3.1 Bedürfnisse und Werte	39
			1.6.3.2 Gerechtigkeit	39
		1.6.4	Zukunftsorientierung	40
	1.7	Zusammenfassung		40
	Literatur			40
2	**Eine kurze Geschichte der Nachhaltigkeit**			**43**
	2.1	Nachhaltigkeit gestern und morgen		43
	2.2	Nachhaltige Steinzeit?		44
		2.2.1	Bedeutet Nachhaltigkeit ein „zurück in die Steinzeit"?	45
		2.2.2	Waren die Menschen der Steinzeit wirklich nachhaltig?	46
	2.3	Neuzeit		47
		2.3.1	Zukunftsorientierung und Forst	47
		2.3.2	Aufklärung	47
		2.3.3	Umwelt: Grenzen des Wachstums	48
		2.3.4	Kulturelle Einflüsse – Umwelt- und Friedensbewegung	49
		2.3.5	Nord-Süd: Brandt-Bericht	49
		2.3.6	Integration: Brundtland-Bericht	50
		2.3.7	Jonas' Prinzip Verantwortung	52
		2.3.8	Zukunftsgestaltung	52

2.4	Von der Brundtland-Definition zur Agenda 2030		52
	2.4.1	Rio und die Agenda 21	53
	2.4.2	Agenda 2030 und die SDG	54
2.5	Zusammenfassung		54
Literatur			54

3 Zukunft und Ziel – Wissen und Handeln 57

3.1	Rahmenbedingungen der Nachhaltigen Entwicklung			57
	3.1.1	Derivative Ziele und Argumente		58
		3.1.1.1	Derivative Ziele	58
		3.1.1.2	Nachhaltigkeit als Argument	58
	3.1.2	Planetare Grenzen und Zeitskalen		59
	3.1.3	Unsicherheit in der Nachhaltigkeit		60
	3.1.4	Messen und Bewerten der Nachhaltigkeit		61
3.2	Normative und Technische Aspekte			61
	3.2.1	Nutzungskonflikte		61
	3.2.2	Normative Aspekte		62
	3.2.3	Ethik und Verantwortung		63
		3.2.3.1	Utilitarismus (Nutzenethik)	63
		3.2.3.2	Verantwortung	63
3.3	Dynamische Entwicklung			64
	3.3.1	Zeit		64
	3.3.2	Beispiel Wachstum		65
	3.3.3	Stabilität und Resilienz		65
3.4	Megatrends zukünftiger Entwicklung			66
	3.4.1	Digitalisierung und Künstliche Intelligenz		66
	3.4.2	Bevölkerungswachstum		67
	3.4.3	Demografischer Wandel		68
	3.4.4	Urbanisierung und Zersiedelung		68
	3.4.5	Gentechnik		69
	3.4.6	Klimawandel		69
		3.4.6.1	Ursachen und Treibhauseffekt	70
		3.4.6.2	Wirkungen	70
	3.4.7	Geophysikalische Veränderungen und Georisiken		70
	3.4.8	Demokratie und ihre Feinde		71
	3.4.9	Weitere globale Gefahren und Risiken		71
3.5	Zusammenfassung			72
Literatur				73

4 Agenda 21 und Agenda 2030 — 75
4.1 Agenda 21 — 75
4.1.1 Präambel der Agenda 21 — 76
4.1.2 Soziales und Wirtschaft — 77
4.1.3 Ökonomische Nachhaltigkeit — 77
4.1.4 Stärkung der Rolle wichtiger Gruppen — 78
4.1.5 Möglichkeiten der Umsetzung — 78
4.1.6 Lokale Agenda 21 — 79
4.1.7 BNE in der Agenda 21 — 80
4.1.8 Rio+X — 81
4.2 Agenda 2030 Grundlagen — 82
4.3 5P der Agenda 2030 — 83
4.3.1 People – Menschen — 84
4.3.2 Planet – Ökologie — 84
4.3.3 Prosperity – Wohlstand — 85
4.3.4 Peace – Frieden — 85
4.3.5 Partnerschaft — 86
4.3.6 Permanenz — 86
4.4 Grundbedürfnisse — 87
4.4.1 SDG 1 Armut — 87
4.4.2 SDG 2 Ernährungssicherheit: Hunger und Landwirtschaft — 88
4.4.3 SDG 6 Wasser — 89
4.4.4 SDG 7 Energie — 90
4.4.5 SDG 3 Gesundheit — 90
4.5 Gerechtigkeit — 91
4.5.1 SDG 5 Geschlechtergerechtigkeit — 91
4.5.2 SDG 10 Globale Gerechtigkeit — 92
4.5.3 SDG 16 Frieden, Recht und Gerechtigkeit — 93
4.5.3.1 Friedliche Gesellschaften — 93
4.5.3.2 Institutionen und Korruption — 94
4.5.3.3 Entscheidungsprozesse und Demokratie — 94
4.6 Wirtschaft und Wertschöpfung — 95
4.6.1 SDG 8 Wachstum — 95
4.6.2 SDG 9 Infrastruktur und Innovation — 96
4.6.3 SDG 12 Konsum und Produktion — 97

4.7	Gesellschaft und Kultur		98
	4.7.1	SDG 11. Städte und Siedlungen inklusiv, sicher, widerstandsfähig und nachhaltig gestalten	98
	4.7.2	SDG 4 Bildung	100
		4.7.2.1 Bildung als Recht	100
		4.7.2.2 Bildung als Mittel: SDG 4.7	101
4.8	Natürliche Umwelt und Lebensumfeld		102
	4.8.1	SDG 13 Klima	102
		4.8.1.1 Klima und Wetter	102
		4.8.1.2 Tripelstrategie	103
	4.8.2	SDG 14 Meere und maritime Ökosysteme	103
	4.8.3	SDG 15 Biodiversität und landbasierte Ökosysteme	104
4.9	Kooperation als übergreifende Strategie		106
	4.9.1	SDG 17 Kooperationen	106
	4.9.2	Von der UN zum Bürger	109
4.10	Zusammenfassung		109
Literatur			110

5 Planet — Ökologie und Natürliche Lebensgrundlagen 111

5.1	Ökologie und Naturwissenschaften		112
	5.1.1	Ökologie und Umwelt	112
	5.1.2	Umweltmedien und Umweltschutzgesetze	115
	5.1.3	Naturwissenschaften	117
	5.1.4	Wasser (H_2O)	117
	5.1.5	Kohlenstoff (C)	119
		5.1.5.1 Kohlenstoffdioxid CO_2	119
		5.1.5.2 Kohlenstoffchemie	120
		5.1.5.3 Kohlenwasserstoffe	120
		5.1.5.4 Chemische Reaktionen	120
5.2	Ressourcen		121
	5.2.1	Ressourcenverbrauch	122
	5.2.2	Biogene Rohstoffe	122
	5.2.3	Mineralische Rohstoffe	123
	5.2.4	Wasser und Luft	124
		5.2.4.1 Wasser (als Ressource)	124
		5.2.4.2 Luft	125
	5.2.5	Kreislaufwirtschaft	125

5.3	Energie			126
	5.3.1	Energie und Leistung		126
		5.3.1.1	Energie und Arbeit	126
		5.3.1.2	Zeitbezüge: Energie und Leistung	128
	5.3.2	Energieerzeugung und -umwandlung		129
		5.3.2.1	Wirkungsgrad	130
		5.3.2.2	Entropie und Wärmekraftmaschine	131
	5.3.3	Energieversorgung und Speicherung		133
	5.3.4	Regenerative Energien		134
5.4	Kernprobleme			136
	5.4.1	Klima und Klimawandel		136
		5.4.1.1	Klimawandel – was ist neu?	137
		5.4.1.2	Klimawandel und Treibhauseffekt	137
		5.4.1.3	Kohlenstoffkreislauf	138
		5.4.1.4	CO_2-Erzeugung: Atmung und Verbrennung	139
		5.4.1.5	Assimilation und Photosynthese	140
		5.4.1.6	Mögliche Folgen des Klimawandels	140
		5.4.1.7	Klimaschutz	141
	5.4.2	Plastik		141
	5.4.3	Kernkraft und Radioaktivität		143
5.5	Ökobilanzierung			144
	5.5.1	Bilanzobjekte		145
		5.5.1.1	Lebenszyklusbilanz	145
		5.5.1.2	Produktbilanz	145
		5.5.1.3	Nutzungsbilanz	146
		5.5.1.4	Nutzenbezug – Service Unit	146
		5.5.1.5	Prozessbilanz	147
		5.5.1.6	Betriebsbilanz	147
		5.5.1.7	Beispiele	148
	5.5.2	Methodik und Auswertung		149
		5.5.2.1	Sachbilanz (Energie und Masse)	149
		5.5.2.2	Wirkungsbilanz (ökologische Wirkungen)	149
		5.5.2.3	Bepunktete Bilanz (Bilanzbewertung)	150
		5.5.2.4	Bewertete Bilanz (normativ-ethische Aspekte)	150
		5.5.2.5	Vergleichende Bilanz	150

	5.5.3		Bewertungen – Punkte und Fußabdrücke	151
		5.5.3.1	Ökopunkte	151
		5.5.3.2	Fußabdrücke	152
		5.5.3.3	Energiebilanz	153
		5.5.3.4	Carbon Footprint	153
		5.5.3.5	Virtuelles Wasser und Wasserverbrauch	153
	5.5.4	Handabdruck		154
	5.5.5	Beispiele und Bemerkungen		154
5.6	Anthropozän			156
	5.6.1	Geologische Zeiträume		157
	5.6.2	Wirken und Spuren des Menschen		157
5.7	Zusammenfassung			158

6 Prosperity – Wirtschaft und Wertschöpfung   159

6.1	Ökonomie			160
	6.1.1	Makro und Mikro		160
	6.1.2	Bedürfnisse und Werte		161
		6.1.2.1	Maslow	161
		6.1.2.2	Verknüpfung von Bedürfnissen und Werten durch die Basisformel	162
	6.1.3	Makro-Sicht auf die Triple Bottom Line		162
	6.1.4	Ökonomische Nachhaltigkeit in der Agenda		163
6.2	Modelle Ökonomischer Nachhaltigkeit			163
	6.2.1	Nachhaltiges Wirtschaften auf Unternehmensebene		163
	6.2.2	Nachhaltige Unternehmensführung		164
	6.2.3	Gemeinwohlökonomie		164
	6.2.4	Postwachstumsökonomie		165
	6.2.5	Social Entrepreneurship		166
	6.2.6	Wohlstand 5.0		167
	6.2.7	Transparenz und Governance		167
6.3	Zusammenfassung			168
Literatur				168

7 People – Gesellschaft und Gerechtigkeit — 171
- 7.1 Gesellschaft der Zukunft – Zukunft der Gesellschaft — 172
  - 7.1.1 Soziales — 172
  - 7.1.2 Teilhabe und Partizipation — 174
  - 7.1.3 Partizipation an Entscheidungsprozessen — 174
  - 7.1.4 Inklusion und Integration — 175
    - 7.1.4.1 Inklusion und Barrierefreiheit — 175
    - 7.1.4.2 Inklusive Erziehung — 175
  - 7.1.5 Soziales und Finanzielles — 176
  - 7.1.6 Prävention und Gesundheit — 176
  - 7.1.7 Familienfreundlichkeit — 176
- 7.2 Menschenrechte — 177
  - 7.2.1 Erklärung der Menschenrechte — 177
  - 7.2.2 Menschenrecht und Tierrecht — 181
- 7.3 Kultur — 182
  - 7.3.1 Kultur als Begriff — 182
  - 7.3.2 Kultur als Kern der Nachhaltigen Entwicklung — 182
  - 7.3.3 Kultur und Bedürfnisse — 183
- 7.4 Demokratie und Bürgergesellschaft — 183
  - 7.4.1 Demokratie — 183
  - 7.4.2 Partizipation und Aktion — 187
  - 7.4.3 Bürgergesellschaft und Professionalität — 187
- 7.5 Freiheit und Gerechtigkeit — 188
  - 7.5.1 Individuelle Gerechtigkeit — 188
    - 7.5.1.1 Recht und Gerechtigkeit — 188
    - 7.5.1.2 Gesellschaft und Gerechtigkeit — 189
  - 7.5.2 Globale Gerechtigkeit — 189
  - 7.5.3 Freiheit und Lebensgestaltung — 190
  - 7.5.4 Korruption — 191
  - 7.5.5 Sicherheit — 191
- 7.6 Zusammenfassung — 191
- Literatur — 192

8 Umsetzung und Strategien — 193
- 8.1 Leitstrategien und Basisstrategie — 193
  - 8.1.1 Strategie — 193
  - 8.1.2 Leitstrategien — 195
    - 8.1.2.1 Effizienz — 195
    - 8.1.2.2 Suffizienz — 195

		8.1.2.3	Konsistenz	196
		8.1.2.4	Zusammenwirken	196
	8.1.3	Basisformel und Strategien		196
	8.1.4	Basisstrategie WINN		198
	8.1.5	Rebound		199
	8.1.6	Fünf Strategieaspekte		200
		8.1.6.1	Integration	200
		8.1.6.2	Permanenz	201
		8.1.6.3	Gerechtigkeit	201
		8.1.6.4	Eigenverantwortung	202
		8.1.6.5	Dependenz	202
	8.1.7	Problemzonen		203
8.2	Tripelstrategie und Grundprinzipien			203
	8.2.1	Tripelstrategie		204
	8.2.2	Grundprinzipien der Nachhaltigkeit		206
		8.2.2.1	Wohlstand statt Verbrauch	207
		8.2.2.2	Qualität statt Quantität	207
		8.2.2.3	Wertschöpfungsketten und Prozesse	207
		8.2.2.4	Economy of Scale	207
		8.2.2.5	Systemdenken	208
	8.2.3	Nudging		208
8.3	Aktionsbereiche jP			209
	8.3.1	Persönlich – privates Verhalten		209
	8.3.2	Parents – Eltern und Bildung		209
	8.3.3	Partnerschaften und Netzwerke		211
	8.3.4	Projekte und Prozesse – Gemeinsam etwas erreichen		211
	8.3.5	Politik – aktiv und passiv		212
	8.3.6	Presse – Öffentlichkeitsarbeit und Multiplikator-Wirkung		213
	8.3.7	Publizität – Bildung, Kommunikation und Events		213
	8.3.8	Profession und Power – Entscheidungsträger		214
	8.3.9	Pekuniäre Wirkung (Pennies)		214
	8.3.10	Positive Aktionsbereiche – der Handabdruck		214
8.4	Umgang mit der Zukunft			214
	8.4.1	Prognose und Analyse		214
		8.4.1.1	Prognose und Simulation	215
		8.4.1.2	Technikfolgenabschätzung	216
		8.4.1.3	SWOT	216

	8.4.2	Risikomanagement	217
		8.4.2.1 Entscheidung und Unsicherheit	217
		8.4.2.2 Risikobegriff	218
		8.4.2.3 Risiko-Management-Prozess	219
		8.4.2.4 Risikoidentifikation und Analyse	220
		8.4.2.5 Risikobewältigung – Umgang mit Risiko	222
		8.4.2.6 Umgang mit Risiko	222
	8.4.3	Vernetztes Denken als Strategie	223
		8.4.3.1 Problemformulierung	223
		8.4.3.2 Systemmodellierung – Elemente, Begriffe, Variablen	224
		8.4.3.3 Systemanalyse	224
		8.4.3.4 Lenkungsmodell	225
		8.4.3.5 Planung der Umsetzung	225
	8.4.4	Neue Technologien	226
8.5	Zusammenfassung		227
Literatur			228

9 Nachhaltig leben — 229

9.1	Zielkonflikt und Handlungsfelder		229
	9.1.1	Wirkungsbereiche	229
	9.1.2	Nachhaltigkeitskriterien und Strategien	230
		9.1.2.1 Handabdruck und Fußabdruck	231
		9.1.2.2 Lebensstil: LOHAS vs. Minimalismus	232
	9.1.3	Handlungsfelder und Handlungsportfolio	232
	9.1.4	Individuelle Strategie WINN	232
9.2	Nachhaltiger Konsum		234
	9.2.1	Nachhaltig Leben in Stadt und Land	235
	9.2.2	Wirkungen und Strategien	236
		9.2.2.1 Effizienz	236
		9.2.2.2 Suffizienz	236
		9.2.2.3 Konsistenz	237
		9.2.2.4 Gesellschaftliche Wirkungen berücksichtigen	237
	9.2.3	Täglicher Konsum	237
		9.2.3.1 Kleidung	238
		9.2.3.2 Mobilität	238

			9.2.3.3	Müll	238
			9.2.3.4	Kommunikation und Unterhaltung	239
			9.2.3.5	Arbeit 9 to 5	239
		9.2.4	Ernährung und Kochen		240
			9.2.4.1	Ernährung	241
			9.2.4.2	Strategie SERVUSS	241
			9.2.4.3	Kochen	242
			9.2.4.4	Anbau	244
			9.2.4.5	Genussmittel	245
		9.2.5	Wohnen		245
			9.2.5.1	Wohnraum und Bau	245
			9.2.5.2	Die Wohnung	246
			9.2.5.3	Haustiere	247
			9.2.5.4	Garten	247
		9.2.6	Freizeit und Tourismus		247
	9.3	Arbeit – Engagement			248
		9.3.1	Tourismus		249
		9.3.2	Arbeit – Engagement – Leben		249
		9.3.3	Work Life Balance – Leben und Wirken		250
	9.4	Büro			250
		9.4.1	Kommunikation und Smartphone		251
		9.4.2	Das umweltfreundliche Büro		251
		9.4.3	Das nachhaltige Büro		252
		9.4.4	Nudging		252
	9.5	Aktiv engagiert für die Zukunft			253
		9.5.1	Prosumer		253
		9.5.2	Über das individuelle Verhalten hinaus		254
	9.6	Zusammenfassung			255
	Literatur				255
10	**Projekte für die Nachhaltigkeit**				**257**
	10.1	Projektmanagement als Umsetzungskompetenz			259
		10.1.1	Projekt und Management		259
		10.1.2	Projektvorbereitung		260
			10.1.2.1	Projektziel	261
			10.1.2.2	Projektteam	262
			10.1.2.3	Machbarkeit	263
			10.1.2.4	Stakeholder- und Anforderungsanalyse	263
			10.1.2.5	Projektkommunikation	265

	10.1.3	Projektplanung	266
		10.1.3.1 Arbeitsstrukturplan und Arbeitspakete	266
		10.1.3.2 Zeit- und Terminplan	269
	10.1.4	Durchführung und Projektcontrolling	270
		10.1.4.1 Controlling	271
		10.1.4.2 Kosten und Nutzen	272
		10.1.4.3 Agiles Projekt	273
		10.1.4.4 Berichte und Dokumentation	273
	10.1.5	Projektabschluss	273
10.2	Projekte im Ehrenamt		274
	10.2.1	Spezifika im Ehrenamt	275
	10.2.2	Projektstart	276
	10.2.3	Partizipation und Kommunikation	276
		10.2.3.1 Partizipation	276
		10.2.3.2 Kommunikation	277
		10.2.3.3 Reporting	278
	10.2.4	Ressourcen	278
		10.2.4.1 Projektressourcen im Ehrenamt	278
		10.2.4.2 Personal im Ehrenamt	279
		10.2.4.3 Die Einheit HAT	280
		10.2.4.4 Kosten	281
10.3	Vom Projekt zum Prozess		282
	10.3.1	Verstetigung	282
	10.3.2	Prozesse gestalten	283
		10.3.2.1 Checklisten	283
		10.3.2.2 Prozessbeschreibungen	284
	10.3.3	Vom Prozess zur Struktur	286
10.4	Zusammenfassung		289
Literatur			289

11 Nachhaltigkeit im UnternehmenWie nutzt man die unternehmerischen Möglichkeiten? 291

11.1	Corporate Social Responsibility		291
	11.1.1	Einbettung in die 3P	291
	11.1.2	Branchen und Bereiche	293
	11.1.3	Unternehmen und Gesellschaft	294
	11.1.4	Drei Säulen – 6p	294
	11.1.5	Sponsoring	296

11.2	Nachhaltigkeit und Unternehmensführung		297
	11.2.1 Gesamtwirtschaft und Gemeinwohl		298
		11.2.1.1 Unternehmen und Gesamtökonomie	298
		11.2.1.2 Wohlstand	298
		11.2.1.3 Gemeinwohlökonomie	298
	11.2.2 Nachhaltiges Wirtschaften		299
	11.2.3 Nachhaltiger Ertrag		299
	11.2.4 Nachhaltigkeit und Unternehmenserfolg		299
	11.2.5 Nachhaltigkeitsmanagement		300
		11.2.5.1 Umweltmanagementsystem	301
		11.2.5.2 Nachhaltigkeitsteam	302
		11.2.5.3 Managementprinzipien	303
		11.2.5.4 Wirkungskategorien	304
		11.2.5.5 Integriertes Managementsystem	305
	11.2.6 Nachhaltigkeitsberichterstattung		306
11.3	ISO 26000		311
	11.3.1 Ausgangspunkt		311
	11.3.2 Grundsätze		312
	11.3.3 Struktur		312
	11.3.4 Kernthemen und Handlungsfelder		313
	11.3.5 Handlungsfelder und Umsetzung		313
		11.3.5.1 Organisationsführung (Governance)	313
		11.3.5.2 Menschenrechte	314
		11.3.5.3 Arbeitspraktiken	314
		11.3.5.4 Umwelt	314
		11.3.5.5 Faire Betriebs- und Geschäftspraktiken	315
		11.3.5.6 Konsumentenanliegen	316
		11.3.5.7 Einbindung und Entwicklung der Gemeinschaft	316
		11.3.5.8 Unternehmerische Gesamtstrategie	317
11.4	Unternehmensbereiche und Branchen		317
	11.4.1 Wertschöpfungskette und Beschaffung		317
	11.4.2 Kalkulation und Marketing		318
	11.4.3 Produktentwicklung		319
		11.4.3.1 Engineering	320
		11.4.3.2 Anforderungsanalyse	320

		11.4.3.3	Spezifikation	320
		11.4.3.4	Entwurf	321
	11.4.4	Produktion		322
	11.4.5	Tourismus		322
	11.4.6	Event		325
		11.4.6.1	Nachhaltige Events	325
		11.4.6.2	Event und Nachhaltige Entwicklung	326
		11.4.6.3	Nachhaltige Wirkung von Events	327
		11.4.6.4	Nachhaltigkeit im Eventmanagement	329
		11.4.6.5	Nachhaltigkeit durch Events	330
		11.4.6.6	Fokussierung	331
	11.4.7	Bildungseinrichtungen		331
11.5	Vorgehen			333
11.6	Zusammenfassung			333
Literatur				333

12 Bildung für Nachhaltige Entwicklung — 335

12.1	Konzepte der BNE			336
	12.1.1	BNE in der Agenda 21 und 2030		336
	12.1.2	Bildung		338
	12.1.3	Zielrichtungen der BNE		340
	12.1.4	Gestaltungskompetenz		342
	12.1.5	Bildung und Handlung		344
12.2	BNE in den Bildungsbereichen			346
	12.2.1	Informelle, nichtformale und formale Bildung		346
	12.2.2	BNE und formales Lernen		347
		12.2.2.1	Schule	347
		12.2.2.2	Hochschule	349
	12.2.3	Third Mission		351
	12.2.4	Whole Institution Approach		352
	12.2.5	Informelles Lernen		353
	12.2.6	Lernorte		354
	12.2.7	BNE-Landschaften		355
12.3	BNE und Erlebnis			355
	12.3.1	Erlebnisorientierte Methoden der BNE		356
	12.3.2	Planspiele und BNE		357
		12.3.2.1	Planspiele	357
		12.3.2.2	BNE-Planspiele	358
		12.3.2.3	Fischteich – Planspiel zum Allmendeproblem	358

				Inhaltsverzeichnis	XXIII

	12.3.3	Erlebnis BNE			359
		12.3.3.1	Erlebnisorientierung		360
		12.3.3.2	Kochen als erlebte BNE		360
12.4	Nachhaltigkeit kommunizieren				361
12.5	Projekte und BNE				362
	12.5.1	Projekte und Kompetenzen			363
	12.5.2	Lehrprojekte			364
12.6	Zusammenfassung				366
Literatur					366

13 Nachhaltigkeit Lokal 367

13.1	Möglichkeiten des Engagements			367
	13.1.1	Formen		368
		13.1.1.1	Ehrenamt und Unternehmen	368
		13.1.1.2	Projekt	368
		13.1.1.3	Bürgerinitiative	368
		13.1.1.4	Parteien und Vereine	369
		13.1.1.5	NGO und NPO	369
	13.1.2	Räumlicher Schwerpunkt		369
	13.1.3	Organisatorische Ergänzungen		370
		13.1.3.1	Organisation und Verantwortung	370
		13.1.3.2	Versammlungen	371
		13.1.3.3	Träger öffentlicher Belange	371
13.2	Lokale Agenda 21			372
	13.2.1	NE FÜR die Kommune		372
	13.2.2	NE DURCH die Kommune		373
	13.2.3	NE IN der Kommune		374
13.3	Reallabore			375
	13.3.1	Grundidee: Transformative Forschung		376
	13.3.2	Forschung und Transformation		376
	13.3.3	Reallabor und Bildung		377
13.4	Nachhaltige Kommunen			377
	13.4.1	Kommunale Bildungslandschaften		377
	13.4.2	Szenarien für die Stadtentwicklung		378
13.5	Zusammenfassung			379
Literatur				380

14 Kommunikation und Öffentlichkeitsarbeit ... 381
- 14.1 Kommunikation – Grundlagen ... 382
  - 14.1.1 Ein bisschen Theorie ... 383
  - 14.1.2 Kommunikationsziele ... 384
  - 14.1.3 Kommunikationskanäle und Wirkung ... 384
  - 14.1.4 Timing ... 386
- 14.2 Kommunikation für Nachhaltigkeit ... 387
  - 14.2.1 Kommunikation für und über Nachhaltigkeit ... 387
  - 14.2.2 Kommunikation und Projekte ... 388
  - 14.2.3 Hinweise zur NE-Kommunikation ... 388
- 14.3 Pressearbeit ... 388
  - 14.3.1 Strategie ... 388
  - 14.3.2 Öffentlichkeitsarbeit für Nachhaltigkeitsprojekte ... 390
  - 14.3.3 Filter und Kooperationskette ... 391
  - 14.3.4 Presseberichte ... 392
    - 14.3.4.1 Formalia ... 392
    - 14.3.4.2 Inhalt ... 393
    - 14.3.4.3 Aufbau ... 396
    - 14.3.4.4 Wie schreibt man einen Pressebericht? ... 397
- 14.4 Social Media ... 398
  - 14.4.1 Chancen und Risiken ... 398
  - 14.4.2 Wie nutzen wir Social Media im Sinne der NE? ... 399
- 14.5 Vorträge ... 399
  - 14.5.1 Strategie und Ziel ... 399
  - 14.5.2 Aufbau ... 400
  - 14.5.3 Hinweise ... 401
- 14.6 Zusammenfassung ... 401
- Literatur ... 402

15 Struktur und Zukunft ... 403
- 15.1 Mathematisches Denken als Kernkompetenz ... 403
  - 15.1.1 Kompetenzen ... 404
    - 15.1.1.1 Logik ... 404
    - 15.1.1.2 Unschärfe ... 407
  - 15.1.2 Mathematik und BNE ... 407

	15.1.3	Mathematik und Modell	409
		15.1.3.1 Mathematik	409
		15.1.3.2 Heuristik	409
		15.1.3.3 Modelle	411
		15.1.3.4 Modellbildung	411
		15.1.3.5 Modell und Atlas	412
		15.1.3.6 Modellbasiertes Problemlösen	414
	15.1.4	Modelle und Spiele als Brücke zwischen BNE und Wissenschaft	414
	15.1.5	Simulation und Prognose	416
15.2	Die 5Z		416
	15.2.1	Zahl und Begriff	417
		15.2.1.1 Quantitativer Ansatz	417
		15.2.1.2 Begriffe und Bezeichnungen – Semiotik	418
	15.2.2	Algorithmen und Schlüsse	418
		15.2.2.1 Algorithmen	418
		15.2.2.2 Paradigmen	419
		15.2.2.3 Programmierung	420
	15.2.3	Zusammenhang und Strukturen	421
		15.2.3.1 Systeme und Graphen	421
		15.2.3.2 Modelle mit Graphen und Netze	422
	15.2.4	Ziele und Akteure	423
		15.2.4.1 Ziele und Entscheidungen	423
		15.2.4.2 Ökonomisches Prinzip und Entscheidungsmodelle	423
		15.2.4.3 Optimierung	424
		15.2.4.4 Spieltheorie	425
		15.2.4.5 Allmendeproblem	427
	15.2.5	Zeit Dynamik	428
		15.2.5.1 Zeitliche Abhängigkeiten	429
		15.2.5.2 Zustandsorientierte Beschreibung	429
		15.2.5.3 Grundprinzip Exponentielles Wachstum	430
		15.2.5.4 Mathematische Grundlagen	432
		15.2.5.5 Wachstum im Realen: die Logistische Kurve	433
		15.2.5.6 Projekte und Prozesse	434
		15.2.5.7 Vergangenheit und Pfadabhängigkeit	435

		15.2.6	Zufall Stochastik	436
			15.2.6.1 Wahr und Schein	436
			15.2.6.2 Statistische Kenngrößen	438
			15.2.6.3 Wahrgenommene Mittelwerte	439
			15.2.6.4 Wie lügt man mit Statistik?	440
	15.3	Zufall, Dynamik und Komplexität		441
		15.3.1	Dynamik und die Zukunft	441
			15.3.1.1 Dynamische Optimierung	442
			15.3.1.2 Zufall und Chaos	443
		15.3.2	VUCA	445
		15.3.3	Komplexität und Verschwörungstheorien	445
		15.3.4	Vernetztes Denken	446
	15.4	Zusammenfassung		446
	Literatur			447
16	**Wer gestaltet die Zukunft?**			**449**
	16.1	Künstliche und natürliche Intelligenz		449
		16.1.1	KI – der neue Mensch?	450
		16.1.2	Künstliche Intelligenz	451
			16.1.2.1 Paradigmen	452
			16.1.2.2 Lernen	452
			16.1.2.3 Methoden	453
		16.1.3	Zukünftige Entwicklung – KI und der Mensch	454
	16.2	Intelligenz und Macht		454
	16.3	Zukunft gestalten		455
		16.3.1	Ganzheitlich denken	455
		16.3.2	Handeln auf unterschiedlichen Ebenen	455
		16.3.3	Tripelstrategie	456
	16.4	Zusammenfassung		456
	Literatur			457

Über den Autor

Ulrich Holzbaur hat an der Universität Ulm Mathematik und Naturwissenschaften studiert, mit einer Arbeit zu Mikroprozessoren in Mathematik graduiert und im Bereich Operations Research über stochastische dynamische Optimierung promoviert. Anschließend war er mehrere Jahre in der Software-Systementwicklung für Sensorsysteme tätig.

Seit 1990 ist er Professor im Studiengang Wirtschaftsingenieurwesen der Hochschule Aalen. Die Schwerpunkte seiner Lehre liegen in den Bereichen Nachhaltige Entwicklung sowie Qualitäts-, Event- und Projektmanagement. In der Forschung beschäftigt sich Holzbaur mit Konzepten der Nachhaltigen Entwicklung und mit erlebnisorientierten Methoden. Einen aktuellen Schwerpunkt bilden die Themen Nachhaltiges Eventmanagement und Erlebnisorientierung in der Bildung für Nachhaltige Entwicklung. Er ist Nachhaltigkeitsbeauftragter der Hochschule und beim Aufbau des regionalen

Bildungsnetzwerks RCE Ostwürttemberg engagiert. Holzbaur pflegt vielfältige Auslandskontakte, unter anderem ist er Honorary Professor an der Central University of Technology in Bloemfontein, Südafrika.

Im Ehrenamt ist Holzbaur in der Lokalen Agenda 21 Aalen sowohl als Sprecher des Agendarats als auch in mehreren Projektgruppen aktiv. Er ist außerdem Leiter des Steinbeis-Transferzentrums Angewandtes Management Aalen.

Holzbaur hat unter anderem im Springer-Verlag Bücher zu den Themen Eventmanagement, Entwicklungsmanagement und Nachhaltiges Eventmanagement sowie Projektmanagement und Mathematik für Manager veröffentlicht.

1

Nachhaltige Entwicklung – Sustainable Development
Was ist Nachhaltige Entwicklung?

Nachhaltigkeit ist zum Schlagwort geworden, was für eine Nachhaltige Entwicklung Vorteile und Nachteile bringt. Um eine Nachhaltige Entwicklung zu erreichen, muss man verstehen, was wirklich damit gemeint ist und welche Wege und Hindernisse es gibt. Wir gehen von der Brundtland-Definition aus, die fordert, dass sowohl jetzige als auch zukünftige Generationen ein gutes Leben haben sollen. Dieses Ziel beinhaltet vielfältige Aspekte, Konflikte und Lösungsansätze. Es beinhaltet Teilaspekte wie Klima und Gerechtigkeit, Ressourcen und Bildung und vieles mehr.

Wir wollen dieses Kapitel und damit das ganze Buch mit einer Handvoll von Stichwörtern starten, die für die Debatte um die Nachhaltige Entwicklung essenziell sind. Sie werden uns in unterschiedlichem Kontext und mit jeweils anderem Fokus durch das gesamte Buch begleiten.

Nachhaltige Entwicklung
Das Leitbild der Nachhaltigen Entwicklung hat im 21sten Jahrhundert eine wichtige Bedeutung gewonnen: Die Entwicklung der Menschheit muss auf zukünftige Generationen Rücksicht nehmen. Die Menschheit ist weit genug entwickelt, dass sie fähig ist, die eigenen Lebensgrundlagen global zu zerstören. Das war seither in eingeschränkten Gebieten möglich, wie das historische Beispiel der Osterinseln zeigt. Heute haben die menschlichen Tätigkeiten Auswirkungen auf den gesamten Globus, auch das Konzept des Anthropozän drückt dies aus. Wir sind die erste Generation, die dem Planeten einen deutlichen Stempel aufdrückt. Es geht aber nicht pauschal um die Zukunft des Planeten, es geht um uns Menschen.

> Nachhaltig ist eine Entwicklung, wenn sie dafür sorgt, dass die Bedürfnisse von jetzigen und zukünftigen Generationen befriedigt werden können.

Nachhaltigkeitsziele (Sustainable Development Goals, SDG) Die 17 Nachhaltigkeitsziele der Vereinten Nationen (UN) bilden den Kern der Agenda 2030 (BMZ 2017) und sind für das Jahrzehnt 2020 bis 2030 die Richtschnur für die Umsetzung der Nachhaltigen Entwicklung.

Lebenswerte Zukunft und gutes Leben In der Diskussion um Nachhaltige Entwicklung geht es immer um zwei wichtige Sichtweisen:

- um den normativen Aspekt: „Was ist ein gutes Leben?" und „Wie wünschen wir uns die Zukunft?"
- und um das wissenschaftliche Verständnis des Zusammenwirkens zwischen Mensch und Welt, der Analyse von Prozessen und der Prognose von Folgen unseres Handelns.

Zukunft Im Zentrum der Nachhaltigen Entwicklung steht, wie der Name schon andeutet, die Zukunftsorientierung, oft erläutert durch Begriffe wie „zukünftige Generationen" oder „enkeltauglich". Gleichzeitig wird der zeitliche Aspekt durch einen räumlichen Aspekt ergänzt, der diese Ziele global, d. h. für alle Menschen, umgesetzt sehen will.

Säulen und Ebenen

Das Bild von den drei parallelen Säulen oder der Nachhaltigkeit als Schnittmenge von Ökologie, Ökonomie und Soziales ist wenig hilfreich, da die Nachhaltige Entwicklung zwar eine gleichzeitige Berücksichtigung der drei Aspekte erfordert, diese aber auch aufeinander aufbauen:

- Die natürlichen Lebensgrundlagen und Ressourcen sind unabdingbare Voraussetzungen für das Leben und die Gesellschaft.
- Nur in einer funktionierenden Gesellschaft können die sozialen Bedürfnisse befriedigt werden und kann ein wirtschaftliches System aufgebaut werden.
- Das wirtschaftliche System schafft die Voraussetzungen für Erschöpfung und Wohlstand und die Befriedigung der materiellen Bedürfnisse.

1 Nachhaltige Entwicklung – Sustainable Development

Dem versuchen wir durch die Darstellung in Abb. 1.1 gerecht zu werden. Diese integriert gleichzeitig die nachfolgend betrachteten 3P der Triple Bottom Line.

3P – 6P

Häufig werden die 3P der „Triple Bottom Line" (oder im Deutschen die drei Säulen der Nachhaltigkeit) ins Zentrum gestellt. Die 3P der Triple Bottom Line ergänzen den wirtschaftlichen Profit (Gewinn = Bottom Line im Sinne der Bilanz) um die Aspekte Gesellschaft und Umwelt. Ganz grob und plakativ kann man die drei Säulen und die 3P zum Einstieg mit der Tab. 1.1 zusammenfassen. Auch hier ist wichtig, dass diese nicht parallel betrachtet werden, sondern wie in Abb. 1.1 gezeigt aufeinander aufbauen.

Daneben spielt insbesondere die Gerechtigkeit eine wichtige Rolle. Zu den drei Säulen kommen noch drei weitere Ps:

- Peace = Friede und Recht
- Partnership = globale Partnerschaft und intragenerationelle Gerechtigkeit (globaler Aspekt)
- Permanence = Zukunftsorientierung und intergenerationelle Gerechtigkeit, auch interpretierbar als Progress = Fortschritt = positive zukünftige Entwicklung

Abb. 1.1 Säulen der Nachhaltigkeit als aufeinander aufbauende Schichten

Tab. 1.1 Drei Säulen und Triple Bottom Line

Säule	Ökologie	Soziales	Ökonomie
Bereich	Natur	Gesellschaft	Wirtschaft
Kernaspekte	Umwelt und Ressourcen	Kultur und Gerechtigkeit	Wertschöpfung und Wohlstand
Ziel	Bewahrung der natürlichen Lebensgrundlagen	Eine lebenswerte Gesellschaft für Alle	Befriedigung der Bedürfnisse
3P	Planet	People	Profit/Prosperity

Bildung

Bildung ist ein wesentlicher Bestandteil der Nachhaltigkeit. Bildung und Wissen erlauben es, nicht-nachhaltige Entwicklungen zu erkennen, zu beurteilen und im Sinne der Nachhaltigen Entwicklung zu handeln. Bildung verändert auch Einstellungen und trägt zu besseren Entscheidungen im Sinne der Nachhaltigkeit bei.

Tripelstrategie

Kurzfristig können wir nur innerhalb der vorhandenen Systeme agieren, um direkte und indirekte Wirkungen zu erzielen, hier greifen direkte und taktische Maßnahmen. Strategisch müssen wir die geeigneten Strukturen schaffen und für ihre Weiterentwicklung sorgen. Außerdem brauchen wir einen Plan B, wenn die Entwicklung nicht ins Positive beeinflusst werden kann (Resilienz). Wir werden diese Dreifachstrategie in Abschn. 8.2 betrachten.

Vielfalt der Aspekte

Es gibt viele Begriffe, die mit der Nachhaltigen Entwicklung zusammenhängen. Einige Kernaspekte haben wir in Abb. 1.2 zusammengestellt.

Footprint und Handprint

Die beiden Begriffe beschreiben die jeweils gesamte Wirkung eines Objekts:

- Fußabdruck (Footprint): Summe der negativen (Umwelt-) Auswirkungen
- Handabdruck (Handprint): Summe der positiven (Nachhaltigkeits-) Wirkungen

Abb. 1.2 Nachhaltigkeitsaspekte als Wabe

1.1 Nachhaltigkeit – Sachbuch und Leitfaden

Das vorliegende Sachbuch will nicht nur die Nachhaltige Entwicklung erklären, sondern den Lesern auch Wege aufzeigen, im Sinne der Nachhaltigkeit aktiv zu werden. Dazu gehört eine realistische Einschätzung der Situation und der Möglichkeiten, selbst aktiv zu werden.

> **Wichtig**
> Wer nichts tut, hat zwar einen geringen ökologischen Fußabdruck, aber keinerlei nachhaltigen positiven Handabdruck.

1.1.1 Wissenschaft und Normen

Zur Nachhaltigkeit gehört die Frage „In welcher Zukunft wollen wir leben?" Im Gegensatz zu einem reinen Lehrbuch, welches die notwendigen Fakten und Strukturen für ein bestimmtes Fach zusammenstellt, darf ein Sachbuch auch Anregungen geben und Position beziehen. Deshalb ist die Spanne in diesem Buch sehr weit: von den Grundlagen bis zu normativen Aspekten und der Umsetzung.

- Beim Thema Nachhaltige Entwicklung geht es um Reflexion und Kommunikation. Viele Texte und Hintergrundinformationen legen deshalb die Grundlagen für die Diskussion und für das Verständnis von Nachhaltigkeit. Zurzeit sind das auf jeden Fall die Agenda 2030 mit den 17 Nachhaltigkeitszielen der Vereinten Nationen (BMUB 2014), die Handlungsempfehlungen der ISO 26000 (BMAS 2011; BMUB 2014) und ausgewählte Grundlagen. Dabei geht es nicht darum, die Leser zu perfekten Zukunftsforschern, Nachhaltigkeitsberichterstattern oder Energieexperten zu machen, sondern zum einen die Rolle der Wissenschaften aufzuzeichnen und zum anderen ein Grundverständnis zu vermitteln.
- Nachhaltige Entwicklung ist kein Thema, bei dem wir nur eine wissenschaftlich-neutrale Beobachterrolle einnehmen können. Die Frage der Nachhaltigen Entwicklung ist auch ein ethisches bzw. normatives Thema. Dabei geht es nicht um die Bewertung „wahr oder falsch", sondern es geht um die subjektive Bewertung „gut oder schlecht". Die Kernfrage ist: „In welcher zukünftigen Welt wollen wir leben?". Diese Frage müssen wir uns im Kontext der Nachhaltigen Entwicklung stellen.

Wer stillschweigend von einer Prämisse wie „Allen Menschen muss es gleich gut gehen" oder „Die Wirtschaft muss wachsen und die Aktienkurse müssen steigen" ausgeht und auf solchen Axiomen ein Lehr- oder Sachbuch aufbaut, hat den Lesern diese Entscheidung abgenommen und blendet den normativen Aspekt aus. Die Ethik gibt uns die Basis für solche normativen Diskussionen auf einem wissenschaftlichen Niveau.

- Wir wollen aber die zukünftige Entwicklung nicht nur beobachten oder vorhersehen, sondern gestalten. Dies kann in vielerlei Rollen geschehen, und deshalb ist der zweite Teil des Buches handlungsorientiert aufgebaut und vermittelt die notwendigen Kompetenzen zur Gestaltung einer lebenswerten Zukunft.

1.1.2 Aufbau und Gliederung

Der Aufbau des Buchs ist an den oben genannten Zielen orientiert:

- Ein allgemeiner Grundlagenteil mit Grundbegriffen, Zusammenhängen und geschichtlichem Hintergrund.
- Der Grundlagenteil mit den wichtigsten wissenschaftlichen und normativen Grundlagen und den wichtigsten Basisinformationen zu den drei Aspekten Ökologie, Ökonomie und Soziales.
- Der Umsetzungsteil mit Überlegungen zur Strategie und dem Aktionsteil mit Methoden und Handlungsfeldern aus den einzelnen Strategiebereichen
- Eine Reflexion zum Thema Zukunftsgestaltung.

Daraus ergibt sich die Gliederung nach Tab. 1.2.

1.1.3 Durchläufer

Es gibt einige Themen und Begriffe, sie sich durch das gesamte Buch ziehen und aus unterschiedlichen Blickwinkeln betrachtet werden. Dass dabei Redundanz entsteht und das eine oder andere Konzept im einen oder anderen Kontext eher positiv oder kritisch beleuchtet wird, hilft hoffentlich, mit der Vielfalt und Komplexität der Nachhaltigen Entwicklung besser umgehen zu können.

Tab. 1.2 Gliederung Nachhaltige Entwicklung

Teil	Bereich	Kapitel
Grundlagenteil	Einführung Nachhaltigkeit	1. Sustainable Development
		2. Kurze Geschichte der Nachhaltigkeit
		3. Zukunft und Ziel
	Dokumente	4. Agenda 21 und 2030
	Drei Säulen/3P	5. Planet = Ökologie
		6. Prosperity/Profit = Ökonomie
		7. People/Peace = Soziales
Umsetzungsteil	Strategien	8. Umsetzung und Strategien
	Handlungsbereiche	9. Individuell = Leben
		10. Aktionen = Projekte
		11. Unternehmen
		12. Bildung für Nachhaltige Entwicklung
		13. Lokal engagieren
		14. Öffentlichkeit und Kommunikation
		15. Zukunft und Strukturierung
	Zukunftsgestaltung	16. Zukunftsgestaltung und Künstliche Intelligenz

Typische solche Begriffe, die sich durch das gesamte Buch ziehen, sind:

Zeit	Korruption
Ziele	Aufklärung
Ethik	Wohlstand
Natur	Bedürfnisse
Kultur	Kompetenz
Wasser	Fußabdruck
Bildung	Gesellschaft
Zukunft	Wissenschaft
Energie	Handabdruck
Erlebnis	Nachhaltigkeit
Normen	Verantwortung
Konflikte	Lebensgrundlagen
Dynamik	Künstliche Intelligenz
Strategie	Ökologie, Ökonomie und Soziales
Allmende	Effizienz, Suffizienz und Konsistenz

Diese Liste soll nicht nur dazu anregen, bei Diskussionen um die Nachhaltige Entwicklung diese Begriffe abzurufen und zu berücksichtigen, sondern auch dazu, beim Auftauchen dieser Begriffe die Beziehung mit der Nachhaltigkeit zu berücksichtigen. Frei nach dem Motto:

> Das hat ja etwas mit unserer Zukunft zu tun!

1.1.4 Quellen und Zitate

Die Informationen in diesem Buch sind nach bestem Wissen und Gewissen zusammengetragen. Viel Wissen ist in Projekten, Vorträgen und Lehrveranstaltungen sowie in Diskussionen mit vielen Menschen – real und in Mailinglisten vor allem des Baden-Württembergischen Nachhaltigkeitsnetzwerks – entstanden. Aus der Literatur entnommene Ideen wurden entsprechend gekennzeichnet. Zu Informationen, die heute als Gemeingut betrachtet werden können, werden keine Quellen benannt. Wörtliche Zitate wurden als solche gekennzeichnet. Viele der hier aufgenommenen Mottos und Zitate sind Gemeingut, ohne dass man den Urheber oder die Quelle sicher identifizieren kann; auch hier wurde auf Quellenangaben verzichtet. Gesetzte werden grundsätzlich nach dem Bundesgesetzblatt (https://www.bgbl.de oder https://dejure.org) zitiert.

Wer zu Aussagen im Buch Hintergründe oder weitere Informationen wünscht, wird im Internet immer fündig. Allerdings setzt das eine gewisse Systematik und Quellenkritik voraus. Wer mehrere Quellen aufruft und vergleicht und dann die gelesenen Texte (und einen Text derselben Quelle zu einem bekannten Thema) kritisch hinterfragt, wird auch in Zeiten von „Fake News" das World Wide Web als Informationsquelle nutzen können.

In der Diskussion um die Nachhaltige Entwicklung ist ein Rückgriff auf nationale und internationale Erklärungen und Zielformulierungen wichtig, um den Anschluss an die aktuellen Debatten zu bekommen. Deshalb werden hier die relevanten Texte der Brundtland-Erklärung, Agenda 21, ISO 2600 und Agenda 2030 ausführlich vorgestellt. Die Leser können sich damit auch ein Bild von den Originalformulierungen (bzw. ihrer Übersetzungen ins Deutsche) machen. Die Quelltexte und Gesetzestexte sind durch Einrücken gekennzeichnet.

1.1.5 Gender

Aus Gründen der besseren Lesbarkeit verwenden wir in diesem Buch häufig das generische Maskulinum. Dies impliziert alle Formen, schließt also alle möglichen weiteren Formen mit ein.

1.1.6 Verwendung

Das vorliegende Buch kann natürlich von der ersten bis zur letzten Seite gelesen werden. Durch die Listen, Tabellen und Grafiken kann man schnell einen Überblick bekommen.

Grundlagentexte und wissenschaftliche Grundlagen sind notwendig, die Leser können aber auch mit dem von ihnen gewählten Ansatz oder der allgemeinen strategischen Überlegung starten und sich dann bei Bedarf die notwendigen Grundlagen erarbeiten. Insofern sind die Kapitel über private und unternehmerische Nachhaltigkeit, Projekte und Bildung, lokale Umsetzung und Öffentlichkeitsarbeit Einstiegspunkte in die Umsetzung einer Nachhaltigkeitsstrategie. Die Kapitelreihenfolge 1 − X oder zumindest 1−3−X−16 mit X=9, 10, 11, 12, 13 oder 14 ergibt jeweils einen einfachen Leitfaden zum Thema „mit X eine Nachhaltige Entwicklung erreichen" oder einfacher „mit X die Welt retten".

Demgegenüber wäre eine Reihenfolge 1−3−4−8−16 oder 1−2−3−4−5−6−7−8−15−16 ein klassisches Buch über Nachhaltigkeit für Leser, die nur Wissen aber kein Tun suchen.

Die Kap. 1, 5, 6, 7 und 15 beinhalten diejenigen fachlichen Teile, die jeder kennen sollte, um kompetent über Nachhaltige Entwicklung zu reden oder dafür zu handeln. Kap. 8 ist die Basis für Handlungsstrategien.

1.2 Nachhaltigkeit und Begriffe

Der Begriff Nachhaltige Entwicklung ist sperrig, der Begriff nachhaltig hat auch eine umgangssprachliche Bedeutung, weitere mögliche Begriffe sind tragfähig, zukunftsfähig oder enkeltauglich. Damit haben wir schon einen wichtigen Einstieg in dieses Buch. Wir müssen uns um klare Begriffe bemühen.

Auf den Umgang mit Zahlen und Begriffen werden wir mehrmals eingehen (Abschn. 1.4, Abschn. 15.2.1). Hier betrachten zunächst die wichtigsten Begriffe zum Thema Nachhaltige Entwicklung:

> Nachhaltigkeit ist die Zukunft der Menschheit

1.2.1 Nachhaltige Entwicklung

Wir verwenden im Folgenden die weiter unten detailliert vorgestellte Brundtland-Definition:

> **Wichtig**
>
> Nachhaltig ist eine Entwicklung der Menschheit, die es der heutigen Generation erlaubt, ihre Bedürfnisse zu befriedigen, ohne die Chancen zukünftiger Generationen zu gefährden, ihre Bedürfnisse zu befriedigen. (WCED 1987)

Man kann es kurz und prägnant formulieren:

> Nachhaltigkeit ist der Erhalt der menschlichen Kultur auf der Erde.

Kultur ist dabei gemeint im allgemeinen Sinne des vom Menschen Geschaffenen. Dies wird in Abschn. 7.3 noch ausführlicher diskutiert. Nachhaltigkeit meint das Bewahren von Kultur (im weitesten Sinne) und Natur (natürliche Lebensgrundlagen).

> Nachhaltig ist das neue Konservativ
> W. Kretschmann

1.2.2 Planet Erde

Wir haben oben von dem Planeten gesprochen, auf dem wir leben und den wir beeinflussen, bzw. von der Kultur auf der Erde. Deshalb steigen wir mit diesem Begriff ein, was gleichzeitig nochmals die Bedeutung von Begriffen und Bezeichnungen und der damit zusammenhängenden Assoziationen und Emotionen für die Diskussion verdeutlicht.

> **Erde – Welt – Planet**
>
> Die verschiedenen Bezeichnungen haben eine unterschiedliche Konnotation und wecken damit unterschiedliche Assoziationen,
>
> | | |
> |---|---|
> | Erde | „Erde" ist einerseits der Name des Planeten, auf dem wir leben, andererseits ist Erde auch das Material, auf dem Pflanzen wachsen und auf dem wir stehen und gehen. Damit hat der Begriff Erde eine enge Beziehung zum Menschen und zu Heimat. Der Begriff „Mutter Erde" personifiziert den Planeten ähnlich wie der Begriff Gaia. |
> | Welt | Der Begriff „Welt" hat auch unterschiedliche Bedeutungen. Vom Weltraum bis zur Weltumsegelung hat der Begriff Welt einen globalen und weiten Anspruch: Jeder Mensch auf der Welt. |
> | Planet | Mit dem Begriff Planet weisen wir auf die Rolle der Erde im Weltall hin. Die Erde ist ein Planet der Sonne und umkreist diese |

	gemeinsam mit ihrem Planeten, dem Mond, innerhalb eines Jahres. Die Erde ist einer von vielen Planeten im Universum, aber der einzige, der unseres Wissens nach Leben trägt.
Globus	Hier orientieren wir uns an der Form, der Außensicht der Erde. Im heutigen Sprachgebrauch ist ein Globus ein Modell der Erde, das durch eine physische Kugel mit physikalischen oder politischen Informationen dargestellt wird. Der Begriff „global" weist auf Themen hin, die die ganze Welt (also z. B. sowohl den Norden als auch den Süden, Industrienationen und Entwicklungsländer ...) betreffen.
Gaia	Der Name geht auf die griechische Mythologie zurück. Hier wird die Welt als Organismus, Lebewesen oder gar als Persönlichkeit gesehen. Dazu gibt es auch wissenschaftliche Theorien (z. B. Selbststabilisierung von Systemen).
Menschheit	Die Menschheit ist Teil der Erde. Hier grenzen wir uns von anderen Lebewesen ab. Die Menschen (homo sapiens) sind die einzige derzeit überlebende Art (Spezies) der Gattung homo. Die genaue Abstammung und Relation mit anderen Arten wird die Forschung zeigen (derzeit wird z. B. von einem Anteil von homo neanderthalensis im Genom des Menschen von einigen Prozent ausgegangen). Andererseits beinhaltet der Begriff Gemeinsamkeiten wie die Menschenrechte oder die Kultur.

1.2.3 Zukunft und Zeit

Der Begriff Zukunft ist eng mit dem Begriff Zeit verbunden, Zukunft ist ja durch die Zeit definiert.

Zeit ist ein Konzept, das in der Physik und in der Kultur seine Bedeutung hat. Wir benutzen das Konzept intuitiv, da jedem Menschen klar ist: Zeit vergeht und ist irreversibel.

Zeit beinhaltet immer eine Vielzahl möglicher Entwicklungen, dies soll Abb. 1.3 verdeutlichen. Sie zeigt auch, dass ein bestimmtes Ergebnis durch unterschiedliche Pfade erreicht werden kann.

Dabei beschäftigen wir uns mit unterschiedlichen Zeithorizonten und Skalen, von Sekunden bis zu Jahrhunderten.

Die Hauptaspekte und Zeithorizonte werden in Tab. 1.3 zusammengefasst und mit den Hauptaspekten der Weltkommission für Umwelt und Entwicklung (WCED 1987) verknüpft. Man vergleiche dazu die WCED-bezogene Darstellung in Tab. 2.1.

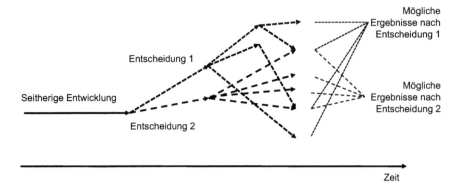

Abb. 1.3 Zeit und zukünftige Entwicklungen

Tab. 1.3 Hauptaspekte und Zeithorizonte der nachhaltigen Entwicklung

	Ökosoziales Soziales und Wirtschaft, Kultur	Ökologie Umwelt und Ressourcen, Natur
Intragenerationelle Gerechtigkeit Ausgleichsorientiert	Global und lokal gerechte Verteilung der Möglichkeiten zur Bedürfnisbefriedigung In der WCED: Focus Entwicklung	Gerechte Verteilung von Ressourcen und Belastungen
Intergenerationelle Gerechtigkeit Zukunftsorientiert	Aufbau langfristig tragfähiger ökonomischer, sozialer und politischer Systeme	Bewahrung natürlicher Ressourcen und langfristig tragfähiger ökologischer Systeme für zukünftige Generationen. In der WCED: Fokus Umwelt

1.2.4 Brundtland-Definition und Zukunftsorientierung

Der Begriff der Nachhaltigkeit wird – neben dem Sinn der Brundtlandschen Definition und der Agenda 21 – in vielfältigen Bedeutungen benutzt. Nachhaltige Investitionen können Investitionen mit Berücksichtigung ökologischer, sozialer und ökonomischer Kriterien, Investitionen in Nachhaltige Entwicklung oder ökologische Projekte sein, oder nur eine Investition die auch in ein paar Jahren hohe Gewinne abwirft. Häufig wird der Begriff im Sinne von „lange wirkend" verwendet, wobei „lange" meist wenige Jahre bedeutet (vergleiche die Begriffe in Abschn. 11.4.6.1).

Der Versuch, die Nutzung des Begriffs „nachhaltig" auf die Nachhaltige Entwicklung zu beschränken ist ebenso fruchtlos wie der Versuch des Chemikers, die Nutzung des Begriffs „Dampf" in Zusammenhang mit Wasser nur auf den gasförmigen Aggregatzustand zu beschränken. Im Folgenden wird aber die Nachhaltigkeit im Sinne der Nachhaltigen Entwicklung benutzt.

Der Begriff Nachhaltigkeit geht auf die Forstwirtschaft zurück: einem Wald nicht mehr zu entnehmen als nachwächst bzw. neu angepflanzt wird. In diese Sinne meint Nachhaltigkeit wie in der nachhaltigen Unternehmensführung vor allem den nachhaltigen Ertrag. Im Englischen ist diese als „sustainable yield" deutlicher vom hier betrachteten „sustainable development" abgegrenzt.

Wichtigstes Basisdokument der Nachhaltigen Entwicklung ist der sogenannte Brundtland-Bericht. Im Jahre 1987 trat die Kommission für Umwelt und Zusammenarbeit der Vereinten Nationen zusammen, um sich über die Zukunft der Welt und der Menschheit Gedanken zu machen. Sie veröffentlichen den Bericht „Our Common Future", in dem das Leitbild der Nachhaltigen Entwicklung vorgestellt wird (WCED 1987). Nach der Kommissionsvorsitzenden Gro Harlem Brundtland wird die Formulierung „Nachhaltigkeit ist eine Entwicklung, die den Bedürfnissen der heutigen Generation entspricht, ohne die Möglichkeiten künftiger Generationen zu gefährden, ihre eigenen Bedürfnisse zu befriedigen" als Brundtland-Definition bezeichnet. Heute ist die Nachhaltige Entwicklung als Ziel akzeptiert.

Der Bericht, der am 11.12.1987 der UN vorgestellt wurde, stellt auch klar, dass Nachhaltige Entwicklung kein Selbstläufer ist. Die reichen Länder müssen ihre Lebensstile anpassen und entsprechende Entscheidungen müssen getroffen werden.

Brundtland-Definition der Nachhaltigkeit

Sustainable Development (SD) Sustainable development is development that meets the needs of the present without compromising the ability of future generations to meet their own needs. It contains within it two key concepts:

- the concept of ‚needs', in particular the essential needs of the world's poor, to which overriding priority should be given; and
- the idea of limitations imposed by the state of technology and social organization on the environment's ability to meet present and future needs.

Nachhaltige Entwicklung (NE)	Report of the World Commission on Environment and Development: Our Common Future Nachhaltige Entwicklung ist eine Entwicklung, die es allen Menschen erlaubt, ihre Bedürfnisse zu befriedigen, ohne die Chancen zukünftiger Generationen zu gefährden, ihre zukünftigen Bedürfnisse zu befriedigen. Deutsche Übersetzung (Hauff 1987)

Der deutsche Text der Erklärung ist unter dem Titel „Unsere gemeinsame Zukunft" erschienen. Als nächsten Schritt wurde 1992 in der Konferenz der Vereinten Nationen über Umwelt und Entwicklung von Rio ein Paket von notwendigen Aktionen unter dem Begriff der Agenda 21 (UN 1992) beschlossen. In Folgenden gehen wir von der Brundtland-Definition der Nachhaltigen Entwicklung aus und zeigen deren Stärken und Schwächen.

1.2.5 Aktions- und Wirkungsbereiche

Wenn wir uns für eine Nachhaltige Entwicklung einsetzen, können wir das in mehreren Bereichen tun. Die Schwerpunkte kann man einerseits nach Aktivitätsbereichen und andererseits nach den Auswirkungen zusammenfassen.

Die Aktivitätsbereiche sind natürlich unterschiedlich, je nachdem ob wir im privaten, öffentlichen, ehrenamtlichen, politischen oder unternehmerischen Bereich aktiv sind. Gebäude, Mobilität, Konsum (inkl. Nahrung) und Aktivitäten (Produktion, Leistungserbringung, Arbeit, Freizeit) sind allgemeingültige Kategorien.

Die Auswirkungen kann man grob durch die drei Säulen (3P) charakterisieren. Wenn man feiner aufteilt, kann man beispielsweise die Bereiche Kultur und Gerechtigkeit, Ressourcen (inkl. Energie) und Umwelt, sowie Wirtschaft und Bildung hervorheben.

Wir erhalten so als Tab. 1.4 ein erstes Portfolio. Dieses unterscheidet sich von den folgenden 6P-Darstellungen, weil ja Zukunftsfähigkeit und Globale Gerechtigkeit in allen Bereichen relevant sind.

Tab. 1.4 Portfolio Nachhaltigkeitsaspekte – Aktions- und Wirkungsbereiche

	Ressourcen und Energie	Umwelt und Emissionen	Kultur und Bildung	Gerechtigkeit, Politik	Wirtschaft und Infrastruktur	Partnerschaften und Strukturen
Persönliche Aktivität, Konsum und Mobilität						
Persönliche Aktivität. Gebäude und Investitionen						
Politik aktiv und passiv gestalten						
Berufliche Aktivitäten und andere Einflusspositionen						
Projekte zur Nachhaltigkeit						
Presse und Öffentlichkeitsarbeit						
Bildung und Multiplikatorfunktion						
Prozesse gestalten und Strukturen schaffen						

1.3 Gerechtigkeit und Normen

Nachhaltigkeit ist eine Vision, d. h. ein normativer Begriff („So soll es sein"). Für die Umsetzung Nachhaltiger Entwicklung und das Erkennen von Problemen, Chancen und Risiken sind aber wissenschaftliche Grundlagen und technische Kompetenzen gefragt. Der Begriff Technik wird hier im weitesten Sinne gebraucht, ebenso wie der der Kultur. Techniken zur Umsetzung von NE beinhalten insbesondere auch Management-Kompetenz.

1.3.1 Wissenschaftliche und Normative Aspekte

Nachhaltige Entwicklung ist kein Werkzeugkasten zur Erreichung von Zielen, sie beinhaltet die Frage, welche Ziele überhaupt erreicht werden sollen. Ebenso setzt das Erkennen nicht-nachhaltiger Prozesse voraus, einen Konsens darüber zu haben, was nicht-nachhaltige Prozesse sind.

In der Diskussion um Nachhaltige Entwicklung geht es immer um zwei wichtige Sichtweisen:

- Zum einen geht es um die wissenschaftliche Sichtweise mit Fragen wie „Was passiert wie und warum?" oder „Welche Entscheidungen und Aktionen werden welche Folgen für wen haben?". Dazu gehören auch die soziökomischen Fragestellungen, die das Verhalten der Menschen mit einbeziehen und die naturwissenschaftlich-technischen Fragestellungen nach der Funktion und Beeinflussbarkeit natürlicher Systeme. Gleichzeitig betrachtet man die Frage nach der Umsetzbarkeit von Zielen. Hier geht es um Wissen und um das Kriterium „wahr oder falsch".
- Zum anderen spielt der normative Aspekt mit der Frage, „Wie wollen wir leben?" und „Welche Risiken können wir wem zumuten?" in unterschiedlichen Dimensionen von Zeit, Raum und Zahl eine wichtige Rolle. Hier geht es um ethische und politische Entscheidungen und um das Kriterium „gut oder schlecht".

Diese beiden Sichtweisen müssen sich ergänzen. Wir werden in Abschn. 3.2 darauf intensiv eingehen. Bei jeder Diskussion oder Reflexion zum Thema Nachhaltige Entwicklung sollte man diese beiden Sichtweisen und die Tatsache, dass jeder Akteur und jede Gruppe eigene Normen einbringt und individuelle Ziele verfolgt, immer im Auge behalten.

1 Nachhaltige Entwicklung – Sustainable Development

> Die Frage, wie man Begriffe wie Armut, Gerechtigkeit, Naturschutz, Bedürfnisse, Bildung, ... definiert, und welche Ziele und Kriterien man dafür festlegt, basiert immer auf normativen Überlegungen. Sind die Begriffe und Kriterien festgelegt, lassen sie sich wissenschaftlich analysieren und messen und man kann Veränderungen und Einflussgrößen untersuchen.

Die Dualität zwischen wissenschaftlich-technischen (Wissen) und normativ-ethischen (Wollen) Aspekten wird uns im gesamten Buch begleiten. Der zweite Aspekt in Tab. 1.5, das Zusammenwirken von Analyse und Gestaltung, ist mit den entsprechenden Kompetenzen ein Kern der Bildung für Nachhaltige Entwicklung.

Die Abb. 1.4 zeigt den dynamischen Aspekt dieses Zusammenwirkens von der Frage „Was war?" bis zur Umsetzung „was wird?" (Gestaltungskompetenz) über die normativen Aspekte „was soll?".

Tab. 1.5 Wissenschaftliche und normative Aspekte der Nachhaltigkeit

	Wissenschaftlich-technisch (im weitesten Sinne)	Normativ-ethisch
Vergangenheit (analytisch, wissenschaftlich)	Was können wir über die natürlichen und kulturellen Prozesse lernen? Wie funktionieren Entwicklungen? Woher kommt der aktuelle Zustand? Welche Mechanismen wirken aktuell?	Wie sollte der Zustand der Welt heute sein? Welchen Zustand der Welt haben wir und was gefällt uns daran nicht? Wie beurteilen wir diese Entwicklungen?
Zukunft (strategisch, synthetisch, planerisch)	Wie können wir natürliche und kulturelle Prozesse so gestalten und beeinflussen, dass die erstrebte Zukunft erreicht wird und die Risiken minimiert werden?	Welche Zukunft wollen wir? Welche Risiken können wir zukünftigen Generationen zumuten?

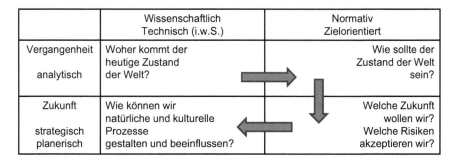

Abb. 1.4 Wissenschaftliche und normative Aspekte der Nachhaltigkeit

Die Wechselwirkung von Fakten und Werten, Analyse und Synthese soll das Beispiel einer Wanderung verdeutlichen: „Sie haben Ihr Ziel nicht erreicht".

> **Einführungsbeispiel Wanderung**
>
> Um die Unterschiede zwischen wissenschaftlicher und normativer Sichtweise zu verdeutlichen, betrachten wir eine Wanderung:
> Sie sind morgens zu einer Tagestour aufgebrochen, und zu Mittag stellen Sie fest, dass Sie sich verlaufen haben. Da gibt es mehrere Möglichkeiten:
>
> 1. Sie wissen genau, wo Sie sind, aber Sie sind offensichtlich nicht da, wo Sie hinwollten.
> 2. Sie wissen nicht, wo Sie sind, aber Sie sehen, dass Sie falsch sind (z. B. anhand der Umgebung).
> 3. Sie haben keine Ahnung, wo Sie sind.
>
> Dies festzustellen und eventuell den Ort zu bestimmen, ist der technische Teil (Karte, Navigationsgerät, GPS).
> Die Situation muss nun beurteilt werden. Dabei spielen die Ziele der Beteiligten und die aktuelle Situation (Wetter, drohende Unwetter, Anschlusstermine, Hunger) eine Rolle.
> Nun stellt sich die Frage: „Wohin wollen wir und wie wollen wir das Ziel erreichen?" Die Alternativen wie Weiterlaufen, Umkehren, ein neues Ziel suchen, die Führung austauschen, schneller laufen … haben für die Einzelnen Vorteile, Nachteile, Risiken und Chancen.
> Für das neue Ziel muss nun eine technische Umsetzung gefunden werden, die möglichst verhindert, dass man sich noch einmal so verläuft.

Man kann dies auch an globalen Problemen verdeutlichen:

> **Flächenverbrauch**
>
> Die Fläche der Erde, aber auch jeder Kommune, ist endlich. Für Maßnahmen des Wohnens, Infrastruktur, Verkehr, Landwirtschaft und Energieerzeugung kann man den jeweiligen Flächenbedarf ermitteln. Wie viel Fläche für welche Bedürfnisse geopfert wird, ist ein normatives Problem.

Auch bei der Technikfolgenabschätzung wirken ethische und wissenschaftliche Fragen zusammen. Es gibt Bereiche, in denen die technische Entwicklung relativ unklar ist, in anderen ist die ethische Bewertung unklar. Im Bereich der Künstlichen Intelligenz ist nicht nur die Technik oder Ethik, sondern unser Selbstverständnis als Menschen direkt betroffen.

> **Künstliche Intelligenz (KI)**
>
> Die KI (Abschn. 16.1.2) ist derjenige Bereich, in dem zurzeit die technische Beurteilung am schwersten fällt. Fachleute schwanken zwischen Aussagen wie „Computer werden immer dumm bleiben" und „KI wird bald intelligenter sein als der Mensch".
>
> Entsprechend gibt es auch im Normativen unterschiedliche Fragen und Ängste. Eine Kernfrage ist, wieviel Kontrolle wir an elektronische Intelligenzen übergeben wollen. Dies geht von der einfachen Maschine oder dem autonomen Fahren bis hin zur Frage global wirksamer Entscheidungen und Machtsysteme.
>
> Bei der technischen Umsetzung stellt sich die Frage, welche Lösungen und welche Kontrollmechanismen umsetzbar sind. Wie lassen sich Missbrauch oder eine Verselbstständigung der Künstlichen Intelligenzen verhindern? Können Künstliche Intelligenzen Bewusstsein erlangen? Kann man einen „Abschaltknopf" für eine Künstliche Intelligenz implementieren? Kann man solche Systeme demokratisch kontrollieren?

In anderen Bereichen ist der technische Bereich besser abschätzbar, aber die Ethik muss sich mit der Frage beschäftigen, was wir von dem Möglichen umsetzen wollen.

> **Gentechnik**
>
> Man weiß im Fall der Gentechnik relativ genau, was die Technik kann, die Risiken sind aber noch nicht definitiv abschätzbar. Vor allem die Frage der gezielten Generierung (Züchtung) von Menschen oder die Erzeugung beliebiger Mischlebewesen zwischen Mensch, Tier und Pflanze (Chimären, Hybride) ist ein ethisch/moralisches Problem. Hier muss zwischen dem potenziellen Nutzen (für das betroffene oder profitierende Individuum, für die Gesellschaft, für die Menschheit) und dem potenziellen Schaden (für das erzeugte Individuum, dessen Umfeld, die Gesellschaft und ihre Prinzipien und für die Menschheit) abgewogen werden.
>
> Daraus ergibt sich die Frage, wie man solche Experimente oder Produktionen regulieren und die Regelungen überwachen will.

Eines der grundlegenden Probleme der Nachhaltigkeit, die Konkurrenz zwischen egoistischem Handeln und dem Handeln im Sinne der Allgemeinheit, sowohl ein Thema der wissenschaftlichen Spieltheorie als auch der Ethik.

> **Allmendeproblem**
>
> Das Allmendeproblem (Tragik der Allmende, Tragedy of the Commons Abschn. 15.2.4.5) beschreibt ein Kernproblem der Nachhaltigen Entwicklung. Es beschreibt ein Mehrpersonen-Nichtnullsummenspiel analog zum Gefangenendilemma: Mehrere Gruppen nutzen eine gemeinsame Ressource (Beispielsweise einen Fischteich Abschn. 12.3.2.3). Sowohl die negativen Folgen kollektiver egoistischer (d. h. für die einzelnen Akteure optimaler nicht-kooperativer) Entscheidungen als auch die Möglichkeiten und Wirksamkeit einzelner Steuerungsmaßnahmen werden durch Modelle und Simulationen deutlich.
>
> Die Frage, welche Aktionen akzeptiert werden und welche Maßnahmen (Absprachen, Gesetze, Sanktionen, Quoten, Selbstverpflichtungen) angemessen sind, ist normativ.

1.3.2 Nutzungskonflikte und Konsens

Nachhaltige Entwicklung kann nicht gewährleisten, dass JEDER Mensch ALLE seine Wünsche befriedigen kann. Es entstehen Nutzungskonflikte um Ressourcen oder Verteilungsprobleme. Ein Modell dafür ist das Allmendeproblem (Abschn. 1.3.1, Abschn. 15.2.4.5).

Wir müssen uns deshalb mit der Problematik unterschiedlicher Anspruchsgruppen (Stakeholder) und ihrer Bedürfnisse beschäftigen.

1.3.2.1 Bedürfnisse

Zentral für die Brundtland-Definition ist der Begriff der Bedürfnisse. Das Konfliktpotenzial ergibt sich daraus, dass Menschen unterschiedliche subjektive Bedürfnisse haben und es keinem allgemeingültigen objektiven Maßstab dafür gibt, welche Bedürfnisse angemessen oder legitim sind.

Da die Bedürfnisbefriedigung Ressourcen verbraucht und mit den Bedürfnissen anderer Menschen kollidiert (vergleiche die Basisformel Abschn. 8.1.3) brauchen wir Strategien (Kap. 8), um die Nachhaltige Entwicklung zu erreichen.

1.3.2.2 Stakeholder

> **Stakeholder**
>
> Stakeholder sind Personen oder Gruppen (Anspruchsgruppen), die an einem Projekt oder einer Institution interessiert sind und die von deren Tätigkeit betroffen sind oder deren Erfolg beeinflussen können.

Bei Projekten oder Institutionen sind die Stakeholdergruppen etwas unterschiedlich. Wichtig ist, die Anspruchsgruppen und deren Bedürfnisse zu kennen. Exemplarische Stakeholderkategorien sind:

- Kunden, Auftraggeber,
- Shareholder, Investoren, Kreditgeber, Sponsoren,
- Mitglieder, Mitarbeiter, Beschäftigte
- Umgebung, Anwohner, Anlieger, Nachbarn
- Lieferanten, Auftragnehmer
- Politik, Verbände, Interessensvertreter von Wirtschaft und Politik
- Öffentlichkeit, Vereine, Interessensvertreter, Presse
- Behörden, TöB (Träger öffentlicher Belange Abschn. 13.1.3)

1.3.2.3 Konflikte

Die Agenda 21 betont schon die drei Bereiche (Säulen) und die möglichen Konflikte zwischen diesen drei Bereichen Ökologie (Planet), Ökonomie (Prosperity) und Soziales (People).

Nutzungskonflikte sind ein Kern der Diskussion um Nachhaltige Entwicklung, da jede Bedürfnisbefriedigung jetziger und zukünftiger Generationen die endlichen Ressourcen des Planeten beansprucht.

1.3.3 Ethik

Die Basis normativer Überlegungen ist die Ethik, Die Ethik jedoch gibt selbst keine Lösungen vor, sondern ist eine Anleitung zu normativen Überlegungen.

1.3.3.1 Ethik und Moral

Die Definition und Abgrenzung der Begriffe zur normativen Basis ist wichtig für die folgenden Diskussionen.

> **Ethik und Moral**
>
> Ethik   Die Ethik ist die Wissenschaft (Lehre) vom richtigen Handeln. Dabei geht es um die allgemeinen Prinzipien, wie man richtiges Handeln definiert und welche Kriterien gelten.
>
> Moral   Die Moral beschreibt konkrete Regeln für das richtige Handeln z. B. im Kontext einer speziellen Kultur gilt dann eine den kulturellen Werten entsprechende Moral.

1.3.3.2 Ansätze der Ethik

Aus der Vielzahl der Ansätze von Ethiken betrachten wir zwei Begriffspaare, die – auch in ihrer Polarität – für die Nachhaltigkeit wichtig und charakteristisch sind: Nutzen und Verantwortung. bzw. Absicht und Ergebnis.

Prinzipien und Nutzen
Der Utilitarismus Abschn. 3.2.3.1 ist eine Form der teleologischen (ergebnisbezogenen, konsequentialistischen) Ethik, bei dem „das größte Glück der größten Zahl" als Entscheidungskriterium im Vordergrund steht.

Im Gegensatz dazu stehen deontologische (pflichtbezogene, absichtsbezogene) Konzepte wie

- Prinzipien
- Werte wie Gleichheit, Gerechtigkeit, Freiheit
- Normen
- Verantwortung (Abschn. 1.3.4)

Absicht und Ergebnis
Wenn wir uns fragen, was die Grundlage für die Beurteilung einer Handlung sein soll, so kommen wir auf die beiden Bereiche Gesinnung und Folgen. Beide Kriterien zur Beurteilung von Handlungen haben Vor- und Nachteile.

- Ergebnisse (teleologische Ethiken) sind zufällig und von vielen Einflüssen abhängig.
- Gesinnungen und Absichten sind nicht beweisbar.

1.3.4 Verantwortung

1.3.4.1 Prinzip Verantwortung

Nachhaltige Entwicklung muss sich am Prinzip Verantwortung Abschn. 2.3.7 und der Verminderung von Risiken orientieren.

Verantwortung bedeutet dabei, Entscheidungen so zu treffen, dass man diese Entscheidung unter ethischen Gesichtspunkten gegenüber anderen verantworten kann.

Entscheidungen und Konsequenzen
Die Visualisierung der Abfolge von Entscheidungen und ihren Konsequenzen in Abb. 1.3 stellt die Wirkung von Entscheidungen der Akteure und von zufälligen Einflüssen und Entscheidungen Dritter dar. Damit sieht man, dass es keine direkte Kausalität und keine direkte Ursachenzuordnung gibt. Wir können die Zukunft und die Wirkung von Entscheidungen nicht vorhersehen. Damit können wir auch die Konsequenzen unserer Entscheidung letztendlich nicht prognostizieren und auch im Rückblick nicht eindeutig zuordnen. Es geht darum, diese Entscheidungen verantwortungsbewusst zu treffen.

Risiko

> Das Risiko, das dich umbringt, ist immer dasjenige, an das du nicht gedacht hast

Jede zukünftige Entwicklung beinhaltet ein Risiko. Nachhaltige Entwicklung will die globalen Risiken für zukünftige Generationen reduzieren. Risiko und Chance sind durch das Konzept der Unsicherheit von zukünftigen Ereignissen miteinander verknüpft. Risiko und Risikomanagement werden wir in Abschn. 8.4.2 betrachten.

1.3.4.2 Scope

Worauf schaut der Mensch? Welche räumlichen und zeitlichen Horizonte hat er im Blick?

Der Bereich, den ein Mensch überblickt, geht über viele Spannen Abschn. 1.4.2:

- numerisch von 1 (me, myself and I) bis zur Weltbevölkerung mit bald 8 Mrd. Menschen
- zeitlich vom Tag bis zu Jahrhunderten
- räumlich vom Zimmer bis zur gesamten Welt.

> **Beispiel**
>
> In einem Gedankenexperiment stellen Sie sich alle Menschen in Kreisen/Schalen angeordnet vor.
>
> 0. Die innerste Schale ist die 1 Person, mit der Sie sich am engsten verbunden fühlen.
> 1. Die zweite Schale beinhaltet mit Ihnen und einer weiteren Person zwei Personen.
> 2. In die nächste Schale nehmen Sie 2 weitere Personen auf
> 3. In die nächste Schale nehmen Sie 4 weitere Personen auf, sie sind nun 8 und können einen Verein gründen.
> 4. In die nächste Schale nehmen Sie 8 weitere Personen auf.
> 5. In die nächste Schale nehmen Sie 16 weitere Personen auf, mit 32 Personen hat die Gruppe nun die Größe einer Schulklasse.
> 9. In die neunte Schale nehmen Sie zu den vorherigen 256 Personen weitere 256 Personen auf.
> 10. In die nächste Schale nehmen Sie 512 weitere Personen auf. Wir haben nun 1024 Personen in der Schale. Ein kleines Dorf oder vielleicht die Menge Ihrer Freunde in einem der Sozialen Netzwerke. Wenn wir so mit der Verdopplung weitermachen sind wir
> 15. Nach weiteren 5 Schritten bei 32 Tausend, d. h. einer kleineren Stadt
> 20. Nach weiteren 5 Schritten bei einer Million – einer Großstadt.
> 21. Noch eine dazu und wir haben zwei Millionen
> 26. Nach weiteren 5 Schritten, also bei 64 Mio., sind wir in der Größenordnung der früheren BRD
> 27. Mit weiteren 64 Mio. schon bei 128 Mio. Menschen, was der Anzahl Deutscher Muttersprachler bzw. der Einwohnerzahl von Deutschland+Österreich+Schweiz entspricht.
> 32. Nach weiteren 5 Schritten sind wir bei 4 Mrd. Menschen.
> 33. Und eine weitere Verdopplung führt uns beim 33-sten Verdopplungsschritt zu 8 Mrd. Menschen, was der Weltbevölkerung in naher Zukunft entspricht. Genaugenommen sind es 8589934592 Menschen, diese Zahl dürfte um das Jahr 2030 erreicht werden.
>
> Die Sprünge in der Liste verhindern, dass diese doppelt so lang wird wie sie schon ist.
>
> Hätten Sie das ganze Verdopplungsspiel mit Reiskörnern gemacht, hätten wir im letzten Schritt ca. 200 Tonnen Reis. Mehr dazu siehe beim Thema exponentielles Wachstum in Abschn. 15.2.5.3 und 3.3.2.

Die unterschiedlichen räumlichen und zeitlichen Horizonte visualisiert die Abb. 1.5.

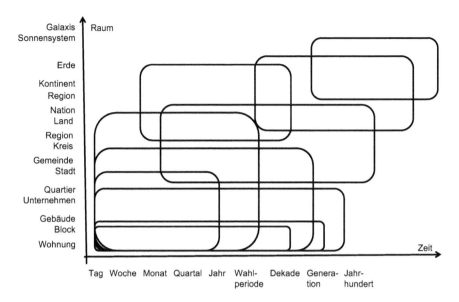

Abb. 1.5 Unterschiedliche räumliche und zeitliche Scopes

1.3.4.3 Verantwortung im Bermudadreieck

In der öffentlichen Diskussion kann man häufig ein Argumentationsmuster erkennen, bei dem die Verantwortung für nicht-nachhaltiges Verhalten zwischen den Akteuren hin- und hergeschoben wird. Dabei sind die drei Kandidaten typischerweise wie in dem äußeren Dreieck in Abb. 1.6 gezeigt:

- Der Bürger
  Als Konsument oder Gesellschaft sind die Bürger letztendlich die Agierenden, die also beispielsweise ein Produkt kaufen und konsumieren oder durch ihr Verhalten zu nicht-nachhaltigen Wirkungen beitragen.
- Die Wirtschaft
  Unternehmen produzieren die Güter oder Dienstleistungen und tragen dadurch zu den Belastungen bei der Erzeugung und bei der Nutzung bei.
- Die Politik
  Der Staat bzw. Gesetzgeber kann durch Regelungen für ein nachhaltigeres Verhalten sorgen.
  Die Politik ist also in der Verantwortung, durch Regelungen dafür zu sorgen, dass Wirtschaft und Bürger im Sinne der Nachhaltigkeit agieren.

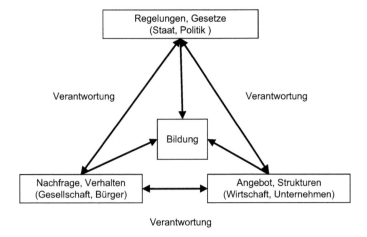

Abb. 1.6 Verantwortung im Bermudadreieck – Silber Bullet Bildung

Häufig wird in der Diskussion nach mehreren Runden dann die „Zauberkugel" oder „silver bullet" gemäß Abb. 1.6 gefunden:

- Bildung ist der Schlüssel dazu, dass in Politik und Wirtschaft die richtigen Entscheidungen getroffen werden, dass Verantwortung wahrgenommen wird und dass sich alle Bürger und die Gesellschaft im Sinne der Nachhaltigen Entwicklung verhalten.

Dies entlässt aber die anderen Akteure nicht aus der Pflicht. Die Wirkung von Bildung ist ja eine langfristige. Es gibt Ihnen nur eine zusätzliche Verantwortung, auch die BNE umzusetzen.

1.3.5 Recht und Gesetz

Das geltende Recht wird durch Gesetze ausgedrückt. Gesetze sind von einer entsprechenden (gesetzgebenden) Institution in der durch die Verfassung vorgegebenen Form beschlossene Regeln mit Sanktionen.

Da nicht jedes Detail durch Gesetze und langwierige Gesetzgebungsprozesse geregelt werden kann, beinhalten Gesetze unter Umständen die Möglichkeit einer Detailierung durch Verordnungen oder ähnliches (untergesetzliches Regelwerk). Diese können dann z. B. durch die Regierung erlassen werden.

> **Gesetzgebung in Deutschland**
>
> In Deutschland werden Bundesgesetze von Bundestag und Bundesrat beschlossen. Landesgesetze werden vom jeweiligen Landtag des Bundeslands beschlossen.

Beispiel: Umweltschutz im Grundgesetz
Umweltschutz wird vor allem unter dem Aspekt der Bewahrung von Ressourcen gesehen. Dies entspricht auch der anthropozentrischen Formulierung im § 20a des Deutschen Grundgesetzes:

> **§ 20a GG**
>
> Der Staat schützt auch in Verantwortung für die künftigen Generationen die natürlichen Lebensgrundlagen und die Tiere im Rahmen der verfassungsmäßigen Ordnung durch die Gesetzgebung und nach Maßgabe von Gesetz und Recht durch die vollziehende Gewalt und die Rechtsprechung.

1.3.6 Argumentationsprinzipien

In der Ethik und im Recht gelten unterschiedliche Prinzipien als Basis zur Bewertung von Handlungen, welche unter Umständen zu anderen zu Unterschiedlichen Bewertungen bzw. Entscheidungen alternativer Handlungen führen. Wichtig ist nun, dass zwischen diesen Argumentationsprinzipien nicht beliebig gewechselt wird, sondern dass eine Konsistenz vorhanden ist.

Dies gilt für alle oben genannten Polaritäten

- Absicht vs. Ergebnis
- Nutzen vs. Pflichten
- Prinzipien vs. Pragmatismus

> Ein willkürlicher Wechsel zwischen den Argumentationsgrundlagen ist nur getarnte Willkür.

> **Beispiel**
>
> Auch in der Diskussion um Nachhaltige Entwicklung wird das Kostenargument bei Bedarf gerne über die Argumentation „Man darf das Geld zukünftiger Generationen nicht vorschnell ausgeben" eingebracht,

Zum Wechsel zwischen Argumentationslinien siehe auch die Vektordarstellung der Ziele in Abschn. 1.6.2.

1.4 Begriffe und Zahlen

Zunächst brauchen wir klare Begriffe. Das ist wie beim UFO: Verstehen wir darunter die Sichtung eines unbekannten, d. h. im Moment nicht identifizierten fliegendes Objekts oder einen nachgewiesenen Besucher von einem anderen Planeten (plakativ gesprochen: ein Raumschiff mit kleinen grünen Männchen)? Wenn Sie das nicht auseinanderhalten, können Sie jahrelang über die Existenz von UFOs diskutieren.

Und dann brauchen wir für die Beurteilung der Realität, für Diskussion und für Planungen auch ein paar Zahlen und Fakten.

1.4.1 Umgang mit Begriffen

Schon bei den Begriffen Erde – Planet – Welt (Abschn. 1.2.2) haben wir gesehen, wie sehr die Wahl einer bestimmten Bezeichnung die Wahrnehmung beeinflusst.

Mit dem Thema Begriffe und Bedeutungen (Semiotik) werden wir uns später (Abschn. 15.2.1.2) noch befassen.

> **Beispiel**
>
> Morgenstern und Abendstern sind dasselbe Objekt, nur steht die Venus von der Erde aus gesehen einmal rechts und einmal links von der Sonne,

1.4.2 Skalen und Reichweiten

Da der Mensch über den eigenen Ereignishorizont hinaus kaum Vorstellungen von Raum und Zeit hat, ist es wichtig, diese zu veranschaulichen. (Vergleiche auch Abb. 1.5). Einfache Relationen können die Größenordnungen verdeutlichen:

Skala Bevölkerung
Die Relation zwischen der Bevölkerung der Erde und Deutschland ist etwa 1:100. Ein Hundertstel der Einwohner Deutschland wohnen etwa in Frankfurt oder Stuttgart. Mit jeweils 1/100 kommen wir zu einem Dorf oder Stadtteil und im nächsten Schritt zu einer Gruppe von 80 Personen (Vergleiche auch Abschn. 1.3.4.2).

Skala Fläche
Die Fläche wächst quadratisch mit ihren linearen Abmessungen, also z. B. beim Quadrat: $F = s^2$ und beim Kreis $F = \pi \cdot r^2$.

Die Fläche Deutschlands ist mit 357 Tausend km^2 weniger als 1/1400 der Erdoberfläche mit 510 Mio. km^2. Dieser Bruchteil der Fläche Deutschlands entspricht wieder grob der Fläche von Frankfurt oder Stuttgart, dem halben Bodensee oder zweimal der Müritz. Wiederum 1/1400 davon sind ca. 2 km^2 = 200 ha.

Da eine lineare Skala einer quadratischen Flächenskala entspricht, haben wir bezüglich der Fläche jeweils einen Faktor 100, wenn wir die Länge um einen Faktor 10 vergrößern. Da dies bei der Beurteilung von Flächen (z. B. für Energie, Flächenverbrauch) und Volumina (Emissionen, Konzentrationen) eine Rolle spielt, stellen wir die wichtigsten Größen in Tab. 1.6 zusammen

Tab. 1.6 Größenordnungen von Längen, Flächen und Volumina

Faktor linear	1/100	1/10	1	10	100	1000
Längeneinheit	cm	dm	m			km
Faktor quadratisch	0,0001	0,01	1	100	10000	1 Mio. = 10^6
Flächeneinheit	cm^2	dm^2	m^2	Ar	ha	km^3
Faktor kubisch	10^{-6}	10^{-3}	1	10^3	10^6	10^9
Volumeneinheit	cm^3	Liter	m^3			
Masse (bei Dichte von Wasser)	g	kg	t	kt	Mt	Gt
Masse (bei Dichte von Luft)	mg	g	kg	t	kt	Mt

Skala Volumina und Gewicht
Das Volumen wächst wie in Tab. 1.6 dargestellt mit der dritten Potenz der Länge. Ebenso die Masse, die über die Dichte mit dem Volumen verknüpft ist und das Gewicht, das über die Schwerkraft (Erdbeschleunigung = 9,81 m/s^2) mit der Masse verknüpft ist.

Skala Zeit
Jeweils etwa mit dem Verhältnis 1:100 haben wir das Alter der Erde (5 Mrd. Jahre), den Beginn der Erdneuzeit (Aussterben der Saurier, Tertiär, 65 Mio. Jahre), die Eiszeit und Steinzeit (Quartär 1 Mio. Jahre), die frühen Hochkulturen (2500 v.C.) und den Kalten Krieg (Bau der Mauer 1963). Die nächsten Hundertstel wären dann ca. ein halbes Jahr, ein Tag, eine Minute, Sekunde bis zu den Schwingungsdauern von Tönen, Ultraschall, Radio, Radar, Mikrowelle, Infrarot und sichtbarem Licht.

1.5 Kernbegriffe

Wir betrachten nun einige elementare Konzepte und Begriffe in der Auseinandersetzung mit Nachhaltiger Entwicklung.

1.5.1 Nachhaltigkeit

Nachhaltige Entwicklung ist eine Vision einer zukünftigen Entwicklung der Erde. Sie strebt an, dass die derzeit auf der Erde lebenden Menschen ihre die Bedürfnisse befriedigen könne, ohne zu riskieren, dass künftige Generationen ihre eigenen Bedürfnisse nicht befriedigen können. Eine gemeinsame Basis ist die sogenannte Brundtland-Definition, die wir hier nochmals leicht angepasst wiedergeben:

Nachhaltige Entwicklung	Nachhaltige Entwicklung ist eine Entwicklung der Menschheit, die es der heutigen Generation erlaubt, ihre Bedürfnisse zu befriedigen, ohne die Chancen zukünftiger Generationen zu gefährden, ihre Bedürfnisse zu befriedigen. (Brundtland-Definition, WCED 1987)

Nachhaltigkeit und nachhaltig	Der Begriff Nachhaltigkeit hat viele Bedeutungen. Wenn es eindeutig ist, was gemeint ist, verwenden wir im Sinne der Lesbarkeit den Begriff Nachhaltigkeit als Synonym für Nachhaltige Entwicklung. Für die vielen anderen Bedeutungen wird die Bezeichnung nachhaltig in ihrer umgangssprachlichen Bedeutung genutzt und darauf hingewiesen. Man vergleiche z. B. die Interpretationsmöglichkeiten von „nachhaltigen Events" in Abschn. 11.4.6.1

Aus der oben beschriebenen Definition von Nachhaltigkeit, die sich an der Befriedigung der menschlichen Bedürfnisse orientiert, geht hervor, dass Nachhaltige Entwicklung

- ein anthropozentrisches Prinzip ist, d. h. die Menschheit und jeder individuelle Mensch mit seinen/ihren Bedürfnissen im Zentrum der Überlegungen stehen,
- viel mit dem Begriffen Kultur (im Sinne des vom Menschen geschaffenen) und Wertschöpfung (im Sinne der Erzeugung der zur Bedürfnisbefriedigung notwendigen Werte) zu tun hat. Und dass
- die Schaffung und Erhaltung von kulturellen und natürlichen Ressourcen als Basis für die zukünftige Möglichkeit der Bedürfnisbefriedigung und Lebensgestaltung eine essenzielle Voraussetzung ist,
- die Gerechtigkeit zwischen den Generationen (intergenerationell) und innerhalb einer Generation (intragenerationell) eine wichtige Komponente der Nachhaltigen Entwicklung ist,
- die bekannten drei Säulen Natürliche Ressourcen/Ökologie, Wirtschaft/Ökonomie und Soziales/Kultur/Politik für die Nachhaltigkeit wichtig sind, aber nicht isoliert betrachtet werden können.
  - Ökologie: Alle Aspekte der Wechselwirkung mit der natürlichen Umwelt. Bewahrung der natürlichen Ressourcen als Grundlage des Lebens und Wirtschaftens
  - Ökonomie: Alle Aspekte der Wertschöpfung und des Wirtschaftssystems. Erhalt von Wirtschaftssystem und Wertschöpfung zur Befriedigung der Bedürfnisse.

- Soziales: Alle Aspekte die das Zusammenleben der Menschen betreffen. Verteilungsgerechtigkeit und Partizipation, Freiheit bei der Gestaltung des eigenen Lebens.
- Daneben gehören eine umfassende und ganzheitliche Betrachtung und die zukunftsorientierte Generationengerechtigkeit essenziell dazu. (Damit werden aus den 3P der Triple Bottom Line die später noch zu betrachtenden 6P).

1.5.2 Bedürfnisse und Nutzen

Der Begriff der Bedürfnisbefriedigung ist zentral für die Brundtland-Definition. Damit muss sich jede Aktivität, die Ressourcen verbraucht, daran messen lassen, inwieweit sie zur Bedürfnisbefriedigung von jetzigen und von zukünftigen Generationen beiträgt und wie die positiven Auswirkungen in Relation zu negativen Auswirkungen stehen.

Bedürfnisbefriedigung bedeutet auch, die notwendigen Systeme und Mittel (materielle Ressourcen, Infrastrukturen, Wissen) zu schaffen und zu erhalten, die für die zur Bedürfnisbefriedigung notwendigen Wertschöpfungsprozesse gebraucht werden. Hinzu kommen gesellschaftliche Aspekte der Ressourcenverteilung und des Zugriffs auf die Gestaltung und die Ergebnisse der Wertschöpfungsprozesse, die weit über die im Deutschen verwendete Bedeutung des Begriffs „sozial" hinausgehen.

Bedürfnisbefriedigung umfasst nicht nur die materiellen, sozialen und kulturellen Bedürfnisse, sondern auch die selbstbestimmte Gestaltung des eigenen Lebens. Die Freiheit, das eigene Leben zu gestalten, bedeutet für die Nachhaltige Entwicklung, dass Systeme zu erhalten sind, die die individuelle Freiheit und die Menschenrechte im Rahmen der für eine Nachhaltige Entwicklung notwendigen Einschränkungen gegenüber Systemen aller Art (organisatorische, politische, religiöse, technische) schützen.

Später Abschn. 8.1.3 werden wir in der Basisformel die Relation zwischen Bedürfnisbefriedigung und Ressourcenverbrauch betrachten.

1.5.3 Bildung für Nachhaltige Entwicklung

Bildung für Nachhaltige Entwicklung (Kap. 12) umfasst zum einen das Wissen und zum anderen die Kompetenzen, um entsprechend entscheiden und handeln zu können. Zusammenfassend wird dies als Gestaltungskompetenz (deHaan und Harenberg 1999) bezeichnet. Sie umfasst die

Komponenten Wissenserwerb, Analyse, Sozialkompetenz, Planung, Kooperation und Motivation. Ein wichtiger Aspekt ist die Sensibilisierung.

Bildung und Nachhaltige Entwicklung	
Bildung	Bildung kann als Zustand (gebildet) oder Prozess (bilden) verstanden werden (Abschn. 12.1.2).
Bildung für Nachhaltige Entwicklung	Bildung für Nachhaltige Entwicklung soll die Fähigkeit vermitteln, aktiv und eigenverantwortlich die Zukunft mit zu gestalten. Dazu gehört, nicht-nachhaltige Entwicklungen zu analysieren und nachhaltige Konzepte umzusetzen.
Gestaltungskompetenz	Mit Gestaltungskompetenz wird die Fähigkeit bezeichnet, Probleme nicht nachhaltiger Entwicklung erkennen und Wissen über nachhaltige Entwicklung anwenden zu können.
(B)NE	Wir verwenden die Abkürzung (B)NE, wenn wir sowohl die Nachhaltige Entwicklung (NE) als auch speziell die Bildung für Nachhaltige Entwicklung (BNE) im Fokus haben.

Die Gestaltungskompetenz hat neben einer kognitiv-analytischen Komponente eine wichtige Anwendungskomponente. Diese sollte sich darauf beziehen, aktiv zur Gestaltung der Zukunft beizutragen.

Wir werden diese in Abschn. 12.1.2 ausführlich betrachten, und stellen hier nur kompakt diejenigen Kompetenzen nach de Haan (2008) zusammen, welche für die Gestaltung der Zukunft wichtig sind.

- Wissen und Werte reflektieren:
  das eigene Wissen und die eigenen Leitbilder sowie diejenigen anderer Gruppen beurteilen und reflektieren können
- Wissen und Werte erwerben:
  weltoffen und neue Perspektiven integrierend Wissen aufbauen, interdisziplinär Erkenntnisse und Werte gewinnen
- Planen:
  vorausschauend und gemeinsam mit anderen denken und planen, als notwendig erkannte Maßnahmen planen

- Umsetzen:
an Entscheidungsprozessen partizipieren und Partnerschaften aufbauen, sich und andere motivieren können, aktiv zu werden und Planungen umzusetzen, Umsetzungsprozesse aktiv voranbringen und steuern
- Analysieren und reflektieren:
zukünftige Entwicklungen sowie das Ergebnis eigener und fremder Umsetzungs- und Gestaltungsprozesse bezüglich seiner Wirkung beurteilen und notwendige Konsequenzen für Korrekturen auf der operativen und strategischen Ebene ziehen können.

Die Formulierung des Weltaktionsprogramms durch die Deutsche UNESCO-Kommission DUK (2015) verwendet eine ausführlichere Formulierung:

> **Wichtig**
>
> BNE befähigt Lernende, informierte Entscheidungen zu treffen und verantwortungsbewusst zum Schutz der Umwelt, für eine bestandsfähige Wirtschaft und einer gerechten Gesellschaft zu handeln und dabei die kulturelle Vielfalt zu respektieren.
> DUK (2015)

Dabei werden vier Dimensionen des Konzepts aufgestellt (DUK 2015):

- Lerninhalt: Aufnahme zentraler Themen wie Klimawandel, Biodiversität, Katastrophenvorsorge sowie nachhaltige Konsum- und Produktionsmuster in den Lehrplan.
- Pädagogik und Lernumgebung: Lehren und Lernen soll auf interaktive Weise und mit dem Fokus auf die Lernenden gestaltet werden, um forschendes, aktionsorientiertes und transformatives Lernen zu ermöglichen. Lernumgebungen – physisch sowie virtuell und online – müssen neu gestaltet werden, um Lehrende für nachhaltiges Handeln zu inspirieren.
- Lernergebnis: Stimulation des Lernprozesses und Förderung von Kernkompetenzen wie kritisches und systematisches Denken, kollaborative Entscheidungsfindung und die Übernahme von Verantwortung für aktuelle und zukünftige Generationen.
- Gesellschaftliche Transformation: Lernende jedes Alters in allen Lernumgebungen in die Lage versetzten, sich selbst und die Gesellschaft in der man lebt, zu verändern:

Damit können wir auch die Polaritäten Wissen (Fakten und Zusammenhänge), Können (Kompetenzen), Wollen (Aktivierung, Motivation, Handlungsbereitschaft) und Tun (Handlung) identifizieren (Abschn. 12.1.2).

1.6 Strategieelemente der Nachhaltigen Entwicklung

Die Strategien zur Umsetzung der Nachhaltigen Entwicklung kann man aus unterschiedlichen Perspektiven betrachten. Wir werden in Kap. 8 die Strategien ausführlich betrachten.

Besonders wichtig sind die Leitstrategien (Abschn. 8.1.2) der Nachhaltigen Entwicklung (Pufé 2012):

- Suffizienz: Genügsamkeit – weniger.
- Effizienz: Wirkungsgrad – besser.
- Konsistenz: Verträglichkeit – alternativ.

Grundprinzipien
Die folgenden fünf Grundprinzipien bilden den Kern der Strategie einer Nachhaltigen Entwicklung (Pufé 2012):

- Integration der oben genannten drei Säulen Wirtschaft, Natur und Soziales,
- Permanenz, d. h. dauerhaftes Wirken über die Zeit,
- Gerechtigkeit innerhalb und zwischen den Generationen,
- Eigenverantwortung: die Rolle des Einzelnen und der Organisationen,
- Dependenz: Zusammenhänge und Restriktionen. Erkennen der Komplexität.

1.6.1 Integration

Ein wichtiger Aspekt der Nachhaltigkeit ist, Faktoren wie die drei Säulen oder die 3P der Triple Bottom Line nicht isoliert, sondern gemeinsam betrachten.

Drei Säulen – Triple Bottom Line
Klassischerweise baut die Nachhaltigkeit auf den drei Säulen auf, die schon in der Agenda 21 erwähnt sind.

Drei Säulen – Triple Bottom Line	
Drei Säulen	Die drei Säulen der Nachhaltigen Entwicklung sind durch die Begriffe Ökologie, Ökonomie und Soziales gegeben.
Triple Bottom Line	Die drei Elemente der Triple Bottom Line (Dreifache Bilanz) sind durch die Begriffe People, Planet, Profit/Prosperity gegeben.
Soziales/People	Kernelemente des gesellschaftlichen Aspekts der Nachhaltigkeit sind die gesellschaftliche Wirkung, insbesondere Verteilungsgerechtigkeit und Partizipation sowie die Freiheit bei der Gestaltung des eigenen Lebens.
Ökonomie/Prosperity	Kernelemente des wirtschaftlichen Aspekts der Nachhaltigkeit sind der Aufbau und Erhalt von Wirtschaftssystem und Wertschöpfung zur Befriedigung der Bedürfnisse.
Ökologie/Planet	Kernelement des ökologischen Aspekts der Nachhaltigkeit ist die Bewahrung der natürlichen Ressourcen (Ressourcenschonung, Umweltschutz) als Grundlage des Lebens und Wirtschaftens

Ökologie und Ökonomie sind Wissenschaften. Wenn wir über die ökologische oder ökonomische Säule reden meinen wir damit diejenigen Aspekte, die Untersuchungsobjekt bzw. Erkenntnisbereich dieser Wissenschaften sind. In dem Sinne meint „ökologisch" bzw. „ökonomisch" eine Berücksichtigung der Erkenntnisse und Prinzipien der jeweiligen Wissenschaft, wie man auch den Begriff „unökonomisch" oder „unwirtschaftlich" verwendet.

Die sozialen Aspekte stehen eigentlich beim Begriff der Nachhaltigkeit im Zentrum: Jetzige und zukünftige Generationen sollen ihre Bedürfnisse befriedigen können.

Zwei weitere wichtige Aspekte der Nachhaltigkeit betreffen die Einbeziehung aller in das gesellschaftliche Leben (Inklusion) und die Entscheidungsprozesse (Partizipation).

Ergänzend zu den 3P der Triple Bottom Line kommen noch die Aspekte Gerechtigkeit, Dauerhaftigkeit und Partnerschaft dazu.

6P

- People
- Planet
- Profit/Prosperity

- Peace and Justice
- Permanence and Progress
- Partnership

1.6.2 Ganzheitlichkeit und Bewertung

Säulen und derivative Ziele sind eine Basis für die Planung im Bereich Nachhaltigkeit, da sie es erlauben, Probleme auf die Einzelbereiche herunterzubrechen. Dabei besteht die Gefahr, nur einen Bereich zu betrachten. Nutzungskonflikte und Wechselwirkungen erfordern die ganzheitliche Betrachtung, man muss bei Entscheidungen alle Faktoren berücksichtigen. Die 3P oder 6P oder abgeleitete Ziele (CO_2-Emission, Fläche, Barrierefreiheit, Gerechtigkeit, …) erfordern immer eine Abwägung.

Nachhaltigkeitsbegriffe	
Starke Nachhaltigkeit	Verbesserung oder zumindest keine Verschlechterung der Nachhaltigkeit in allen drei Säulen oder zumindest in beiden Faktoren Natur (ökologische Nachhaltigkeit) und Kultur (sozioökonomische Nachhaltigkeit).
Schwache Nachhaltigkeit	Die Verschlechterung in einem Faktor wird durch die Verbesserung in anderen Faktoren überkompensiert. Bei mehrmaliger Anwendung dieses Prinzips erfolgt immer eine generelle Verbesserung.
Nicht-Nachhaltigkeit	Die Verschlechterung in einigen Faktoren ist zu stark. Bei mehrmaliger Anwendung solcher Entscheidungsprinzipien kann es zu einer generellen Verschlechterung der Gesamtsituation kommen.

Eine grafische Darstellung möglicher Entwicklungspfade in einer Vektordarstellung der Nachhaltigkeitsziele gibt Abb. 1.7 Die Koordinaten können hierbei Elemente der 3P, 6P, SDG, … sein oder die beiden Bereiche Natur und Kultur darstellen. Die drei oben genannten Fälle stellen sich nun folgendermaßen dar:

- Starke Nachhaltigkeit: Entweder Verbesserung in allen Faktoren (Pfad1) oder Konstanz in einigen Faktoren (Pfad 2)
- Schwache Nachhaltigkeit: Die Verschlechterung in einem Faktor wird durch die Verbesserung in anderen Faktoren immer überkompensiert (Pfad 3).
- Nicht-Nachhaltigkeit: Die Verschlechterung in einigen Faktoren ist zu stark, es kann es zu einer generellen Verschlechterung kommen (Pfad 4).

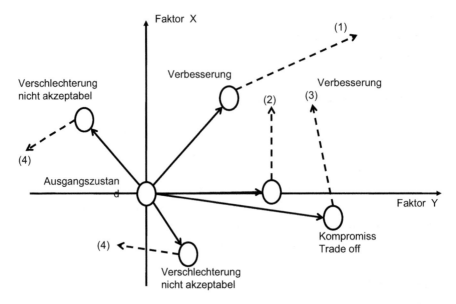

Abb. 1.7 Vektordarstellung starke und schwache Nachhaltigkeit in den 6P

Kultur und Bildung

Bildung ist ein wichtiges Mittel und Ziel der Nachhaltigkeit. Die Kultur als Oberbegriff und wichtigen Faktor der Nachhaltigkeit betrachten wir in Abschn. 7.3.

1.6.3 Friede und Gerechtigkeit

Friede, Gerechtigkeit, starke und verantwortliche Institutionen werden wir in Abschn. 7.5 betrachten.

Wichtige Aspekte sind die Menschenrechte, die wir ausführlich in Abschn. 7.1 betrachten werden, sowie Demokratie und Meinungsfreiheit.

Ein Kernpunkt der Gerechtigkeitsdebatte ist die Frage: „Was ist gerecht?" Damit stellt sich für die in der Brundtland-Definition angesprochene Bedürfnisbefriedigung die Frage: „Welche Bedürfnisbefriedigung steht den Menschen zu?"

1.6.3.1 Bedürfnisse und Werte

Was ist gerecht?

Der Begriff der Nachhaltigen Entwicklung baut stark auf dem Begriff der Bedürfnisse auf. Damit stellt sich die Frage: Welche Bedürfnisse haben jetzige und welche Bedürfnisse werden zukünftige Generationen haben? Auch die Veränderung der Bedürfnisse (der Gesellschaft) ist ein wichtiger Aspekt der Nachhaltigen Entwicklung. Dabei ist ein Ansatz der Bildung für Nachhaltige Entwicklung auch, die Entwicklung dieser Bedürfnisse zu beeinflussen.

Dahinter steht die Frage, in welcher Gesellschaft/Kultur wir leben wollen bzw. welche Art von gesellschaftlichem Zusammenleben und welche Kultur wir zukünftigen Generationen ermöglichen wollen. Letztendlich sind es die Werte dieser Gesellschaft, die als Basis der Abwägung von Bedürfnissen entscheiden, wie die Nachhaltige Entwicklung aussehen wird. Die Kultur dieser Gesellschaften wird durch deren Werte geprägt. Diese Werte entscheiden ihrerseits, welche Bedürfnisse die Angehörigen dieser Kultur haben werden. Dies hat viel mit der später zu diskutierenden Suffizienz zu tun.

> Earth provides enough to satisfy every man's needs, but not every man's greed. (Mahatma Gandhi)

1.6.3.2 Gerechtigkeit

Das Thema intragenerationelle und intergenerationelle Gerechtigkeit ist Kern der Nachhaltigen Entwicklung.

Gerechtigkeitsaspekte in der Nachhaltigen Entwicklung	
Intergenerationelle Gerechtigkeit	Gerechtigkeit zwischen den Generationen ist das zukunftsorientierte Konzept der Nachhaltigen Entwicklung
Intragenerationelle Gerechtigkeit	Gerechtigkeit innerhalb der Generationen bzw. der gleichzeitig lebenden Menschen ist ein wichtiges Anliegen. Intragenerationelle Gerechtigkeit hat eine lokale (gesellschaftliche) und globale (internationale) Komponente

Für eine grafische Darstellung dazu siehe Abb. 8.1.

1.6.4 Zukunftsorientierung

Der Begriff der Nachhaltigen Entwicklung beinhaltet die Orientierung an der Zukunft der Menschheit und hat mehrere Aspekte und Komponenten, die wir betrachten müssen.

- Zukunftsorientierung und Vorsorgeprinzip
- Zukunftsfähigkeit und Generationengerechtigkeit
- Nachhaltige Ertragssicherung (sustainable yield) Abschn. 6.2
- Fortschritt (Progress): Nachhaltige Entwicklung ist kein Stillstand

1.7 Zusammenfassung

Nachhaltige Entwicklung
Nachhaltig ist eine Entwicklung, wenn sie dafür sorgt, dass die Bedürfnisse der jetzigen und von zukünftigen Generationen befriedigt werden. Nachhaltige Entwicklung ist ein Konzept, das wissenschaftlich-technische und normativ-ethische Aspekte beinhaltet und nicht nur viele Konfliktpotenziale, sondern auch vielfältige Lösungsansätze hat. Dabei spielen die intragenerationelle und intergenerationelle Gerechtigkeit sowie die Integration des Erhalts der natürlichen Ressourcen einerseits und der Entwicklung von Gesellschaft und Wirtschaft andererseits eine zentrale Rolle.

Literatur

BMAS (Bundesministerium für Arbeit und Soziales) (Hrsg.). (2011). Die DIN ISO 26000 „Leitfaden zur gesellschaftlichen Verantwortung von Organisationen" – Ein Überblick. http://www.bmas.de/SharedDocs/Downloads/DE/PDF-Publikationen/a395-csr-din-26000.pdf?__blob=publicationFile.

BMUB Bundesministerium für Umwelt, Naturschutz, Bau und Reaktorsicherheit (Hrsg.). (2014). Gesellschaftliche Verantwortung von Unternehmen Eine Orientierungshilfe für Kernthemen und Handlungsfelder des Leitfadens DIN ISO 26000, Berlin.

BMZ (Bundesministerium für wirtschaftliche Zusammenarbeit und Entwicklung). (2017). Die Agenda 2030 für nachhaltige Entwicklung. http://www.bmz.de/de/ministerium/ziele/2030_agenda/index.html. Berlin: BMZ.

de Haan, G. (2008). Gestaltungskompetenz als Kompetenzkonzept der Bildung für nachhaltige Entwicklung. In I. Bormann & G. de Haan (Hrsg.), *Kompetenzen der Bildung für nachhaltige Entwicklung* (S. 23–43). Berlin: Springer.

de Haan, G., & Harenberg, D. (1999). Bildung für eine nachhaltige Entwicklung – Materialien zur Bildungsplanung und Forschungsförderung, 72. Bund-Länder-Kommission für Bildungsplanung und Forschungsförderung, Bonn.

DUK. (2015). UNESCO Roadmap zur Umsetzung des Weltaktionsprogramms „Bildung für nachhaltige Entwicklung". Deutsche Übersetzung. UNESCO, Bonn. www.bmbf.de/files/2015_Roadmap_deutsch.pdf.

Pufé, I. (2012). *Nachhaltigkeit*. Konstanz: UKV Lucius/UTB.

UN (Vereinte Nationen). (1992). AGENDA 21 Konferenz der Vereinten Nationen für Umwelt und Entwicklung Rio de Janeiro, Juni 1992. http://www.un.org/depts/german/conf/agenda21/agenda_21.pdf.

WCED (World Commission on Environment and Development). (1987). *Our common future*. Oxford: Oxford University Press. http://www.un-documents.net/a42-427.htm (Deutsch: Hauff, V. (Hrsg.) Unsere gemeinsame Zukunft. Der Brundtland-Bericht der Weltkommission für Umwelt und Entwicklung, Greven 1987).

2

Eine kurze Geschichte der Nachhaltigkeit
Woher kommt die Nachhaltigkeit?

Die Frage, die wir in diesem Buch beantworten möchten, kann man so formulieren: Woher kann Nachhaltigkeit kommen? Es geht also darum, wie man Nachhaltigkeit erreichen kann. Dazu hinterfragen wir, woher die Konzepte der Nachhaltigen Entwicklung, also der Verantwortung für zukünftige Generationen, kommen. Dazu gehört auch die Frage, woher der Begriff „nachhaltig" mit der hier verwendeten Bedeutung kommt.

Geschichte besteht aus Geschichten. Es geht hier nicht um eine komplette historische Darstellung der Geschichte des Begriffs, des Namens oder des Konzepts. Stattdessen möchten wir in diesem kurzen Ausschnitt der Menschheitsgeschichte einige Punkte des Wegs zur Idee „Nachhaltigkeit" und die Wechselwirkung zwischen Nachhaltigkeit und Kultur kennenlernen. Die Kulturgeschichte der Nachhaltigkeit ist mit der Entwicklung der menschlichen Kultur eng verbunden.

2.1 Nachhaltigkeit gestern und morgen

Die wichtigsten Begriffe und Maßnahmen zur Nachhaltigkeit, die im Laufe des letzten Jahrhunderts immer wieder die Diskussion beherrschten, sind nicht erst in unserem Jahrhundert entstanden.

Vieles, was heute mit Hinblick auf Umwelt und Gesundheit, auf Zukunftssicherung und Gerechtigkeit gefordert wird, war früher aufgrund der Erziehung, aus der Not heraus oder aus religiösen Motiven selbstverständlich: sparsamer und verantwortlicher Umgang mit Ressourcen,

Gemeinsinn und Zukunftsorientierung. Neu ist, dass die Menschen zum ersten Mal in ihrer Geschichte nicht nur kämpfen müssen, um ihre kleine lokale Welt ein bisschen angenehmer zu gestalten, sondern dass die Menschheit heute die Macht hat, die Erde zu einem lebensunwerten Planeten zu machen.

Der Kampf des Menschen gegen die Natur, um Nahrung und Sicherheit zu gewinnen, wird abgelöst vom Kampf um eine lebenswerte Umwelt, um eine langfristige Koexistenz von Mensch und Natur zu gewährleisten.

2.2 Nachhaltige Steinzeit?

Gegner der Umwelt- und Nachhaltigkeitsbewegung bringen gerne die Metapher vom „Leben wie in der Steinzeit". Mit diesem Schlagwort wollen wir und von zwei Aspekten her beschäftigen:

- Bedeutet Nachhaltigkeit ein „Zurück in die Steinzeit"?
- Waren die Menschen der Steinzeit wirklich nachhaltig?

> **Beispiel**
>
> Das beste Beispiel für nachhaltiges Wirtschaften auch im Sinne des nachhaltigen Ertrags stammt aus der Frühzeit des Menschen. Schon die Jäger und Sammler wussten, dass sie Vorräte anlegen mussten. Mit dem Übergang zum Ackerbau wurde das Nachhaltigkeitsprinzip zentral: „Man darf das Saatgut nicht aufessen." Saatgut hat nämlich mehrfach eine große Hebelwirkung für die Zukunft. Es beinhaltet aber auch Ziel- und Nutzungskonflikte:
>
> - Im Konflikt zwischen kurzfristiger Bedürfnisbefriedigung (Essen) und langfristiger Aufbewahrung zum Zwecke des späteren Essens oder Aussäens.
> - In der Investition zur Haltbarmachung durch geeignete Vorbereitung (Trocknen) und sichere Aufbewahrung, die aber trotzdem Risiken beinhaltet (Schädlinge, Feuchte, Diebstahl).
> - In der Investition durch Aussäen, die nicht nur in Konkurrenz zum Essen steht, sondern auch eine Vielzahl von Unwägbarkeiten (Schädlinge, Wetter, Tiere, Menschen) ins Spiel bringt.
>
> Dies zu erkennen ist die Grundlage allen Nachhaltigen Wirtschaften.
> Eine kurzfristige Bedürfnisbefriedigung hätte hier nicht nur zukünftige Generationen, sondern die Gruppe selbst im kommenden Jahr in Schwierigkeiten gebracht.

2.2.1 Bedeutet Nachhaltigkeit ein „zurück in die Steinzeit"?

Ob die Menschen der Steinzeit aus ihrer Sicht ein gutes Leben hatten, können wir nicht beurteilen. Sie hatten Reflexion, sorgten für die Kranken und trauerten um ihre Toten. Die Angst vor der Zukunft, vor wilden Tieren und Hunger war wahrscheinlich omnipräsent, wurde aber durch die kulturellen Errungenschaften immer weniger. Auch die Frage nach dem Besitz beispielsweise von Land hat sich wahrscheinlich nicht in der jetzigen Form gestellt.

Wenn man den „Wohlstand 5.0" durch die Formel „Man hat was man braucht" beschreibt, so könnten die Menschen der Steinzeit diesem Zustand nahe gewesen sein.

Für uns heutige Menschen ist es klar – und das zeigen auch die von der UN formulierten Nachhaltigkeitsziele (SDG) – dass das Ziel einer Nachhaltigen Entwicklung durchaus ein Wohlstand für alle ist und dafür auch ein Erhalt der natürlichen und kulturellen Ressourcen notwendig ist. SDG 1 (Keine Armut) fordert eine minimale Versorgung für alle Menschen, die über den steinzeitlichen Zustand hinausgeht. SDG 4 (Hochwertige Bildung) und die SDG 5 (Geschlechtergleichheit) bis 12 (nachhaltiger Konsum und Produktion) sind nur in unserer modernen Kultur denkbar. Die durch SDG 5 und SDDG 10 (weniger Ungleichheiten) geforderte Gleichbehandlung war sicher in einer hierarchisch orientierten Horde nicht gegeben, wahrscheinlich gab es aber auch matriarchalisch orientierte Strukturen.

Die Frage der „Steinzeit" wird gerne an die Energieversorgung gekoppelt. Ein globaler Zusammenbruch der Energieversorgung oder der Ausfall aller elektronischen Geräte hätte für unsere modernen Infrastrukturen verheerende Auswirkungen. Das Einsparen von Energie und Ressourcen und der verantwortliche Umgang mit Natur und Kultur sollen aber einen „Rückfall in barbarische Zeiten" verhindern. Mehr als ein Mangel an Energie ist eher eine Barbarei im politischen und gesellschaftlichen Sinne zu befürchten. Die technisch-wissenschaftlichen Errungenschaften dürften weniger schnell in Vergessenheit geraten als die kulturellen Errungenschaften wie die Menschenrechte oder die Ziele der Sustainable Development Goals.

Nachhaltige Entwicklung bedeutet weder im kulturellen noch im technischen Bereich ein „Zurück", sie fordert ein „Vorwärts" im Sinne von Lebensqualität und Wohlstand.

2.2.2 Waren die Menschen der Steinzeit wirklich nachhaltig?

Nomaden und Jäger und Sammler haben und hatten andere Kriterien an die Nachhaltigkeit. Lokale und temporäre Nicht-Nachhaltigkeit wird durch Wanderungen und den Einfluss der Zeit ausgeglichen. Dies gilt auch heute noch für nomadische lebende Völker (und in gewissem Sinne auch für die Sukzession im Bereich Wohnen in Städten).

Allerdings waren in der Vergangenheit viel weniger Menschen auf der Erde, sodass der Einfluss auf die gesamte Erde gering war. Das war der Unterschied zum heutigen sogenannten Anthropozän: wir prägen die Erde. Trotzdem gab es eine globale Ausrottung der Großsäuger – eine Kombination aus dem Klimawandel und dem Erstarken des Einflusses des Menschen.

In der frühen Steinzeit gab es eine Situation, die für uns ganz fremd ist, dass es nämlich mehrere Arten der Gattung homo gab. Dabei hatte sicher der moderne Mensch Auswirkungen auf andere Menschenarten (z. B. den Homo Neanderthalensis). Die genauen Wechselwirkungen (Konkurrenz, Bekämpfung, genetische und kulturelle Vermischung) sind noch Objekt der Forschung.

Die Erschöpfung der Ressourcen, die wir derzeit global erleben, war sicher in der Steinzeit auch immer ein lokal gegebenes Phänomen. Gegebenenfalls trieb man Handel oder zog weiter.

> Die Steinzeit ging nicht zu Ende, weil die Steine ausgingen

Da früher genügend Fläche vorhanden war, konnten die Menschen weiterziehen, wenn z. B. ein Gebiet übernutzt war. Hier und in der globalen Wirkung im Anthropozän liegt der Hauptunterschied zur Steinzeit.

> There is no planet B

2.3 Neuzeit

Wir fassen kurz einige Punkte der Entwicklung zum heutigen Konzept von Nachhaltigkeit zusammen.

2.3.1 Zukunftsorientierung und Forst

Der Begriff der Nachhaltigkeit tauchte erstmals zu Beginn des 18. Jahrhunderts im Bereich der Forstwirtschaft auf, und zwar in der Form einer beständigen und nachhaltenden Nutzung, bei der zur Sicherung eines dauerhaften Ertrags dem Wald nicht mehr entnommen wird als nachwächst (Carlowitz 1713).

Hier war noch nicht die gesamte Nachhaltigkeitswirkung des Waldes (ökologische Funktion, Klimawirksamkeit und CO_2-Bindung, Biodiversität, soziale Funktion, Erholungsraum), sondern nur der dauerhafte mikroökonomische wirtschaftliche Ertrag des Holzes gemeint. Carlowitz verstand den Wald als Quelle der regenerativen Ressource Holz.

Heute sehen der Forst, die Besitzer und Nutzer des Waldes und die Bevölkerung durchaus die vielfältigen gesellschaftlichen und ökologischen Leistungen des Waldes und auch die wirtschaftliche Bedeutung als Lieferant der Ressource Holz. In Zeiten des Klimawandels wurde auch die Bedeutung der CO_2-Bindung erkannt, während die Bedeutung des Waldes als Geldquelle oder „Sparbüchse" abnimmt und Wald in Konkurrenz zu anderen Flächennutzungen steht (vom Wald in Deutschland bis zum Regenwald in Brasilien).

2.3.2 Aufklärung

Die Aufklärung kann als ein Ausgangspunkt für die Konzepte der Nachhaltigen Entwicklung gesehen werden, da sie den Menschen dazu auffordert, die Verantwortung für sein Handeln und sein Schicksal zu übernehmen.

> Aufklärung ist der Ausgang des Menschen aus seiner selbstverschuldeten Unmündigkeit. Unmündigkeit ist das Unvermögen, sich seines Verstandes ohne Leitung eines anderen zu bedienen. Selbstverschuldet ist diese Unmündigkeit, wenn die Ursache derselben nicht am Mangel des Verstandes, sondern der Entschließung und des Mutes liegt, sich seiner ohne Leitung eines andern zu bedienen. Sapere aude! Habe Mut, dich deines eigenen Verstandes zu bedienen! ist also der Wahlspruch der Aufklärung. (Kant 1784)

Kant betrachtet auch das Verhältnis zwischen den Generationen:

> Ein solcher Kontrakt, der auf immer alle weitere Aufklärung vom Menschengeschlechte abzuhalten geschlossen würde, ist schlechterdings null und nichtig; und sollte er auch durch die oberste Gewalt, durch Reichstage und die feierlichsten Friedensschlüsse bestätigt sein. Ein Zeitalter kann sich nicht verbünden und darauf verschwören, das folgende in einen Zustand zu setzen, darin es ihm unmöglich werden muß, seine (vornehmlich so sehr angelegentliche) Erkenntnisse zu erweitern, von Irrtümern zu reinigen und überhaupt in der Aufklärung weiter zu schreiten. Das wäre ein Verbrechen wider die menschliche Natur, deren ursprüngliche Bestimmung gerade in diesem Fortschreiten besteht; und die Nachkommen sind also vollkommen dazu berechtigt, jene Beschlüsse, als unbefugter und frevelhafter Weise genommen, zu verwerfen. (Kant 1784)

2.3.3 Umwelt: Grenzen des Wachstums

Der Bericht „Grenzen des Wachstums" (Meadows et al. 1972) namhafter Wissenschaftler über die drohende Erschöpfung der Ressourcen dieser Erde, war ein wichtiger Auslöser für die Ökologiebewegung. Das Grundprinzip zeigt Abb. 2.1. Dieses mathematische Modell und seine numerische Simulation haben bewirkt, dass Millionen Menschen heute bewusster und verantwortlicher mit der Umwelt umgehen.

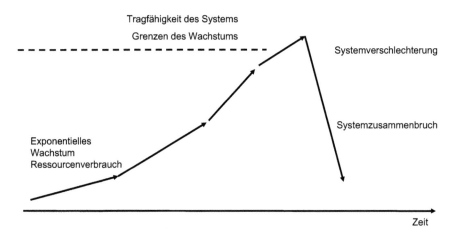

Abb. 2.1 Grenzen des Wachstums

2.3.4 Kulturelle Einflüsse – Umwelt- und Friedensbewegung

Die Umwelt- und Friedensbewegung hatte großen Einfluss auf die Entwicklung des Nachhaltigkeitskonzepts.

Als ein zentraler Ausgangspunkt kann das Buch „Silent Spring" von Rachel Carson (1962) gesehen werden. „Der stumme Frühling" hat viele Menschen auf die Umweltproblematik und ihre Ursachen aufmerksam gemacht und sie für diese sensibilisiert.

Auch in der Kultur sind die relevanten Themen aufgegriffen und dadurch verbreitet worden. Einige historische Beispiele ohne den Anspruch auf Vollständigkeit (nach Holzbaur 2015):

- Lieder zum Gerechtigkeit und Menschenrechten aus allen Perioden („We shall overcome")
- Lieder der Friedensbewegung („Where have all the flowers gone"), der Umweltbewegung oder zu Natur, Integration, Krieg, Umwelt und anderen Themen („Earth Song")
- Bildende und darstellende Kunst, z. B. Friedensreich Hundertwasser
- Dichtung beispielsweise des Sturm und Drang, moderne Literatur
- Opern und Operetten mit politischem Hintergrund oder der Thematisierung von Missständen und Veränderungen
- Theaterstücke und Filme, die Themen der Nachhaltigkeit beinhalten, auch Endzeitszenarien
- Fotografie: Beispielsweise Fotos aus Kriegen (Vietnam) oder von Umweltkatastrophen im Großen und im Kleinen, Che Guevara als Ikone

2.3.5 Nord-Süd: Brandt-Bericht

Aus Sicht Europas waren die Länder der anderen Kontinente vor allem neue Flächen, die man erobern und besiedeln konnte, sowie Lieferanten für Rohstoffe. Daneben gab es mit Asien und Nordafrika auch einen kulturellen Austausch. Der Kolonialismus und die Missionierung gingen davon aus, dass den „unzivilisierten" Ländern die europäische Zivilisation und die christliche Religion „gebracht" werden müssten. Dadurch wurden aber auch vorhandene Infrastrukturen zerstört und die Länder ausgebeutet. Auch die „Entwicklungshilfe" ging von einem asymmetrischen Verhältnis aus, bei dem die Staaten des Nordens die Staaten des globalen Südens bei ihrer „Entwicklung" unterstützen.

Der Brandt-Bericht, der 1980 vorgelegte Bericht der Nord-Süd-Kommission unter dem Vorsitz des damaligen Bundeskanzlers Willy Brandt, nennt die drei Schwerpunkte der zukünftigen Entwicklung (Brandt 2013):

- Die Nord-Süd-Beziehungen sind die große soziale Herausforderung am Ende der 1970er Jahre und deren grundlegende Verbesserung von schicksalhafter Bedeutung für die Menschheit.
- Menschliche Entwicklung darf nicht mit Wachstum gleichgesetzt werden: „Es geht um mehr als Ökonomie."
- Die Globalisierung erfordert eine Art „Weltinnenpolitik" und Elemente dessen, was man eine „internationale Regierung" nennen könnte.

2.3.6 Integration: Brundtland-Bericht

Die beiden Bereiche Umwelt und Entwicklung sollten durch die Weltkommission für Umwelt und Entwicklung (World Commission on Environment and Development, WCED 1987) gemäß Tab. 2.1 integriert werden (man vergleiche dazu die Darstellung in Tab. 1.3).

Tab. 2.1 Umwelt und Entwicklung

Ausgangsbereich	Basis	Fokus	Kernthese
Umweltschutz	Lokale Umweltbewegungen Grenzen des Wachstums	Zukunftsorientiert Generationengerechtigkeit	Ein Wachstum der Entwicklungsländer analog zu dem der Industriestaaten führt zum Kollaps Wachstum und Ressourcenverbrauch begrenzen
Entwicklung	Globale Entwicklungshilfe Nord-Süd-Kooperation	Gerechtigkeitsorientiert Gegenwart und nahe Zukunft	Für die Entwicklungsländer und Schwellenländer ist wirtschaftliches Wachstum der Schlüssel zu Lebensqualität
Weltkommission für Umwelt und Entwicklung	Integration der globalen Herausforderungen Schutz des Planeten und globale Gerechtigkeit		Die beiden Sichten müssen integriert werden, auch wenn dies Spannungen erzeugt.

Die Brundtland-Definition von 1987, benannt nach der damaligen Vorsitzenden der Weltkommission für Umwelt und Entwicklung Gro Harlem Brundtland, ist die heute allgemein gültige und anerkannte Definition der Nachhaltigkeit im Sinne der Nachhaltigen Entwicklung:

> **Nachhaltige Entwicklung nach der Brundtland-Definition**
> Nachhaltige oder dauerhafte Entwicklung ist eine Entwicklung, die die Bedürfnisse der Gegenwart befriedigt, ohne zu riskieren, dass künftige Generationen ihre eigenen Bedürfnisse nicht befriedigen können.
> (WCED 1987)

Diese Definition von Nachhaltigkeit geht von der Menschheit und ihren Bedürfnissen aus, sie ist also anthropozentrisch: Zielgruppe der Nachhaltigkeit sind zukünftige Generationen von Menschen. Die natürlichen Ressourcen, Ökosysteme, gesellschaftliche Ordnung, politische Stabilität und Kriterien wie Artenvielfalt, Bevölkerungsstruktur, Wirtschaftskreisläufe oder Bildungsstand sind abgeleitete Ziele, die einer lebenswerten Zukunft dienen.

Auf den Begriff der Bedürfnisse gehen wir noch intensiver ein Abschn. 6.1.1. Ein Grundprinzip ist, dass die Befriedigung der Bedürfnisse entkoppelt wird vom Verbrauch natürlicher und kultureller Ressourcen (Abb. 2.2) und von quantitativem Wachstum und Konsum (Wohlstand 5.0).

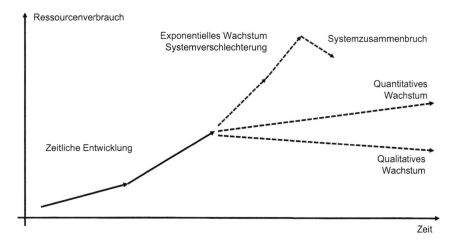

Abb. 2.2 Entkopplung von Wohlstand und Ressourcenverbrauch

2.3.7 Jonas' Prinzip Verantwortung

Das „Prinzip Verantwortung" von Hans Jonas (1979) ist ein anthropozentrischer Imperativ: Der Mensch steht im Mittelpunkt. Die Argumentation ist lokal utilitaristisch (Gesamteffekt, Gesamtnutzen für die Menschheit) aber global auf eine sehr langfristige Verantwortung ausgerichtet. Das Prinzip Verantwortung gibt eine Maxime (Handlungsrichtlinie) für das Handeln.

> Handle so, daß die Wirkungen deiner Handlungen verträglich sind mit der Permanenz echten menschlichen Lebens auf Erden.

> Gefährde nicht die Bedingungen für den indefiniten Fortbestand der Menschheit auf Erden.

Hans Jonas „Prinzip Verantwortung"

2.3.8 Zukunftsgestaltung

Ganz generell spricht Drucker (1999) die zukünftigen Herausforderungen an:

> Vor uns liegen Jahre eines grundlegenden Wandels. [...] Verändern wird sich die Bevölkerungsstruktur, der politische Stil, die Gesellschaft, die Philosophie und die Weltanschauung. [...] Die einzige Strategie mit Aussicht auf Erfolg besteht darin, die Zukunft zu gestalten. [...] Die Zukunft zu gestalten ist mit hohen Risiken verbunden. Es ist allerdings weniger riskant, als es unversucht zu lassen.

2.4 Von der Brundtland-Definition zur Agenda 2030

Die oben erwähnte Definition der World Commission on Environment and Development wurde 1987 veröffentlicht und der UN vorgestellt.
„Nachhaltige Entwicklung ist eine Entwicklung, die es allen Menschen erlaubt, ihre Bedürfnisse zu befriedigen ohne die Chancen zukünftiger Generationen zu gefährden, ihre zukünftigen Bedürfnisse zu befriedigen."

2.4.1 Rio und die Agenda 21

„Nachhaltig" ist kein statischer Zustand. Nachhaltigkeit kann es nur als langfristiges Ziel, also in Prozessen geben; darum spricht man von „Nachhaltiger Entwicklung". Die Weltkonferenz 1992 in Rio de Janeiro erkannte die Brundtland-Definition an und setzte sie in Form der Agenda 21 in ein Handlungsprogramm um. Agenda bedeutet „was zu tun ist". Wir werden dies in Abschn. 4.1 ausführlich betrachten.

Viele Probleme und Fragestellungen der Nachhaltigen Entwicklung finden ihre Lösung nicht im Großen, sondern im Wirken jedes Einzelnen. Deshalb ist ein wichtiger Punkt der Agenda 21 die sogenannte Lokale Agenda 21, die Umsetzung auf regionaler oder kommunaler Ebene. Diese Umsetzung erfordert aber Bildung – nicht nur als Wissen, sondern als einen ganzheitlichen gesellschaftsübergreifenden Konsens zur Erhaltung einer lebenswerten Welt.

> **Präambel der Agenda 21**
> Die Menschheit steht an einem entscheidenden Punkt ihrer Geschichte. Wir erleben eine zunehmende Ungleichheit zwischen Völkern und innerhalb von Völkern, eine immer größere Armut, immer mehr Hunger, Krankheit und Analphabetentum sowie eine fortschreitende Schädigung der Ökosysteme, von denen unser Wohlergehen abhängt. Durch eine Vereinigung von Umwelt- und Entwicklungsinteressen und ihre stärkere Beachtung kann es uns jedoch gelingen, die Deckung der Grundbedürfnisse, die Verbesserung des Lebensstandards aller Menschen, einen größeren Schutz und eine bessere Bewirtschaftung der Ökosysteme und eine gesicherte, gedeihlichere Zukunft zu gewährleisten.

Beispiele und Schwerpunkte sind:

- Soziales und Wirtschaft: Im Gegensatz zur verbreiteten Meinung, dass die Agenda 21 sich mit Ökologie (oder Naturschutz) befasst, steht an erster Stelle die Befriedigung menschlicher Bedürfnisse, also anthropozentrische Überlegungen. Deshalb könnte man auch kurz formulieren: die menschliche Kultur steht im Mittelpunkt der Nachhaltigen Entwicklung.
- Bekämpfung der Armut.
- Internationale Zusammenarbeit zur Beschleunigung Nachhaltiger Entwicklung in den Entwicklungsländern.

- Bevölkerungsdynamik und Nachhaltige Entwicklung, Veränderung der Konsumgewohnheiten.
- Schutz und Förderung der menschlichen Gesundheit, Förderung einer nachhaltigen Siedlungsentwicklung, Integration von Umwelt- und Entwicklungszielen in die Entscheidungsfindung.

2.4.2 Agenda 2030 und die SDG

Die Agenda 2030 (UN 2015; BMZ 2017) fordert die Transformation unserer Welt in eine für Nachhaltige Entwicklung durch konkrete Ziele und Unterziele.

Diese Agenda ist ein Aktionsplan für die Menschen, den Planeten und den Wohlstand. (People, Planet, Prosperity). Sie will außerdem den universellen Frieden in größerer Freiheit festigen. Wir werden sie in Abschn. 4.2 ausführlich betrachten.

2.5 Zusammenfassung

Nachhaltigkeit gestern, heute und morgen
Das Konzept und der Begriff der Nachhaltigkeit haben eine lange Tradition. Der Begriff der Nachhaltigen Entwicklung entstand auf der Konferenz für Umwelt und Entwicklung 1987. Er bezeichnet die Vision einer Entwicklung, die allen Menschen in heutigen und zukünftigen Generationen ein lebenswertes Leben ermöglicht. Diese Vision führt Ideen der Umweltbewegung, Friedensbewegung und der Eine-Welt-Bewegung zusammen und integriert Konzepte der Menschenrechte, Ethik und Aufklärung. Die große Bedeutung der Thematik ist erst dadurch entstanden, dass der Mensch global die Entwicklung der Erde und der gesamten Menschheit beeinflussen kann.

Literatur

BMZ (Bundesministerium für wirtschaftliche Zusammenarbeit und Entwicklung). (2017). Die Agenda 2030 für nachhaltige Entwicklung. Internet: http://www.bmz.de/de/ministerium/ziele/2030_agenda/index.html. Berlin: BMZ.

Brandt: (Bundeskanzler-Willy-Brandt-Stiftung, Hrsg.). (2013). Willy Brandt „Das Überleben sichern" Die Einleitung zum Nord-Süd-Bericht. Berlin. http://www.willy-brandt.de/fileadmin/stiftung/Downloads/Schriftenreihe/Heft_25_Nord-Sued-Bericht.pdf.

Carson, R. (1962). *Silent Spring*. Greenwich: Fawcett. (Deutsch: Der Stumme Frühling).
Drucker, P. (1999). *Management in 21. Jahrhundert*. Düsseldorf: Econ. (Management Challengers for the 21st Century).
Holzbaur, U. (2015). *Events Nachhaltig gestalten*. Wiesbaden: Springer.
Jonas, H. (1979). *Das Prinzip Verantwortung: Versuch einer Ethik für die technologische Zivilisation*. Frankfurt a. M.: Suhrkamp.
Kant, I. (1784). Beantwortung der Frage: Was ist Aufklärung? http://gutenberg.spiegel.de/buch/beantwortung-der-frage-was-ist-aufkl-3505/1.
Meadows, D., Meadows, D., Miling, P., & Zahn, E. (1972). *Grenzen des Wachstums*. Stuttgart: Deutsche Verlagsanstalt. (Orig: Meadows, D. et al. (1972). The limits to growth. New York: Universe Books.).
UN (Vereinte Nationen). (2015). Transformation unserer Welt: die Agenda 2030 für nachhaltige Entwicklung. A/RES/70/1. www.un.org/Depts/german/gv-70/band1/ar70001.pdf.
von Carlowitz, H. C. (1713). *Sylvicultura Oeconomica*. Leipzig: Braun.
WCED (World Commission on Environment and Development). (1987). Our common future. Oxford: Oxford University Press. http://www.un-documents.net/a42-427.htm. (Deutsch: Hauff, V. (Hrsg.). (1987). Unsere gemeinsame Zukunft. Der Brundtland-Bericht der Weltkommission für Umwelt und Entwicklung. Greven).

3

Zukunft und Ziel – Wissen und Handeln
Woher wissen wir, was eine Nachhaltige Entwicklung ist?

Nachhaltige Entwicklung ist nicht nur eine wissenschaftlich-technische Frage, sondern muss vor allem auf der normativen Ebene beantwortet werden: In welcher Welt bzw. Gesellschaft wollen wir leben bzw. welche Welt wollen wir für zukünftige Generationen hinterlassen? Dabei sind globale Entwicklungen genauso zu betrachten wie grundlegende wissenschaftliche Erkenntnisse.

Wir betrachten zunächst Grundlagen und wichtige Zusammenhänge für eine Nachhaltige Entwicklung. Dies wird Basis für die weiteren Grundlagenkapitel über die Nachhaltigkeitsziele Kap. 4 und die drei Säulen der Nachhaltigen Entwicklung bzw. die 3P (People/Soziales Kap. 7 + Planet/Ökologie Kap. 5 + Prosperity/Wirtschaft Kap. 6), sowie die anschließenden Kapitel zu Nachhaltigkeitsstrategien Kap. 8 und einzelnen Wirkungsbereichen sein.

3.1 Rahmenbedingungen der Nachhaltigen Entwicklung

Nachhaltige Entwicklung ist ein Ziel. Wer sich dafür interessiert oder dafür einsetzt, muss einige wichtige Rahmenbedingungen kennen:

- Zielsetzungen
- Grenzen
- Unsicherheit
- Normative Aspekte
- Dynamik
- Megatrends

3.1.1 Derivative Ziele und Argumente

Die Ziele der Nachhaltigen Entwicklung sind z. B. durch die Brundtland-Definition (WCED 1987) gegeben, die wir bereits betrachtet haben.

3.1.1.1 Derivative Ziele

Aus Zielen leiten sich strategische Ziele ab, die für die Erreichung des Gesamtziels wichtig sind, daraus ergeben sich weitere untergeordnete Ziele. Die untergeordneten Ziele und die zu ihrer Erreichung wichtigen Indikatoren und Maßnahmen sind wichtig für die operative Umsetzung des Zielerreichungsprozesses.

Bei dieser Zielhierarchie ist es immer wichtig, das Gesamtziel im Auge zu halten.

3.1.1.2 Nachhaltigkeit als Argument

Nachhaltige Entwicklung ist ein Ziel als Ganzes. Häufig wird die Nachhaltigkeit pauschal oder eines der derivativen Ziele als Argument benutzt, um eigene Interessen umzusetzen oder zu argumentieren. Dabei wird die Logik umgekehrt: Nicht das Ziel und die abgeleiteten Maßnahmen folgen der Nachhaltigkeit, sondern die Nachhaltigkeit wird als Argument für das eigentliche Ziel und die geplante Maßnahme missbraucht.

> **Grund und Argument**
>
> Eine Bürgerinitiative, die eine Umgehungsstraße möchte, argumentiert mit der Situation der Menschen (soziale NE) und der Umweltbelastung durch Staus (ökologische NE). Aspekte wie Flächenverbrauch, Kosten, Ressourcenverbrauch, Biodiversität, Wirkung auf die Kommune, … werden ignoriert.
>
> Im Gegenzug werden diese Argumente von Landwirten, Naturschützern und Naturnutzern ins Feld geführt, um den Flächenverbrauch zu verhindern.

Dies ist insbesondere dann kontraproduktiv im Sinne der Nachhaltigkeit, wenn die scheinbare Verbesserung im Sinne eines der derivativen Ziele zu einer deutlichen Verschlechterung in anderen Bereichen führt. Dies zu beurteilen erfordert ein Verständnis der Nachhaltigkeit als Ganzes, gegebenenfalls eine Nachhaltigkeitsbilanz aller Effekte. Jede Verbesserungsmaßnahme bezüglich eines der Ziele muss darauf geprüft werden, dass sie nicht andere Ziele gefährdet. Als quantitative Darstellung siehe dazu auch die Vektordarstellung der Ziele und Konsequenzen in Abschn. 1.6.2.

Häufig werden derivative Ziele als Argumente genannt, wenn Personen, Lobbys, Unternehmen oder Bürgerinitiativen Maßnahmen umsetzen wollen. Damit wird bei Nutzungskonflikten jeweils ein Aspekt ins Zentrum gestellt, während andere ignoriert oder damit relativiert werden sollen. Dies führt genau zu der in Abb. 1.7 dargestellten Verschlechterung.

3.1.2 Planetare Grenzen und Zeitskalen

Nachhaltige Entwicklung ist ein extrem komplexes Thema. Es betrifft unterschiedliche Wissenschafts- und Lebensbereiche und vor allem unterschiedliche zeitliche und räumliche Skalen. Für den Einzelnen erscheint der Planet als Ganzes unendlich, zumindest nicht in seinen Grenzen fassbar. In welchen Größenordnungen bewegen wir uns?

Eine Entfernung von 1 km (kurzer Spaziergang) oder eine Fläche von 1 ha (Grundstücksfläche, Fußballfeld) ist für uns gut vorstellbar. Natürlich können wir 20 km zu Fuß oder 400 km mit dem Auto zurücklegen. Aber dabei sehen wir aus der Nähe ein paar Meter und aus der Ferne ein paar Kilometer. Die wirklich erfahrene Fläche liegt bei einigen km². Eine Großstadt mit 1 km² oder ein Gelände mit 100 ha – das sind 140 Fußballfelder – zu erkunden ist eine Herausforderung: Wer diese Fläche in einem 100-m-Raster abläuft, legt dabei 10 km zurück und ist von den Punkten immer noch bis zu 50 m entfernt.

Wenn wir nur die planetare Skala betrachten, reden wir von 20.000 km als Abstand auf der Oberfläche vom Pol zu Pol oder von einem beliebigen Punkt zu seinem Antipoden. Damit könnte man bei einer täglichen Strecke vom 20 km die Erde in 2000 Tagen umrunden. Sechs Jahre sind ein überschaubarer Zeitraum. Anders sieht es bei der Oberfläche aus. Die Oberfläche ist $O = 4\pi r^2 = d u$, und bei einem Erdradius von 6371 km ist $d = 12.742$ km, $u = 40.000$ km und $O = 510$ Mio. km², und davon sind ca., 30 % Land, genauer etwa 150 Mio. km². Wenn wir nun jeden Tag nach der obigen Rechnung 2 km² erkunden brauchen wir für die Landfläche der Erde ca. 1/4 Mio. Jahre.

Ähnlich sind die unterschiedlichen Zeitskalen mehr oder weniger anschaulich. Während wir ein Jahr vorausschauend überblicken und planen können, ist schon ein Zeitraum von zehn Jahren durch Unsicherheit und Wandel geprägt. Rückblickend kann man einen Zeitraum von zehn Jahren vom persönlichen Erleben her sicher überblicken, weitere Zeiträume kennt man eventuell aus dem persönlichen Erleben oder aus Erzählungen.

Geologische und prähistorische Zeitskalen sind für uns kaum vorstellbar.

Zeitskala und Wanderungsbewegungen

Wenn der Mensch (als Spezies) in Afrika aufgebrochen ist und 100.000 Jahre später in Europa war, welche jährliche Strecke legte er auf dieser Wanderung zurück?

Eine einfache Schätzung (10.000 km) und Division zeigen, dass dabei in jeweils zehn Jahren ein Kilometer oder pro Jahr 100 m zurückzulegen sind. Das ist keine Wanderung, sondern weniger als der Radius von Jägern und Sammlern.

Auf die Zeitskalen gehen wir noch mehrmals ein, weil diese Zeitskalen in Vergangenheit und Zukunft wichtig sind für die Beurteilung von Effekten.

3.1.3 Unsicherheit in der Nachhaltigkeit

Da wir die Zukunft nicht vorhersehen können und auch keine alternativen Szenarien durchleben können, kann die Frage, welche Aktion zu einer (nicht-) nachhaltigen Entwicklung beigetragen hat, niemals mit formaler mathematischer Exaktheit beantwortet werden.

Diese Unsicherheit ist charakterisiert durch die Aspekte

- Chaos und chaotische Prozesse, Nicht-Vorhersagbarkeit
- Zufall und Stochastik (Wahrscheinlichkeiten)
- Nicht-Kausalität (keine klare Ursache–Wirkung-Beziehung)

Das Grundprinzip zufälliger Entwicklungen haben wir in Abb. 1.3 veranschaulicht.

VUCA

Auf das Thema Unsicherheit und die VUCA-Formell werden wir in Abschn. 15.3.2 detailliert eingehen. Hier stellen wir zunächst die Abkürzung und ihre Bedeutung vor.

- Volatility: Schwankungen und chaotische Prozesse
- Uncertainty: Nichtvorhersagbarkeit
- Complexity: Numerische und strukturelle Komplexität
- Ambiguity: Mehrdeutigkeit von Situationen oder Informationen

3.1.4 Messen und Bewerten der Nachhaltigkeit

Aufgrund der unsicheren Zukunft ist es schwer, den Beitrag eines Vorhabens, Produkts, Projekts oder Prozesses zur Nachhaltigen Entwicklung zu bestimmen.

Bilanzen versuchen, die Wirkung von Bilanzobjekten Abschn. 5.5.1 auf die Nachhaltigkeit oder Aspekte wie Umwelt, Soziales, Wirtschaft oder Gerechtigkeit zu erfassen.

Eine Nachhaltigkeitsbilanz kann nur die einzelnen Beträge und potenziellen Wirkungen des Bilanzobjekts zusammenfassen. Damit integriert die Nachhaltigkeitsbilanz die Wirkungen, die beispielsweise anhand der drei Säulen, der 3P oder 6P differenziert werden. Auch mit dem sogenannten Gemeinwohlprodukt (GWP) Abschn. 6.2.3 lässt sich der Beitrag wirtschaftlichen Handelns zur Nachhaltigen Entwicklung messen.

NE-Bilanz und Ökobilanz
Sehr gut ausgearbeitet sind inzwischen die Möglichkeiten der Beurteilung von Bilanzobjekten zu den ökologischen Wirkungen. Wir werden uns mit der Ökobilanzierung in Abschn. 5.5 noch intensiver beschäftigen.

3.2 Normative und Technische Aspekte

Auch auf die beiden Aspekte Ethik (normative Aspekte, Willensbildung, Konsens: Was soll sein?) und Technik (Steht hier für alle Wissenschaftlichen Erkenntnisse, Analytik, Fakten: Was wirkt wie?) werden uns durch die gesamte Nachhaltigkeitsdiskussion begleiten.

3.2.1 Nutzungskonflikte

> Nachhaltige Entwicklung ist immer durch Nutzungskonflikte gekennzeichnet.

Die natürlichen und kulturellen Ressourcen sind beschränkt. Nicht alle Bedürfnisse und Wünsche können unbeschränkt erfüllt werden, Insofern steckt in der Brundtland-Definition ein Widerspruch, den wir durch eine kleine Änderung verdeutlichen und auf den Punkt bringen können: Nachhaltige Entwicklung ist eine Entwicklung, die es allen Menschen erlaubt, ihre legitimen Bedürfnisse zu befriedigen, ohne dadurch die Chancen zukünftiger Generationen zu gefährden, ihre zukünftigen legitimen Bedürfnisse zu befriedigen.

Damit entsteht die Frage, wer entscheidet, was „legitime" Bedürfnisse sind und wo diese enden. Dazu gehört auch die Fragestellung, wer wie viele seiner Bedürfnisse befriedigen darf und wie viel der zur Verfügung stehenden Ressourcen der Einzelne dazu verbrauchen darf.

3.2.2 Normative Aspekte

Die normativen Aspekte der Nachhaltigen Entwicklung liegen immer dann vor, wenn es nicht um Fakten oder wissenschaftliche Analysen und die Frage der Wahrheit geht, sondern um die Frage, was „richtig" oder „gerecht" ist bzw. welche Entwicklung „wünschenswert" oder „gut" ist und welches die richtigen Ziele sind.

Dies stellt Tab. 3.1 vorläufig zusammen.

Tab. 3.1 Technische und normative Aspekte in Analytik und Strategie

	Wissenschaftlich Technisch (im weitesten Sinne)	Normativ Ethisch (zielorientiert)
Kernfrage	Was ist wahr?	Was ist gut?
Vergangenheit (analytisch)	Was können wir über die natürlichen und kulturellen Prozesse lernen? Wie funktionieren Entwicklungen?	Wie sollte der Zustand der Welt heute sein? Welchen Zustand der Welt haben wir und was gefällt uns daran nicht? Woher kommen diese Entwicklungen?
Zukunft (strategisch, planerisch)	Wie können wir natürliche und kulturelle Prozesse so gestalten und beeinflussen, dass die erstrebte Zukunft erreicht und die Risiken minimiert werden?	Welche Zukunft wollen wir? Welche Risiken können wir zukünftigen Generationen zumuten?

3.2.3 Ethik und Verantwortung

Die Ethik ist die Wissenschaft (Lehre) vom richtigen Handeln. Dabei geht es um die allgemeinen Prinzipien, wie man richtiges Handeln definiert und welche Kriterien gelten.

Die Moral gibt konkrete Regeln vor für das richtige Handeln z. B. im Kontext einer speziellen Kultur. Die Ethik analysiert sozusagen als Meta-Moral, wie diese Regeln zum richtigen Handeln herzuleiten und zu bewerten sind.

Unterschiedliche Ansätze für die Bewertung von Handlungen und Entscheidungen sind

- Deontologisch: von den Prinzipien des Handelns her
- Teleologisch: von den Zielen bzw. Folgen her.

Aus der Vielzahl der Ansätze von Ethiken betrachten wir zwei, die – gerade in ihrer Polarität – für die Nachhaltigkeit wichtig sind:

- Nutzenethik (Utilitarismus)
- Verantwortungsethik.

3.2.3.1 Utilitarismus (Nutzenethik)

Als Kriterium für die richtige Entscheidung betrachtet der Utilitarismus „das größte Glück der größten Zahl" oder den gesamten Nutzen den alle Betroffenen von einer Entscheidung haben. Dies steht im Allgemeinen im Gegensatz zu den Folgen für einzelne Betroffene.

Alle Aggregationen von Öko- oder Nachhaltigkeitsbilanzen wie die Fußabdrücke (Carbon Footprint, Virtuelles Wasser, …) bewerten letztendlich die Summe aller Folgen.

3.2.3.2 Verantwortung

Verantwortung ist ein Kernbegriff der Nachhaltigen Entwicklung. In Anlehnung an Kornwachs (2018) können wir nach Tab. 3.2 die Aspekte der Verantwortung in einem Morphologischen Kasten zusammenstellen. Die für die Nachhaltige Entwicklung besonders relevanten Ausprägungen sind die Folgen und Wirkungen unseres Handelns auf zukünftige Generationen.

Tab. 3.2 Morphologischer Kasten Verantwortung

Aspekt der Verantwortung		Möglichkeiten			
Subjekt	Wer trägt die Verantwortung?	Person	Team	Institution	Gesellschaft
Instanz	Vor wem wird verantwortet?	Gewissen	Unternehmen/ Chef	Gesetz/ Richter	Gruppe/ Gesellschaft
Aspekt	Für was wird verantwortet?	Folgen/ Ergebnis	Handlung	Absicht	Zweck
Basis/Grund	Weshalb?	Ethik	Recht/ Gesetz	Pflicht	Gewissen
Zeithorizont	Wie lange?	Kurzfristig/ Treffen	Mittelfristig/ Projektlaufzeit	Jahre/ Generation	Generationen
Sanktionen	Was droht?	Materielle Strafe	Physische Strafe	Ächtung/ Ausschluss	Existenz

(Nach Kornwachs 2018)

3.3 Dynamische Entwicklung

Die Nachhaltige Entwicklung beschäftigt sich mit der zukünftigen Entwicklung von komplexen Systemen. Obwohl wir diese zeitlichen Entwicklungen nicht vorhersagen oder vollständig modellieren können, ist es sinnvoll, sich einmal über die zeitliche Entwicklung von Systemen Gedanken zu machen. Dazu bietet die Mathematik vielfältige Modelle und Hilfsmittel für die Modellierung zukünftiger Entwicklungen – von einfachen Beschreibungen bis hin zu komplexen dynamischen Systemen und Bereichen wie der Chaostheorie oder stochastischen Systemen. Die notwendigen mathematischen Grundlagen und Begriffe dazu werden wir in Abschn. 15.3 betrachten. Dort betrachten wir außerdem die wichtigen Aspekte

- Chaos und Komplexität
- Vergangenheit und Pfadabhängigkeit
- Prognosen und Simulation

3.3.1 Zeit

Mit den unterschiedlichen Zeitskalen hatten wir uns in Abschn. 3.1 kurz beschäftigt. Je nach Skala und Modell kann man sich die Zeit als eine kontinuierlich ablaufende Größe auf der Basis der reellen Zahlen oder als eine diskrete Größe auf der Basis der natürlichen Zahlen vorstellen.

Im letzteren Fall muss neben der Zeitskala auch der Zeittakt beschrieben werden, wobei üblicherweise Skala (Einheit) und Takt (Schritt) zusammenfallen, sodass beide durch die natürlichen oder ganzen Zahlen modelliert werden können.

3.3.2 Beispiel Wachstum

Das exponentielle Wachstum ist einer der Kernbegriffe und eine der Kernherausforderungen in der Nachhaltigen Entwicklung. Wenn die Bevölkerung oder Ressourcenverbräuche mit einer konstanten Wachstumsrate ansteigen oder sich ein Klimaeffekt selbst verstärkt, haben wir es mit einem sogenannten exponentiellen Wachstum zu tun Abschn. 15.2.5.3. Kennzeichen exponentiellen Wachstums ist, dass die Wachstumsrate proportional zur Bestandsgröße ist.

Offensichtlich kann es in einem beschränkten Bereich kein exponentielles Wachstum geben. In der Realität gibt es kein unendliches Wachstum, wir erhalten entweder eine logistische Kurve bei der Annäherung an die Obergrenze Abschn. 15.2.5.5 oder einen Zusammenbruch des Systems.

3.3.3 Stabilität und Resilienz

In Verallgemeinerung der klassischen gleichgewichtsrelevanten Eigenschaften dynamischer Systeme können wir die folgenden Begriffe definieren.

Systemeigenschaften

Ein dynamisches System heißt

- **Stabil** wenn es auf kleine externe Einflüsse bzw. Änderungen durch Rückkehr in den Ausgangspunkt (Gleichgewichtspunkt) reagiert.
- **Labil** wenn es auf kleine externe Einflüsse bzw. Änderungen durch exponentielle Rückkopplung und ein Entfernen vom Gleichgewichtspunkt reagiert.
- **Resilient** wenn es auf Einflüsse bzw. Änderungen im System durch Weiterentwicklung und Annahmen eines neuen Gleichgewichtspunkts reagiert.
  Resilience is the capacity of a system... to deal with change and continue to develop. (www.stockholmresilience.org)

Bei der Resilienz spielt die Größe des externen Einflusses bzw. der Änderung eine Rolle. Im Gegensatz zu den ersten beiden Begriffen, die schon für lineare Systeme eine Rolle spielen, bezieht sich die Resilienz auf Störungen in nichtlinearen Systemen und auf Änderungen der Systeme selbst. Nichtlineare Systeme können teilweise für kleine Änderungen durch lineare Systeme angenähert werden. Für lineare Systeme ist der Zusammenhang zwischen der Bewegungsgleichung und der Stabilität einfach zu beschrieben.

Lineare dynamische Systeme

Ein lineares dynamisches System mit der Differentialgleichung $\frac{dy}{dt} = \alpha\, y$ ist

- labil für $\alpha > 0$ (positive Rückkopplung)
- stabil und resilient für $\alpha < 0$ (negative Rückkopplung)

Die Stabilität und Resilienz von Systemen spielen eine wichtige Rolle für die Nachhaltige Entwicklung. Dynamische Entwicklungen werden durch Megatrends (kontinuierliche Entwicklungen) und Risiken (spontane Entwicklungen, Singularitäten) beeinflusst.

3.4 Megatrends zukünftiger Entwicklung

Wenn wir uns über die zukünftige Entwicklung Gedanken machen, dann müssen wir uns immer darüber im Klaren sein, dass sich neben den aktuell anstehenden Problemen und Herausforderungen, mit denen sich z. B. die 17 Nachhaltigkeitsziele der Agenda 2030 (Abschn. 4.2) befassen, weitere Themen und Probleme entwickeln können.

Auf einige der Megatrends und Herausforderungen wollen wir im Folgenden kurz eingehen.

3.4.1 Digitalisierung und Künstliche Intelligenz

Die sogenannte vierte industrielle Revolution (Industrie 4.0) bezeichnet die Digitalisierung von Prozessen im Unternehmen und die Steuerung von Produktionsprozessen durch cyberphysische Systeme.

Künstliche Intelligenz (KI)	
Künstliche Intelligenz als Wissenschaft	KI will das menschliche Denken verstehen.
Künstliche Intelligenz als Ingenieursdisziplin	KI will intelligente Maschinen entwickeln.
Cyberphysische Systeme	Intelligente vernetzte Systeme, die über Aktoren (Effektoren) und Sensoren mit ihrer Umwelt interagieren und kommunizieren.
Digitalisierung	Computerbasierte Erfassung, Speicherung und Verarbeitung von Daten.
Big Data	Schlagwort für die Möglichkeiten, die die Auswertung großer Datenmengen bietet.

Die Erfassung, Speicherung und Verarbeitung großer Datenmengen ist durch den technischen Fortschritt und die immer kleiner und schneller werdenden Computerbauteile (Chips) möglich. Dadurch lassen sich große Datenmengen (Big Data) statistisch auswerten und so Schlüsse auf die Realität, beispielsweise das Konsumverhalten von Gruppen, ziehen. Allerdings ist die Interpretation der Ergebnisse ohne statistische Kenntnisse extrem kritisch zu sehen.

Die Digitalisierung birgt im Kontext der Nachhaltigen Entwicklung Chancen und Risiken. Sie kann in allen Bereichen zu einer Effizienzsteigerung führen, enthält jedoch die Chancen und Risiken einer Überwachung oder Manipulation und einer Einschränkung von Freiheiten.

Die Chancen und Risiken von Künstlichen Intelligenzen werden wir in Abschn. 16.1 ausführlicher betrachten. Neben der kontinuierlichen gemeinsamen Entwicklung von Künstlicher Intelligenz und Gesellschaft gibt es auch die Möglichkeit, dass in einer sogenannten Singularität die Künstliche Intelligenz bei Überschreiten einer gewissen (qualitativen und quantitativen) Schwelle durch Rückkopplungseffekte extrem intelligent und mächtig wird.

3.4.2 Bevölkerungswachstum

Überbevölkerung und Bevölkerungswachstum sind eines der derzeitigen Hauptprobleme.

Die Hauptursache ist die Proportionalität: Jede Person hat das Recht auf die Befriedigung ihrer Bedürfnisse, und der Ressourcenverbrauch bzw. der negative Einfluss ist zur Anzahl von Personen proportional. Siehe dazu auch die Basisformel Abschn. 8.1.3. Unter gleichen Bedingungen ist Fußabdruck der Menschheit proportional zur Bevölkerungszahl und man kann deutlich sehen, wann die Kapazität der Erde ausgeschöpft ist (bzw. zu welchem Zeitpunkt die Kapazität überschritten war).

In den Ländern des globalen Nordens ist das Bevölkerungswachstum eher gering mit den Folgen für die demografische Entwicklung und die Alterspyramide.

In den Ländern des globalen Südens ist die Geburtenrate hoch. Möglichen Maßnahmen zur Verminderung der Geburtenrate stehen Tradition und Kirche entgegen.

Das Thema Wachstum werden wir noch systematisch betrachten.

3.4.3 Demografischer Wandel

In den Industriestaaten hängt die Altersversorgung nicht an den Kindern und sowohl individuell als auch gesellschaftlich haben Kinder keinen besonders hohen Stellenwert. Im Gegenteil: Kinder stellen das höchste Armutsrisiko dar. Die Geburtenrate in den entwickelten Ländern geht zurück, was nach obigen Ausführungen global zwar erwünscht ist, aber in Verbindung mit der höheren Lebenserwartung zu einer Veränderung der sogenannten Alterspyramide führt.

3.4.4 Urbanisierung und Zersiedelung

Der Trend geht weltweit in Richtung Mega-Städte. Die Versorgung der Städte ist eine logistische Herausforderung. Städte können sich nicht selbst versorgen und verlagern die Versorgung mit Energie, Wasser und Nahrung auf das – nähere oder globale – Umland. Dadurch und durch die hohe Bevölkerungsdichte sind Städte empfindliche Systeme und wenig resilient.

Städte haben jedoch durch die hohe Bevölkerungsdichte und gute Infrastruktur sowie Arbeits- und Bildungschancen eine hohe Attraktivität, weswegen sich der Trend zum urbanen Leben verstärkt. Teilweise bilden sich auch Gettos. Gleichzeitig dünnt das Umland aus, die Infrastruktur und das Angebot an Arbeit und Bildung nehmen ab, was auch hier zu einem Rückkopplungseffekt führt.

Die Städte dehnen sich immer weiter aus und stehen gemeinsam mit der Verkehrsinfrastruktur bezüglich der Flächen im Nutzungskonflikt mit Industrie, Landwirtschaft, Rohstoffgewinnung, Forst und naturbelassenen Flächen.

3.4.5 Gentechnik

Die Gentechnik steht hier nicht nur für sich, sondern für die Gesamtheit der Möglichkeiten der modernen Medizin. Da die Gentechnik vom Menschen unmittelbar eingesetzt wird, stellen sich hier vor allem ethische Fragen, die mit dem Selbstverständnis der Menschheit und von Individuen zu tun haben. Wir haben das Beispiel der gezielten Erzeugung von Menschen oder Mischlebewesen und die Selektion und Beeinflussung von menschlichem Leben in allen Phasen vor und nach der Zeugung schon in Abschn. 1.3.1 angesprochen.

Die wissenschaftlichen Fragen und technischen Probleme werden durch die Forschung von Jahr zu Jahr besser gelöst. Wir können heute schon sehr viel beeinflussen. Die Frage ist, welche Eingriffe z. B. in das menschliche Erbgut wir als wünschenswert ansehen und welche Konsequenzen die Möglichkeiten der modernen Medizin für die Menschheit und ihr Selbstverständnis haben.

3.4.6 Klimawandel

Zum Klimawandel gibt es gute Literatur und auch viel gute Information im Internet. Allerdings kursieren auch viele – absichtliche oder unabsichtliche – Fehlinformationen und Missinterpretationen. Hier wollen wir die Grundkonzepte zusammenstellen.

Auf den Klimawandel kommen wir SDG 13 Abschn. 4.8.1 und bei den ökologischen und naturwissenschaftlichen Grundlagen in Abschn. 5.4.1.2 zurück.

> **Wichtig**
> Klimawandel gab es immer, aber der heutige menschengemachte Klimawandel ist von einer anderen Kategorie. Der derzeitige Klimawandel ist.
> - schneller
> - global
> - menschengemacht
> - wirkungsvoller.

3.4.6.1 Ursachen und Treibhauseffekt

Die Hauptursache des Klimawandels ist immer eine Veränderung der Atmosphäre. Abb. 5.3 illustriert dieses Prinzip. Daneben gibt es einen kleinen Effekt durch die Schwankungen der Sonnenintensität.

Rückkopplungseffekte wie Brände oder das Auftauen des Permafrosts führen zu einer Verstärkung des Effekts.

3.4.6.2 Wirkungen

Exemplarische Wirkungen sind:

- Erhöhung der mittleren lokalen Temperatur
- Veränderung des Mikroklimas weltweit
- Verschiebung von Klimazonen und Anbauregionen
- Anstieg des Meeresspiegels
- Veränderung von Meeresströmungen
- Auftauen des Permafrostbodens
- Stürme (Auslösetemperatur)
- Starkregenereignisse
- Veränderung der Anbaubedingungen und Ökosysteme (invasive Arten, Krankheitserreger),

3.4.7 Geophysikalische Veränderungen und Georisiken

Einige geophysikalische Veränderungen können in geologisch kurzen Zeiträumen wirken. Eine Prognose ist schwer möglich, die Folgen für die Entwicklung der Menschheit können aber immens sein.

Polumkehr
Der Geodynamo, der das Erdmagnetfeld erzeugt, basiert auf einem komplexen und chaotischen Prozess. Das Erdmagnetfeld ändert seine Richtung in geologischen Zeiträumen unregelmäßig. Erkennbar sind diese Veränderungen beispielsweise an der Magnetisierung am Ozeanboden in der Mitte des Atlantiks. Die Abschwächung und Umpolung des Erdmagnetfelds erfolgt relativ selten (mehrmals pro Million Jahre), aber dann in relativ kurzen Zeiträumen der Größenordnung tausend Jahre. Indizien deuten darauf hin, dass eine

Polumkehr in absehbarer Zeit beginnen kann. Durch die Polumkehr wird das Erdmagnetfeld temporär abgeschwächt und instabil, was eine Abschwächung des Strahlungsschutzes zur Folge hat.

Erdbeben
Erdbeben entstehen durch Spannungen in der Erdkruste und sind kaum prognostizierbar. Größere Erdbeben könnten lokal größere Bereiche betreffen. Erdbeben können direkte Zerstörungen bewirken aber auch Rutschungen und Tsunamis auslösen.

Vulkanismus
Durch Vulkanausbrüche können sowohl lokale Schäden entstehen als auch globale Klimaveränderungen verursacht werden.

Weitere Georisiken (Geo-Hazards)
Georisiken sind Risiken, die durch Prozesse in der Erde (endogene Georisiken: Erdbeben, Tsunamis, Vulkanausbrüche, Rutschungen) bzw. auf der Erde (exogene Georisiken wie Überflutungen, Erdbewegungen, Stürme) verursacht werden.

3.4.8 Demokratie und ihre Feinde

Ein wichtiger Aspekt der menschlichen Bedürfnisbefriedigung ist die Freiheit. Die Freiheit beinhaltet viele Aspekte wie Bewegungsfreiheit und Meinungsfreiheit, wobei letztere nicht nur bedeutet, eine Meinung haben zu dürfen, sondern auch diese zu äußern und sich politisch zu engagieren zu können.

Demokratie und Meinungsfreiheit sind kontinuierlich gefährdet, weil sie selbst ja durch ihre normativen Ansätze auch Ihren Gegnern die entsprechenden Freiheiten zugestehen (müssen). Hierzu gehören die Menschenrechte und Pressefreiheit.

3.4.9 Weitere globale Gefahren und Risiken

Einige Themen, die in der Diskussion um die Nachhaltige Entwicklung zurzeit so gut wie nicht auftauchen, sind Gefahren, die weniger mit der stetigen Entwicklung als mit plötzlich eintretenden Katastrophen zu tun haben. Solche Katastrophen können eine Nachhaltige Entwicklung extrem gefährden. In diesem Punkten sind Risikoanalysen und Notfallpläne wichtig, die Wahrscheinlichkeit für das Eintreten solcher Risiken ist zum Glück relativ klein, statt konkreter Wahrscheinlichkeiten muss man hier mit einer Unsicherheit leben und das Vorsorgeprinzip anwenden.

- Kriege und Sabotage: Die Wahrscheinlichkeit eines atomaren Schlagabtauschs zwischen Ostblock und Westblock, wie sie in der zweiten Hälfte des letzten Jahrhunderts drohte, hat zwar durch den Wandel (Perestroika) im Osten und den Fall des Eisernen Vorhangs abgenommen, die Konflikte zwischen den Blöcken und die Anzahl der Staaten, die atomare Waffen besitzen, hat jedoch in jüngerer Zeit wieder zugenommen. Terrorismus und asymmetrische Kriege bilden ebenfalls ein hohes Risiko.
- Gesundheit und Pandemien: Die Evolution und die Manipulation durch den Menschen sowie die Einflüsse durch den Einsatz von Medikamenten (Resistenzen) bringen auf natürliche und künstliche Weise immer neue Mutationen hervor. Es besteht das Risiko, dass sich ein Krankheitserreger ungehindert ausbreitet und zu einer weltweiten Erkrankung führt.
- Einschläge von Meteoriten können durch ihre direkte Wirkung und durch Auswirkungen auf das Klima extreme Auswirkungen für die Menschheit haben. Zum Glück sind größere Einschläge extrem unwahrscheinlich, kleinere Meteoriten können aber lokal große Wirkung haben.

3.5 Zusammenfassung

Menschheit und Globale Dynamik
Nachhaltige Entwicklung ist nicht nur eine wissenschaftlich-technische Frage, sondern muss vor allem auf der normativen Ebene beantwortet werden: In welcher Welt bzw. Gesellschaft wollen wir leben bzw. welche Welt wollen wir für zukünftige Generationen hinterlassen? Das Verständnis für globale Systeme und ihre zeitliche Entwicklung, Megatrends und Rahmenbedingungen sind Voraussetzung für die Lösung aktueller und zukünftiger Probleme. Wichtige normative Grundlagendokumente, die Agenda 21 und die Agenda 2030, betrachten wir im folgenden Kapitel.

Literatur

Kornwachs, K. (2018). *Philosophie für Ingenieure*. München: Hanser.
WCED (World Commission on Environment and Development). (1987). Our common future. Oxford: Oxford University Press. http://www.un-documents.net/a42-427.htm. (Deutsch: Hauff, V. (Hrsg.). (1987). Unsere gemeinsame Zukunft. Der Brundtland-Bericht der Weltkommission für Umwelt und Entwicklung. Greven).

4

Agenda 21 und Agenda 2030
Geht's ein bisschen konkreter?

> **Wichtig**
> Die Agenda 21 ist eine Handlungsanweisung für das 21ste Jahrhundert.
> Die Agenda 2030 setzt mittelfristige aber dafür konkretere Ziele.

Die Visionen der Brundtland-Definition (WCED 1987) wurden durch die Agenda 21 (UN 1992) konkretisiert. Für die Agenda 2030 (UN 2015) haben die Vereinten Nationen einen Satz von 17 Nachhaltigkeitszielen (Sustainable Development Goals, SDG) und 169 Unterzielen verabschiedet, die die Weltgemeinschaft bis 2030 umsetzen soll. Diese Ziele sind universell gültig, weil sie in allen Ländern umgesetzt werden sollen, und sie sind transformativ, da sie die Welt grundlegend verändern sollen. Und sie sind plakativ durch die 17 Ikons Abb. 4.1.

4.1 Agenda 21

„Nachhaltig" ist kein statischer Zustand, sondern ein langfristiger Prozess, darum spricht man von „Nachhaltiger Entwicklung". Die Weltkonferenz 1992 in Rio de Janeiro erkannte die Brundtland-Definition an und setzte sie in Form der Agenda 21 in ein Handlungsprogramm um. Agenda bedeutet: „Was zu tun ist".

Abb. 4.1 Sustainable Development Goals der Agenda 2030

4.1.1 Präambel der Agenda 21

Die Agenda 21 (UN 1992) setzt die Ergebnisse der Brundtland-Kommission (WCED 1987) und die dort beschriebene Vision der Nachhaltigen Entwicklung um. Sie betont das gemeinsame Ziel, Umweltschutz und Entwicklung zu integrieren.

Präambel der Agenda 21
Die Menschheit steht an einem entscheidenden Punkt ihrer Geschichte. Wir erleben eine zunehmende Ungleichheit zwischen Völkern und innerhalb von Völkern, eine immer größere Armut, immer mehr Hunger, Krankheit und Analphabetentum sowie eine fortschreitende Schädigung der Ökosysteme, von denen unser Wohlergehen abhängt. Durch eine Vereinigung von Umwelt- und Entwicklungsinteressen und ihre stärkere Beachtung kann es uns jedoch gelingen, die Deckung der Grundbedürfnisse, die Verbesserung des Lebensstandards aller Menschen, einen größeren Schutz und eine bessere Bewirtschaftung der Ökosysteme und eine gesicherte, gedeihlichere Zukunft zu gewährleisten.

Die Agenda 21 ist Ausdruck eines globalen Konsenses auf höchster Ebene und einer politischen Verpflichtung zur Zusammenarbeit auf im Bereich von Entwicklung und Umwelt. Es muss für eine möglichst umfassende Beteiligung der Öffentlichkeit und eine tatkräftige Mithilfe der nichtstaatlichen Organisationen (NRO) und anderer Gruppen Sorge getragen werden.

4.1.2 Soziales und Wirtschaft

Im Gegensatz zur verbreiteten Meinung, dass die Agenda 21 sich nur mit Ökologie (oder Naturschutz bzw. Klimaschutz) befasst, steht an erster Stelle die Befriedigung menschlicher Bedürfnisse – also anthropozentrische Überlegungen – und soziale und wirtschaftliche Aspekte. Man könnte auch sagen: im Mittelpunkt steht die menschliche Kultur. Kernpunkte sind:

- Internationale Zusammenarbeit zur Beschleunigung Nachhaltiger Entwicklung in den Entwicklungsländern
- Armutsbekämpfung
- Bevölkerungsdynamik und Nachhaltige Entwicklung
- Veränderung der Konsumgewohnheiten
- Schutz und Förderung der menschlichen Gesundheit
- Förderung einer nachhaltigen Siedlungsentwicklung
- Integration von Umwelt- und Entwicklungszielen in die Entscheidungsfindung

4.1.3 Ökonomische Nachhaltigkeit

Der wirtschaftliche Aspekt der Nachhaltigen Entwicklung wird in der Agenda 21 in mehreren Kapiteln angesprochen. Betroffene Elemente sind bereits oben erwähnt:

- Armutsbekämpfung
- Veränderung der Konsumgewohnheiten
- Stärkung der Rolle der Privatwirtschaft
- Wissenschaft und Technik

Auch die Umsetzung der Agenda 21 selbst beinhaltet wichtige ökonomische Aspekte, deshalb bezieht die Agenda 21 auch die finanziellen Ressourcen und Finanzierungsmechanismen und die personellen und institutionellen Kapazitäten mit ein. Viele andere Aspekte (Gesundheit, Versorgung, Bildung) sind durch die Frage der Finanzierung eng an die wirtschaftliche Entwicklung gekoppelt.

Daneben gibt es den Begriff der nachhaltigen Unternehmensführung in Bezug auf das einzelne Unternehmen. Hier ist zum einen die dauerhafte Existenz des Unternehmens, zum Teil aber auch der Unternehmensbeitrag zu einer Nachhaltigen Entwicklung bzw. die Berücksichtigung von Nachhaltigkeit und Umwelt in der Unternehmensführung gemeint.

4.1.4 Stärkung der Rolle wichtiger Gruppen

Die Agenda 21 konzentriert sich insbesondere auf solche Gruppen, die als Zielgruppe oder Akteure Nachhaltiger Entwicklung besonders wichtig sind.

- Globaler Aktionsplan für Frauen zur Erzielung einer nachhaltigen und gerechten Entwicklung, Kinder und Jugendliche und nachhaltige Entwicklung, Anerkennung und Stärkung der Rolle der eingeborenen Bevölkerungsgruppen und ihrer Gemeinschaften, Stärkung der Rolle der Bauern,
- Stärkung der Rolle der nichtstaatlichen Organisationen (Non Governmental Organizations, NGOs) als Partner für eine nachhaltige Entwicklung, Stärkung der Rolle der Arbeitnehmer und ihrer Gewerkschaften, Stärkung der Rolle der Privatwirtschaft,
- Initiativen der Kommunen zur Unterstützung der Agenda 21 (Lokale Agenda 21, teilweise umgesetzt in Gemeinden und Kreisen)
- Wissenschaft und Technik: Die Bedeutung von Wissenschaft und Technik muss gegenüber Entscheidungsträgern und Öffentlichkeit besser vermittelt werden. „Durch Verabschiedung und Einführung international anerkannter ethischer Grundprinzipien und Verhaltenskodizes für Wissenschaft und Technik könnte die Professionalität gesteigert und die Anerkennung des Wertes der von ihr erbrachten Leistungen für Umwelt und Entwicklung unter Berücksichtigung der stetigen Weiterentwicklung und mangelnder Gewissheit wissenschaftlicher Erkenntnis verbessert und vorangetrieben werden."

4.1.5 Möglichkeiten der Umsetzung

Um die oben genannten Ziele umzusetzen, müssen Maßnahmen ergriffen und die dafür notwendigen Ressourcen bereitgestellt werden. Die wichtigsten Implementierungsinstrumente sind:

- Finanzielle Ressourcen und Finanzierungsmechanismen, Informationen für die Entscheidungsfindung, Internationale institutionelle Rahmenbedingungen, internationale Rechtsinstrumente und -mechanismen
- Die Wissenschaft im Dienst einer nachhaltigen Entwicklung und Transfer umweltverträglicher Technologien, Kooperation und Stärkung von personellen und institutionellen Kapazitäten

- Förderung der Schulbildung, des öffentlichen Bewusstseins und der beruflichen Aus- und Fortbildung (dazu wurde auch das Jahrzehnt 2005–2014 als Dekade der Bildung für Nachhaltige Entwicklung ausgerufen)
- Nationale Mechanismen und internationale Zusammenarbeit zur Stärkung der personellen und institutionellen Kapazitäten in Entwicklungsländern

4.1.6 Lokale Agenda 21

Viele dieser Probleme finden ihre Lösung nicht im Großen, sondern im Wirken jedes Einzelnen. Deshalb ist ein wichtiger Punkt der Agenda 21 die sogenannte Lokale Agenda 21, die Umsetzung auf regionaler oder kommunaler Ebene. Die Umsetzung dessen wiederum erfordert Bildung – nicht nur als Wissen, sondern als einen ganzheitlichen gesellschaftsübergreifenden Konsens zur Erhaltung einer lebenswerten Welt.

> **Agenda 21 – Kapitel 28 – Initiativen der Kommunen zur Unterstützung der Agenda 21**
>
> Da viele der in der Agenda 21 angesprochenen Probleme und Lösungen auf Aktivitäten auf der örtlichen Ebene zurückzuführen sind, ist die Beteiligung und Mitwirkung der Kommunen ein entscheidender Faktor bei der Verwirklichung der in der Agenda enthaltenen Ziele.
>
> […]
>
> Jede Kommunalverwaltung soll in einen Dialog mit ihren Bürgern, örtlichen Organisationen und der Privatwirtschaft eintreten und eine „kommunale Agenda 21" beschließen. Durch Konsultation und Herstellung eines Konsenses würden die Kommunen von ihren Bürgern und von örtlichen Organisationen, von Bürger-, Gemeinde-, Wirtschafts- und Gewerbeorganisationen lernen und für die Formulierung der am besten geeigneten Strategien die erforderlichen Informationen erlangen. Durch den Konsultationsprozess würde das Bewusstsein der einzelnen Haushalte für Fragen der nachhaltigen Entwicklung geschärft. Außerdem würden kommunalpolitische Programme, Leitlinien, Gesetze und sonstige Vorschriften zur Verwirklichung der Ziele der Agenda 21 auf der Grundlage der verabschiedeten kommunalen Programme bewertet und modifiziert. Strategien könnten auch dazu herangezogen werden, Vorschläge für die Finanzierung auf lokaler, nationaler, regionaler und internationaler Ebene zu begründen.

4.1.7 BNE in der Agenda 21

Kapitel 36 der Agenda 21 gibt umfangreiche Ziele und Handlungen zum Thema Förderung der Schulbildung, des öffentlichen Bewusstseins und der beruflichen Aus- und Fortbildung

- Neuausrichtung der Bildung hin zu einer nachhaltigen Entwicklung,
- Förderung der öffentlichen Bewusstseinsbildung,
- Förderung der beruflichen Ausbildung.

Im Folgenden geben wir einige exemplarische Ziele und Maßnahmen der Lokalen Agenda 21 zum Thema Bildung für Nachhaltige Entwicklung (vergleiche Abschn. 12.1.1) in Bezug auf die einzelnen Akteursgruppen an.

Umsetzung der Bildung für Nachhaltige Entwicklung
- Regierungen:
  Die Regierungen sollen darauf hinwirken, Strategien zu aktualisieren beziehungsweise zu erarbeiten, deren Ziel die Einbeziehung von Umwelt und Entwicklung als Querschnittsthema auf allen Ebenen des Bildungswesens innerhalb der nächsten drei Jahre ist. Dies soll in Zusammenarbeit mit allen gesellschaftlichen Bereichen geschehen.
- Hochschulen:
  Die einzelnen Länder könnten Aktivitäten von Universitäten und sonstige Aktivitäten im tertiären Sektor sowie Netzwerke für umwelt- und entwicklungsorientierte Bildung/Erziehung unterstützen. Allen Studierenden könnten fächerübergreifende Studiengänge angeboten werden. Dabei soll auf bestehende regionale Netzwerke und Aktivitäten sowie Bemühungen der Universitäten der einzelnen Länder zurückgegriffen werden, die zur Förderung der Forschung und gemeinsamer Unterrichtskonzepte zum Thema Nachhaltige Entwicklung beitragen, und es sollen neue Partnerschaften und Kontakte mit der Wirtschaft und anderen unabhängigen Sektoren sowie mit allen Ländern zum Austausch von Technologien, Know-how und Kenntnissen hergestellt werden.
- Verbände:
  Die nationalen Berufsverbände werden dazu ermutigt, ihre Standesordnung und ihre Verhaltenskodizes weiterzuentwickeln und zu überprüfen, um deren Umweltbezug und -engagement zu verbessern. In

den auf die Ausbildung und die persönliche Entwicklung bezogenen Teilbereichen von Programmen, die von Standesorganisationen unterstützt werden, soll die Einbeziehung von Kenntnissen und Informationen über die Umsetzung einer nachhaltigen Entwicklung auf allen Stufen des politischen Willensbildungs- und Entscheidungsprozesses gewährleistet werden.
- Nichtregierungsorganisationen (NGO):
Vorhandene Netzwerke von Arbeitgeber- und Arbeitnehmerorganisationen, Industrieverbänden und nichtstaatlichen Organisationen sollen den Austausch von Erfahrungen über Aus- und Fortbildungsprogramme und über Programme zur Bewusstseinsschärfung fördern.

4.1.8 Rio+X

Die Konferenz von Rio wurde gefolgt von weiteren Konferenzen:

- Rio+10: 2002 in Johannesburg (UN 2002)
- Rio+20: 2012 in Rio

Rio+10
Neben den drei Säulen hat die Konferenz von Johannesburg auch die unterschiedlichen räumlichen Wirkungsbereiche von Maßnahmen herausgearbeitet. Die angesprochenen Ebenen sind:

- lokal (vergleiche die Lokale Agenda 21 Abschn. 4.1.6, Kap. 13)
- national (Staaten)
- regional (Hier vor allem nationenübergreifend gemeint, wir verwenden den Begriff im Folgenden auch für Regionen unterhalb der nationalen Ebene)
- global.

Dies ergänzt den Slogan

> Denke Global – Handle Lokal.

um eine differenziertere räumliche Wirkung (vergleiche Abschn. 1.3.4.2).

4.2 Agenda 2030 Grundlagen

Die Agenda 2030 und ihre Nachhaltigkeitsziele (Sustainable Development Goals, SDG) sind derzeit der aktuelle und relevanten Handlungsleitfaden auf globaler Ebene (UN 2015; BMZ 2017).

Transformation unserer Welt: die Agenda 2030 für nachhaltige Entwicklung – Präambel
Diese Agenda ist ein Aktionsplan für die Menschen, den Planeten und den Wohlstand. Sie will außerdem den universellen Frieden in größerer Freiheit festigen. Wir sind uns dessen bewusst, dass die Beseitigung der Armut in allen ihren Formen und Dimensionen, einschließlich der extremen Armut, die größte globale Herausforderung und eine unabdingbare Voraussetzung für eine nachhaltige Entwicklung ist.

Alle Länder und alle Interessenträger werden diesen Plan in kooperativer Partnerschaft umsetzen. Wir sind entschlossen, die Menschheit von der Tyrannei der Armut und der Not zu befreien und unseren Planeten zu heilen und zu schützen. Wir sind entschlossen, die kühnen und transformativen Schritte zu unternehmen, die dringend notwendig sind, um die Welt auf den Pfad der Nachhaltigkeit und der Widerstandsfähigkeit zu bringen. Wir versprechen, auf dieser gemeinsamen Reise, die wir heute antreten, niemanden zurückzulassen. Die Ziele und Zielvorgaben werden in den nächsten fünfzehn Jahren den Anstoß zu Maßnahmen in den Bereichen geben, die für die Menschheit und ihren Planeten von entscheidender Bedeutung sind.

SDG – Sustainable Development Goals
Wir stellen die SDGs hier kurz als Liste und Grafik vor. Die Details betrachten wir später, wenn wir uns den Nachhaltigkeitszielen widmen, und in anderen Zusammenhängen.

1. Armut in all ihren Formen überall beenden
2. Hunger beenden, Lebensmittelsicherheit und verbesserte Ernährung erreichen und eine nachhaltige Landwirtschaft fördern
3. Gesundes Leben sicherstellen und das Wohlergehen für alle Menschen in jedem Alter fördern
4. Inklusive, gerechte und hochwertige Bildung sichern und die Möglichkeit für lebenslanges Lernen für alle fördern
5. Geschlechtergerechtigkeit und Empowerment für alle Frauen und Mädchen

6. Verfügbarkeit und nachhaltiges Management von Wasser und sanitären Einrichtungen sowie Abwassersystemen sichern
7. Zugang zu leistbarer, zuverlässiger, nachhaltiger und moderner Energie für alle sichern
8. Dauerhaftes, inklusives und nachhaltiges Wirtschaftswachstum, volle und ertragreiche Erwerbstätigkeit und menschenwürdige Arbeit für alle erreichen
9. Belastbare Infrastruktur aufbauen, inklusive und nachhaltige Industrialisierung fördern und Innovation unterstützen
10. Ungleichheit innerhalb und zwischen den Ländern verringern
11. Städte und Siedlungen inklusiver, sicherer, widerstandsfähiger und nachhaltiger gestalten
12. Nachhaltige Konsum- und Produktionsstrukturen sichern
13. Maßnahmen zur Bekämpfung des Klimawandels und seiner Auswirkungen ergreifen
14. Ozeane, Meere und Meeresressourcen im Sinne der nachhaltigen Entwicklung erhalten und nutzen
15. Ökosysteme der Erde schützen, wiederherstellen und ihre nachhaltige Nutzung fördern. Wälder nachhaltig bewirtschaften, unfruchtbares Land beleben und den Verlust der Biodiversität stoppen
16. Friedliche und inklusive Gesellschaften fördern, allen Menschen Zugang zu Justiz ermöglichen und wirksame, zuverlässige, rechenschaftspflichtige und inklusive Institutionen aufbauen
17. Mittel zu Umsetzung und Wiederbelebung der globalen Partnerschaft für nachhaltige Entwicklung stärken.

Die zugehörigen Symbole Abb. 4.1 haben inzwischen einen hohen Bekanntheitsgrad und Wiedererkennungswert. Der Umschlag dieses Buches zeigt Ausschnitte der farbigen Version mit den SDG 4 (Bildung), 13 (Klima), 1 (Armutsbekämpfung), 11 (Kommunen) und 16 (Gerechtigkeit).

4.3 5P der Agenda 2030

Wir betrachten hier die 5P aus der Agenda 2030. Sie gehen einerseits erweitert aus der Triple Bottom Line People, Planet, Profit (drei Säulen) durch die Ergänzung um Peace (Friede) und Partnership (Partnerschaft) hervor, andererseits werden wir sie hier durch das Grundprinzip Permanence (Zukunftsorientierung, auch Progress = Fortschritt) auf die bereits angekündigten 6P erweitert.

4.3.1 People – Menschen

Wir sind entschlossen, Armut und Hunger in allen ihren Formen und Dimensionen ein Ende zu setzen und sicherzustellen, dass alle Menschen ihr Potenzial in Würde und Gleichheit und in einer gesunden Umwelt voll entfalten können.

Der Mensch steht bei der Nachhaltigen Entwicklung immer im Mittelpunkt. Die Entwicklung der Gesellschaft und der Menschenrechte ist Ziel und Voraussetzung einer Nachhaltigen Entwicklung. Dies betrachten wir in Kap. 7.

> **Wichtig**
>
> Die Bereiche Mensch – Gesellschaft – Bildung – Menschenrechte sind eng miteinander verknüpft.
> Nachhaltige Entwicklung ist ein anthropozentrisches Prinzip.

4.3.2 Planet – Ökologie

Wir sind entschlossen, den Planeten vor Schädigung zu schützen, unter anderem durch nachhaltigen Konsum und nachhaltige Produktion, die nachhaltige Bewirtschaftung seiner natürlichen Ressourcen und umgehende Maßnahmen gegen den Klimawandel, damit die Erde die Bedürfnisse der heutigen und der kommenden Generationen decken kann.

Mit Blick auf den Planeten Erde ist es wichtig, ihn als ökologisches Gesamtsystem zu sehen und in Kreisläufen zu denken. Kap. 5 bietet die Basis zur Betrachtung von Ökologie als Wissenschaft.

> **Wichtig**
>
> Die natürlichen Lebensgrundlagen sind die Basis für die Zukunftsfähigkeit.
> There is no Planet B.

4.3.3 Prosperity – Wohlstand

Was in der klassischen Triple Bottom Line noch Profit heißt und damit sehr stark auf die Nachhaltige Unternehmensführung (sustainable yield) abzielt, wird als Beitrag der Wirtschaft zum Wohlstand sinnvollerweise Prosperity genannt.

> Wir sind entschlossen, dafür zu sorgen, dass alle Menschen ein von Wohlstand geprägtes und erfülltes Leben genießen können und dass sich der wirtschaftliche, soziale und technische Fortschritt in Harmonie mit der Natur vollzieht.

Was bei den drei Säulen „Ökonomie" oder Wirtschaft heißt, bezieht sich vor allem auf die Makroökonomie, den Erhalt eines funktionierenden Wirtschaftssystems und der globalen Wertschöpfung Kap. 6. zur Erreichung von Wohlstand für alle.

> Wohlstand 5.0 bedeutet qualitativen Wohlstand für alle in Einklang mit Natur und Kultur.

4.3.4 Peace – Frieden

Freiheit und Gerechtigkeit Abschn. 7.5 und der Ausgleich zwischen Individuen, Gruppen, Nationen und Staaten sind Basis eines stabilen und friedlichen Zusammenlebens.

> Wir sind entschlossen, friedliche, gerechte und inklusive Gesellschaften zu fördern, die frei von Furcht und Gewalt sind. Ohne Frieden kann es keine nachhaltige Entwicklung geben und ohne nachhaltige Entwicklung keinen Frieden.

> Die intergenerationelle und intragenerationelle Gerechtigkeit und ein friedliches Zusammenleben sind Voraussetzung und Ziel der Nachhaltgen Entwicklung.

4.3.5 Partnerschaft

Wir sind entschlossen, die für die Umsetzung dieser Agenda benötigten Mittel durch eine mit neuem Leben erfüllte Globale Partnerschaft für nachhaltige Entwicklung zu mobilisieren, die auf einem Geist verstärkter globaler Solidarität gründet, insbesondere auf die Bedürfnisse der Ärmsten und Schwächsten ausgerichtet ist und an der sich alle Länder, alle Interessenträger und alle Menschen beteiligen.

Die Querverbindungen zwischen den Zielen für nachhaltige Entwicklung und deren integrierter Charakter sind für die Erfüllung von Ziel und Zweck der neuen Agenda von ausschlaggebender Bedeutung. Wenn wir unsere Ambitionen in allen Bereichen der Agenda verwirklichen können, wird sich das Leben aller Menschen grundlegend verbessern und eine Transformation der Welt zum Besseren stattfinden.

> Partnerschaft bedeutet die Einbindung und Zusammenarbeit aller Staaten und gesellschaftlichen Gruppen.

4.3.6 Permanenz

Das bereits erwähnte sechste P kommt in der Agenda 2030 nur implizit vor: die Zukunftsorientierung.

Sie kommt als Aspekt in Abschn. 8.1.6.2 ins Spiel, ist aber auch explizit im bereits erwähnten Abschn. 1.3.4 Prinzip Verantwortung von Jonas (1979) enthalten:

> Handle so, daß die Wirkungen deiner Handlungen verträglich sind mit der Permanenz echten menschlichen Lebens auf Erden

> Nachhaltige Entwicklung bedeutet Zukunftsfähigkeit.

4.4 Grundbedürfnisse

Die menschlichen Grundbedürfnisse sind eng mit allgemeinen Prinzipien der Nachhaltigkeit und mit den Menschenrechten Abschn. 7.1 verknüpft. Deshalb stehen sie als erster Abschnitt bei der nun folgenden Darstellung der einzelnen Nachhaltigkeitsziele.

4.4.1 SDG 1 Armut

Schon in der Präambel der Agenda 2030 ist Armut als zentrales Thema erfasst:

> Wir sind uns dessen bewusst, dass die Beseitigung der Armut in allen ihren Formen und Dimensionen, einschließlich der extremen Armut, die größte globale Herausforderung und eine unabdingbare Voraussetzung für eine nachhaltige Entwicklung ist.

Armut orientiert sich zunächst am zur Verfügung stehenden Einkommen. Gemeint ist aber Wohlstand, d. h. die Möglichkeit zur Befriedigung der eigenen Bedürfnisse, zur Teilnahme am öffentlichen und gesellschaftlichen Leben und am Konsum.

Damit kann man sich durchaus Gesellschaften vorstellen, in denen alle diese Güter und Dienstleistungen frei sind, sodass für die Bedürfnisbefriedigung kein Geld im klassischen Sinne notwendig wäre. Da aber die Wirtschaft in den üblichen Gesellschaften auf Geld basiert (oder auf Tausch bzw. andere Währungen), ist es sinnvoll, (relative und absolute) Armut und Wohlstand an monetären Kriterien (Einkommen, Wertschöpfung) festzumachen.

> **Ziel 1. Armut in allen ihren Formen und überall beenden**
> 1.1 Bis 2030 die extreme Armut – gegenwärtig definiert als der Anteil der Menschen, die mit weniger als 1,25 Dollar pro Tag auskommen müssen – für alle Menschen überall auf der Welt beseitigen
>
> 1.2 Bis 2030 den Anteil der Männer, Frauen und Kinder jeden Alters, die in Armut in all ihren Dimensionen nach der jeweiligen nationalen Definition leben, mindestens um die Hälfte senken

1.3 Den nationalen Gegebenheiten entsprechende Sozialschutzsysteme und -maßnahmen für alle umsetzen, einschließlich eines Basisschutzes, und bis 2030 eine breite Versorgung der Armen und Schwachen erreichen

1.4 Bis 2030 sicherstellen, dass alle Männer und Frauen, insbesondere die Armen und Schwachen, die gleichen Rechte auf wirtschaftliche Ressourcen sowie Zugang zu grundlegenden Diensten, Grundeigentum und Verfügungsgewalt über Grund und Boden und sonstigen Vermögensformen, Erbschaften, natürlichen Ressourcen, geeigneten neuen Technologien und Finanzdienstleistungen einschließlich Mikrofinanzierung haben

1.5 Bis 2030 die Widerstandsfähigkeit der Armen und der Menschen in prekären Situationen erhöhen und ihre Exposition und Anfälligkeit gegenüber klimabedingten Extremereignissen und anderen wirtschaftlichen, sozialen und ökologischen Schocks und Katastrophen verringern

4.4.2 SDG 2 Ernährungssicherheit: Hunger und Landwirtschaft

Hunger ist das Thema, das in der klassischen Entwicklungshilfe an vorderster Stelle stand, und das auch heute die Menschen emotional bewegt. Hungernde Kinder sind bei Spendenaufrufen beliebte Bilder, leider ist das Problem durch Kriege und Misswirtschaft sehr verbreitet.

Hunger ist mehr als das Problem, zu wenige Kalorien zu bekommen. Das SDG 2 ist mehr als nur die Bekämpfung des Hungers. Es geht um eine nachhaltigkeitsverträgliche Erzeugung und Bereitstellung von Nahrungsmitteln. Dabei wird das Thema Verteilung (Logistik) nur implizit durch den Begriff des Zugangs angesprochen.

Das Thema Hunger wird im ersten Unterziel thematisiert:

2.1 Bis 2030 den Hunger beenden und sicherstellen, dass alle Menschen, insbesondere die Armen und Menschen in prekären Situationen, einschließlich Kleinkindern, ganzjährig Zugang zu sicheren, nährstoffreichen und ausreichenden Nahrungsmitteln haben.

Die nächsten Unterziele beschäftigen sich mit Mangelernährung und landwirtschaftlicher Produktivität. Die Verbindung zu anderen Nachhaltigkeitszielen schafft dann das folgende Unterziel:

2.4 Bis 2030 die Nachhaltigkeit der Systeme der Nahrungsmittelproduktion sicherstellen und resiliente landwirtschaftliche Methoden anwenden, die die Produktivität und den Ertrag steigern, zur Erhaltung der Ökosysteme beitragen, die Anpassungsfähigkeit an Klimaänderungen, extreme Wetterereignisse, Dürren, Überschwemmungen und andere Katastrophen erhöhen und die Flächen- und Bodenqualität schrittweise verbessern.

Das letzte Unterziel geht dann gezielt auf die genetische Vielfalt von Saatgut, Kulturpflanzen sowie Nutz- und Haustieren und ihren wildlebenden Artverwandten ein. Die genetische Vielfalt ist kein Selbstzweck, sondern soll die Fähigkeit der Natur bewahren, auf Veränderungen z. B. im Klima oder auftauchende Krankheiten zu reagieren. Welche Chancen und Risiken hier die Gentechnik bietet, wird sich noch zeigen. Gerade in der Produktion von Nahrungsmitteln mit bestimmten Eigenschaften stecken ja Vorteile der Gentechnik, die aber durch die nicht absehbaren biologischen und wirtschaftlichen Folgen (Monopolbildung, Patente, Monokulturen, Resistenz …) auch zu einem Risiko werden.

> **Albleisa**
> Ein Beispiel für die Rückgewinnung von und die Rückbesinnung auf alte Sorten sind die Alblinsen (mundartlich: Albleisa). Diese früher als Eiweißlieferanten wichtigen Linsen werden wieder angebaut und tragen zu einer regionalen Küche bei, die dadurch auch auf Fleisch verzichten kann (SERVUSS Abschn. 9.2.4).

4.4.3 SDG 6 Wasser

Wasser ist nach dem Sauerstoff der Luft das elementarste Bedürfnis des Menschen. Neben der Versorgung mit sauberem Wasser und dem bezahlbaren Zugang zu Trinkwasser spielt auch das Thema Hygiene und Sanitärversorgung eine wichtige Rolle.
Der Schutz der Ressource Wasser schlägt den Bogen zu den ökologischen Zielen.

Ziel 6. Verfügbarkeit und nachhaltige Bewirtschaftung von Wasser und Sanitärversorgung für alle gewährleisten
6.1 Zugang zu einwandfreiem und bezahlbarem Trinkwasser für alle erreichen

6.2 Zugang zu einer angemessenen und gerechten Sanitärversorgung und Hygiene für alle erreichen und der Notdurftverrichtung im Freien ein Ende setzen, unter besonderer Beachtung der Bedürfnisse von Frauen und Mädchen und von Menschen in prekären Situationen

6.3 Wasserqualität weltweit verbessern

6.4 Wasserknappheit zu begegnen

6.5 integrierte Bewirtschaftung der Wasserressourcen umsetzen, gegebenenfalls auch mittels grenzüberschreitender Zusammenarbeit

6.6 wasserverbundene Ökosysteme schützen und wiederherstellen, darunter Berge, Wälder, Feuchtgebiete, Flüsse, Grundwasserleiter und Seen

4.4.4 SDG 7 Energie

Energie ist eine Grundvoraussetzung für Wirtschaft und Gesellschaft. In den bisherigen Entwicklungsschritten der Menschheit war die Verfügbarkeit von Energie (Mensch, Tier, Dampf, Elektrizität) essenziell. Mit der vierten industriellen Revolution hat die Information die zentrale Rolle für die wirtschaftliche Entwicklung übernommen.

Das Thema Energie werden wir in Abschn. 5.3 intensiv betrachten.

Ziel 7. Zugang zu bezahlbarer, verlässlicher, nachhaltiger und moderner Energie für alle sichern

7.1 allgemeinen Zugang zu bezahlbaren, verlässlichen und modernen Energiedienstleistungen sichern

7.2. den Anteil erneuerbarer Energie am globalen Energiemix deutlich erhöhen

7.3 Energieeffizienz verdoppeln

4.4.5 SDG 3 Gesundheit

Die körperliche Unversehrtheit und das Wohlergehen sind wichtige Komponenten der Lebensqualität.

Ziel 3. Ein gesundes Leben für alle Menschen jeden Alters gewährleisten und ihr Wohlergehen fördern

Angesprochene Punkte sind: Müttersterblichkeit, Neugeborene, Epidemien psychische Gesundheit und das Wohlergehen, Substanzmissbrauch, Verkehrsunfälle, Chemikalien und Umweltverschmutzung. Neben Versorgungsaspekten spielen Information und Aufklärung eine wichtige Rolle.

4.5 Gerechtigkeit

Intragenerationelle Gerechtigkeit verlangt die gleiche Behandlung jedes Menschen. Das fängt bei den Menschenrechten Abschn. 7.1 an. Wesentliche Aspekte sind die Gleichbehandlung und Anwendung der Gesetze und die Verteilungsgerechtigkeit.

Für eine grafische Darstellung dazu siehe Abb. 8.1.

Die Fragen „Was ist gerecht?" und „Was bedeutet gleich(-Behandlung)?" sind normative Fragen, die im Rahmen der Ethik betrachtet werden.

4.5.1 SDG 5 Geschlechtergerechtigkeit

Die Begriffe Geschlechtergerechtigkeit oder Geschlechtergleichbehandlung treffen den Kern des fünften Nachhaltigkeitsziels genauer als der im Deutschen verwendete Begriff Geschlechtergleichheit, der weder normativ noch biologisch sinnvoll ist. Diskriminierung von und Gewalt gegen Frauen ist ein weltweites Problem, aber auch lokal lässt sich noch einiges verbessern. Wichtige Stichworte dazu sind:

- Gläserne Decke (Karrierechancen)
- Gender Pay Gap (unterschiedliche Bezahlung)
- Rollenverständnis.

Ziel 5. Geschlechtergleichstellung erreichen und alle Frauen und Mädchen zur Selbstbestimmung befähigen

5.1 Alle Formen der Diskriminierung von Frauen und Mädchen überall auf der Welt beenden

5.2 Alle Formen von Gewalt gegen alle Frauen und Mädchen im öffentlichen und im privaten Bereich einschließlich des Menschenhandels und sexueller und anderer Formen der Ausbeutung beseitigen

5.3 Alle schädlichen Praktiken wie Kinderheirat, Frühverheiratung und Zwangsheirat sowie die Genitalverstümmelung bei Frauen und Mädchen beseitigen

5.4 Unbezahlte Pflege- und Hausarbeit durch die Bereitstellung öffentlicher Dienstleistungen und Infrastrukturen, Sozialschutzmaßnahmen und die Förderung geteilter Verantwortung innerhalb des Haushalts und der Familie entsprechend den nationalen Gegebenheiten anerkennen und wertschätzen

5.5 Die volle und wirksame Teilhabe von Frauen und ihre Chancengleichheit bei der Übernahme von Führungsrollen auf allen Ebenen der Entscheidungsfindung im politischen, wirtschaftlichen und öffentlichen Leben sicherstellen

5.6 Den allgemeinen Zugang zu sexueller und reproduktiver Gesundheit und reproduktiven Rechten

4.5.2 SDG 10 Globale Gerechtigkeit

Die Gleichheit betrifft sowohl die Verteilung zwischen den Staaten als auch innerhalb der Staaten. Dabei geht es nicht nur um finanzielle Aspekte, sondern um die Teilhabe an Entscheidungsprozessen und die Sicherheit vor Ausbeutung. Ungleichheit führt auch zu Migration und damit zu mehr Ungleichheit in den Zielländern.

Ziel 10. Ungleichheit in und zwischen Ländern verringern

10.1 Bis 2030 nach und nach ein über dem nationalen Durchschnitt liegendes Einkommenswachstum der ärmsten 40 % der Bevölkerung erreichen und aufrechterhalten

10.2 Bis 2030 alle Menschen unabhängig von Alter, Geschlecht, Behinderung, Rasse, Ethnizität, Herkunft, Religion oder wirtschaftlichem oder sonstigem Status zu Selbstbestimmung befähigen und ihre soziale, wirtschaftliche und politische Inklusion fördern

10.3 Chancengleichheit gewährleisten und Ungleichheit der Ergebnisse reduzieren, namentlich durch die Abschaffung diskriminierender Gesetze, Politiken und Praktiken und die Förderung geeigneter gesetzgeberischer, politischer und sonstiger Maßnahmen in dieser Hinsicht

10.4 Politische Maßnahmen beschließen, insbesondere fiskalische, lohnpolitische und den Sozialschutz betreffende Maßnahmen, und schrittweise größere Gleichheit erzielen

10.5 Die Regulierung und Überwachung der globalen Finanzmärkte und -institutionen verbessern und die Anwendung der einschlägigen Vorschriften verstärken

10.6 Eine bessere Vertretung und verstärkte Mitsprache der Entwicklungsländer bei der Entscheidungsfindung in den globalen internationalen Wirtschafts- und Finanzinstitutionen sicherstellen, um die Wirksamkeit, Glaubwürdigkeit, Rechenschaftslegung und Legitimation dieser Institutionen zu erhöhen

10.7 Eine geordnete, sichere, reguläre und verantwortungsvolle Migration und Mobilität von Menschen erleichtern, unter anderem durch die Anwendung einer planvollen und gut gesteuerten Migrationspolitik

Ungleichheit betrifft auch die Partizipation von der individuellen Ebene bis zum Selbstbestimmungsrecht von Völkern oder Nationen. Die Unzufriedenheit mit dem Vorrang eines Teils der Bevölkerung und den daraus resultierenden sozialen Ungleichheiten ist ein wesentlicher Grund für Unruhen und Bürgerkriege.

4.5.3 SDG 16 Frieden, Recht und Gerechtigkeit

Eine friedliche Gesellschaft, in der jede Person ihre Rechte wahrnehmen kann, ist eine Voraussetzung für die Bedürfnisbefriedigung und für das sozioökonomische System.

4.5.3.1 Friedliche Gesellschaften

Ziel 16. Friedliche und inklusive Gesellschaften für eine nachhaltige Entwicklung fördern, allen Menschen Zugang zur Justiz ermöglichen und leistungsfähige, rechenschaftspflichtige und inklusive Institutionen auf allen Ebenen aufbauen

16.1 Alle Formen der Gewalt und die gewaltbedingte Sterblichkeit überall deutlich verringern

16.2 Missbrauch und Ausbeutung von Kindern, den Kinderhandel, Folter und alle Formen von Gewalt gegen Kinder beenden

16.3 Die Rechtsstaatlichkeit auf nationaler und internationaler Ebene fördern und den gleichberechtigten Zugang aller zur Justiz gewährleisten

16.4 Bis 2030 illegale Finanz- und Waffenströme deutlich verringern, die Wiedererlangung und Rückgabe gestohlener Vermögenswerte verstärken und alle Formen der organisierten Kriminalität bekämpfen

16.5 Korruption und Bestechung in allen ihren Formen erheblich reduzieren

16.6 Leistungsfähige, rechenschaftspflichtige und transparente Institutionen auf allen Ebenen aufbauen

16.7 Dafür sorgen, dass die Entscheidungsfindung auf allen Ebenen bedarfsorientiert, inklusiv, partizipatorisch und repräsentativ ist

16.8 Die Teilhabe der Entwicklungsländer an den globalen Lenkungsinstitutionen erweitern und verstärken

16.9 Bis 2030 insbesondere durch die Registrierung der Geburten dafür sorgen, dass alle Menschen eine rechtliche Identität haben

16.10 Den öffentlichen Zugang zu Informationen gewährleisten und die Grundfreiheiten schützen, im Einklang mit den nationalen Rechtsvorschriften und völkerrechtlichen Übereinkünften

4.5.3.2 Institutionen und Korruption

Korruption ist eines der Haupthindernisse bei der Umsetzung einer Nachhaltigen Entwicklung. Die Durchsetzung eigener Interessen und eigener Vorteile mithilfe von (institutioneller) Macht wirkt sich immer gegen die Ziele der Allgemeinheit aus.

Institutionen sind kein Selbstzweck; ihre Aufgabe ist es, die entsprechenden Strukturen in der Gesellschaft zu stärken und Entscheidungsprozesse transparent und verantwortlich machen.

4.5.3.3 Entscheidungsprozesse und Demokratie

Zu den menschlichen Bedürfnissen gehört auch, über das eigene Schicksal – in den unterschiedlichen in Abschn. 1.3.4.2 geschilderten Schalen – mitbestimmen und an Entscheidungsprozessen partizipieren zu können.

Dies reicht von der Struktur der Demokratie und der Teilnahme an freien Wahlen bis zur Bürgerbeteiligung. Wichtige Themenbereiche sind:

- Erhalt der Demokratie
- Transparenz und Pressefreiheit
- Selbstbestimmungsrecht der Völker

4.6 Wirtschaft und Wertschöpfung

4.6.1 SDG 8 Wachstum

> Wirtschaftswachstum ist kein Wert an sich.

Die Entkopplung von Wohlstand und negativen Wirtschaftswirkungen (Umweltzerstörung, Ressourcenverbrauch, soziale Folgen, Probleme der Gesamtwirtschaft) ist ein wichtiges Ziel für eine Erreichung der in der Brundtland-Definition geforderten Bedürfnisbefriedigung für alle Generationen. Die nachhaltige Gestaltung der Wertschöpfung und Verteilung zur Bedürfnisbefriedigung bezeichnen wir als Wohlstand 5.0.

Ziel 8. Dauerhaftes, breitenwirksames und nachhaltiges Wirtschaftswachstum, produktive Vollbeschäftigung und menschenwürdige Arbeit für alle fördern

8.1 Ein Pro-Kopf-Wirtschaftswachstum entsprechend den nationalen Gegebenheiten und insbesondere ein jährliches Wachstum des Bruttoinlandsprodukts von mindestens 7 % in den am wenigsten entwickelten Ländern aufrechterhalten.

8.2. Eine höhere wirtschaftliche Produktivität durch Diversifizierung, technologische Modernisierung und Innovation erreichen, einschließlich durch Konzentration auf mit hoher Wertschöpfung verbundene und arbeitsintensive Sektoren. Ein Pro-Kopf-Wirtschaftswachstum entsprechend den nationalen Gegebenheiten aufrechterhalten [...]

8.3. Entwicklungsorientierte Politiken fördern, die produktive Tätigkeiten, die Schaffung menschenwürdiger Arbeitsplätze, Unternehmertum, Kreativität und Innovation unterstützen [...]

8.3. Bis 2030 die weltweite Ressourceneffizienz in Konsum und Produktion Schritt für Schritt verbessern und die Entkopplung von Wirtschaftswachstum und Umweltzerstörung anstreben [...]

8.4. Bis 2030 produktive Vollbeschäftigung und menschenwürdige Arbeit für alle Frauen und Männer, einschließlich junger Menschen und Menschen mit Behinderungen, sowie gleiches Entgelt für gleichwertige Arbeit erreichen.

8.6. Bis 2020 den Anteil junger Menschen, die ohne Beschäftigung sind und keine Schul- oder Berufsausbildung durchlaufen, erheblich verringern.

8.7 Sofortige und wirksame Maßnahmen ergreifen, um Zwangsarbeit abzuschaffen, moderne Sklaverei und Menschenhandel zu beenden und das Verbot und die Beseitigung der schlimmsten Formen der Kinderarbeit, einschließlich der Einziehung und des Einsatzes von Kindersoldaten, sicherstellen und bis 2025 jeder Form von Kinderarbeit ein Ende setzen.

8.8. Die Arbeitsrechte schützen und sichere Arbeitsumgebungen für alle Arbeitnehmer, einschließlich der Wanderarbeitnehmer, insbesondere der Wanderarbeitnehmerinnen, und der Menschen in prekären Beschäftigungsverhältnissen, fördern.

8.9 Bis 2030 Politiken zur Förderung eines nachhaltigen Tourismus erarbeiten und umsetzen, der Arbeitsplätze schafft und die lokale Kultur und lokale Produkte fördert.

8.10 Die Kapazitäten der nationalen Finanzinstitutionen stärken, um den Zugang zu Bank-, Versicherungs- und Finanzdienstleistungen für alle zu begünstigen und zu erweitern.

Ansätze zu einem nachhaltigen Wirtschaften betrachten wir in Abschn. 6.2 (Makro-Ebene, Volkswirtschaft) und Kap. 11 (Mikro-Ebene, Unternehmensführung, Betriebswirtschaft).

4.6.2 SDG 9 Infrastruktur und Innovation

Die Entwicklung von Wirtschaft, Kultur und Gesellschaft erfordert die notwendige physische und organisatorische Infrastruktur, die auch resilient gegen disruptive Veränderungen sein sollte.

Ziel 9. Eine widerstandsfähige Infrastruktur aufbauen, breitenwirksame und nachhaltige Industrialisierung fördern und Innovationen unterstützen
9.1 Eine hochwertige, verlässliche, nachhaltige und widerstandsfähige Infrastruktur aufbauen, einschließlich regionaler und grenzüberschreitender Infrastruktur, um die wirtschaftliche Entwicklung und das menschliche Wohlergehen zu unterstützen, und dabei den Schwerpunkt auf einen erschwinglichen und gleichberechtigten Zugang für alle legen

9.2 Eine breitenwirksame und nachhaltige Industrialisierung fördern und bis 2030 den Anteil der Industrie an der Beschäftigung und am Bruttoinlandsprodukt entsprechend den nationalen Gegebenheiten erheblich steigern und den Anteil in den am wenigsten entwickelten Ländern verdoppeln

9.3 Insbesondere in den Entwicklungsländern den Zugang kleiner Industrie- und anderer Unternehmen zu Finanzdienstleistungen, einschließlich bezahlbaren Krediten, und ihre Einbindung in Wertschöpfungsketten und Märkte erhöhen

9.4 Bis 2030 die Infrastruktur modernisieren und die Industrien nachrüsten, um sie nachhaltig zu machen, mit effizienterem Ressourceneinsatz und unter vermehrter Nutzung sauberer und umweltverträglicher Technologien und Industrieprozesse, wobei alle Länder Maßnahmen entsprechend ihren jeweiligen Kapazitäten ergreifen

9.5 Die wissenschaftliche Forschung verbessern und die technologischen Kapazitäten der Industriesektoren in allen Ländern und insbesondere in den Entwicklungsländern ausbauen und zu diesem Zweck bis 2030 unter anderem Innovationen fördern und die Anzahl der im Bereich Forschung und Entwicklung tätigen Personen je 1 Mio. Menschen sowie die öffentlichen und privaten Ausgaben für Forschung und Entwicklung beträchtlich erhöhen

Eine Basis der Innovation bilden Forschung und Entwicklung. Auf die Produktentwicklung gehen wir in Abschn. 11.4.2 kurz ein.

4.6.3 SDG 12 Konsum und Produktion

Die Frage nach dem Konsum ist vor allem ein individuelles Thema Abschn. 9.2, Produktion vor allem eines der Unternehmen Kap. 11.

Ziel 12. Nachhaltige Konsum- und Produktionsmuster sicherstellen
12.1 Den Zehnjahres-Programmrahmen für nachhaltige Konsum- und Produktionsmuster umsetzen, wobei alle Länder, an der Spitze die entwickelten Länder, Maßnahmen ergreifen, unter Berücksichtigung des Entwicklungsstands und der Kapazitäten der Entwicklungsländer

12.2 Bis 2030 die nachhaltige Bewirtschaftung und effiziente Nutzung der natürlichen Ressourcen erreichen

12.3 Bis 2030 die weltweite Nahrungsmittelverschwendung pro Kopf auf Einzelhandels- und Verbraucherebene halbieren und die entlang der Produktions- und Lieferkette entstehenden Nahrungsmittelverluste einschließlich Nacherteverlusten verringern

12.4 Bis 2020 einen umweltverträglichen Umgang mit Chemikalien und allen Abfällen während ihres gesamten Lebenszyklus in Übereinstimmung mit den vereinbarten internationalen Rahmenregelungen erreichen und ihre Freisetzung in Luft, Wasser und Boden erheblich verringern, um ihre nachteiligen Auswirkungen auf die menschliche Gesundheit

und die Umwelt auf ein Mindestmaß zu beschränken

12.5 Bis 2030 das Abfallaufkommen durch Vermeidung, Verminderung, Wiederverwertung und Wiederverwendung deutlich verringern

12.6 Die Unternehmen, insbesondere große und transnationale Unternehmen, dazu ermutigen, nachhaltige Verfahren einzuführen und in ihre Berichterstattung Nachhaltigkeitsinformationen aufzunehmen

12.7 In der öffentlichen Beschaffung nachhaltige Verfahren fördern, im Einklang mit den nationalen Politiken und Prioritäten

12.8 Bis 2030 sicherstellen, dass die Menschen überall über einschlägige Informationen und das Bewusstsein für nachhaltige Entwicklung und eine Lebensweise in Harmonie mit der Natur verfügen

Produktion und Konsum verursachen Ressourcenverbrauch und Abfall. Durch den Konsum entstehen auch soziale Auswirkungen und Differenzierung.

4.7 Gesellschaft und Kultur

Mit dem Thema Kultur und Gesellschaft kommen wir zum Kern der Nachhaltigen Entwicklung.

4.7.1 SDG 11. Städte und Siedlungen inklusiv, sicher, widerstandsfähig und nachhaltig gestalten

Das SDG 11 beschäftigt sich mit allen Arten von Siedlungen (Kommunen). In den Städten und insbesondere in Ballungsgebieten und Megastädten (Megacities) werden die Probleme offensichtlich und auch wahrgenommen (zum Effekt der Wahrnehmung siehe Abschn. 15.2.6.3), auch die Regierungen sitzen in den Städten. Aber auch die ländlichen Räume haben ihre Probleme beispielsweise durch Abwanderung und Ausdünnung. Für eine Nachhaltige Entwicklung sind ein Ausgleich und eine Kooperation zwischen Stadt und Land erforderlich. Wir verwenden hier den Begriff Kommunen, wobei die relevanten Grenzen von Metropolen und Ballungsgebieten einerseits und Siedlungen andererseits nicht mit den Verwaltungsgrenzen übereinstimmen müssen.

SDG 11 konzentriert sich auf die Bedürfnisse der Menschen in den Siedlungen. Die Lokale Agenda 21 und die Umsetzungskonzepte in Nachhaltigkeit FÜR, DURCH und IN den Kommunen (Abschn. 13.1.3) gehen sogar darüber hinaus.

Ziel 11. Städte und Siedlungen inklusiv, sicher, widerstandsfähig und nachhaltig gestalten

11.1 Bis 2030 den Zugang zu angemessenem, sicherem und bezahlbarem Wohnraum und zur Grundversorgung für alle sicherstellen und Slums sanieren

11.2 Bis 2030 den Zugang zu sicheren, bezahlbaren, zugänglichen und nachhaltigen Verkehrssystemen für alle ermöglichen und die Sicherheit im Straßenverkehr verbessern, insbesondere durch den Ausbau des öffentlichen Verkehrs, mit besonderem Augenmerk auf den Bedürfnissen von Menschen in prekären Situationen, Frauen, Kindern, Menschen mit Behinderungen und älteren Menschen

11.3 Bis 2030 die Verstädterung inklusiver und nachhaltiger gestalten und die Kapazitäten für eine partizipatorische, integrierte und nachhaltige Siedlungsplanung und -steuerung in allen Ländern verstärken

11.4 Die Anstrengungen zum Schutz und zur Wahrung des Weltkultur- und -naturerbes verstärken

11.5 Bis 2030 die Zahl der durch Katastrophen [...] bedingten Todesfälle und der davon betroffenen Menschen deutlich reduzieren und die dadurch verursachten unmittelbaren wirtschaftlichen Verluste im Verhältnis zum globalen Bruttoinlandsprodukt wesentlich verringern, mit Schwerpunkt auf dem Schutz der Armen und von Menschen in prekären Situationen

11.6 Bis 2030 die von den Städten ausgehende Umweltbelastung pro Kopf senken, unter anderem mit besonderer Aufmerksamkeit auf der Luftqualität und der kommunalen und sonstigen Abfallbehandlung

11.7 Bis 2030 den allgemeinen Zugang zu sichern, inklusiven und zugänglichen Grünflächen und öffentlichen Räumen gewährleisten, insbesondere für Frauen und Kinder, ältere Menschen und Menschen mit Behinderungen

Die Städte haben nicht nur ein Problem, sie sind auch ein Problem. Gleichzeitig sind sie eine Keimzelle für die Lösung der Probleme.

Kommunen aller Art sind als solche (Siedlungen) oder aus historischen Gründen ein wichtiger Teil des kulturellen Erbes, sie bewahren auch das kulturelle Erbe im weitesten Sinne, also auch beispielsweise das technische Erbe und Industriedenkmäler.

Bezüglich des natürlichen Erbes liegt der Schwerpunkt auf den ländlichen Räumen, aber auch in Ballungsgebieten gibt es eine eigene sich entwickelnde Natur und vielfältige Ansätze, die Natur und den Anbau von Nutzpflanzen in die Stadt zurückzuholen (Greening the City, Urban Gardening).

Das Thema Widerstandsfähigkeit (Resilienz) haben wir in Abschn. 3.3.3 betrachtet.

4.7.2 SDG 4 Bildung

Eine umfassende und gute Bildung ist Ziel und Zweck, aber auch ein Mittel zur Erreichung der Ziele der Nachhaltigen Entwicklung.

4.7.2.1 Bildung als Recht

Bildung soll allen Menschen zugänglich sein.

> **Ziel 4. Inklusive, gleichberechtigte und hochwertige Bildung gewährleisten und Möglichkeiten lebenslangen Lernens für alle fördern**
> 4.1 Bis 2030 sicherstellen, dass alle Mädchen und Jungen gleichberechtigt eine kostenlose und hochwertige Grund- und Sekundarschulbildung abschließen, die zu brauchbaren und effektiven Lernergebnissen führt
>
> 4.2 Bis 2030 sicherstellen, dass alle Mädchen und Jungen Zugang zu hochwertiger frühkindlicher Erziehung, Betreuung und Vorschulbildung erhalten, damit sie auf die Grundschule vorbereitet sind

4.3 Bis 2030 den gleichberechtigten Zugang aller Frauen und Männer zu einer erschwinglichen und hochwertigen fachlichen, beruflichen und tertiären Bildung einschließlich universitärer Bildung gewährleisten

4.4 Bis 2030 die Zahl der Jugendlichen und Erwachsenen wesentlich erhöhen, die über die entsprechenden Qualifikationen einschließlich fachlicher und beruflicher Qualifikationen für eine Beschäftigung, eine menschenwürdige Arbeit und Unternehmertum verfügen

4.5 Bis 2030 geschlechtsspezifische Disparitäten in der Bildung beseitigen und den gleichberechtigen Zugang der Schwachen in der Gesellschaft, namentlich von Menschen mit Behinderungen, Angehörigen indigener Völker und Kindern in prekären Situationen, zu allen Bildungs- und Ausbildungsebenen gewährleisten

4.6 Bis 2030 sicherstellen, dass alle Jugendlichen und ein erheblicher Anteil der männlichen und weiblichen Erwachsenen lesen, schreiben und rechnen lernen

Die Kernkompetenzen Lesen, Schreiben und Rechnen sind auch die Basis für eine Teilnahme an Gesellschaft und Wirtschaft.

4.7.2.2 Bildung als Mittel: SDG 4.7

Den Bereich Bildung für Nachhaltige Entwicklung (DUK 2015) betrachten wir noch ausführlich in Kap. 12.

4.7 Bis 2030 sicherstellen, dass alle Lernenden die notwendigen Kenntnisse und Qualifikationen zur Förderung nachhaltiger Entwicklung erwerben, unter anderem durch Bildung für nachhaltige Entwicklung und nachhaltige Lebensweisen, Menschenrechte, Geschlechtergleichstellung, eine Kultur des Friedens und der Gewaltlosigkeit, Weltbürgerschaft und die Wertschätzung kultureller Vielfalt und des Beitrags der Kultur zu nachhaltiger Entwicklung.

Dabei umfasst die Bildung für Nachhaltige Entwicklung (Kap. 12) weitere Bereiche, die durch andere SDGs und mehrere Kapitel (Kap. 7, 9) hier erfasst sind.

#SDG47 steht für das SDG 4.7 Bildung für Nachhaltige Entwicklung.

4.8 Natürliche Umwelt und Lebensumfeld

Hier geht es um die klassische „Ökologie" Kap. 5, insbesondere Themen der Stabilität und Belastbarkeit der Ökosysteme inklusive des gesamten Planeten und des Lebensraums des Menschen.

4.8.1 SDG 13 Klima

Klimaschutz ist eines der dringendsten Probleme, da hier durch Rückkopplungseffekte extreme Veränderungen drohen.

> **Ziel 13. Umgehend Maßnahmen zur Bekämpfung des Klimawandels und seiner Auswirkungen ergreifen**
>
> 13.1 Die Widerstandskraft und die Anpassungsfähigkeit gegenüber klimabedingten Gefahren und Naturkatastrophen in allen Ländern stärken
>
> 13.2 Klimaschutzmaßnahmen in die nationalen Politiken, Strategien und Planungen einbeziehen
>
> 13.3 Die Aufklärung und Sensibilisierung sowie die personellen und institutionellen Kapazitäten im Bereich der Abschwächung des Klimawandels, der Klimaanpassung, der Reduzierung der Klimaauswirkungen sowie der Frühwarnung verbessern

4.8.1.1 Klima und Wetter

Häufig wird beim Thema Erderwärmung und Klimawandel das Thema Wetter und lokales Klima eingebracht.

> **Wetter und Klima**
>
> Klima — Eigenschaften der Atmosphäre über einen längeren Zeitraum. Wichtige Parameter sind Temperatur, Luftfeuchte, Niederschlag, Windgeschwindigkeit.
>
> Großklima — Globales Klima, Beschreibung des Klimas auf der gesamten Erde oder in wesentlichen Teilen davon, z. B. durch die mittlere Jahrestemperatur oder Niederschlagsmengen
>
> Mikroklima — Klima in einem begrenzten Bereich. Das Mikroklima ist eine wesentliche Komponente der Rahmenbedingungen von Biotopen.
>
> Wetter — Kurzfristiger Zustand der Atmosphäre. Wichtige Wetterphänomene sind Regen, Schnee, Gewitter, Sturm, Hitze, …

Die Erderwärmung führt global zu einem Wandel des Klimas. Wie sich das auf das jeweilige lokale Klima und auf die örtlichen und zeitlich begrenzten Wetterphänomene auswirkt, kann ganz unterschiedlich sein. Es gibt die unterschiedlichsten möglichen Wirkungsketten, z. B.:

- Temperaturdifferenzen werden kleiner: weniger Winde, Konzentration von Starkregen auf kleinere Flächen.
- Höhere Wahrscheinlichkeit für das Erreichen der Auslösetemperatur von Thermiken und Wirbelstürmen.
- Golfstrom erlischt: Zunächst El-Nino-Phänomene, später Kälte (Eiszeit) in Europa.

4.8.1.2 Tripelstrategie

SDG 13 bieten insgesamt ein ganzes Spektrum von Zielen und Maßnahmen, an denen sich auch die Tripelstrategie Abschn. 8.1 gut wiedererkennen lässt:

- Unmittelbare Maßnahmen zur CO_2-Reduktion
- Langfristige Prävention
- Resilienz gegenüber den Folgen des Klimawandels

4.8.2 SDG 14 Meere und maritime Ökosysteme

Das SDG Leben im Wasser betrachtet Ökosysteme in und an den Ozeanen. Hierunter fällt auch das Thema Plastikmüll.

> **Ziel 14. Ozeane, Meere und Meeresressourcen im Sinne nachhaltiger Entwicklung erhalten und nachhaltig nutzen**
> 14.1 Bis 2025 alle Arten der Meeresverschmutzung, insbesondere durch vom Lande ausgehende Tätigkeiten und namentlich Meeresmüll und Nährstoffbelastung, verhüten und erheblich verringern
>
> 14.2 Bis 2020 die Meeres- und Küstenökosysteme nachhaltig bewirtschaften und schützen, um unter anderem durch Stärkung ihrer Resilienz erhebliche nachteilige Auswirkungen zu vermeiden, und Maßnahmen zu ihrer Wiederherstellung ergreifen, damit die Meere wieder gesund und produktiv werden

14.3 Die Versauerung der Ozeane auf ein Mindestmaß reduzieren und ihre Auswirkungen bekämpfen, unter anderem durch eine verstärkte wissenschaftliche Zusammenarbeit auf allen Ebenen

14.4 Bis 2020 die Fangtätigkeit wirksam regeln und die Überfischung, die illegale, ungemeldete und unregulierte Fischerei und zerstörerische Fangpraktiken beenden und wissenschaftlich fundierte Bewirtschaftungspläne umsetzen, um die Fischbestände in kürzest-möglicher Zeit mindestens auf einen Stand zurückzuführen, der den höchstmöglichen Dauerertrag unter Berücksichtigung ihrer biologischen Merkmale sichert

14.5 Bis 2020 mindestens 10 % der Küsten- und Meeresgebiete im Einklang mit dem nationalen Recht und dem Völkerrecht und auf der Grundlage der besten verfügbaren wissenschaftlichen Informationen erhalten

14.6 Bis 2020 bestimmte Formen der Fischereisubventionen untersagen […]

14.7 Bis 2030 die sich aus der nachhaltigen Nutzung der Meeresressourcen ergebenden wirtschaftlichen Vorteile für die kleinen Inselentwicklungsländer und die am wenigsten entwickelten Länder erhöhen, namentlich durch nachhaltiges Management der Fischerei, der Aquakultur und des Tourismus

4.8.3 SDG 15 Biodiversität und landbasierte Ökosysteme

Das SDG „Leben auf dem Land" betrachtet die klassische Ökologie und den Schutz und Erhalt der Ökosysteme auf dem Land. Daneben geht es um die Erhaltung und Nutzung von Diversität bei freilebenden Tieren und Pflanzen und bei Nutztieren und Nutzpflanzen sowie die Folgen gentechnischer Veränderungen.

Im Abschn. 4.4.3 hatten wir Wasser als Ressource und Recht betrachtet, was den Schutz der Ressource Wasser voraussetzt.

Ziel 15. Landökosysteme schützen, wiederherstellen und ihre nachhaltige Nutzung fördern, Wälder nachhaltig bewirtschaften, Wüstenbildung bekämpfen, Boden-degradation beenden und umkehren und dem Verlust der biologischen Vielfalt ein Ende setzen

15.1 Bis 2020 im Einklang mit den Verpflichtungen aus internationalen Übereinkünften die Erhaltung, Wiederherstellung und nachhaltige Nutzung der Land- und Binnensüßwasser-Ökosysteme und ihrer Dienstleistungen, insbesondere der Wälder, der Feuchtgebiete, der Berge und der Trockengebiete, gewährleisten

15.2 Bis 2020 die nachhaltige Bewirtschaftung aller Waldarten fördern, die Entwaldung beenden, geschädigte Wälder wiederherstellen und die Aufforstung und Wiederaufforstung weltweit beträchtlich erhöhen

15.3 Bis 2030 die Wüstenbildung bekämpfen, die geschädigten Flächen und Böden einschließlich der von Wüstenbildung, Dürre und Überschwemmungen betroffenen Flächen sanieren und eine Welt anstreben, in der die Landverödung neutralisiert wird

15.4 Bis 2030 die Erhaltung der Bergökosysteme einschließlich ihrer biologischen Vielfalt sicherstellen, um ihre Fähigkeit zur Erbringung wesentlichen Nutzens für die nachhaltige Entwicklung zu stärken

15.5 Umgehende und bedeutende Maßnahmen ergreifen, um die Verschlechterung der natürlichen Lebensräume zu verringern, dem Verlust der biologischen Vielfalt ein Ende zu setzen und bis 2020 die bedrohten Arten zu schützen und ihr Aussterben zu verhindern

15.6 Die ausgewogene und gerechte Aufteilung der sich aus der Nutzung der genetischen Ressourcen ergebenden Vorteile und den angemessenen Zugang zu diesen Ressourcen fördern, wie auf internationaler Ebene vereinbart

15.7 Dringend Maßnahmen ergreifen, um der Wilderei und dem Handel mit geschützten Pflanzen- und Tierarten ein Ende zu setzen und dem Problem des Angebots illegaler Produkte aus wildlebenden Pflanzen und Tieren und der Nachfrage danach zu begegnen

15.8 Bis 2020 Maßnahmen einführen, um das Einbringen invasiver gebietsfremder Arten zu verhindern, ihre Auswirkungen auf die Land- und Wasserökosysteme deutlich zu reduzieren und die prioritären Arten zu kontrollieren oder zu beseitigen

15.9 Bis 2020 Ökosystem- und Biodiversitätswerte in die nationalen und lokalen Planungen, Entwicklungsprozesse, Armutsbekämpfungsstrategien und Gesamtrechnungssysteme einbeziehen

Hier sind mehrere spezielle Ökosysteme angesprochen. Zum Thema Landwirtschaft siehe auch SDG 2 Abschn. 4.4.2.

4.9 Kooperation als übergreifende Strategie

Um Nachhaltige Entwicklung umzusetzen, muss es Kooperationen auf den unterschiedlichsten Ebenen geben.

4.9.1 SDG 17 Kooperationen

Keine Person und keine Institution kann die NE und die SDG alleine umsetzen. Deshalb sind Kooperationen und Strategien wichtig.

Ziel 17. Umsetzungsmittel stärken und die Globale Partnerschaft für nachhaltige Entwicklung mit neuem Leben erfüllen
Finanzierung

17.1 Die Mobilisierung einheimischer Ressourcen verstärken, einschließlich durch internationale Unterstützung für die Entwicklungsländer, um die nationalen Kapazitäten zur Erhebung von Steuern und anderen Abgaben zu verbessern

17.2 Sicherstellen, dass die entwickelten Länder ihre Zusagen im Bereich der öffentlichen Entwicklungshilfe voll einhalten, einschließlich der von vielen entwickelten Ländern eingegangenen Verpflichtung, die Zielvorgabe von 0,7 % ihres Bruttonationaleinkommens für öffentliche Entwicklungshilfe zugunsten der Entwicklungsländer und 0,15 bis 0,20 % zugunsten der am wenigsten entwickelten Länder zu erreichen; den Gebern öffentlicher Entwicklungshilfe wird nahegelegt, die Bereitstellung von mindestens 0,20 % ihres Bruttonationaleinkommens zugunsten der am wenigsten entwickelten Länder als Zielsetzung zu erwägen

17.3 Zusätzliche finanzielle Mittel aus verschiedenen Quellen für die Entwicklungsländer mobilisieren

17.4 Den Entwicklungsländern dabei behilflich sein, durch eine koordinierte Politik zur Förderung der Schuldenfinanzierung, der

Entschuldung beziehungsweise der Umschuldung die langfristige Tragfähigkeit der Verschuldung zu erreichen, und das Problem der Auslandsverschuldung hochverschuldeter armer Länder angehen, um die Überschuldung zu verringern

17.5 Investitionsförderungssysteme für die am wenigsten entwickelten Länder beschließen und umsetzen

Technologie

17.6 Die regionale und internationale Nord-Süd- und Süd-Süd-Zusammenarbeit und Dreieckskooperation im Bereich Wissenschaft, Technologie und Innovation und den Zugang dazu verbessern und den Austausch von Wissen zu einvernehmlich festgelegten Bedingungen verstärken, unter anderem durch eine bessere Abstimmung zwischen den vorhandenen Mechanismen, insbesondere auf Ebene der Vereinten Nationen, und durch einen globalen Mechanismus zur Technologieförderung

17.7 Die Entwicklung, den Transfer, die Verbreitung und die Diffusion von umweltverträglichen Technologien an die Entwicklungsländer zu gegenseitig vereinbarten günstigen Bedingungen, einschließlich Konzessions- und Vorzugsbedingungen, fördern

17.8 Die Technologiebank und den Mechanismus zum Kapazitätsaufbau für Wissenschaft, Technologie und Innovation für die am wenigsten entwickelten Länder bis 2017 vollständig operationalisieren und die Nutzung von Grundlagentechnologien, insbesondere der Informations- und Kommunikationstechnologien, verbessern

Kapazitätsaufbau

17.9 Die internationale Unterstützung für die Durchführung eines effektiven und gezielten Kapazitätsaufbaus in den Entwicklungsländern verstärken, um die nationalen Pläne zur Umsetzung aller Ziele für nachhaltige Entwicklung zu unterstützen, namentlich im Rahmen der Nord-Süd- und Süd-Süd-Zusammenarbeit und der Dreieckskooperation

Handel

17.10 Ein universales, regelgestütztes, offenes, nichtdiskriminierendes und gerechtes multilaterales Handelssystem unter dem Dach der Welthandelsorganisation fördern, insbesondere durch den Abschluss der Verhandlungen im Rahmen ihrer Entwicklungsagenda von Doha

17.11 Die Exporte der Entwicklungsländer deutlich erhöhen, insbesondere mit Blick darauf, den Anteil der am wenigsten entwickelten Länder an den weltweiten Exporten bis 2020 zu verdoppeln

17.12 Die rasche Umsetzung des zoll- und kontingentfreien Marktzugangs auf dauerhafter Grundlage für alle am wenigsten entwickelten Länder im Einklang mit den Beschlüssen der Welthandelsorganisation erreichen, unter anderem indem sichergestellt wird, dass die für Importe aus den am wenigsten entwickelten Ländern geltenden präferenziellen Ursprungsregeln transparent und einfach sind und zur Erleichterung des Marktzugangs beitragen

Nach den Zielen und Mitteln werden auch Strategien angesprochen.

Systemische Fragen
Politik – und institutionelle Kohärenz

17.13 Die globale makroökonomische Stabilität verbessern, namentlich durch Politikkoordinierung und Politikkohärenz

17.14 Die Politikkohärenz zugunsten nachhaltiger Entwicklung verbessern

17.15 Den politischen Spielraum und die Führungsrolle jedes Landes bei der Festlegung und Umsetzung von Politiken zur Armutsbeseitigung und für nachhaltige Entwicklung respektieren

Multi-Akteur-Partnerschaften

17.16 Die Globale Partnerschaft für nachhaltige Entwicklung ausbauen, ergänzt durch Multi-Akteur-Partnerschaften zur Mobilisierung und zum Austausch von Wissen, Fachkenntnissen, Technologie und finanziellen Ressourcen, um die Erreichung der Ziele für nachhaltige Entwicklung in allen Ländern und insbesondere in den Entwicklungsländern zu unterstützen

17.17 Die Bildung wirksamer öffentlicher, öffentlich-privater und zivilgesellschaftlicher Partnerschaften aufbauend auf den Erfahrungen und Mittelbeschaffungsstrategien bestehender Partnerschaften unterstützen und fördern

Daten, Überwachung und Rechenschaft

17.18 Bis 2020 die Unterstützung des Kapazitätsaufbaus für die Entwicklungsländer und namentlich die am wenigsten entwickelten Länder und die kleinen Inselentwicklungsländer erhöhen, mit dem Ziel, über erheblich mehr hochwertige, aktuelle und verlässliche Daten zu verfügen, die nach Einkommen, Geschlecht, Alter, Rasse, Ethnizität, Migrationsstatus, Behinderung, geografischer Lage und sonstigen im nationalen Kontext relevanten Merkmalen aufgeschlüsselt sind

17.19 Bis 2030 auf den bestehenden Initiativen aufbauen, um Fortschrittsmaße für nachhaltige Entwicklung zu erarbeiten, die das Bruttoinlandsprodukt ergänzen, und den Aufbau der statistischen Kapazitäten der Entwicklungsländer unterstützen.

4.9.2 Von der UN zum Bürger

Kooperationen gibt es in zwei grundlegenden Formen:

- Vertikal zwischen Akteuren derselben Hierarchie und unterschiedlicher hierarchischer Organisationsstufe. Z. B. EU – Kommune.
- Horizontal zwischen Akteuren der gleichen Form und Organisationsstufe. Z. B. Vereinte Nationen, Europäische Union, bilaterale Abkommen, interkommunale Partnerschaft, Unternehmensverbände
- Daneben gibt es Mischformen, wenn die Akteure unterschiedlichen Organisationsformen angehören:
  - Zwischen öffentlichen Akteuren unterschiedlicher Bereiche: Z. B. Hochschule – Kommune
  - Zwischen Unternehmen und öffentlichen Organisationen (Kommunen…): PPP Public Private Partnership.
  - Kooperationen mit Non-Profit-Organisationen (NPO) wie Vereinen, Verbänden, Stiftungen…
- Bei einer hohen Vielfalt spricht man von Biotopen, in denen unterschiedliche Akteure kooperieren und jeder eine bestimmte Funktion (vergleichbar mit der ökologischen Nische) einnimmt.

4.10 Zusammenfassung

Agenda 21 und 2030
Die Basisdokumente für eine Nachhaltige Entwicklung beschreiben die Ziele und Aktionen, die für den Erhalt einer lebenswerten Zukunft notwendig sind. Die Visionen der Brundtland-Definition wurden 1992 durch

die Agenda 21 konkretisiert. Die 17 Nachhaltigkeitsziele (Sustainable Development Goals) der Agenda 2030 decken mit ihren Unterzielen die wichtigsten Notwendigkeiten in den Bereichen Wirtschaft, Umwelt, Gesellschaft, Kultur und Gerechtigkeit ab.

In den folgenden Kapiteln werden wir die drei Bereiche Umwelt, Wirtschaft und Gesellschaft vertieft betrachten und danach Handlungsstrategien zur Umsetzung der Nachhaltigen Entwicklung entwickeln.

Literatur

BMZ (Bundesministerium für wirtschaftliche Zusammenarbeit und Entwicklung). (2017). Die Agenda 2030 für nachhaltige Entwicklung. Internet: http://www.bmz.de/de/ministerium/ziele/2030_agenda/index.html. Berlin: BMZ.

DUK. (2015). UNESCO Roadmap zur Umsetzung des Weltaktionsprogramms „Bildung für nachhaltige Entwicklung". Deutsche Übersetzung. UNESCO Bonn. www.bmbf.de/files/2015_Roadmap_deutsch.pdf.

Jonas, H. (1979). *Das Prinzip Verantwortung: Versuch einer Ethik für die technologische Zivilisation*. Frankfurt a. M.: Suhrkamp.

UN (Vereinte Nationen). (1992). AGENDA 21 Konferenz der Vereinten Nationen für Umwelt und Entwicklung Rio de Janeiro, Juni 1992. http://www.un.org/depts/german/conf/agenda21/agenda_21.pdf.

UN (Vereinte Nationen). (2002). Bericht des Weltgipfels für nachhaltige Entwicklung Johannesburg (Südafrika), 26. August – 4. September 2002. https://www.un.org/Depts/german/conf/jhnnsbrg/a.conf.199-20.pdf.

UN (Vereinte Nationen). (2015). Transformation unserer Welt: die Agenda 2030 für nachhaltige Entwicklung. A/RES/70/1. www.un.org/Depts/german/gv-70/band1/ar70001.pdf.

WCED (World Commission on Environment and Development). (1987). Our common future. Oxford: Oxford University Press. http://www.un-documents.net/a42-427.htm. (Deutsch: Hauff, V. (Hrsg.). (1987). Unsere gemeinsame Zukunft. Der Brundtland-Bericht der Weltkommission für Umwelt und Entwicklung, Greven).

5

Planet — Ökologie und Natürliche Lebensgrundlagen

Wie schützen wir die natürlichen Lebensgrundlagen?

Der Kernpunkt der Nachhaltigen Entwicklung ist die Bewahrung der natürlichen Lebensgrundlagen. Im Rahmen der 3P sprechen wir vom Aspekt Planet, bei den drei Säulen steht der Begriff der Ökologie für diesen Aspekt. Damit ist mehr gemeint als ein reiner Naturschutz oder die für den Aufbau von Gesellschaft und Wirtschaft notwendigen Ressourcen. Die Bewahrung der natürlichen Lebensgrundlagen ist Voraussetzung für das Überleben von Mensch und Kultur. Wichtige Aspekte sind ökologisch vernünftiges Verhalten, sowie der Schutz der Ressourcen und der Umwelt. Im Detail beispielsweise:

- Schutz der Erdatmosphäre, Integrierter Ansatz für die Planung und Bewirtschaftung der Bodenressourcen, Bekämpfung der Entwaldung
- Bewirtschaftung empfindlicher Ökosysteme: Bekämpfung der Wüstenbildung und Dürren/nachhaltige Bewirtschaftung von Berggebieten
- Förderung einer nachhaltigen Landwirtschaft und ländlichen Entwicklung, Erhaltung der biologischen Vielfalt, Umweltverträgliche Nutzung der Biotechnologie
- Schutz der Ozeane, aller Arten von Meeren … und Küstengebiete sowie Schutz, rationelle Nutzung und Entwicklung ihrer lebenden Ressourcen
- Schutz der Güte und Menge der Süßwasserressourcen: Anwendung integrierter Ansätze zur Entwicklung, Bewirtschaftung und Nutzung der Wasserressourcen

- Umweltverträglicher Umgang mit toxischen Chemikalien und umweltverträgliche Entsorgung gefährlicher Abfälle (jeweils explizit einschließlich der Verhinderung von illegalen internationalen Verbringungen)
- Umweltverträglicher Umgang mit festen Abfällen und klärschlammspezifische Fragestellungen, Sicherer und umweltverträglicher Umgang mit radioaktiven Abfällen.

Ressourcenschutz und -schonung bedeutet dabei auch immer eine rationelle und nachhaltige Nutzung dieser Ressourcen. Ein vollständiger Nutzungsausschluss von natürlichen Ressourcen würde denjenigen Bevölkerungsteilen, die von der Nutzung ausgeschlossen sind, die Motivation nehmen, diese natürlichen Ressourcen zu schützen („use it or lose it").

Dieser Bereich der Ökologie hat direkten Bezug zu den SDG 13, 14, 15 aber auch Einfluss auf die SDG 2, 3, 6 sowie Wechselwirkungen mit vielen anderen Zielen. Die Begriffe Planet, Erde, Welt … und ihren jeweiligen Begriffsumfang mit Intention hatten wir in Abschn. 1.2.2 schon betrachtet.

5.1 Ökologie und Naturwissenschaften

Wir wollen zunächst den Begriff Ökologie und die damit zusammenhängenden Begriffe sowie die naturwissenschaftlichen Grundlagen betrachten. Daneben greifen wir die beiden wichtigen Stoffe Wasser (H_2O) und Kohlenstoff heraus.

5.1.1 Ökologie und Umwelt

Basis des Themas Ökologie ist die Ökologie als Wissenschaft.

Ökologie

Ökologie	Ökologie ist die Wissenschaft vom Zusammenleben der Lebewesen. Die Ökologie betrachtet Ökosysteme, die einerseits (vertikal) aus Biotop (Lebensraum) und Biozönose (Lebensgemeinschaft) bestehen und andererseits (horizontal) selbst aus kleineren Ökosystemen bestehen können.
Ökosystem	Ein Ökosystem ist ein System als Teil der Natur, das einerseits (vertikal) aus Biotop und Biozönose besteht und andererseits (horizontal) selbst aus kleineren Ökosystemen besteht.

5 Planet — Ökologie und Natürliche Lebensgrundlagen

Biotop	Ein Biotop ist ein Lebensraum (Ort plus physische Gegebenheiten wie Gesteine, Boden, Klima).
Geschützes Biotop	Das, was umgangssprachlich mit Biotop bezeichnet wird, sind gesetzlich geschützte Biotope im Sinne der Naturschutzgesetzgebung. Dies sind Teile der Landschaft, die eine besondere Bedeutung als Biotope haben.
Biozönose	Die Biozönose ist die Lebensgemeinschaft, die sich an einem Biotop entwickelt hat.
Ökologische Nische	Die Ökologische Nische beschreibt die Funktion, die eine Art innerhalb des Biotops und der Biozönose einnimmt. Sie ist also kein Raum, sondern eine Summe von Wechselbeziehungen.
Sukzession	Natürliche Veränderung eines Ökosystems durch die Wechselwirkungen zwischen Biotop und Biozönose.

Beispiele für Biotope

Geschützte Biotope nach den Naturschutz-Gesetzen sind beispielsweise

- Moore (Hochmoor, Niedermoor)
- Trockenrasen
- Felsen und Höhlen …

Geschützte Biotope nach den Naturschutz-Gesetzen sind auch naturnahe Teile oder spezielle Formen von

- Gewässern und Ufern
- Wiesen und Wäldern
- Küsten …

Biotope sind auch

- eine Betonmauer, ein Schotterweg
- ein Baum, ein Gebüsch, ein Wald
- ein Garten …

Beispiele für Sukzession

Eine nicht gemähte oder beweidete Wiese verbuscht und das Gebüsch wird über mehrere Stufen zu Wald.

Ein See verlandet im Laufe der Zeit durch das Wachstum der Randflora (Schilf) und den Eintrag von Stoffen durch die Zuflüsse.

Häufig werden die Begriffe Umweltschutz und Ökologie fast synonym gebraucht. Dabei steht beim Begriff Ökologie das Verhalten im Einklang mit Prinzipien der Ökologie im Vordergrund.

> **Umweltschutz und Ökologie**
>
> Ökologie Ökologie ist die Wissenschaft vom Zusammenleben der Lebewesen bzw. der natürlichen Haushalte (Kreisläufe).
> Umweltschutz Umweltschutz stellt den Schutz der Umwelt (Umweltmedien) vor schädigenden Einflüssen (Immissionen) aufgrund von Umweltbelastungen (Emissionen) in den Vordergrund.
> Naturschutz Naturschutz stellt den Schutz der Natur (Lebensgemeinschaften und Lebensräume) als Gesamtstruktur in den Vordergrund. Spezielle Bereiche sind Landschaftsschutz und Tierschutz

Ressourcen betrachten wir in Abschn. 5.2. Dabei unterscheiden wir die materiellen Ressourcen (Rohstoffe) und die Energie Abschn. 5.3.

Biodiversität

Biodiversität ist ein wichtiger Aspekt in der Bewahrung natürlicher Ressourcen. Dabei ist das Grundprinzip, dass ein Ökosystem umso stabiler ist, je stärker vernetzt und vielfältig es ist.

Biodiversität bezieht sich auf die Biozönosen auf unterschiedlichen räumlichen Skalen. Ein wichtiger Punkt dabei ist die Biotopvernetzung: Je vielfältiger und stärker vernetzt seine Biotope und Biozönosen sind, desto stabiler ist das Ökosystem. Statt einzelner Insel-Biotope muss eine Biotop-Vernetzung dafür sorgen, dass zwischen den einzelnen Biotopen ein Austausch stattfindet.

> **Biotopvernetzung**
>
> Durch Flächenverbrauch und Straßenbau entstehen einzelne nicht vernetzte Biotope, in denen die Populationen zu klein sind und die nicht die notwendige genetische Vielfalt haben. Ein Ausgleich kann durch Korridore, Brücken und einzelne Inselbiotope als Zwischenpunkte (stepping stones) für die Überbrückung der Entfernungen ermöglicht werden.

Die Größe der Ökosysteme und die überbrückbaren Abstände hängen von der jeweiligen betrachteten Art ab.

5.1.2 Umweltmedien und Umweltschutzgesetze

Umweltmedien

Medien	Umweltmedien können als Träger Schadstoffe aufnehmen (aus Emissionen) und abgeben (als Immissionen). Sie können auch Rohstoff oder Träger von Rohstoffen sein Umweltmedien sind • Luft • Wasser • Boden
Emission	Emissionen sind die in die Medien abgegebenen Stoffe oder Energien. Emissionen können fest (Müll), flüssig (Abwasser, Nebel/Dampf) oder gasförmig (Abluft, Dämpfe) sein. Energie kann als Elektromagnetische Strahlung, Wärme oder Lärm (akustisch) abgegeben werden.
Immissionen	Immissionen sind die Wirkungen der in den Umweltmedien enthaltenen Stoffe auf Gegenstände und Lebewesen.

Die Immissionsschutzgesetzgebung soll vor Umwelteinwirkungen (Immissionen) aus der Luft schützen.

Bundes-Immissionsschutzgesetz – BImSchG
Gesetz zum Schutz vor schädlichen Umwelteinwirkungen durch Luftverunreinigungen, Geräusche, Erschütterungen und ähnliche Vorgänge

BImSchG § 1 Zweck des Gesetzes

(1) Zweck dieses Gesetzes ist es, Menschen, Tiere und Pflanzen, den Boden, das Wasser, die Atmosphäre sowie Kultur- und sonstige Sachgüter vor schädlichen Umwelteinwirkungen zu schützen und dem Entstehen schädlicher Umwelteinwirkungen vorzubeugen.

Um dies zu erreichen, werden Emissionen geregelt, d. h. es wird festgelegt, welche Emissionswerte für den Betrieb einer Anlage zulässig sind. Ein Kernbegriff in Bezug auf Bauvorhaben ist der der genehmigungsbedürftigen Anlage.

BImSchG § 5 Pflichten der Betreiber genehmigungsbedürftiger Anlagen
(1) Genehmigungsbedürftige Anlagen sind so zu errichten und zu betreiben, dass zur Gewährleistung eines hohen Schutzniveaus für die Umwelt insgesamt

1. schädliche Umwelteinwirkungen und sonstige Gefahren, erhebliche Nachteile und erhebliche Belästigungen für die Allgemeinheit und die Nachbarschaft nicht hervorgerufen werden können;

2. Vorsorge gegen schädliche Umwelteinwirkungen und sonstige Gefahren, erhebliche Nachteile und erhebliche Belästigungen getroffen wird, insbesondere durch die dem Stand der Technik entsprechenden Maßnahmen;

3. Abfälle vermieden, nicht zu vermeidende Abfälle verwertet und nicht zu verwertende Abfälle ohne Beeinträchtigung des Wohls der Allgemeinheit beseitigt werden; [...] die Verwertung und Beseitigung von Abfällen erfolgt nach den Vorschriften des Kreislaufwirtschaftsgesetzes und den sonstigen für die Abfälle geltenden Vorschriften;

4. Energie sparsam und effizient verwendet wird

Die einzelnen Immissionsschutzverordnungen regeln jeweils spezielle Arten und Quellen von Emissionen.

Analog dazu dienen das Wasserhaushaltsgesetz (WHG) und das Bodenschutzgesetz (BBodSchG) dem Schutz der Ressourcen Wasser und Boden.

Bundes-Bodenschutzgesetz – BBodSchG § 1 Zweck und Grundsätze des Gesetzes

Zweck dieses Gesetzes ist es, nachhaltig die Funktionen des Bodens zu sichern oder wiederherzustellen.

Wasser-Haushalts-Gesetz – WHG § 1 Zweck

Zweck dieses Gesetzes ist es, durch eine nachhaltige Gewässerbewirtschaftung die Gewässer als Bestandteil des Naturhaushalts, als Lebensgrundlage des Menschen, als Lebensraum für Tiere und Pflanzen sowie als nutzbares Gut zu schützen.

Kreislaufwirtschaftsgesetz – KrWG § 1 Zweck des Gesetzes

Zweck des Gesetzes ist es, die Kreislaufwirtschaft zur Schonung der natürlichen Ressourcen zu fördern und den Schutz von Mensch und Umwelt bei der Erzeugung und Bewirtschaftung von Abfällen sicherzustellen.

Details werden im untergesetzlichen Regelwerk (Verordnungen, Technische Anleitungen) geregelt.

5.1.3 Naturwissenschaften

Die naturwissenschaftlichen Grundlagen sind für die Beurteilung von Entwicklungen und Maßnehmen wichtig. Sie können hier zwar nicht umfangreich abgehandelt werden, wir geben daher nur einige Stichworte und greifen einige Kernthemen auf:

- Physik
  - Energie als Ressource siehe Abschn. 5.3
  - Kernenergie und Radioaktivität
  - Wärmehaushalt und Klimawandel
- Chemie
  - Wasser Abschn. 5.1.4
  - Rohstoffe
  - CO_2 und Kohlenstoff Abschn. 5.4.1.3
  - Emissionen
- Biologie
  - Leben
  - Biodiversität
- Geologie
  - Geologie und Ressourcen, Vielfalt an Gesteinen und Rohstoffen
  - Klima und Leben in geologischen Zeiträumen
  - Geo-Hazards und langfristige Veränderungen (Abschn. 3.4.7)

5.1.4 Wasser (H_2O)

Wasser ist nicht nur ein chemischer Stoff und eine wichtige Ressource, sondern es spielt in der Nachhaltigkeit eine wichtige Rolle. Einige Punkte seien erwähnt:

- Wasser ist für den Menschen lebenswichtig. Der Zugang zu sauberem trinkbarem Wasser ist ein wichtiges Ziel (SDG 6).
- Wasser ist ein wichtiges Ökosystem, sowohl in Form der Ozeane (fast ¾ der Erdoberfläche) als auch von Gewässern (SDG 14).

- Wasser spielt als Dampf auch eine Rolle für den Klimawandel (SDG 13).
- Der Schutz von Wasser und Grundwasser ist auch ein Thema des SDG 2.3 Abschn. 4.4.2.

Physikalische Grundlagen

Wasser kommt auf der Erde in allen drei Aggregatzuständen vor:

- Fest als Eis (Gletscher) und Schnee
- Flüssig in Ozeanen und Gewässern und im Grundwasser
- Flüssig in Lebewesen (in den Zellen)
- Flüssig (Aerosol) als Nebel in Wolken
- Gasförmig als Wasserdampf.
- Gebunden in Gesteinen

Ein einzelnes Wassermolekül besteht aus zwei Atomen Wasserstoff und einem Atom Sauerstoff, dem entspricht die Formel H_2O.

DHMO

Die Bezeichnung DHMO (Di-Hydrogen-Monoxid) wird im Allgemeinen scherzhaft für Wasser verwendet, wenn in Analogie zu Warnungen „vor Chemie" die Warnung vor DHMO dargestellt wird, beispielsweise:

- DHMO kommt sogar in ökologisch angebauten Gurken in hoher Konzentration vor.
- DHMO kann in reiner Form zu Gesundheitsschäden (Ertrinken) führen.

Da die O-H-Bindung in H_2O stark polar ist, verbinden sich mehrere Wassermoleküle über Wasserstoffbrückenbindung zu größeren Clustern, sodass die eigentliche Formel $(H_2O)_n$ wäre. Die Clustergröße n nimmt mit der Temperatur ab, aber selbst im Wasserdampf liegen noch Cluster vor. Dies ist für das Verständnis der Physik des Wassers wichtig. Wasser hat dadurch auch einen für seine Molekülmasse ungewöhnlich hohen Schmelz- und Siedepunkt.

Das gesamte Leben auf der Erde ist neben der Chemie des Kohlenstoffs von den Eigenschaften des Wassers geprägt und davon abhängig.

> **Physik des Wassers – Dichteanomalie**
>
> Die folgenden Eigenschaften von Wasser sind als chemisch atypisch anzusehen, und sie sind wichtig für das Leben auf der Erde:
>
> - Wasser im flüssigen Aggregatzustand hat seine größte Dichte bei +4 °C.
> - Eis (fester Aggregatzustand) hat eine geringere Dichte als Wasser.
>
> Dies fü.hrt beispielsweise dazu, dass Seen im Winter nicht von unten nach oben zufrieren, sondern dass unter einer Eisschicht flüssiges Wasser erhalten bleibt.

5.1.5 Kohlenstoff (C)

Kohlenstoffverbindungen sind die Grundlage des Lebens auf der Erde. Sie sind nicht nur als Ressource, sondern für das Verständnis von Lebensprozessen, Kreislaufwirtschaft, Klimawandel etc. wichtig.

Beispiele für kohlenstoffhaltige Stoffe sind

- Kohlenstoff in Reinform: Graphit, Diamant.
- Kohlenwasserstoffe (Methan, Äthan, Äthen, Butan, Oktan, …)
- Alkohole (Methanol, Äthanol, …), Organische Säuren, Fette, Ester …
- Kohlenstoffdioxid,
- Kohlen(stoff)monoxid, CO, ein giftiges Gas

5.1.5.1 Kohlenstoffdioxid CO_2

CO_2 ist eine chemische Verbindung, die bei der Verbrennung von kohlenstoffhaltigen Stoffen entsteht. Bei Temperaturen über −78 °C ist CO_2 gasförmig, es ist ein natürlicher Bestandteil der Luft.

Der Anteil des CO_2 in der Atmosphäre steigt von früher 0,3 ‰ = 300 ppm auf derzeit 0,4 ‰. CO_2 trägt durch die Absorption von Wärmestrahlung zum Treibhauseffekt bei.

Gasförmiges CO_2 ist mit ca. 2 kg/m³ um mehr als die Hälfte schwerer als Luft mit ca. 1,3 kg/m³ (zum Vergleich: Wasser hat eine spezifische Masse von 1 kg/l = 1000 kg/m³).

5.1.5.2 Kohlenstoffchemie

Das Leben basiert auf der Chemie des Kohlenstoffs. Wichtige exemplarische Kohlenstoffverbindungen sind:

- Kohlenstoffdioxid (CO_2) und Kohlenstoffmonoxid (CO)
- Kohlenwasserstoffe (Methan, Benzin...)
- Kunststoffe (Polymere, Plastik)
- Moleküle des Lebens (Eiweiß, Fette, Kohlehydrate, Chlorophyll, Hämoglobin, DNS)
- Ressource und Energieträger (Holz, Biomasse, Kohle, Öl, Gas)
- Carbonate (Kalk)

5.1.5.3 Kohlenwasserstoffe

Kohlenwasserstoffe bestehen nur aus Kohlenstoff und Wasserstoff, sie haben also die chemische Formel $C_n H_m$.

Die einfachste Struktur haben die Alkane, die aus einer Kette von CH_2-Gruppen bestehen, welche an den Enden ein zusätzliches Wasserstoffatom zum Abschluss haben. Sie haben mit n-mal CH_2 die Summenformel $C_n H_{2n+2}$. Beispiele sind das Oktan $C_8 H_{18}$ und insbesondere das Methan, CH_4, welches auch als Klimagas eine wichtige Rolle spielt.

Wenn einige der Kohlestoffatome durch Doppelbindungen verbunden sind und dafür nur ein oder kein Wasserstoffatom haben, sprechen wir von ungesättigten Kohlenwasserstoffen.

Wenn sich die Kette zum Ring schließt, haben wir eine zyklische Struktur (z. B. Cyclohexan $C_6 H_{12}$, gesättigt). Auch hier können H-Atome wegfallen und dafür Doppelbindungen entstehen (ungesättigte Kohlenwasserstoffe). Wenn z. B. in einem Sechserring jedes C-Atom nur ein H-Atom hat, haben wir beispielsweise das Benzol, $C_6 H_6$.

5.1.5.4 Chemische Reaktionen

In der Kohlenstoffchemie gibt es unzählige chemische Reaktionen, die teils über komplexe Ketten die Grundlage des gesamten Lebens sind.

Die einfachste und wichtigste ist die Verbrennung, die wir ganz naiv einfach so beschreiben: Ein Stoff (in diesem Fall z. B. ein Kohlenwasserstoff) reagiert mit Sauerstoff und es entstehen neue Verbindungen aus den Teilen des Ausgangsstoffs und dem Sauerstoff (in diesem Fall z. B. Kohlenstoffdioxid CO_2).

5.2 Ressourcen

Ressourcen sind alle Stoffe und Energien, die die Menschheit benötigt und nutzt.

Die Ressourcen lassen sich in regenerative und nichtregenerative Ressourcen aufteilen – je nachdem, ob sie in den für den Menschen relevanten Zeitskalen natürlich erneuert werden oder ob sie nur einmal vorhanden sind. Mit dem Übergang von einer linearen Verbrauchswirtschaft zu einer Kreislaufwirtschaft Abschn. 5.2.4 können auch nichtregenerative Ressourcen wiederaufbereitet und dem Stoffkreislauf wieder zugeführt werden.

> **Eisen**
>
> Eisen (Fe) ist eine nichtregenerative Ressource, die aus Eisenerz gewonnen wird. Eisen kommt in sehr vielen Gesteinen vor, meist aber nicht in abbauwürdigen Mengen. Eisenerze liegen typischerweise als Eisenoxid vor, das durch Kohlenstoff reduziert wird, sodass nicht nur durch die notwenige Wärmeerzeugung, sondern auch durch die chemische Notwendigkeit der Reduktion CO_2 entsteht.
>
> Eisen wird vor allem zur Herstellung von Stahl verwendet. Die Recyclingquote für Stahl ist schon sehr hoch.

Ressourcen werden außerdem eingeteilt in

- Energie (-Träger) und
- Rohstoffe und zwar
    - abiotische Rohstoffe: Mineralische Rohstoffe, Luft (Sauerstoff), Wasser,
    - biotische (biogene) Rohstoffe: Pflanzen, Tiere.

Diese unterschiedlichen Gruppen werden wir im Folgenden betrachten. Die Unterscheidung zwischen regenerativen und nichtregenerativen Rohstoffen entspricht grob der Unterscheidung zwischen mineralischen Rohstoffen und den erneuerbaren biotischen Rohstoffen sowie Luft und Wasser.

5.2.1 Ressourcenverbrauch

Wir wollen zunächst kurz auf den Begriff Ressourcenverbrauch eingehen. Ressourcenverbrauch betrifft sowohl die Energie (Abschn. 5.3) als auch die Rohstoffe.

Die Aussage, dass Energie oder Materie nicht verbraucht, sondern nur umgewandelt wird, ist physikalisch klar. Verbrauch bedeutet grob gesagt, dass ein Objekt vom nutzbaren Zustand in einen weniger gut nutzbaren Zustand übergeht. Dies wird in Tab. 5.1 zusammengefasst.

5.2.2 Biogene Rohstoffe

Biogene Rohstoffe sind solche, die aus lebenden Materialien bestehen. Sie spielen als Rohstoff und Energieträger eine wichtige Rolle, da sie innerhalb der für uns relevanten Zeit (z. T. innerhalb eines Jahres) wachsen bzw. nachwachsen und damit erneuerbar sind.

Die aus Biomasse in geologischen Zeiträumen entstandenen Rohstoffe wie Erdöl, Kohle und Erdgas werden zu den mineralischen Rohstoffen gerechnet.

Neben der Nutzung von Rohstoffen aus Pflanzen und Tieren gibt es noch andere Nutzungen. So werden Nutzpflanzen als Schutz oder zur Verbesserung von Ökosystemen eingesetzte und Nutztiere für unterschiedliche Arbeiten.

Wichtige biogene Rohstoffe sind

- Nahrungsmittel
- Baustoffe und Werkstoffe
- Energieträger (Biomasse)
- Rohstoffe für die weiterverarbeitende Industrie

Tab. 5.1 Verbrauch von Ressourcen

Art	Brauchbar	Verbraucht
Energie	Hochwertige Energieform, z. B. elektrische oder mechanische Energie Energieträger (chemische Energie)	Wärme
Wasser	Trinkwasser Kühlwasser Wasser mit hoher Lageenergie	Verschmutztes Wasser Dampf Wasser mit niederer Lageenergie
Materie (z. B. Metalle)	Reine Stoffe als Rohstoff nutzbar Brauchbarer Aggregatzustand	Unbrauchbar, z. B. in oxidierter Form Vermischt, z. B. Müll, Schrott, Legierungen, Produkte... Falscher Aggregatzustand

5.2.3 Mineralische Rohstoffe

Mineralische Rohstoffe umfassen alle festen Ressourcen, die aus der Erde gewonnen werden sowie Erdöl und Erdgas. Dabei reicht die Spanne der festen Ressourcen sehr weit. Je nach den benötigten und verfügbaren Mengen ergeben sich unterschiedliche Abbauverfahren und Nutzungskonflikte. Als Beispiel nennen wir die folgenden Gruppen:

- Steine und Sande als Rohstoffe für Baumaterial. Hier findet wegen der großen Mengen (Transport) und der Verfügbarkeit (Geologie) der Abbau meist in Deutschland statt. Dadurch ergeben sich direkte Nutzungskonflikte sowie Probleme mit Bürgern der näheren und weiteren Umgebung, Umwelt- und Naturschutz und Wirtschaft.
- Erze sind Ausgangspunkt für die Gewinnung von Metallen und weiteren Stoffen. Häufig werden sie in Ländern des globalen Südens abgebaut, da die Lagerstätten in Deutschland zu wenig ergiebig sind und die Kosten und Auflagen dort geringer sind.
- Energieträger wie Kohle, Öl oder Gas werden in Deutschland aus einer Vielzahl von Ländern importiert, ein Hauptlieferant ist jeweils Russland.
- Rohstoff für die Industrie von Metallen bis hin zu kritischen Stoffen. Auch diese werden zum Großteil aus Ländern des globalen Südens bezogen mit allen Konsequenzen für die Lieferkette.

Zum letzteren Punkt betrachten wir die kritischen Metalle und Konfliktmaterialien etwas näher.

Mineralische Rohstoffe und Nachhaltigkeit

Konfliktminerale	Als Konfliktminerale werden Rohstoffe bezeichnet, deren Gewinnung und Vermarktung im Zusammenhang mit bewaffneten Konflikten in den Abbauregionen stehen.
Kritische Materialien	Kritische Materialien sind Rohstoffe, die wegen ihrer spezifischen Eigenschaften bei technischen Anwendungen eine zentrale Rolle spielen und deshalb wirtschaftlich wichtig sind.
Kritische Metalle	Die meisten kritischen Materialien sind Metalle.
Kritikalität	Die Kritikalität von Rohstoffen setzt sich aus zwei Faktoren zusammen: Versorgungsrisiko = Wahrscheinlichkeit eines Ausfalls der Versorgung Verletzbarkeit = Folgen des Ausfalls für die Wirtschaft (Vulnerabilität).

Als ein Beispiel betrachten wir Tantal, das in allen elektronischen Geräten verwendet wird und das zum Teil aus den Coltan-Minen im Kongo stammt.

> **Tantal**
>
> Coltan bezeichnet ein Columbit-Tantalit-Erzgemisch mit den Metallen Tantal, Niob, Eisen und Mangan. Tantal ist ein wesentlicher Rohstoff in der Elektrotechnik (Elektrolytkondensatoren) und als Metall. Durch den Einsatz in Kondensatoren ist Tantal in allen elektronischen Geräten wie Handys/Smartphones, Computer/Tablets oder Flachbildschirmen präsent.
>
> Eines der bedeutendsten Abbauländer für Coltan ist die Demokratische Republik Kongo. Die meisten Minen im Kongo werden nicht industriell, sondern im Kleinbergbau betrieben. Die Minenarbeiter bauen die Rohstoffe mit einfachsten technischen Hilfsmitteln ab, wobei sich Gefahren bei der Arbeitssicherheit und für die Umwelt ergeben. Einige der Minen werden von bewaffneten Milizen kontrolliert. Mit den Einnahmen aus diesen Minen finanzieren die Rebellen u. a. die Waffen für die andauernden Konflikte. Hier operieren seit fast zwei Jahrzenten bewaffnete Gruppen, welche ihre gewalttätigen Aktivitäten zulasten der lokalen Bevölkerung austragen und dabei immer wieder vom Abbau, Handel und Schmuggel der Konfliktminerale profitieren.

An diesem Beispiel kann man auch die unterschiedlichen Begriffe verdeutlichen:

> **Mineralische Rohstoffe – Begriffe**
>
> | | |
> |---|---|
> | Mineral | Ein Element oder eine chemische Verbindung, die in der Erdkruste vorkommt. Mineralien kommen meist als Kristalle vor. Beispiel: Quarz (Bergkristall), Calcit, Hämatit, Tantalit, Diamant |
> | Gestein | Ein festes Gemenge verschiedener Mineralien als Teil der Erdkruste. Beispiel: Kalkstein, Dolomit, Sandstein, Granit, Basalt |
> | Erz | Ein Gestein mit hohem Anteil metallreicher Mineralien. Beispiel: Eisenerz, Coltan |

5.2.4 Wasser und Luft

5.2.4.1 Wasser (als Ressource)

Wasser (H_2O) ist eine der wichtigsten Ressourcen, sowohl für das Leben als auch für die Wirtschaft. Dabei wird Wasser als Rohstoff oder als Energiequelle bzw. Kühlmittel genutzt,

Der Wasserkreislauf erneuert das Wasser auf der Oberfläche (Grundwasser, stehende und fließende Oberflächengewässer).

Wasserkreislauf   Der Kreislauf von Wasser: Niederschlag – Abfluss/Verwendung/Speicherung – Verdunstung – atmosphärisches Wasser (Dampf) – Niederschlag

5.2.4.2 Luft

Die Luft setzt sich aus unterschiedlichen Stoffen zusammen. Die wichtigsten sind:

- Stickstoff (N_2) ist ein inertes (rektionsträges) Gas. Anteil ca. 4/5 (78 %)
- Sauerstoff (O_2) wird für Verbrennungsprozesse und die Atmung benötigt- Anteil ca. 1/5 (21 %)
- Edelgase (vor allem Argon). Anteil ca. 1 %
- Kohlenstoffdioxid (CO_2) entsteht bei Verbrennungsprozessen und der Atmung. Anteil in der Luft ca. 0,04 %.

Als Ressource ist vor allem der Sauerstoff (die „Luft zum Atmen" wichtig).

5.2.5 Kreislaufwirtschaft

Ressourcen – insbesondere nichtregenerative mineralische Ressourcen – sollten nicht „verbraucht" werden, sondern in einer Kreislaufwirtschaft erhalten bleiben.

Kreislaufwirtschaft erfordert eine ganzheitliche Betrachtung und Bilanzierung, denn auch Recycling kostet Energie.

Grundprinzip der Kreislaufwirtschaft ist, die Stoffe auf einem möglichst hohen Niveau (Neg-Entropie) zu halten. Man vergleiche dazu auch das Semmelmodell in Abschn. 9.2.4.3.

Für den Kreislauf sind die 3R wichtig

- Reduce: Abfall vermeiden. Weiterverwenden, reparieren …
- Reuse: wiederverwenden, upcycling
- Recycle: in den stofflichen Kreislauf zurückführen

Auch hier gibt es vielfältige Erweiterungen

- Rethink: Innovationen. Verhaltensmuster ändern. Effizienzstrategie
- Refuse: Konsummuster ändern, Suffizienzstrategie
- Reduce/Repair: Abfall vermeiden. Weiterverwenden, reparieren…
- Reuse/Rotate/Recover: wiederverwenden, upcycling, weitergeben
- Respect: Rücksicht auf ökologische Zusammenhänge, Konsistenzstrategie
- Recycle: in den stofflichen Kreislauf zurückführen
- Replace/Rebuy: Nutzung von Produkten aus dem Kreislaufprozess

5.3 Energie

Energie spielt in der Nachhaltigkeitsdebatte eine wichtige Rolle. Sie ist eine Bedingung für eine funktionierende Wirtschaft, für soziale Kommunikation und Mobilität, aber auch für alle nachhaltigkeitsrelevanten Maßnahmen und für die Gewinnung von Ressourcen.

Auf der anderen Seite ist die Gewinnung (Erzeugung) und Verteilung (Transport) von Energie immer mit negativen ökologischen, sozialen und ökonomischen Wirkungen verbunden.

Ähnlich wie für Radioaktivität oder Wahrscheinlichkeiten hat der Mensch für Energie weder ein Sinnesorgan noch die Fähigkeit, intuitiv damit umzugehen. Wir müssen dieses Thema daher systematisch angehen.

5.3.1 Energie und Leistung

5.3.1.1 Energie und Arbeit

Beim Umgang mit Energie und Leistung sollte man ein paar Anhaltspunkte haben, damit man z. B. thermische, mechanische und elektrische Energie vergleichen kann. Anhand dessen lassen sich auch die Leistungen vergleichen.

> Basiseinheit der Energie bzw. Arbeit ist das Joule: $1\,J = 1\,W\,s = 1\,kg\,m^2/s^2 = 1\,V\,A\,s$.

> **1 J = 1 W s = 1 kg m²/s² = 1 V A s entspricht folgenden Energiemengen**
>
> - Mechanische potenzielle Energie:
>   100 g (z. B. eine Tafel Schokolade) um 1 m hochheben. Das Gewicht einer Masse von 100 g ergibt sich durch die Multiplikation mit der Erdbeschleunigung g = 9,81 m/s².
> - Mechanische kinetische Energie:
>   Ein Liter Wasser (1 kg) bei Schrittgeschwindigkeit (1 m/s).
>   Maximal zulässige Energie von 12 SoftAir-Kugeln.
> - Elektrische Energie:
>   1 W (kleine Lichtquelle, LED) 1 s lang
> - Wärmeenergie:
>   ¼ Kalorie, d. h. ¼ g Wasser um 1° C erwärmen.

Da dies sehr kleine Energieeinheiten sind, betrachten wir zum einen größere Einheiten in Zehnerpotenzen. Diese werden durch die Buchstaben k (kilo = 10^3), M (Mega = 10^6), G (Giga = 10^9), T (Tera = 10^{12}), P (Peta = 10^{15}), gekennzeichnet.

Zum anderen betrachten wir als größere Einheit die kWh. Da 1 kW = 1000 W und 1 h = 60 * 60 s sind, gilt:

> 1 kWh = 1000 W * 3600 s = 3.600.000 J = 3,6 * 10^6 J = 3,6 MJ.

Dazu geben wir wieder ein paar Beispiele, zunächst zum Thema Leistung.

> **Die Leistung von 1 kW entspricht etwa**
>
> - dem Energieverbrauch und der Wärmeerzeugung einer kleinen Kochplatte
> - der Sonnenenergie (Globalstrahlung 1 kW/m² Abschn. 5.3.4) die auf 1 m² Fläche fällt
> - einer Motorleistung von 1,36 PS
> - eine Bewegung mit v = 1 m/s gegen eine Kraft von F = 1 N = 1 kg m/s²
>   – z. B. die Gewichtskraft einer Masse von 100 g bei g = 9,81 m/s²

Die Energie ergibt sich durch die Leistung über eine bestimmte Zeit.

> **1 kWh = 1 kW * 1 h**
>
> Die oben aufgeführte Leistung von 1 kW über eine Stunde ergibt die Arbeit von 1 kWh.
>
> **1 kWh entspricht**
>
> - Mechanische potenzielle Energie: Ein Mensch mit 72 kg steigt 5000 m. Die Masse von 360 t wird gegen die Schwerkraft um 1 m oder eine Masse von 1 to wird um 360 m angehoben.
> - Energieabgabe eines Motors mit 86 PS über 1 min.
> - Mechanische kinetische Energie eines Fahrzeugs mit 1 t Masse bei 216 km/h.
> - Elektrische Energie: Eine Heizplatte mit 4 kW heizt 15 min lang. Ein Gerät im Standby (1 W) einen Monat lang laufen lassen.
> - Als Wärmemenge entspricht dies 1 kWh = 3.600.000 J = 860 kcal = 860 Kal (die „großen" Kalorien, die wir beispielsweise bei Nahrungsmitteln betrachten, sind in Wirklichkeit Kilokalorien)
> - Wärmeenergie: ca. 860.000 Kalorien, d. h. 10 L Wasser um 86 °C erwärmen (Spaghetti kochen).
>
> **Die chemische Energie von 1 kWh (Primärenergie) ist etwa gespeichert in**
>
> - 123 g Steinkohle (1 kg SKE = 7000 kcal = 8,14 kWh)
> - 1/11 kg Benzin = 90 g Benzin = 0,12 l Benzin
> - 90 g Fett
> - 200 g Zucker

5.3.1.2 Zeitbezüge: Energie und Leistung

Ein Problem in der Diskussion um Energie ist, dass viele die Unterschiede zwischen kW, kWh und kWh/a nicht kennen oder gar kW/h schreiben.

> **Wichtig**
>
> Leistung ist Arbeit pro Zeiteinheit: 1 W = 1 J/s
> Arbeit ist über die Zeit erbrachte Leistung 1 J = 1 W * s

Bei Zeitbezügen ist zu berücksichtigen, dass ein Jahr etwa $3 * 10^7$ s hat (31.556.926 = 365,24 * 24 * 3600). Damit kann man Energie pro Zeit umrechnen in eine äquivalente kontinuierliche Leistung. Beispiele sind:

> **Energie pro Zeit und Leistung**
> - 1 PJ/a = 10^{15} J/3 * 10^7 s = 3 * 10^7 W = 30 MW (kleines Kraftwerk oder Windpark)
> - 1 W = 31.556.926 Ws/a = 31,6 MJ/a
> - 1 GJ = 1.000.000.000/31.556.926 W a = 31,7 W a (a steht für annum = Jahr)
> - 1 MWh/a = 3,6 * 10^9 Ws/3 * 10^7 s = 120 W
> - 2000 kcal/d = 8.400.000 kJ/d = 100 W (Der Mensch erzeugt pro kg Körpergewicht ca. 1 W Energie durch Verbrennen der Nahrung)

5.3.2 Energieerzeugung und -umwandlung

Im Grundprinzip ist die sogenannte Energieerzeugung immer nur die Umwandlung von bereits bestehender Energie in eine (leichter) verfügbare Energieform.

Energie kann in verschiedenen Formen vorliegen und transportiert werden

- Chemische Energie (potenzielle Energie, die durch chemische Reaktionen freigesetzt werden kann)
- Kernenergie (Bindungsenergie der Atomkerne)
- Elektrische Energie, insbesondere
  - elektromagnetische Wellen/Strahlung
  - elektrische (Kondensator) und magnetische (Spule) Feldenergie
  - in Batterien gespeicherte Energie (z. T. chemische Energie)
- Mechanische Energie
  - Potenzielle Energie: Lage/Gravitation, Form/Feder, Druck, Konzentration
  - Kinetische Energie: Translation, Rotation
  - Mechanische Schwingungen und Wellen
- Wärmeenergie (die nur in der Form von Temperaturdifferenzen nutzbar ist)

Die Umwandlung ist durch entsprechende Geräte möglich, teils über Wirkungsketten. Einige Beispiele zu Energieumwandlung beschreibt Abb. 5.1.

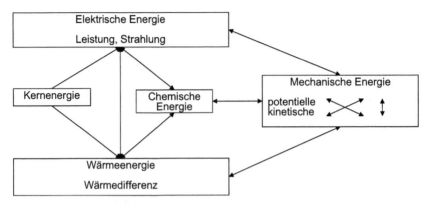

Abb. 5.1 Energieumwandlung

Exemplarische Umwandlungsmechanismen sind

- Ofen
- Wind- und Wasser-Kraftanlagen
- Hebel, Pumpe, Kran, Kurbel…
- Wärmekraftmaschinen (Dampfmaschine, Stirling-Motor, Verbrennungsmotor)
- Dynamo, Transformator,
- Elektrolyse, Power-to-Gas
- Brennstoffzelle
- Photovoltaik-Element

Je nach Wirkungsgrad, Aufwand und Mechanismus sind diese Methoden zur Erzeugung z. B. von elektrischer Energie in einer Erzeugungskette für unterschiedliche Reaktionszeiten und Leistungen geeignet.

5.3.2.1 Wirkungsgrad

Bildung für Nachhaltige Entwicklung bedeutet auch ein Verständnis für Zusammenhänge und die Verwendung von Begriffen zu vermitteln. Ein Beispiel dazu ist der Begriff des Wirkungsgrads: Der Wirkungsgrad beim Motor ist 30 % und bei der Photovoltaik-Anlage nur 15 % (Grobe Zahlenwerte). Das Problem: Wir vergleichen zwar jedes Mal die Primärenergie mit der erzeugten Energie, die ökologische Bedeutung des Wirkungsgrads ist jeweils eine ganz andere.

Abb. 5.2 zeigt die relevanten Energieflüsse.

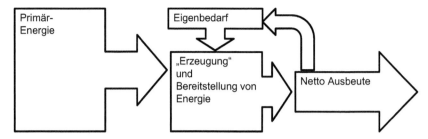

Abb. 5.2 Wirkungsgrad

> **Beispiel**
>
> Beim Verbrennungsmotor vergleicht der Wirkungsgrad die erzeugte Sekundärenergie (vom Motor abgegebene Energie) mit der Primärenergie der verbrauchten nichtregenerativen Ressource, d. h. des Energieträgers (Benzin, Gas …). Der primäre Energieträger ist danach verbraucht. Wenn man zusätzlich die Aufwände zur Herstellung des Motors (oder des ganzen Fahrzeugs) berücksichtigt, wird der Wirkungsgrad geringer.
>
> Bei der Photovoltaikanlage vergleicht der Wirkungsgrad die Energie des erzeugten Stroms mit der des einfallenden Sonnenlichts (Globalstrahlung). Das Licht würde aber ohne die PV-Anlage auf dem Boden als Wärme oder (bei Pflanzenbewuchs) z. T. für die Photosynthese genutzt. Wenn man die produzierte Energie in Relation setzt zu der für die Herstellung der Anlage verbrauchten Energie, ist der Wirkungsgrad über 100 %.

Auf den Wirkungsgrad von Wärmekraftmaschinen gehen wir im folgenden Abschnitt ein.

5.3.2.2 Entropie und Wärmekraftmaschine

Die Thermodynamik ist an sich eine komplizierte Theorie, die mikroskopische Effekte (Bewegung der Moleküle) mit den makroskopischen Effekten wie Wärme, Druck und Volumen von Gasen verknüpft. Technisch beschäftigt sie sich beispielsweise mit der Funktion von Wärmekraftmaschinen.

Für die Nachhaltige Entwicklung haben die Thermodynamik und der Begriff der Entropie zwei Bedeutungen: Zum einen im Kontext der Wärmeenergie und ihrer Umwandlung und zum anderen als generelles Prinzip im Bereich des Lebens und der Informationstheorie.

Erhaltungssätze und Perpetuum Mobile

Energieerhaltung	Energie kann nicht erzeugt oder vernichtet, sondern nur umgewandelt werden. Es gibt kein Perpetuum Mobile erster Art (Energie aus nichts).
Entropie	Die Entropie ist ein Maß für die Un-Ordnung in einem System. Die entgegengesetzte Größe Neg-Entropie ist ein Maß für die Ordnung im System. In der Thermodynamik beschreibt die Entropie mikroskopisch die Unordnung der Moleküle in einem Gas, makroskopisch eine Zustandsgröße.
Entropiezunahme	Die Entropie in einem geschlossenen System nimmt immer zu. Wärme fließt immer vom wärmeren zum kälteren Objekt. Wärme kann nicht ohne Verluste in andere Energieformen umgewandelt werden. Es gibt kein Perpetuum mobile 2. Art (welches Wärme direkt in Energie umwandelt).
Wärmetod	In jedem abgeschlossenen System wird über die Zeit im Grenzwert alle Energie in Wärme umgewandelt.

Die thermodynamische Größe Entropie nimmt bei allen Prozessen zu. Sie beschreibt das Maß von Un-Ordnung in einem System.

Aus Wärme kann Energie nur erzeugt werden, wenn es zwei Objekte (Wärmereservoirs) unterschiedlicher Temperatur gibt. Dann kann ein Teil der Wärmeenergie (und zwar nur der Energiedifferenz) in andere Energieformen umgewandelt werden. Der Rest gleicht den Temperaturunterschied zwischen den beiden Wärmereservoirs aus. Der Anteil der Wärmedifferenz, welcher in andere Energie umgewandelt werden kann, heißt Wirkungsgrad.

Bei zwei Wärmereservoirs mit Temperaturen T_1 und T_2 ($T = T_1$ = Temperatur des wärmeren Reservoirs, Temperaturen gemessen in Kelvin, d. h. Temperatur in °C + 273) und Temperaturdifferenz $\Delta T = T_1 - T_2$ ist der Wirkungsgrad maximal $\eta = \Delta T/T$.

Wirkungsgrad Wärmekraftmaschine

Bei einer Wärmekraftmaschine mit Kühlertemperatur $T_2 = 20\,°C$ (also $T_2 = 300\,K$) und einer Temperaturdifferenz $\Delta T = 300\,°C$ ($= 300\,K$) ist $T_1 = 600\,K$ und damit der maximale theoretische Wirkungsgrad $\eta = 1/2$.

Bei einer Wärmekraftmaschine mit Außentemperatur $T_2 = 20\,°C$ (also $T = 300\,K$) und einer Temperatur des warmen Mediums von $T_1 = 40\,°C$ ist $\Delta T = 20\,K$ und damit $\eta = 1/15$.

Wärmepumpe

Der zuletzt beschriebene Effekt kann auch umgekehrt genutzt werden. Um eine Wärmemenge Q vom kälteren in das wärmere Medium zu transportieren, braucht man nur die Energiemenge $E = Q/\eta$.

> **Wirkungsgrad Wärmepumpe**
>
> Bei einer Wärmekraftmaschine mit einer Temperaturdifferenz $\Delta T = 20\,°C$, die etwa bei Zimmertemperatur betrieben wird, ist $\eta = 20/300 = 1/15$ und damit der Wirkungsgrad $1/\eta = 15$.
> Dies kann eine Wärmepumpe oder ein Kühlschrank sein.

5.3.3 Energieversorgung und Speicherung

Ein Problem der regenerativen Energien ist der zeitliche Anfall durch die Abhängigkeit von

- Tageslauf (Sonne, Wind),
- Jahreslauf (Sonne, Temperatur, Wind),
- Wetter (Wind, Wolken, Temperatur).

Deshalb spielt die Speicherung eine wichtige Rolle.

Energie kann in vielen Formen gespeichert werden, analog zu den oben betrachteten Formen der Energieerzeugung. Interessant ist vor allem die Speicherung und Rückgewinnung von elektrischer Energie.

- Chemische Energie (Power to XY, Elektrolyse, Akkumulatoren, Batterien…)
- Elektrische Energie (Kondensatoren, Batterien…)
- Mechanische Lageenergie (Pumpspeicherkraftwerk, Anheben von Objekten, Druckspeicher…)
- Mechanische Bewegungsenergie, vor allem der Rotation,
- Wärmeenergie (dabei sind z. T. auch andere Mechanismen wie Umwandlungsenergien beteiligt)

Bei allen Energiespeichern müssen wir zwei wesentliche Verlustfaktoren berücksichtigen:

- Einmaliger Verlustfaktoren durch die Umwandlungsprozesse Ausgangsenergie → Speicherenergie → Nutzenergie
- Verlustfaktor im Speicher über die Zeit (Alterung, Leckage…)

Je nach diesen Verlustfaktoren und dem Aufwand für die Umwandlung und Speicherung sind unterschiedliche Speicher für unterschiedliche Zeithorizonte, Reaktionszeiten, Energiemengen und Leistungen geeignet.

Gesamtsystem
Klassischerweise war das Energieversorgungssystem eine Kette:

- Produzent (Kraftwerk)
- Speicher
- Verteilung
- Verbraucher

Durch die Dezentralisierung der Energieerzeugung und der Speicherung wird das Ganze zu einem Netzwerk, was ein komplexes Zusammenspiel zwischen dem auch als Produzent agierenden Verbraucher (Prosumer), den klassischen Erzeugern, den Netzbetreibern, den Speicherbetreibern und den Verbrauchern bedingt.

Eine Steuerung des Verbrauchs und der dezentralen Produktion ist dabei auch eine wichtige Maßnahme zum Ausgleich zwischen Energieerzeugung und Energieverbrauch.

> **Beispiel**
> Derselbe Effekt auf das Gleichgewicht von Produktion und Verbrauch wird (grob) erreicht durch:
> - Die Speicherung von 1 kWh über einen Tag
> - Das Vorziehen eines Verbrauchs von 1 kW über eine Stunde um einen Tag
> - Die Verschiebung der Produktion von 1 kW über eine Stunde um einen Tag

5.3.4 Regenerative Energien

Regenerative (erneuerbare) Energien	Regenerative (erneuerbare) Energien sind Energien, die aus erneuerbaren Ressourcen gewonnen werden. Der Begriff ist dabei dadurch definiert, dass sich die Erneuerung auf die für die Nachhaltige Entwicklung relevanten Zeiträume und Größenordnungen bezieht.

Die Hauptquelle regenerativer Energien ist direkt oder indirekt die Sonne. Die folgende Zusammenstellung erweitert dies um die endogenen Energiequellen der Erde. Diese Energien sind in den für uns relevanten Zeitskalen konstant vorhanden. Eine mögliche Veränderung ist nur im Laufe von Jahrmillionen, ein Versiegen im Laufe von Jahrmilliarden zu erwarten.

- Erde: Geothermie.
  Geothermie nutzt den Temperaturanstieg in der Tiefe. Der Temperaturanstieg ist durch die Geothermische Tiefenstufe gegeben, die – abhängig von den geologischen Verhältnissen – 30 m/K bzw. 30 m/°C beträgt. Der durchschnittliche Temperaturgradient ist also 3°/100 m. In Gegenden mit Vulkanismus oder Tektonik kann der Temperaturgradient deutlich höher sein, in sehr alten Gebieten der Erdkruste ist er niedriger.
- Mond + Erde: Gezeiten.
  Genaugenommen wird durch die Gezeiten die Rotation der Erde verlangsamt, die Energie der Gezeiten (Tidenhub) stammt also vor allem aus der Rotationsenergie der Erde.
- Sonne: Solarstrahlung und Wetter
  Alle anderen regenerativen Energien nutzen die direkte Sonneneinstrahlung, die in Pflanzen gespeicherte Energie der Sonne oder Wetterphänomene. Diese werden im Folgenden betrachtet:

  – Gespeicherte Sonnenenergie in Pflanzen: Sonnenenergie wird durch die Photosynthese genutzt, um chemische Energie zu erzeigen. Dadurch werden Energieträger (Biomasse, Holz) erzeugt. Pflanzen und ihre Produkte (insbesondere die energiereichen Samen) und Energiespeicher von Pflanzen und Tieren (Fett) können auch zu Energieträgern weiterverarbeitet werden.
  – Direkte Sonnennutzung durch Photovoltaik-Anlagen oder solare Wärme, Nutzung der Wärme aus der Sonnenenergie für Thermik, Trocknungsanlagen etc.
  – Wetter und Wasser: Die Energie des fließenden Wassers kommt letztendlich aus der Sonnenergie, die das Wasser verdunstet und so den Regen ermöglicht. Auch Winde entstehen durch unterschiedliche Erwärmung der Erdoberfläche.
  – Effekte im Wasser aufgrund der Sonneneinstrahlung sind Strömungen und Konzentrationsgefälle

Oben wurde bereits die von der Sonne einfallende Leistung betrachtet. Die gesamte von der Sonne einfallende Leistung pro Flächeneinheit bezeichnet man als Solarkonstante, sie beträgt ca. 1,4 kW/m².

Aufgrund der Absorption in der Atmosphäre kommt nur ein Teil der Energie am Boden an. Diese Globalstrahlung beträgt etwa 1 kW/m². Aufgrund der Witterungsverhältnisse kann man daraus mit einer pro Jahr eingestrahlten Energie von ca. 1000 kWh/m² rechnen (1000 wirksame Sonnenstunden pro Jahr, der Wert schwankt je nach Klima und geografischer Lage). Die durchschnittliche wirksame Globalstrahlung ist also 1000 kWh/m²/a = 0,1 kW/m².

Sonnenenergie

Solarkonstante	Von der Sonne auf die Erde gesandte Energie = 1,4 kW/m²
Globalstrahlung	Auf die Erdoberfläche einfallende Sonnenenergie bei Vollbestrahlung = 1 kW/m²
Jährliche Globalstrahlung	Auf die Erdoberfläche fallende gesamte solare Leistung im Jahresmittel = 1 MWh/m²/a = 0,1 kW/m²

Kurz gefasst ist das Verhältnis zwischen 1 kW/m² und 0,1 kW/m² das Verhältnis zwischen maximaler und durchschnittlicher Sonneneinstrahlung.

5.4 Kernprobleme

Einige der aktuell wichtigen globalen ökologischen Themen haben mit der Kohlenstoffchemie zu tun: Klimawandel und Plastik.

5.4.1 Klima und Klimawandel

Eines der aktuellen Hauptprobleme unserer Zeit haben wir bereits von den Effekten her Abschn. 3.4.6 und als Nachhaltigkeitsziel SDG 13 Abschn. 4.8.1 betrachtet. Zum Klimawandel gibt es gute Literatur und auch viele gute Information im Internet – allerdings auch viele irreführende Texte.

5.4.1.1 Klimawandel – was ist neu?

Klimawandel gab es schon immer, aber der heutige menschengemachte Klimawandel ist von einer anderen Kategorie. Auch bei den früheren Phänomenen des Klimawandels müssen wir differenzieren.

- Globalen Klimawandel in geologischen Zeiträumen hat es schon immer gegeben. Die Erde ist ein komplexes System und durch die Kontinentaldrift, die Evolution des Lebens sowie externe Einflüsse hat sich das Klima immer wieder gewandelt. Diese Veränderungen waren global und fanden in der zeitlichen Größenordnung von Millionen von Jahren statt.
- Lokalen Klimawandel (z. B. die Eiszeiten in Europa) hat es schon immer gegeben. Auch diese waren in längeren Zeiträumen, sodass sich die Natur anpassen konnte. Sie haben auch großräumig aus fruchtbaren Gebieten Wüsten oder Gletscher gemacht.
- Kurzfristigen lokalen Klimawandel aufgrund von Naturereignissen gab es auch in historischen Zeiträumen. Er führte zu Hungersnöten und teils zum Verfall der Kultur, typischerweise zu Auswanderungswellen.
- Der heutige Klimawandel ist deutlich schneller. Die Anpassungsfähigkeit der Natur ist begrenzt. Der Klimawandel trifft eine komplexe Gesellschaft. Eine Veränderung des Klimas, das Ansteigen des Meeresspiegels oder eine Verschiebung von Klimazonen innerhalb weniger Jahrzehnte trifft auf eine dicht bevölkerte und über die Kapazitätsgrenzen ausgenutzte Erde. Die Anpassung und die ausgelösten Migrationsbewegungen fordern die Menschheit über die Kapazitätsgrenzen hinaus heraus und werden zu massiven Problemen führen.

5.4.1.2 Klimawandel und Treibhauseffekt

Die Hauptursache des Klimawandels ist immer eine Veränderung der Atmosphäre. Im Moment ist der menschengemachte Anstieg der Treibhausgase CO_2 und CH_4 (Methan) ein wichtiger Faktor. Daneben gibt es kleinere Schwankungen der Sonnenintensität, die aber den derzeitigen Klimawandel nicht erklären können. Das Grundprinzip von Energiefluss und Treibhauseffekt skizziert Abb. 5.3.

Rückkopplungseffekte wie Brände oder das Auftauen des Permafrosts führen zu einer Verstärkung des Effekts.

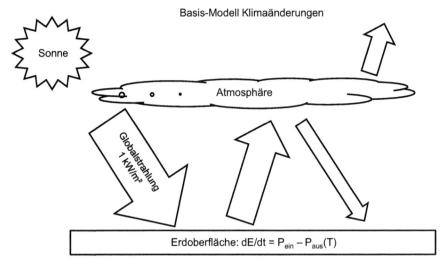

Abb. 5.3 Klima und Treibhauseffekt (Grobskizze)

Tab. 5.2 Chemische Verbindungen

Formel	Bezeichnung	Bedeutung
CO_2	Kohlenstoffdioxid	Wichtigstes Klimagas
CH_4	Methan	Hohe Wirksamkeit als Klimagas
H_2O	Wasser	Wichtige Ressource
		Beitrag zum Klimawandel

Relevante Treibhausgase
In Tab. 5.2 stellen wir einige wichtige chemische Verbindungen zusammen. Der Begriff Treibhausgas oder Klimagas bezieht sich darauf, dass dieser Stoff im gasförmigen Aggregatzustand zum Treibhauseffekt beiträgt.

5.4.1.3 Kohlenstoffkreislauf

Kohlenstoff hatten wir in Abschn. 5.1.5 betrachtet, da Kohlenstoffverbindungen über den Treibhauseffekt hinaus wichtige Rollen als Ressourcen und für das gesamte Leben spielen.

Kohlenstoffdioxid CO_2
CO_2 ist eine chemische Verbindung, die bei der Verbrennung von Kohlenstoffhaltigen Stoffen entsteht. Bei Normalbedingungen ist CO_2 gasförmig, es ist ein natürlicher Bestandteil der Luft, der Anteil steigt von früher 0,3 ‰ = 300 ppm auf derzeit 0,4 ‰. CO_2 trägt durch die Absorption von Wärmestrahlung zum Treibhauseffekt bei.

5.4.1.4 CO_2-Erzeugung: Atmung und Verbrennung

Verbrennung

Verbrennung erzeugt CO_2. Ausgehend vom reinen Kohlenstoff (Kohle) wäre die Formel

$$C + O_2 \rightarrow CO_2$$

und aus 12 g Kohle(nstoff) entstehen 44 g CO_2. Wichtiger sind aber die Kohlenwasserstoffverbindungen (Benzin, Gas …). Das Grundprinzip können wir veranschaulichen, wenn wir die Kohlenwasserstoffe einfach als Ketten vom CH2-Gruppen beschreiben. Mit diesem vereinfachten Modell (das CH_2 repräsentiert einen Bruchteil des längeren Moleküls) ergibt sich die prinzipielle Formel:

$$n * CH_2 + 3n/2 * O_2 \rightarrow n * CO_2 + n * H_2O$$

In Wirklichkeit sind je nach Stoff noch andere Elemente vorhanden, so hat z. B. Oktan am Anfang und Ende der Kette noch ein Wasserstoffatom, sodass die Formel C_8H_{18} ist.

Verbrennung von Oktan

$2\ C_8H_{18} + 25\ O_2 \rightarrow 16\ CO_2 + 18\ H_2O$

Daraus lassen sich über die Molekulargewichte die Relationen zwischen den Gewichts- oder Volumenanteilen berechnen. Aus der oben gegebenen Näherung $CH_2 + 3/2\ O_2 \rightarrow CO_2 + H_2O$ folgt:

Aus 14 g Benzin entstehen ca. 44 g CO_2.

Atmung

Das gleiche Prinzip wie bei der Verbrennung von Kohlenwasserstoffen zu CO_2 gilt auch bei der Atmung aller Lebewesen. Zur Energiegewinnung nehmen alle Lebewesen Kohlenstoffverbindungen (vor allem Kohlenhydrate und Fette) auf und „verbrennen" sie in komplexen Prozessen, wobei unter anderem Energie und CO_2 entstehen.

5.4.1.5 Assimilation und Photosynthese

Das Gegenstück zur Atmung und die wichtigste und einzige natürlich ablaufende Reaktion, die aus Kohlendioxid (CO_2) Sauerstoff (O_2) macht ist die Photosynthese oder Kohlenstoff-Assimilation. Dabei werden durch das Chlorophyll (Blattgrün) der Pflanzen unter Lichteinfall und Aufnahme von H_2O und CO_2 in einer komplexen Reaktionskette Sauerstoff und organische Stoffe (z. B. Zucker, Glucose $C_6H_{12}O_6$) erzeugt.

Gleichgewicht und Biomasse

Pflanzen atmen zur Energiegewinnung und binden CO_2 bei der Photosynthese. In der Massenbilanz wird mehr CO_2 gebunden als verbrannt, der Kohlenstoff, der der Luft entzogen wird, wird als Biomasse (z. B. Zellulose, Zucker, Fett) in der Pflanze gespeichert.

Die Massebilanz sieht dabei ähnlich aus wie diejenige der Verbrennung von Oktan oben (in der Formel verwenden wir $C_6H_{12}O_6$, die Summenformel für Glukose = Traubenzucker).

Photosynthese

$6\ H_2O + 6\ CO_2 \rightarrow C_6H_{12}O_6 + 6\ O_2$

Daraus lassen sich wieder über die Molekulargewichte die Relationen zwischen den Gewichtsanteilen berechnen.

> Aus 44 g CO_2 entstehen ca. 26 g Zucker.

5.4.1.6 Mögliche Folgen des Klimawandels

Exemplarische Wirkungen des Klimawandels mit möglichen Folgen sind:

- Erhöhung der mittleren lokalen Temperatur und Veränderung des Mikroklimas weltweit.
- Verschiebung von Klimazonen, Veränderung der Anbaubedingungen und Ökosysteme (invasive Arten, Krankheitserreger)
- Anstieg des Meeresspiegels, Überflutung niedrigliegender Gebiete
- Erhöhung des Wasserdampfanteils in der Atmosphäre

- Veränderung von Meeresströmungen, El-Nino-Phänomene (z. B. Golfstrom erlischt, Eiszeit in Europa)
- Auftauen des Permafrostbodens, Freisetzen von Methan
- Auftauen von Permafrostbereichen, zunehmende Frostwechseltage, Rutschungen und Felsstürze
- Höhere Gefahr von Bränden
- Thermiken und Wirbelstürme (Auslösetemperatur)
- Geringere Temperaturgradienten, Abschwächung oder Verstärkung von Luftströmungen, Konzentration von Starkregen auf kleinere Flächen.

5.4.1.7 Klimaschutz

Das Klima und seine Entwicklung zu verstehen, ist ein naturwissenschaftliches Thema. Die Frage der Klimaschutzmaßnahmen ist nicht nur ein wissenschaftlich-technisches (Was wirkt wie?), sondern sowohl ein normatives als auch sozioökonomisches Thema (Was soll wer machen?).

Mögliche Maßnahmen sind:

- Einsparung von Klimagasen (Emissionsreduktion, Energieeinsparung…)
- Binden von Klimagasen (Aufforstung, Power-to-Fuel)
- Schutz von Wald und Mooren (CO_2-Speicher)
- Speichern von Klimagasen (Aufwendig, Fraglich)
- Geo-Engineering (mit hohen Risiken)

Wie beim Thema Energiespeicherung muss man auch beim Klimaschutz und dem damit verbundenen Kolhlenstoffkreislauf klar unterscheiden zwischen Materieflüssen (Emissionen, Bindung, Umwandlung) und Speichern (CO_2-Speicher). Kohlenstoffdioxid (CO_2) bzw. Kohlenstoff und seine Verbindungen sind in unterschiedlicher Form gespeichert: in der Atmosphäre, den Meeren, Biomasse und Gesteinen (inkl. Kohle, Kalk, Erdöl und Erdgas).

5.4.2 Plastik

Plastik oder Kunststoffe (wir verwenden die Begriffe synonym) sind eines der Kennzeichen und Probleme des Anthropozän. Dies beruht auch auf ihren Vorteilen: der breiten Verwendbarkeit und der Langlebigkeit als Stoff.

Kunststoffe sind chemische Produkte. Wir müssen uns also zumindest mit den Prinzipien ihrer Chemie beschäftigen.

> **Plastik**
>
> Plastik = **Kunststoff** Kunststoffe sind synthetisch hergestellte Polymere auf Kohlenstoffbasis.
> Polymere Polymere sind Makromoleküle aus vielen gleichartigen Bausteinen (Monomere)

Neben Kunststoffen (synthetische Polymere auf Kohlenstoffbasis) gibt es die Biopolymere (natürliche Polymere wie Proteine, DNA, Kohlenhydrate) und Polymere auf Siliziumbasis,

Wichtige Beispiele von Kunststoffen sind:

- PE: Polyethylen (Polyethen)
- PET: Polyethylenterephthalat,
- PP: Polypropylen (Polypropen)
- PLA: Polylactide (Polymilchsäure)
- ABS: Acrylnitril-Butadien-Styrol
- PVC: Polyvinylchlorid
- PS: Polystyrol
- PU/PUR: Polyurethan

Ressourcen

Die Kunststoffe werden i. A. durch Polymerisation aus den Basisstoffen gewonnen. Vereinfacht kann man es sich so vorstellen, dass die Monomere aneinandergereiht werden. Die Basisstoffe können aus mineralischen (Erdöl und daraus gewonnene Stoffe) oder biogenen Materialien gewonnen werden.

Produktion und Gebrauch

Daneben enthalten Kunststoffe verschiedene Materialien, um die gewünschten Eigenschaften zu erreichen (Weichmacher, Farben, Flammschutz). Dadurch wird wie bei Legierungen eine Kreislaufwirtschaft erschwert, sie wirken teilweise auch auf dem Menschen.

Eine spezielle Form ist Mikroplastik, kleine Kunststoffteilchen mit einem Durchmesser unter 5 mm. Sie wurden zum Teil bewusst produziert, werden aber auch durch Abrieb und Verschleiß erzeigt. Diese Teilchen sind aufgrund ihrer Größe und weil sie eine ähnliche Dichte wie Wasser haben, schwer abtrennbar und als Kunststoffe schwer abbaubar. Ihre Präsenz im Wasser, im Boden und in Lebewesen nimmt damit immer mehr zu.

Abfall und Entsorgung

Plastik ist ein Problem, da es meist nicht oder nicht sortenrein gesammelt wird. Damit ergeben sich unterschiedliche Probleme je nach Art und Region. Es ist auch hier wichtig, die Gesamtproblematik im Auge zu behalten.

- Wenn Plastik nicht auf hohem Niveau recycelt wird, gehen wertvolle Ressourcen verloren.
- Wegwerfen bzw. wilde Entsorgung führt zur Verschmutzung (Vermüllung von Städten und Landschaften), zur Gefährdung von Tieren und zur Entstehung von Mikroplastik
- Plastik und die darin enthaltenen Stoffe gelangen in Boden, Grundwasser und Gewässer.
- Bei der Verbrennung gehen wertvolle Rohstoffe verloren und Schadstoffe entstehen.
- Müllinseln in den Ozeanen haben immense Größen angenommen. Plastik ist auch eine Gefahr für Meereslebewesen.

5.4.3 Kernkraft und Radioaktivität

Die Bindungsenergie der Atomkerne kann man auf zwei Arten nutzen:

- Verschmelzung (Fusion) leichter Elemente (z. B. Wasserstoff)
- Spaltung (Fission) bzw. Förderung des Zerfalls schwerer Element (z. B. Uran)

Die dabei freigesetzte Bindungsenergie (Kernenergie) ist so groß, dass sie sich als Massedifferenz $E = mc^2$ bemerkbar macht. Das Symbol c bezeichnet hier die Lichtgeschwindigkeit. Die Formel $E = mc^2$ gilt universell, also auch beispielsweise bezüglich der – extrem kleinen – Massenzunahme eines Fußgängers aufgrund seiner kinetischen Energie, sie hat aber eine praktische Bedeutung nur bei Geschwindigkeiten nahe der Lichtgeschwindigkeit und bei Kernprozessen.

Die Reaktionsprozesse der Fusion und Fission können zu Kettenreaktionen führen, weshalb diese Prozesse zur Energieerzeugung eine komplexe Stabilisierung erfordern und auch zum Bau von Bomben verwendet werden können.

Üblicherweise wird durch die Kernreaktion Wärme erzeugt, die zur Dampferzeugung genutzt und in thermischen Kraftwerken (Turbinen) in mechanische Energie (Rotation) und dann in elektrische Energie (Generator) umgesetzt wird. Diese sind wie alle thermischen Kraftwerke auf eine Kühlung angewiesen.

Das Problem bei der Kernenergie sind die bei der Kernspaltung entstehenden Stoffe, die selbst radioaktiv sind und weiter zerfallen. Dieser radioaktive Zerfall ist von der mathematischen Beschreibung ein Rückkopplungsprozess wie das exponentielle Wachstum Abschn. 15.2.5.3 nur mit einem negativen Wachstumsfaktor (Zerfallsrate).

Da der Zerfall pro Zeiteinheit proportional zur aktuellen Menge M ist, ergibt sich die Formel $\frac{dM}{dt} = -r \cdot M\, t$.

Anstatt der Zerfallsrate verwendet man die Halbwertszeit, also diejenige Zeit, in der die Hälfte des betreffenden Stoffs zerfallen ist. Die Werte nach Tab. 15.4 gelten dann entsprechend für den Zerfall (Kehrwert).

5.5 Ökobilanzierung

Bereits in Abschn. 3.1.4 hatten wir uns gefragt, wie man Nachhaltigkeit messen kann. Für die Messung der ökologischen Komponenten gab es schon früh Ansätze, die sich verallgemeinernd auf die Nachhaltigkeitsbilanz anwenden lassen. Wir werden aber sehen, dass selbst die Ökobilanzierung schon viele Probleme und Tücken hat.

Eine Ökobilanz ist eine zahlenmäßige Zusammenfassung aller umweltrelevanten Größen, die das jeweilige Untersuchungsobjekt betreffen. Das Ziel einer Ökobilanz ist es, die Umweltbelastungen aufzuzeigen, die von dem Objekt ausgehen. Je nach Untersuchungsobjekt (Bilanzobjekt) und Methode (Bilanzmethodik) unterscheiden wir verschiedene Arten von Bilanzen.

Die Basis für die Ökobilanzierung ist durch die Normen DIN EN ISO 14040 und DIN EN ISO 14044 festgelegt. Danach umfasst eine Ökobilanz folgende Elemente:

- Definition von Ziel und Untersuchungsrahmen (Bilanzobjekt und Scope)
- Sachbilanz, Wirkungsabschätzung und Auswertung.

5.5.1 Bilanzobjekte

Der Begriff Bilanzobjekt beschreibt den Bereich, für den eine Ökobilanz erstellt wird. Untersuchungsobjekt kann sein:

- ein einzelner Prozess (technisch)
- ein Produkt d. h. entweder nur dessen Produktion oder der gesamte Lebenszyklus (Produktbilanz oder Lebenszyklusbilanz),
- eine Dienstleistung bzw. ein Nutzen, eine Veranstaltung oder eine Reise,
- eine Organisationseinheit wie ein Betrieb oder eine Kommune,
- eine einzelne Person oder einzelne Aktionen.

5.5.1.1 Lebenszyklusbilanz

Ausgehend von der Idee der ökologischen Optimierung wäre eigentlich eine Ökobilanz bezüglich eines Produkts bzw. einer Dienstleistung (eine Mahlzeit für 4 Personen, Transport eines Gutes von A nach B) anzustreben, die alle durch diesen Nutzen bewirkten Umwelteffekte berücksichtigt. Dieser Ansatz wird in der Lebenszyklusanalyse (life cycle analysis, LCA) am ehesten erbracht. Häufig wird die LCA im Allgemeinen für ein Produkt durchgeführt. Genaugenommen müsste hier im Sinne einer Vollkostenrechnung auch die induzierten Effekte durch Transport, Arbeit, Mobilität und Maschinennutzung mitberücksichtigt werden, was aber abschließend niemals möglich ist.

Die Gesamtbilanz, die Herstellung, Nutzung und Entsorgung einschließt, wird wegen des Anspruchs und der Forderung, die ökologischen Auswirkungen über den gesamten Lebenszyklus zu betrachten, auch als Lebenszyklusbilanz bezeichnet. Sie ist wichtig, um Produkte zu vergleichen und um bei der Einführung neuer Produkte eine verantwortliche Entscheidung treffen zu können.

5.5.1.2 Produktbilanz

Wenn wir in unseren Ansprüchen einen Schritt zurückgehen, bekommen wir eine Produktbilanz, die nur die Herstellung des Produkts (unter Einbeziehung der Rohstoffe) betrachtet. Noch enger wird der Bilanzrahmen, wenn wir nur die Rohstoffe und Energieverbräuche als solche bilanzieren und auch Emissionen, Arbeit und das Produkt inklusive des Weitertransports nicht auflösen, sondern als Posten in der Bilanz belassen.

Die eigentliche Produktbilanz, die nur die Auswirkungen der Herstellung (inklusive der Rohstoffe und Materialien) betrachtet, ist wenig aussagekräftig, hat aber den Vorteil, dass sie nur vom Produkt und nicht vom Käuferverhalten abhängt.

5.5.1.3 Nutzungsbilanz

Eine reine Bilanzierung der Nutzungsphase (Nutzungsbilanz) findet nur in Ausnahmefällen statt. Sie kann dort sinnvoll sein, wo sie dem Nutzer eines Objekts Hinweise als Basis für Kaufentscheidungen, Verbesserungen oder Verhaltensänderungen gibt, oder als Vergleichskriterium herangezogen werden soll.

Eine weitergehende Einschränkung führt dann dazu, dass nur der Verbrauch an Energie oder bestimmten Betriebsstoffen zusammengefasst wird.

Beispiele sind:

- Kraftstoffverbrauch bei Autos
- Energie- und Wasserverbrauch bei Haushaltsgeräten
- Energiepass bei Wohnungen.

Man muss sich aber im Klaren sein, dass eine solche „Bilanz" weder die laufenden Umweltbelastungen adäquat berücksichtigt noch die Produktion. Sie kann nur ein erster Hinweis sein.

5.5.1.4 Nutzenbezug – Service Unit

Insbesondere bei der Lebenszyklusbilanz ist es wichtig, diese nicht auf ein Produkt, sondern auf einen bestimmten Produktnutzen zu beziehen.

Der Produktnutzen ist das, was der Kunde von dem Produkt hat, bzw. was zur Bedürfnisbefriedigung beiträgt. Dies ist die eigentlich relevante Größe, auf die sich eine Bilanz beziehen sollte. Allerdings hängt diese Service Unit auch vom Benutzerverhalten und von seinen Ansprüchen ab. Wir werden darauf auch noch in der Basisformel Abschn. 8.1.3 eingehen.

Produktnutzen

Bei einem LKW ist es klar, dass ein Sprinter weniger Ressourcen in Produktion und Betrieb verbraucht als ein 40-Tonner. Für den Transport ist aber der Verbrauch pro transportierter Einheit relevant. Je nach Gut ist die transportierte Masse (to) oder das Volumen (m^3) relevant, die Entfernung wird in km gemessen. So erhalten wir den Ressourcenverbrauch pro to * km oder m^3 * km.

Bei einer landwirtschaftlichen Arbeitsmaschine ist nicht der absolute Verbrauch relevant, sondern der Verbrauch pro bearbeiteter Fläche. Wir betrachten also den Ressourcenverbrauch pro ha.

Beim PKW betrachten wir den Ressourcenverbrauch und die Umweltbelastung pro gefahrenem km über den gesamten Lebenszyklus (Produktion + Betrieb). Noch besser wäre es, die Ökobilanz auf eine gewünschte Ausprägung der Mobilität zu beziehen.

Der Nutzungsverbesserung kann vor allem auch durch verändertes Benutzerverhalten verbessert werden, beispielsweise durch Konzepte wie Miete oder Teilen (Sharing Economy).

5.5.1.5 Prozessbilanz

Wenn wir beispielsweise einen einzelnen Produktionsprozess, zu dessen einzelnen Schritten, zu einem Transportprozess oder einem Kommunikationsprozess betrachten, erhalten wir eine Prozessbilanz. Diese kann durch eine reine Schnittstellenbetrachtung (Input – Output) oder durch eine naturwissenschaftlich-technische Analyse des Prozesses erfolgen. Diese Prozessbilanz kann als Basis für Produktbilanzen, Lebenszyklusbilanzen und Betriebsbilanzen dienen.

5.5.1.6 Betriebsbilanz

Die Zusammenfassung und Konsolidierung (Ausgleich) aller Prozessbilanzen eines Betriebs ergibt die Betriebsbilanz, die im Allgemeinen für einen Standort oder ein Werk zusammengefasst wird.

Für das Unternehmen spielt im Rahmen des Umweltmanagementsystems und der Umweltberichterstattung die Betriebsbilanz eine wichtige Rolle. Sie ist auch einfacher zu erstellen, da die Bilanzgrenzen klarer gegeben sind (Prinzip des virtuellen Zauns). Die Erfassung der Daten kann entweder durch eine Schnittstellenbetrachtung (Input-Output) oder durch Zusammenfassung aus Prozessbilanzen für einzelne Teile geschehen.

Häufig können Daten auch aus dem betrieblichen Rechnungswesen und Controlling oder vom Einkauf (Input) und Vertrieb (Output) übernommen bzw. umgerechnet werden. Für die Zurechnung und Verteilung stellen sich ähnliche Probleme wie im Rechnungswesen.

Für eine (betriebliche) Ökobilanz hat sich eine Strukturierung des Kontenrahmens eingebürgert, die ein Mittelding zwischen Bewegungs- und Bestandsbilanz ist. Dies rührt daher, dass die wichtigen Effekte aus den Verbräuchen kommen, aber auch Bestände (Flächenversiegelung, Maschinen) eine ökologische Wirkung haben. Zunächst stellt die Ökobilanz den gewünschten Output (Produkte, Dienstleistungen) den dadurch implizierten Umweltauswirkungen (Ströme von Material, Wasser, Luft und Energie) gegenüber. Flächenversiegelung und Anlagegüter müssen sowohl vom Bestand her als auch von der Bewegung her (Zugang/Abgang) erfasst werden.

5.5.1.7 Beispiele

Die verschiedenen Bilanzobjekte können wir an zwei Beispielen verdeutlichen:

Auto

Die klassische Produktbilanz betrachtet die Herstellung eines bestimmten Fahrzeugs, während die Nutzungsbilanz den laufenden Verbrauch pro km betrachtet.

Als Lebenszyklusbilanz betrachten wir die gesamten Umweltauswirkungen, wozu auch die benötigte Infrastruktur (Straße, Parkhaus) gehört.

Daneben könnte eine Betriebsbilanz ein Fahrzeugwerk oder einen Fuhrpark und seine jeweiligen Umweltauswirkungen betrachten.

Bier

Die Betriebsbilanz betrachtet die Brauerei als Ganzes.

Die Produktbilanz betrachtet die Herstellung von einem Liter bzw. Hektoliter Bier einer bestimmten Sorte und die Abfüllung bezogen auf die jeweilige Verpackungseinheit (Glasflasche, PET, Dose, Fass). Sie berücksichtigt auch die Gewinnung der Rohstoffe.

Bei der Lebenszyklusanalyse (LCA) wird auch der Transport, Ausschank und der Kreislauf des Leerguts berücksichtigt.

5.5.2 Methodik und Auswertung

Die Sachbilanz erfasst zunächst alle Material- und Energieströme.

Die Auswertung einer Ökobilanz geschieht durch die gemeinsame Erfassung aller Wirkungen auf die Umwelt. Diese Zusammenfassung kann in einer der in Abb. 5.4 gegebenen Formen und in einer der in Abschn. 5.5.3 beschriebenen Bewertungen geschehen.

5.5.2.1 Sachbilanz (Energie und Masse)

Die Sachbilanz oder Massenbilanz stellt die Summierung der Einzelfaktoren (Mengen an Material und Energie) ohne eine Gewichtung dar. Die Ergebnisse werden einzeln gegenübergestellt. Auf diese Weise kann der Vergleich in den einzelnen Komponenten geführt werden.

Wichtige Komponenten sind:

- Energie (z. B. in MJ) und Energieträger (z. B. in kg, oder m^3)
- Einzelne Stoffe und Stoffgruppen (in Stück oder kg)
- Wasser und andere Rohstoffe (in m^3)
- Emissionen (in kg oder m^3)
- Bestandsgrößen wie Flächenversiegelung oder Lagermengen

5.5.2.2 Wirkungsbilanz (ökologische Wirkungen)

Die Beurteilung der Sachbilanz erfolgt bezüglich der ökologischen Auswirkungen wie Klimarelevanz (Treibhauseffekt, Ozonloch), Ökosystemrelevanz

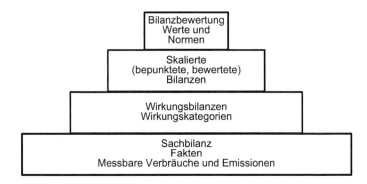

Abb. 5.4 Ebenen der Ökobilanzierung

(Ökotoxizität, Biotopverarmung), Ressourcenbeanspruchung (Belastung der Umweltmedien, Verbrauch von Ressourcen).

5.5.2.3 Bepunktete Bilanz (Bilanzbewertung)

Diese Art der Bilanz wird im Allgemeinen als bewertete Bilanz bezeichnet. Da aber der Begriff der Bewertung eine Wertung, d. h. ethische Aspekte miteinschließt, wollen wir eher den Begriff der bepunkteten (mit Punkten einer Skala versehenen) Bilanz verwenden. Ziel dieser Art der Bilanzbewertung ist, auf einer Skala einen Vergleich verschiedener Produkte, Prozesse oder Betriebe zu bekommen. Basis der Bepunktung können sein: Äquivalenzkoeffizienten in Relation zur Gesamtressource, Geldeinheiten (Monetarisierung), Energieverbrauch (energetische Bilanz), Flächenverbrauch, Energieverbrauch (siehe Abschn. 5.5.3). Ein wichtiges Problem dabei ist die adäquate Berücksichtigung von Risiko.

5.5.2.4 Bewertete Bilanz (normativ-ethische Aspekte)

Im Gegensatz zu der mit Punkten bewerteten Bilanz erfordert eine Bilanzbewertung eine normativ bewertete Berücksichtigung von gesellschaftlichen, volkswirtschaftlichen, politischen, juristischen, ethischen oder moralischen Effekten und Maßstäben. Dabei muss beispielsweise zwischen den Einflüssen auf unterschiedliche Personengruppen in unterschiedlichen Situationen, Orten und an unterschiedlichen Zeiten und mit unterschiedlichen Aspekten sowie zeitlichen und räumlichen Horizonten (Scope Abb. 1.5) abgewogen werden. Diese normativ-ethischen Überlegungen schließen an die Betrachtungen in Abschn. 1.3 und 3.2.2 an.

5.5.2.5 Vergleichende Bilanz

Die Gegenüberstellung von zwei Alternativen, die geeignet sind, denselben Nutzen für den Konsumenten zu stiften, kann auf jeder der oben angesprochenen vier Ebenen stattfinden. Dabei bauen sowohl die Wirkungsbilanz und die bewertete Bilanz als auch die vergleichende Bilanz immer auf einer Sachbilanz auf.

5.5.3 Bewertungen – Punkte und Fußabdrücke

Dem Ziel, eine einzige Zahl für die ökologische Beurteilung eines Bilanzobjekts zu haben, kann man sich auf verschiedenen Arten nähern. Der erste Ansatz betrachtete ein Punktesystem, das die ökologischen Wirkungen in Relation zur Tragfähigkeit der Erde setzt.

Der Begriff Fußabdruck steht im engeren Sinne für den anteiligen Flächenbedarf für ein Bilanzobjekt, verallgemeinert für die Erfassung aller relevanten Wirkungen. Analog zum Fußabdruck steht der Begriff Handabdruck für die positiven Nachhaltigkeitswirkungen.

Daneben kann man die Umweltauswirkungen auch über andere Größen wie Energieverbrauch oder Klimawirksamkeit aggregieren. Damit erhalten wir eine Vielzahl von Ansätzen, für die Auswertung von Ökobilanzen durch die Reduktion auf eine einzige Skala:

- Ökopunkte
- Energiebilanz
- Massenbewegungen/
- Carbon Footprint
- Virtuelles Wasser
- Fußabdruck/Flächenverbrauch
- Monetarisierung

5.5.3.1 Ökopunkte

Ökopunkte oder Umweltbelastungspunkte (UBP) sind ein klassischer Ansatz, die Umweltbelastung durch ein Bilanzobjekt zu bewerten. Dabei betrachtet man im Prinzip (die aktuelle Rechnung ist komplexer) die Relation zwischen dem Ressourcenverbrauch bzw. der Emission des Bilanzobjekts und der global tragbaren Vergleichsgröße und summiert alle gewichteten Quotienten auf.

Der Quotient Belastung/Tragfähigkeit wird folgendermaßen bestimmt:

- Bei nichtregenerierbaren Ressourcen:
  Für nichtregenerative Ressourcen bestimmt man den Anteil des Verbrauchs des Bilanzobjekts an den noch vorhandenen Ressourcen.
- Bei regenerierbaren Ressourcen:

Für regenerative Ressourcen bestimmt man den Anteil des Verbrauchs der Ressource an den pro Zeiteinheit (eine Generation) nachwachsenden Ressourcen.
- Bei Emissionen:
Bei den Emissionen betrachtet man die Relation der Emission zu der maximal tragbaren Emission.

Die Summe der Quotienten wird mit einer Basiszahl (z. B. 10^{12}) multipliziert, um handliche Größen zu erhalten. Die Ökopunkte variieren je nach Land, Jahr und Quelle. In der Zusammenfassung mehrerer Quellen steht ein Ökopunkt (UBP) beispielsweise für

- Energie: 1/3–2 MJ (1–5 kWh)
- Wasser: 10–50 l Süßwasser
- Treibhausgase: 3– 60 g CO_2-Äquivalent

Deshalb ist bei Ökobilanzen immer auf die Vergleichbarkeit Wert zu legen.

5.5.3.2 Fußabdrücke

Etwas anschaulicher als Punkte sind die sogenannten Fußabdrücke.

Fußabdruck im eigentlichen Sinne ist der direkte und indirekte Flächenverbrauch in m^2 bzw. ha für ein Bilanzobjekt (eine Aktivität, ein Produkt bzw. eine Person). Dieser Flächenverbrauch berücksichtigt die Gewinnung der Rohstoffe und Energie, Produktion und Fertigung, Transporte und Handel, die Nutzung, Entsorgung und Recycling.

Eine wichtige Frage beim Flächenverbrauch ist die Zurechnung. Land (im Sinne von Erdoberfläche) wird ja nicht verbraucht, sondern nur anderen Nutzungen entzogen. Dies ist bei Tagebau oder Flächenversiegelung offensichtlich und klar abgrenzbar, aber im Bereich der Land- und Forstwirtschaft oder bei möglicher paralleler Nutzung ist das Ganze nicht so einfach. So ist ein Wald oder eine Wiese nicht nur verbrauchte Fläche für den Anbau von Holz bzw. das Weiden von Vieh, sondern hat auch eine ökologische und soziale Funktion. Andererseits kann die Fläche unter einer Windkraftanlage landwirtschaftlich genutzt werden, und ist damit nicht vollständig „verbraucht".

5.5.3.3 Energiebilanz

Die Energiebilanz erfasst und bilanziert die Aufwände in Energieeinheiten (z. B. MJ). Dazu werden alle Inputs der Ökobilanz über die Aufwände zu ihrer Herstellung in Energien umgerechnet, für die Outputs wird der Aufwand zur Wiederherstellung berücksichtigt.

Wichtig ist dabei, sich auf die Primärenergie zu beziehen, d. h. man muss berücksichtigen, dass die Sekundärenergie (bereitgestellte Energie am Verbrauchsort) eine höhere Menge an Primärenergie (Energieträger) sowie andere Ressourcen wie Wasser etc. verbraucht. Auch andere Faktoren wie die Energieaufwände zum Herstellen, Reparieren und Recyceln müssen berücksichtigt werden.

5.5.3.4 Carbon Footprint

Der Carbon Footprint misst die Klimawirkung eines Bilanzobjekts. Dazu werden die Verbräuche an Energie und Ressourcen durch die dadurch verursachten Emissionen an CO_2 bewertet. Emissionen und insbesondere andere Treibhausgase werden in CO_2-Äquivalente umgerechnet.

Für den Carbon Footprint spielt eine entscheidende Rolle, wie die verwendete Energie erzeugt wird (Strommix). Deshalb ist bei Vergleichen darauf zu achten, dass derselbe oder der jeweils relevante Strommix zugrunde gelegt wird.

5.5.3.5 Virtuelles Wasser und Wasserverbrauch

Das Thema Wasserverbrauch muss man wie den Energieverbrauch differenziert betrachten. Grundkonzept des Virtuellen Wassers ist, alle Wassermengen zusammenfassen, die bei der Produktion, Gebrauch und Entsorgung eines Produkts verbraucht werden.

Allerdings muss man noch eigene Differenzen betrachten, da ein Liter Wasser unterschiedliche Bedeutung und Auswirkungen haben kann. Ein Liter Regenwasser auf einer Weide ist etwas anderes als ein Liter in der Galvanik verschmutztes Wasser. Exemplarisch muss man berücksichtigen:

- Nach der Herkunft
  - Regenwasser
  - Flusswasser

- Meerwasser (Salzgehalt)
- Grundwasser
- Trinkwasser

• Nach Situation und Klima

- Wasserreiche oder wasserarme Gebiet
- Regenreiche oder trockene Zone
- Stadt oder Land

• Ergebnis und Effekt des „Verbrauchs"

- Verdunstung
- Versickerung, Abfluss
- Verschmutzung(-sgrad)

• Effekt und Verschmutzungsgrad

- Erwärmung
- Schwebstoffe, Schlamm
- Sauerstoffgehalt
- Eutrophierung
- Gelöste schädliche Stoffe
- Lebewesen/Bakterien

5.5.4 Handabdruck

Unter den Handabdruck (Handprint, Hand Print) verstehen wir die positive Nachhaltigkeitswirkung. Diese – beispielsweise im Bereich Bildung, Verbesserung (Biotopvernetzung, Aufforstung, Kultur) oder Einsparung – zu quantifizieren ist sehr schwer. Die methodischen Probleme sind dieselben wie beim Fußabdruck; auch hier kann man versuchen, zukünftige Aspekte oder den Einfluss auf die Befriedigung von Bedürfnissen abzuschätzen.

5.5.5 Beispiele und Bemerkungen

Ökobilanzen sind nicht nur ein wissenschaftliches Werkzeug, sondern oft auch politisch motivierte und verwertbare Argumentationshilfen. Deshalb werden häufig in der Presse und im Internet Ökobilanzen kontrovers diskutiert und es existieren durchaus widersprüchliche Analysen und Konsequenzen.

5 Planet — Ökologie und Natürliche Lebensgrundlagen

Anhand einiger Beispiele und der zu betrachtenden Aspekte wollen wir hier generell für das Thema Ökobilanzen und den kritischen Umgang damit sensibilisieren. Hier geht es wie zum Thema „Wie lügt man mit Statistik?" (Abschn. 15.2.6) nicht nur darum, Fehler bei der Erstellung zu vermeiden, sondern vor allem darum, gegebene Analysen beurteilen und Fehler und Missinterpretationen erkennen zu können. Wir wollen dazu einige der aktuellen Diskussionen aufgreifen. Durch den technischen Fortschritt, die Gesetzgebung und durch veränderte Randbedingungen und Schwerpunkte lokal und global werden sich die Einschätzungen dessen, was „nachhaltiger" ist, auch im Laufe der Zeit ändern.

Das müssen wir nicht nur beobachten, sondern als Konsumenten und Produzenten aktiv im Sinne einer Nachhaltigen Entwicklung beeinflussen.

- Energieerzeugung:
  Da die Energieerzeugung zentral ist für alle Bereiche, ist sie immer im Fokus der Ökobilanzierung. Dabei ist zunächst nach erneuerbaren und nicht-erneuerbaren Ressourcen (Primärenergie) zu differenzieren. Ein wichtiges Kriterium für den Vergleich ist der Flächenverbrauch.
- Mobilität
  Die Mobilität insgesamt und insbesondere das Auto (PKW) sind nicht nur wichtige Faktoren bei Ressourcenverbräuchen und CO_2-Emissionen, sie sind auch Inhalt einer stark emotionsgeladenen Debatte. Die Reihenfolge Flug – PKW – Bahn bezüglich der Umweltbelastungen ist klar, während die Einschätzung von Elektromobilität und insbesondere Batteriespeichern noch stark an der Technologie und der Frage der Herkunft des Stroms hängt.
- Nahrungsmittel
  Bei Lebensmitteln spielen neben der reinen Ökobilanz auch Themen wie Gesundheit und regionale Wirtschaft und Kulturlandschaft eine wichtige Rolle. Beim Pflanzenbau gehen Energie, Wasser, Flächenverbrauch und Transporte in die Bilanzen ein. Fleisch aus Großproduktion ist ein wesentlicher Klimafaktor, da einerseits bei der Produktion von Fleisch sehr viel mehr Ressourcen verbraucht werden als bei deren direkter Verwendung, und andererseits die Methanproduktion von Kühen klimawirksam ist. Faktoren wie der Erhalt der Kulturlandschaft oder lokale Wirtschaftskreisläufe gehen in eine Ökobilanz nicht ein, es sollte aber auf die Regionalität und die WINN-Strategie (Abschn. 9.1.4) geachtet werden.

- Getränkeverpackung
  Von der Milch und dem Bier bis zum Wasser stehen Getränkeverpackungen im Fokus des Interesses. Dabei hängt die Ökobilanz von Mehrwegflaschen stark an der Transportentfernung, dem Sammelsystem und der Anzahl der Kreisläufe. In Anlehnung an das Motto WINN (Abschn. 9.1.4) kann man auch hier generell sagen: Näher ist besser. Unabhängig von der Ökobilanz sollte der Verbraucher auch gesundheitliche Aspekte beachten.
- Windeln
  Eines der ersten kontrovers diskutierten Beispiele waren Windeln mit dem Aufkommen von Einmalwindeln. Hier zeigte sich die Abwägung zwischen Ressourcenverbrauch und Müllproduktion einerseits und dem Wasserverbrauch für das Waschen von Stoffwindeln. Pointiert gesagt: Außer in ganz extremen Trockensituationen in Australien ist die Stoffwindel ökologisch besser.
- Tragetasche
  Nachdem das Motto „Jute statt Plastik" bereits 1980 für Mehrwegtaschen aus Stoff warb, ist das Thema Mehrwegtasche in den letzten Jahren durch Baumwolltaschen wieder in das Interesse der Bevölkerung gerückt. Generell hängt die Ökobilanz von Mehrwegverpackungen stark an der Anzahl der Verwendungen. Neben der Herstellung ist auch die Entsorgung (Müllproblematik) zu beachten. Generell sind Mehrwegprodukte und -verpackungen vorzuziehen.

5.6 Anthropozän

Der Begriff Anthropozän will darauf hinweisen, dass wir in einem geologischen Zeitalter leben, in dem der Mensch die Erde merklich beeinflusst und seine Spuren überall hinterlässt.

Der Begriff Anthropozän wurde 2002 von Paul Crutzen (Nobelpreisträger für Chemie 1995) unter dem Titel „Geology of Mankind" vorgeschlagen. Die formale Einführung und Benennung eines neuen Erdzeitalters oder einer Epoche ist ja ein wissenschaftliches Thema, der Begriff hat natürlich eine politische Öffentlichkeitswirksamkeit.

5.6.1 Geologische Zeiträume

Die verschiedenen zeitlichen Skalen hatten wir bereits in Abschn. 3.1.2 betrachtet.

Die Geologie teilt die Erdgeschichte mit unterschiedlichen Hierarchiestufen ein. Diese geht von der groben Einteilung (Zeitalter) aus und differenziert dann einzelne Perioden, die zwischen 500 und 60 Mio. Jahre dauerten. Einige davon sind (Jahreszahlen sind für eine bessere Anschaulichkeit gerundet):

- Hadaikum: 4600 bis 4000 Mio. Jahre: Bildung der Erde
- Kambrium: 540 bis 490 Mio. Jahre: Entwicklung der wirbellosen Tiere
- Karbon: 360 bis 300 Mio. Jahre: Hochzeit der Farne, Bildung der Steinkohle, erste Reptilien
- Jura: 200 bis 145 Mio. Jahre: Hochzeit der Dinosaurier und Ammoniten, erste Vögel und Säugetiere
- Neogen: 23 bis 2,6 Mio. Jahre: Säugetiere, Bildung der Alpen
- Quartär: 2,6 Mio. Jahre bis heute: Entwicklung des Menschen mit den Epochen

    – Pleistozän, Eiszeit: 2,6 bis 0,01 Mio. Jahre
    – Holozän, Nacheiszeit: seit ca. 10.000 Jahren.

Dazu ist nun in der Diskussion, das Anthropozän als denjenigen Zeitraum einzuführen, in dem das Wirken des Menschen global nachweisbar ist. Die Vorschläge für den Beginn den Anthropozän reichen vom Beginn des industriellen Zeitalters bis zu den ersten Atomwaffentests.

5.6.2 Wirken und Spuren des Menschen

Das Anthropozän ist dadurch geprägt, dass die Spuren des menschlichen Wirkens flächendeckend vorhanden sind und langfristig erhalten bleiben werden. Beispiele dieser Spuren sind:

- Radioaktivität und andere Emissionen (z. B. Dioxine)
- Plastik und Mikroplastik
- Düngung und Einfluss auf Grund- und Oberflächenwasser
- Bergbau und Abfall/Abraum
- CO_2- und CH_4-Gehalt der Atmosphäre und Klimaveränderungen
- Städte und Verkehrsinfrastruktur

- Veränderung des Laufs von Flüssen und Seen
- Änderung der Morphologie durch Erdbewegungen,
- Veränderung der Landschaft durch Erosion und der Oberfläche, z. B. durch Verkarstung
- Rückgang der Artenvielfalt (Biodiversität) und Veränderung der Ökosysteme
- Globale Verbreitung von Arten (Neophyten, Neozoen) durch den Menschen

5.7 Zusammenfassung

Bewahrung natürlicher Ressourcen
Nachhaltige Entwicklung ist mehr als reiner Naturschutz. Die Bewahrung der natürlichen Lebensgrundlagen und Ressourcen ist eine der Kernvoraussetzungen für das Überleben der Menschheit. Dazu ist ein Verständnis für natürliche Kreisläufe und Systeme und für die Herkunft von Energie und Ressourcen notwendig, um die natürlichen Ressourcen und die Stabilität des Systems Erde bewahren zu können. Wichtige Aspekte sind ökologisch vernünftiges Verhalten, sowie der Schutz der Ressourcen und der Umwelt.

6

Prosperity – Wirtschaft und Wertschöpfung
Woher kommen die Mittel zur Befriedigung der Bedürfnisse?

In keinem Bereich zeigt sich das Defizit des Säulenmodells so stark wie im Bereich Wirtschaft. Man kann diesen Bereich nicht isoliert betrachten. Die Wirtschaft ist kein Selbstzweck, sondern dient der Befriedigung der Bedürfnisse. Dies passiert dadurch, dass die Wirtschaft die notwendigen Güter und Dienstleistungen bereitstellt. Im Wirtschaftssystem wirken wirtschaftliche Mechanismen, Markt und Preise und viele Einflüsse von Staat und Gesellschaft wie Steuern, Subventionen, finanzielle Unterstützungen, Distributionsmechanismen und mehr zusammen, und sie beeinflussen den Zugang und die Verteilung dieser Güter und Dienstleistungen und damit die Möglichkeit der Bedürfnisbefriedigung.

Auf der anderen Seite ist jedes wirtschaftliche Handeln mit einer Nutzung von natürlichen Ressourcen und einer Emission in die Umwelt verbunden. Es nutzt und beeinflusst die Gesellschaft und ihre Ressourcen und jedes Individuum.

Das Thema Wirtschaft umfasst auch das nachhaltige Handeln von Unternehmen Kap. 11 und anderen Organisationen, aber es ist viel breiter zu betrachten. Natürlich tragen vor allem die Unternehmen zum Nachhaltigen Wirtschaften und zur Wertschöpfung bei. Die unter dem Schlagwort Nachhaltige Unternehmensführung häufig gemachte Reduktion der Säule Wirtschaft auf den dauerhaften Unternehmenserfolg (sustainable yield) geht allerdings am Thema Nachhaltigkeit vorbei und wäre etwa so sinnvoll wie die Reduktion der Säule Ökologie auf die eigene Gesundheit.

Die Wirtschaft hat vielfältige Wechselwirkungen mit anderen Bereichen wie Gesellschaft und Ressourcen. Das Thema Wirtschaft hat direkten

Bezug zu den SDG 8 (Arbeit und Wirtschaftswachstum), 1 (Armut) und 9 (Industrie) sowie zu den SDG 12 (Produktion), 10 (Ungleichheit) und vielen anderen. Das nachhaltige Handeln von Unternehmen werden wir in Kap. 11 betrachten.

6.1 Ökonomie

Der ökonomische Aspekt der Nachhaltigkeit betrifft zunächst die Sicherstellung eines stabilen Wirtschaftssystems, das es heutigen und zukünftigen Generationen erlaubt, ihre Bedürfnisse zu befriedigen.

Ökonomie Ökonomie ist die Wissenschaft vom Wirtschaften. Sie betrachtet einzelne Wirtschaftsobjekte (Haushalte, Unternehmen) und ihre Wechselwirkung.

Eine wichtige Komponente ist dabei das verantwortungsbewusste und zukunftsorientierte Handeln aller am wirtschaftlichen Geschehen Beteiligten – im Sinne der jeweiligen Organisation und der regionalen und globalen Wirtschaft. Dies schließt die Prinzipien guten Managements und die Verhinderung von Korruption ein.

Als Wissenschaft vom Haushalt ist die Ökonomie ebenso eine Wissenschaft wie die Ökologie. Beide untersuchen die komplexen Wechselwirkungen zwischen den jeweiligen Objekten. Dabei kann man auf der Mikro-Ebene teilweise experimentell arbeiten (Verhaltensforschung, Labor) während für es für das Gesamtsystem keine Wiederholbarkeit von Experimenten gibt. Letzteres gilt für die Weltwirtschaftskrise oder den Kolonialismus genauso wie für den Klimawandel oder die Evolution der Säugetiere und des Menschen. Deshalb spielen Modelle und Ihr Validierung in beiden Wissenschaften eine wichtige Rolle.

Das Nachhaltige Handeln des Unternehmens im Sinne der gesellschaftlichen Verantwortung und der Umsetzung der Nachhaltigkeitsziele durch das Unternehmen werden wir in Kap. 11 betrachten.

6.1.1 Makro und Mikro

Ganz grob kann man die Ökonomie gemäß Tab. 6.1 in zwei Bereiche aufteilen, die auch die unterschiedlichen Ansätze von Gesamtökonomie (Abschn. 6.2) und Unternehmen (Kap. 11) widerspiegeln.

Tab. 6.1 Grundprinzip Makro- und Mikro-Ebene

	Makro	Mikro
Betrachteter Bereich	Gesamte Wirtschaft, Global	Unternehmen
Wissenschaftliche Aspekte	Volkswirtschaftslehre (VWL)	Betriebswirtschaftslehre (BWL)
Hauptaspekte	Wirkungsmechanismen	Entscheidungen
Bezug zur Nachhaltigkeit	Drei-Säulen-Modell Prosperity	Corporate Social Responsibility Profit
Bezug im Buch	Abschn. 6.2 Prosperity	Kap. 11 NE im Unternehmen

6.1.2 Bedürfnisse und Werte

Wirtschaft schafft die Produkte und Dienstleistungen für die Befriedigung der Bedürfnisse. Man kann daher das Thema Nachhaltigkeit und Bedürfnisse auch aus wirtschaftlicher Sicht betrachten.

6.1.2.1 Maslow

Wenn wir über Bedürfnisse als zentrales Element der Nachhaltigkeit in der Brundtland-Definition (WCED 1987) reden, können wir die Bedürfnispyramide von Maslow (1934) als wichtigstes Modell für Bedürfnisse nicht ignorieren.

Obwohl diese Bedürfnispyramide vor allem für den betriebswirtschaftlichen Kontext entwickelt wurde, kann sie als Modell für die Bedürfnisse im Rahmen der Brundtland-Definition der Nachhaltigen Entwicklung dienen (Abb. 6.1).

Die Bedeutung und Bewertung einzelner Bedürfnisse hängt auch von der Kultur ab.

Abb. 6.1 Bedürfnispyramide nach Maslow

6.1.2.2 Verknüpfung von Bedürfnissen und Werten durch die Basisformel

Die in Abschn. 8.1.3 intensiver betrachtete Basisformel

$$E = E/R \cdot R/G \cdot G/N \cdot N/B \cdot B/P \cdot P$$

mit

- E = Effekt, Einfluss, Verbrauch an natürlichen oder kulturellen Ressourcen, Verbesserung/Verschlechterung der Tragfähigkeit des Systems,
- R = Ressourcen bzw. andere messbare Einheiten (Sachbilanz)
- G = Güter real umgesetzte Menge an Gütern
- N = Nachfrage, Bedarf einer Dienstleitung oder eines Gutes
- B = Bedürfnisse
- P = Anzahl Personen

verknüpft über die wirtschaftliche Tätigkeit den Ressourcenverbrauch mit der Bedürfnisbefriedigung. Aus Unternehmenssicht ist das Ziel die Minimierung der negativen Effekte der Bedürfnisbefriedigung über die gesamte Lieferkette.

6.1.3 Makro-Sicht auf die Triple Bottom Line

Die Triple Bottom Line (Abschn. 1.6.1) erweitert die klassische finanzielle Bilanz (bottom line) des Unternehmens um die beiden Aspekte ökologische und soziale Wirkung. Genaugenommen ist auch die ökonomische (gesamtwirtschaftliche) Wirkung mehr als nur der Proft des Unternehmens, sondern zielt auf den Beitrag zu wirtschaftlichen Entwicklung und zum Wohlstand (Prosperity).

Aus Marko-Sicht können wir also die Definition in Abschn. 1.6.1 ergänzen:

Triple Bottom Line Makroökonomisch

Triple Bottom Line — Die drei Elemente der Triple Bottom Line (Dreifache Bilanz) aus Sicht der Wirtschaft sind durch die Begriffe People, Planet, Prosperity gegeben.

Gesellschaft/Soziales/People	Beitrag zu Beschäftigung, Einkommen und Verteilungsgerechtigkeit, Partizipation, Freiheit und Lebensgestaltung.
Wirtschaft/Ökonomie/Profit	Aufbau und Erhalt von Wirtschaftssystem und Wertschöpfung.
Ressourcen/Ökologie/Planet	Berücksichtigung des Schutzes der natürlichen Ressourcen.

6.1.4 Ökonomische Nachhaltigkeit in der Agenda

Der wirtschaftliche Aspekt der Nachhaltigen Entwicklung wird in der Agenda 21 in mehreren Kapiteln angesprochen:

- Armutsbekämpfung
- Veränderung der Konsumgewohnheiten
- Stärkung der Rolle der Privatwirtschaft
- Wissenschaft und Technik

In der Agenda 2030 (BMZ 2017) sind es vor allem die SDG 8 (Wachstum und Beschäftigung), 9 (Industrie und Innovation) und 10 (Produktion und Konsum), die sich direkt auf das wirtschaftliche Wirken beziehen. Aber auch die SDG 1 (Armut) und 10 (Ungleichheiten) sind stark mit dem Thema Wirtschaft verbunden. Viele andere Aspekte (Gesundheit, Versorgung, Bildung) sind durch die Frage der Finanzierung eng an die wirtschaftliche Entwicklung gekoppelt und sind andererseits Voraussetzungen für eine funktionierende Wirtschaft.

6.2 Modelle Ökonomischer Nachhaltigkeit

Die ökonomische Nachhaltigkeit ist mehr als nachhaltige Unternehmensführung. Es geht um die Gestaltung der globalen Ökonomie und ihrer Prinzipien als Ganzes (Makroökonomie, Volkswirtschaft).

6.2.1 Nachhaltiges Wirtschaften auf Unternehmensebene

Die Wirkungen der Unternehmen auf die Nachhaltige Entwicklung und die Gesellschaft werden wir in Kap. 11 aus Unternehmenssicht betrachten.

Aus Sicht der regionalen und globalen Auswirkungen muss nachhaltiges Wirtschaften auch die Auswirkungen auf andere Unternehmen (mikroökonomisch) und Volkswirtschaften (makroökonomisch) umfassen.

Aus Sicht der Auswirkungen auf die heimische Wirtschaft sind beispielsweise regionale Wirtschaftskreisläufe zu schließen und für den Erhalt von Strukturen und Ausbildungssystemen zu sorgen.

Generationengerechtigkeit bedeutet auch, die Auswirkungen auf die zukünftige Wirtschaftsentwicklung und Wirtschaftsstrukturen in Betracht zu ziehen.

6.2.2 Nachhaltige Unternehmensführung

Daneben gibt es natürlich den Begriff der Nachhaltigkeit in Bezug auf das Unternehmen selbst. Dauerhafte Existenz und kontinuierliche Erträge sind auch das, was Carlowitz (1713) mit der „kontinuierlichen beständigen und nachhaltenden Nutzung" meint.

Nachhaltiger Ertrag
Nachhaltige Ertragsfähigkeit oder „sustainable yield" ist nicht direkt Nachhaltige Entwicklung, aber damit verknüpft.

Für ein Unternehmen bedeutet das, dass es auf lange Frist die Wertschöpfung sicherstellen und einen Ertrag für die Anteilseigener (shareholder) erwirtschaften kann. Das ist zwar eine Voraussetzung dafür, dass ein Unternehmen langfristig zur nachhaltigen Entwicklung beiträgt, aber kein Garant für Nachhaltigkeit. Andererseits ist Nachhaltiges Wirtschaften kein Widerspruch zum langfristigen Unternehmenserfolg, sondern es trägt positiv dazu bei. Beide Aspekte werden wir in Abschn. 11.2.3 aus Unternehmenssicht betrachten.

6.2.3 Gemeinwohlökonomie

Das Konzept der Gemeinwohl-Ökonomie (GWO) entstand Ende des letzten Jahrhunderts. Es geht davon aus, dass nicht das Geld bzw. der monetäre Umsatz das Erfolgskriterium einer Wirtschaft sind, sondern dass unternehmerischer Erfolg anhand seiner gesellschaftlichen Wirkung gemessen werden soll.

Makroökonomisch wird das Konzept des Bruttosozialprodukts bzw. Bruttonationaleinkommen (BNP) nicht als geeignete Größen gesehen, um den Erfolg und Nutzen der Wirtschaft zu messen, und es stellt dem

Gemeinwohl-Ökonomie-Konzept zufolge keine geeigneten Steuergrößen für Politik und Wirtschaft dar. Stattdessen wird als Gemeinwohlprodukt eine Vielzahl von Parametern als Kriterium vorgeschlagen, die sich an der Wertschöpfung und an den sozialen und ökologischen Kriterien orientieren.

Im Großen und Ganzen betrachtet die Gemeinwohlmatrix alle Nachhaltigkeitsaspekte. Dies entspricht dem Übergang vom reinen Aspekt Bruttoinlandsprodukt zu einer Betrachtung aller Nachhaltigkeitskomponenten (3P bzw. 6P).

Die GW-Berechnung kann auch auf das einzelne Unternehmen Abschn. 11.2.1.3 bezogen werden. Dies entspricht auch der Erweiterung der rein monetären Bilanz (bottom line) zur Nachhaltigkeitsbilanz (Triple Bottom Line, 3P bzw. 6P) bzw. Gemeinwohlbilanz.

6.2.4 Postwachstumsökonomie

Die Postwachstumsökonomie ist – grob gesprochen – ein Modell des Wirtschaftens, das ohne quantitatives Wachstum auskommt. Da das exponentielle Wachstum an die Kapazitätsgrenze der Erde stößt, ist ein Wachstum der Wirtschaft nur möglich durch:

- Übergang zu einem qualitativen Wachstum (Qualität der Bedürfnisbefriedigung)
- Veränderung der Wirtschaft hin zu einer Kreislaufwirtschaft
- Reduktion der Ansprüche (Suffizienz)

(vergleiche auch die Basisformel Abschn. 8.1.3)

PKW

Eine deutlich erhöhte Produktion von PKW wäre bei endlichen Ressourcen nur möglich, wenn diese nach kurzer Zeit wieder verschrottet und ohne viel Ressourcenverbrauch neu produziert werden könnten. Der Extremfall wäre, aus jedem PKW jeden Tag einen neuen zu machen.

Diesen Effekt „jeden Tag ein neues Auto" kann man auch dadurch erreichen, dass der PKW jeden Tag neu vergeben (also z. B. vermietet) wird. Damit wird derselbe Nutzen erzielt, die Produktion und der Ressourcenverbrauch deutlich gesenkt, dafür gibt es Bedarf im Dienstleistungsbereich (Service). Dazu muss sich die Wirtschaftsstruktur ändern.

6.2.5 Social Entrepreneurship

Es gibt auch Unternehmer, die ein Unternehmen gründen, um damit primär gesellschaftliche oder ideelle Ziele zu verfolgen. Die entspricht einem Übergang von der rein monetären Gewinnausrichtung des Unternehmens zur Triple Bottom Line bzw. zu den Kriterien der Gemeinwohlbilanz.

Ein Unternehmer im Social Entrepreneurship ist nicht ehrenamtlich tätig, und auch nicht notwendigerweise als NPO: Social Entrepreneurs sind Unternehmer mit allen Chancen und Risiken.

Entsprechend der Übersetzungen von „social" reden wir statt von sozialem Unternehmertum bzw. Sozialunternehmertum lieber von gesellschaftlich orientiertem Unternehmertum oder belassen es bei dem Begriff Social Entrepreneur. Damit verschwindet auch der Unterschied zum Sustainable Entrepreneur oder Sustainopreneur.

> **Social Entrepreneurship**
> Social Entrepreneurship ist eine unternehmerische Tätigkeit, die sich für einen Wandel zu einer nachhaltigen Gesellschaft einsetzen will.

Bereiche

Social Entrepreneurship kann unterschiedliche Schwerpunkte haben, die wir zum Teil an den 6P festmachen können.

- People: Der Kern des Social Entrepreneurships ist die Verbesserung der Gesellschaft. Dies kann den Schwerpunkt auf individuelle Hilfe oder strukturelle Maßnahmen legen. Dazu gehört auch der Bereich der Kultur.
- Planet: Öko- oder Eco-Entrepreneurship bietet viele Anknüpfungsbereiche. Der Fokus kann beispielsweise auf einer Verbesserung der Umweltsituation oder auf einem umweltfreundlichen Unternehmen (Beschaffung, Produktion, Produkte) liegen.
- Prosperity: Eine beispielsweise an Wohlstand und neuen Wohlstandsformen (GWÖ, Wohlstand 5.0) oder am Arbeitsmarkt orientierte Tätigkeit.
- Partnership: vor allem die Nord-Süd-Partnerschaft und ein fairer Ausgleich sind ein häufiger Grund für unternehmerische Tätigkeit (Weltladen, Import, Unternehmen im globalen Süden).
- Progress: Unterstützung von Zukunftsorientierung und Innovationen.
- Peace: Förderung von Frieden und Gerechtigkeit, Rechtshilfe und Völkerverständigung.

Gewinne
Das zweite Kriterium ist die Gewinnerzielung. Der Social Entrepreneur will Gewinn erzielen, aber nicht für hohe Renditen oder Managergehälter, sondern für die Unternehmenszwecke.

6.2.6 Wohlstand 5.0

Die Entkopplung von Wohlstand und negativen Wirtschaftswirkungen (Umweltzerstörung, Ressourcenverbrauch, soziale Folgen, Probleme der Gesamtwirtschaft) ist ein wichtiges Ziel für eine Erreichung der in der Brundtland-Definition geforderten Bedürfnisbefriedigung. Auch die Reduktion materieller Bedürfnisse und die Konzentration auf die Lebensqualität können zu dieser Entkopplung beitragen und neue Modelle des Wohlstands (Wohlstand 5.0) ermöglichen, die mit einer Nachhaltigen Entwicklung kompatibel sind.

6.2.7 Transparenz und Governance

Eine wichtige Rolle für eine Nachhaltige Entwicklung spielen die Themen Transparenz und Governance. Bei Allmendeproblem (Abschn. 15.2.4.5) wird deutlich, dass das egoistische Handeln einzelner zum Zusammenbruch des Systems führen kann.

> **Allmendeproblem (Tragödie der Allmende)**
> Stehen in einer Gemeinschaft bestimmte Güter frei als Gemeingut (Allmende) zur Verfügung, so wird jeder versuchen, sich diese anzueignen bzw. zu verbrauchen. Damit droht die Übernutzung und Verschlechterung dieser Ressourcen und damit möglicherweise die Zerstörung der Lebensgrundlage der Gemeinschaft.

Es ist also eine Kontrollinstanz und Rückkopplung notwendig, die durch den Staat oder die Gesellschaft (soziale Kontrolle) bzw. den Markt gegeben sein kann. Grundlage und Voraussetzung dafür ist eine Transparenz bezüglich des Handelns des Unternehmens und dessen Prinzipien.

Korruption
Korruption hatten wir im Kontext von SDG 16.5 bereits betrachtet.

> **Definition**
>
> Korruption   Korruption ist der Missbrauch extern anvertrauter Macht zum privaten (oder institutionellen) Nutzen oder Vorteil
>
> (Definition nach Transparency International)

Der typische klassische Fall von Korruption ist der Austausch zwischen zwei Personen, die unterschiedliche Einflussbereiche („Macht" in der obigen Definition) haben zum gegenseitigen Vorteil nach dem Motto „eine Hand wäscht die andere". Dabei kann einer der Einflussbereiche die Verfügung über Geld sein. Korruption aber nicht ist nicht notwendigerweise finanziell.

Korruption ist klassischerweise bilateral, sie kann aber auch in Netzwerken stattfinden oder durch Ausübung eigener Macht bzw. Einflussmöglichkeiten.

Ein wichtiges Mittel gegen Korruption ist Transparenz: durch eine umfangreiche Berichterstattung werden Transaktionen, die nur dem eigenen Vorteil dienen, sichtbar. Diese Transparenz muss auf institutioneller und individueller Ebene vorhanden sein (Governance).

6.3 Zusammenfassung

Gesellschaft und Zukunft

Die Wirtschaft hat vielfältige Wechselwirkungen mit anderen Bereichen, insbesondere dem Bereich Gesellschaft. Man fasst diese deshalb zum Teil auch als sozioökonomische Entwicklung zusammen.

Die Wirtschaft stellt die Wertschöpfung zur Verfügung, mit denen die Bedürfnisse der Menschheit befriedigt werden können. Dabei geht es nicht darum, in Zukunft immer mehr zu produzieren, sondern durch intelligente Produkte und Dienstleistungen mit vermindertem Ressourcenverbrauch zu einem Wohlstand 5.0 zu kommen.

Die unternehmerische Seite betrachten wir in Kap. 11.

Literatur

BMZ (Bundesministerium für wirtschaftliche Zusammenarbeit und Entwicklung). (2017). Die Agenda 2030 für nachhaltige Entwicklung. Internet: http://www.bmz.de/de/ministerium/ziele/2030_agenda/index.html. Berlin: BMZ.

Maslow, A. H. (1934). A theory of human motivation. *Psychological Review, 50,* 370–96. http://psychclassics.yorku.ca/Maslow/motivation.htm.

von Carlowitz, H. C. (1713). *Sylvicultura Oeconomica*. Leipzig: Braun.

WCED (World Commission on Environment and Development). (1987). Our common future. Oxford: Oxford University Press. http://www.un-documents.net/a42-427.htm. (Deutsch: Hauff, V. (Hrsg.). (1987) Unsere gemeinsame Zukunft. Der Brundtland-Bericht der Weltkommission für Umwelt und Entwicklung, Greven).

7

People – Gesellschaft und Gerechtigkeit
In welcher Gesellschaft wollen wir leben?

Die sozialen (gesellschaftlichen) Aspekte stehen eigentlich beim Begriff der Nachhaltigkeit im Zentrum: Jetzige und zukünftige Generationen sollen ihre Bedürfnisse befriedigen können. Gesellschaft ist damit nicht nur eine der drei Säulen der Nachhaltigkeit, sondern der zentrale Punkt der Nachhaltigen Entwicklung. Die Gestaltung der Gesellschaft ist die Frage, in welcher Form die Menschen zusammenleben und die Befriedigung der Bedürfnisse organisieren wollen. Gesellschaftliche Aspekte umfassen Themen wie Kultur, Gerechtigkeit, Freiheit, Menschenrechte und Inklusion. Auch aus Unternehmenssicht steht die gesellschaftliche Verantwortung (Corporate Social Responsibility) im Vordergrund.

Gerechtigkeit Eine besondere Rolle in der Nachhaltigen Entwicklung spielt die Gerechtigkeit.

- intragenerationell: innerhalb einer Generation (Eine Welt, Globale Gerechtigkeit, Individuelle und soziale Gerechtigkeit, Recht und Gesetz)
- intergenerationell: zwischen den Generationen (Zukunftsorientiertheit, Permanenz, Brundtland-Definition)

Gerechtigkeit ist nicht ein gesellschaftlicher Aspekt von vielen, sondern der Kern der Nachhaltigen Entwicklung.

Integration, Inklusion, Partizipation Zwei wichtige Aspekte der Nachhaltigkeit betreffen die Einbeziehung aller in das gesellschaftliche Leben (Inklusion) und die Entscheidungsprozesse (Partizipation).

Hier geht es nicht nur um materielle Bedürfnisse oder Güter, sondern ebenso um soziale und gesellschaftliche Bedürfnisse. Deshalb spielt zum Beispiel die Bürgerbeteiligung und Partizipation eine doppelte Rolle: einerseits als Mittel für die Nachhaltige Entwicklung und andererseits als Ziel. Die Möglichkeit, die Zukunft mitzugestalten, muss allen Gruppen gegeben werden. Diese Einbindung hängt nicht nur eng mit dem Kriterium der Befriedigung eigener Bedürfnisse zusammen, es ist auch eine wichtige Basis für die Gestaltung der Zukunft und für die Hebung von Potenzialen.

Jetzige und zukünftige Generationen sollen das Recht haben, am gesellschaftlichen Leben teilzunehmen und dieses zu gestalten, ihren eigenen Lebensstil verantwortlich zu gestalten, die politischen Entscheidungen auf allen Ebenen mit zu beeinflussen und an der Gestaltung der Zukunft mitzuwirken.

Gleichzeitig muss sichergestellt werden, dass diese Möglichkeiten zur gesellschaftlichen Teilhabe allen Menschen zur Verfügung stehen.

Gesellschaft Der Punkt Gesellschaft steht zum Abschluss des Grundlagenteils auch als Reflexion über die beiden Bereiche Ökologie und Ökonomie und wir betrachten gleichzeitig die konzeptuell auf einer höheren Ebene stehenden Konzepte Menschenrechte, Kultur und Gerechtigkeit.

Gesellschaftliche Aspekte sind in den SDG 1, 4, 5, 6, 7, 10, 11 und 16 explizit vorhanden; sie haben aber auch Bezüge zu allen anderen SDG.

Mit dem Kapitel zu Gesellschaft und Gerechtigkeit bringen wir unsere Reflexionen zu den drei Säulen 3P zum Abschluss und stellen die Konzepte Kultur und Gerechtigkeit in diesen Rahmen.

7.1 Gesellschaft der Zukunft – Zukunft der Gesellschaft

Die Frage „In welcher Gesellschaft wollen wir leben?" ist die zentrale normative Frage der Nachhaltigen Entwicklung.

7.1.1 Soziales

Wenn man die drei Säulen der Nachhaltigkeit betrachtet, wird meist die dritte Säule unter dem Begriff „Soziales" subsumiert. Im Deutschen ist dieser Begriff irreführend, da mit sozial im Allgemeinen Begriffe wie Ausgleich, Wohlfahrt, Hilfe für die Schwächeren verbunden ist. In dem Begriff sozial steckt auch wie in den Gegenpolen unsozial und asozial ein normativer Aspekt.

„Sozial" meint aber eigentlich die Gesellschaft und ihre Struktur. In Analogie zu Ökologie und Ökonomie sollten wir hier die Lehre von den gesellschaftlichen Strukturen, die Soziologie, anführen.

Der Begriff Soziales steht in der Nachhaltigkeitsdebatte auf zwei Ebenen:

- Im Sinne der gesellschaftlichen Verantwortung wird er häufig als Synonym für die Nachhaltige Entwicklung gesehen.
- Im Drei-Säulen-Modell wird er als eine der drei Aspekte (3P) der Nachhaltigen Entwicklung Komponenten gesehen.

> **Definition**
>
> Sozial 1a. das (geregelte) Zusammenleben der Menschen in Staat und Gesellschaft betreffend; auf die menschliche Gemeinschaft bezogen, zu ihr gehörend
> 1b. die Gesellschaft und besonders ihre ökonomische und politische Struktur betreffend
> 1c. die Zugehörigkeit des Menschen zu einer der verschiedenen Gruppen innerhalb der Gesellschaft betreffend
> 1d. dem Gemeinwohl, der Allgemeinheit dienend; die menschlichen Beziehungen in der Gemeinschaft regelnd und fördernd und den [wirtschaftlich] Schwächeren schützend Beispiele: soziale Sicherungen, Sozialberuf, Sozialleistungen …
> (Duden)

Der Begriff Gesellschaft umfasst zum Beispiel im Begriff gesellschaftliche Verantwortung die gesamte Nachhaltigkeit, insofern ist „social" im Sinne von „(Corporate) Social Responsibility" (ISO 26000; BMAS 2011; BMUB 2014) nicht eine der drei Säulen der Nachhaltigen Entwicklung, sondern ein die gesamte Nachhaltigkeit umfassendes Konzept.

Die Bedeutung der Gesellschaft zeigt sich auch an ein paar einzelnen Punkten:

- Die ISO 26000 tituliert den unternehmerischen Beitrag zur Nachhaltigkeit klar unter dem Motto gesellschaftliche Verantwortung
- Der englische Begriff Corporate Social Responsibility stellt ebenfalls die Gesellschaft in den Mittelpunkt.

7.1.2 Teilhabe und Partizipation

Bei den in der Brundtland-Definition (WCED 1987) angesprochenen Bedürfnissen geht es nicht nur um materielle Bedürfnisse oder Güter, sondern ebenso um Menschenrechte (Abschn. 7.2) und um soziale und gesellschaftliche Bedürfnisse. Deshalb spielen Bürgerbeteiligung und Partizipation eine wichtige Rolle einerseits als ein Mittel für die Nachhaltige Entwicklung und andererseits als ein Ziel der gesellschaftlichen Nachhaltigkeit. Die Möglichkeit, die Zukunft mitzugestalten, muss allen Gruppen gegeben werden. Diese Einbindung hängt nicht nur eng mit dem Kriterium der Befriedigung eigener Bedürfnisse zusammen, es ist auch eine wichtige Basis für die Gestaltung der Zukunft und für die Hebung von Potenzialen.

> Bürgerbeteiligung bedeutet nicht, den Bürger nur an der Arbeit zu beteiligen. Sie beinhaltet aber Verpflichtungen für beide Seiten.

Jetzige und zukünftige Generationen sollen das Recht haben, am gesellschaftlichen Leben teilzunehmen und dieses zu gestalten, ihren eigenen Lebensstil verantwortlich zu gestalten, die politischen Entscheidungen auf allen Ebenen mit zu beeinflussen und an der Gestaltung der Zukunft mitzuwirken. Gleichzeitig muss sichergestellt werden, dass diese Möglichkeiten zur Teilnahme allen Menschen zur Verfügung stehen. Gleichberechtigung und Inklusion sind letztendlich die konsequente Umsetzung der Menschenrechte.

7.1.3 Partizipation an Entscheidungsprozessen

Ein wichtiger Aspekt der Partizipation ist die Teilhabe an Entscheidungsprozessen.

Die Agenda 21 (UN 1992) fordert die Einbeziehung aller in Entscheidungsprozesse in der Umwelt- und Entwicklungspolitik. Sie erwähnt dabei mehrere spezielle Gruppen wie Jugend und Wissenschaft, und sie stellt auch die Beteiligung vom Ort (Lokale Agenda 21) als wichtig heraus.

Auf diese Beteiligung als Aktionsmöglichkeit werden wir in Kap. 13 eingehen.

Die Teilhabe an Entscheidungsprozessen ist auch ein wichtiges Ziel der Bildung für Nachhaltige Entwicklung. Deshalb soll sie in der BNE nicht nur gelehrt, sondern auch praktiziert werden.

7.1.4 Inklusion und Integration

Die Begriffe Inklusion und Integration werden zum Teil synonym verwendet, in manchen Bereichen gibt es aber auch eine Differenzierung zwischen der symmetrischen Inklusion (alle gehören dazu) und der asymmetrischen Integration (in eine gegebene Gruppe).

> **Integration und Inklusion**
>
> Inklusion das Miteinbezogensein; gleichberechtigte Teilhabe an etwas; Gegensatz Exklusion
> gemeinsame Erziehung behinderter und nicht behinderter Kinder
> Integration [Wieder]herstellung einer Einheit [aus Differenziertem]; Vervollständigung
> Einbeziehung, Eingliederung in ein größeres Ganzes
> Verbindung einer Vielheit von einzelnen Personen oder Gruppen zu einer gesellschaftlichen und kulturellen Einheit
> (Duden)

7.1.4.1 Inklusion und Barrierefreiheit

Die Inklusion geht davon aus, dass eine Behinderung nicht durch individuelle Faktoren entsteht (z. B. körperliche Beeinträchtigung), sondern durch Barrieren in der Umwelt, die es Menschen mit Beeinträchtigungen nicht erlauben, gleichberechtigt in der Gesellschaft teil zu haben. Die Gesetzgebung, (z. B. das deutsche Gesetz zur Gleichstellung behinderter Menschen, Behindertengleichstellungsgesetz, BGG) soll eine Benachteiligung von Menschen mit Behinderungen beseitigen bzw. verhindern.

> Inklusion setzt Barrierefreiheit voraus.

7.1.4.2 Inklusive Erziehung

Im Bereich der Bildung gibt es teilweise intensive Debatten zum Unterschied zwischen Inklusion und Integration, sowohl im Bereich der Migranten als auch der Behinderten. Hier sieht man schwerpunktmäßig in der Integration eine Differenzierung derjenigen, die integriert werden sollen, während der Begriff der Inklusion die Gemeinsamkeit betont.

7.1.5 Soziales und Finanzielles

Teilhabe an der Gesellschaft setzt eine monetäre Ausstattung oder andere Formen von Ressourcen voraus. Sowohl die Agenda 21 als auch die Agenda 2030 (BMZ 2017) haben die Armut als ein zentrales Thema schon in der Präambel und die Armutsbekämpfung als Ziel in ihren Programmen, Armut ist SDG 1 Abschn. 4.4.1.

Relative und absolute Armut und Wohlstand sind letztendlich zumindest in unserer Kultur immer an monetäre Kriterien (Einkommen, Vermögen) gebunden. Armutsbekämpfung kann durch direkte Hilfe oder durch strukturelle oder politische Verbesserungen geschehen.

Auch hier greift die Tripelstrategie – je nachdem ob man sie aus Sicht der betroffenen Person oder der Gesellschaft sieht, stehen andere kurzfristige, langfristige und Resilienz fördernde Maßnahmen im Vordergrund.

7.1.6 Prävention und Gesundheit

Eine wichtige Beziehung zwischen Nachhaltigkeit und Gesundheit liegt in der Vorsorge, d. h. in präventiven Maßnahmen. Drogenprävention ist ein klassisches Beispiel, aber von der Breitenwirkung und dem Gesamteffekt sind Alkoholprävention und Gesundheitsprävention effektiver und wichtiger.

> **Definition**
>
> Prävention   Prävention ist Risikovorsorge. Dabei wird der Begriff Prävention bezüglich verschiedener negativer Einflüsse oder Risiken verwendet:
> - Sicherheit (Verbrechen, Gewalt)
> - Körperliche Unversehrtheit (Gesundheit, Drogen)
> - Politik (Extremismus, Radikalisierung)

7.1.7 Familienfreundlichkeit

Wenn Basisannahmen als gegeben vorausgesetzt werden, lassen sich Zukunftsprognosen auf drei Nachkommastellen erstellen – diese sind aber meist nutzlos. Das gilt für die demografische Entwicklung genauso wie für Management, Marketing und Innovationen.

Demografische Entwicklungen sind keine Konstanten, sondern beeinflussbar – unter anderem dadurch, dass beispielsweise Männern und Frauen ermöglicht wird, die eigenen Wege der Lebensgestaltung umzusetzen und dies mit der Familienplanung zu integrieren. Wir wollen die Zukunft nicht vorhersehen, wir wollen sie gestalten. Dies bedeutet beispielsweise auch, dass die demografische Entwicklung nicht als determiniert, sondern als gestaltbar betrachtet wird.

7.2 Menschenrechte

Gesellschaft und Menschenrechte sind einerseits wichtige Komponenten, andererseits können sie als Begründungen für die Nachhaltigkeit auf derselben konzeptuellen Ebene angesiedelt werden.

Nachhaltigkeit bedeutet mehr als Umwelt- und Ressourcenschutz. Sie bedeutet die Gestaltung einer lebenswerten Zukunft. Und das ist auch mehr als die bekannten drei Säulen. Natürlich gehören die wirtschaftlichen Aspekte auch dazu: ein funktionierendes Wirtschaftssystem ist wichtig und das ist eben mehr als kurzfristige Gewinnmaximierung. Und die gesellschaftlichen Aspekte – der Begriff „social" ist viel weiter umfassend als sein deutsches Pendant – sind der Kern der Nachhaltigkeit. In diesen Begriff lässt sich vieles subsumieren: Kultur, Gerechtigkeit, Politik, Integration, Inklusion und Bildung. Die Gerechtigkeit ist aber nicht ein kleiner Baustein, sondern das zentrale Anliegen der Brundtland-Erklärung. Nachhaltigkeit heißt: Menschenrechte für alle.

7.2.1 Erklärung der Menschenrechte

Die Allgemeine Erklärung der Menschenrechte (Resolution 217 A (III) vom 10.12.1948) besteht aus 30 Artikeln, beschlossen von den Vereinten Nationen.

> Präambel: Da die Anerkennung der angeborenen Würde und der gleichen und unveräußerlichen Rechte aller Mitglieder der Gemeinschaft der Menschen die Grundlage von Freiheit, Gerechtigkeit und Frieden in der Welt bildet,
>
> da die Nichtanerkennung und Verachtung der Menschenrechte zu Akten der Barbarei geführt haben, die das Gewissen der Menschheit mit Empörung erfüllen, und da verkündet worden ist, dass einer Welt, in der die Menschen Rede- und Glaubensfreiheit und Freiheit von Furcht und Not genießen, das höchste Streben des Menschen gilt,

da es notwendig ist, die Menschenrechte durch die Herrschaft des Rechtes zu schützen, damit der Mensch nicht gezwungen wird, als letztes Mittel zum Aufstand gegen Tyrannei und Unterdrückung zu greifen,

da es notwendig ist, die Entwicklung freundschaftlicher Beziehungen zwischen den Nationen zu fördern,

da die Völker der Vereinten Nationen in der Charta ihren Glauben an die grundlegenden Menschenrechte, an die Würde und den Wert der menschlichen Person und an die Gleichberechtigung von Mann und Frau erneut bekräftigt und beschlossen haben, den sozialen Fortschritt und bessere Lebensbedingungen in größerer Freiheit zu fördern,

da die Mitgliedstaaten sich verpflichtet haben, in Zusammenarbeit mit den Vereinten Nationen auf die allgemeine Achtung und Einhaltung der Menschenrechte und Grundfreiheiten hinzuwirken,

da ein gemeinsames Verständnis dieser Rechte und Freiheiten von größter Wichtigkeit für die volle Erfüllung dieser Verpflichtung ist,

verkündet die Generalversammlung

diese Allgemeine Erklärung der Menschenrechte als das von allen Völkern und Nationen zu erreichende gemeinsame Ideal, damit jeder einzelne und alle Organe der Gesellschaft sich diese Erklärung stets gegenwärtig halten und sich bemühen, durch Unterricht und Erziehung die Achtung vor diesen Rechten und Freiheiten zu fördern und durch fortschreitende nationale und internationale Maßnahmen ihre allgemeine und tatsächliche Anerkennung und Einhaltung durch die Bevölkerung der Mitgliedstaaten selbst wie auch durch die Bevölkerung der ihrer Hoheitsgewalt unterstehenden Gebiete zu gewährleisten.

Da die Menschenrechte für die Nachhaltige Entwicklung wichtig sind, fassen wir alle 30 kurz zusammen.

1. Freiheit, Gleichheit, Brüderlichkeit: Alle Menschen sind frei und gleich an Würde und Rechten geboren. Sie sind mit Vernunft und Gewissen begabt und sollen einander im Geist der Brüderlichkeit begegnen.
2. Verbot der Diskriminierung: Jeder hat Anspruch auf die in dieser Erklärung verkündeten Rechte und Freiheiten ohne irgendeinen Unterschied, etwa nach Rasse, Hautfarbe, Geschlecht, Sprache, Religion, politischer oder sonstiger Überzeugung, nationaler oder sozialer Herkunft, Vermögen, Geburt oder sonstigem Stand. […]

3. Recht auf Leben, Freiheit und Sicherheit der Person.
4. Verbot der Sklaverei und des Sklavenhandels
5. Niemand darf der Folter oder grausamer, unmenschlicher oder erniedrigender Behandlung oder Strafe unterworfen werden.
6. Jeder hat das Recht, überall als rechtsfähig anerkannt zu werden.
7. Alle Menschen sind vor dem Gesetz gleich und haben ohne Unterschied Anspruch auf gleichen Schutz durch das Gesetz. Alle haben Anspruch auf gleichen Schutz gegen jede Diskriminierung, die gegen diese Erklärung verstößt, und gegen jede Aufhetzung zu einer derartigen Diskriminierung.
8. Anspruch auf Rechtsschutz
9. Niemand darf willkürlich festgenommen, in Haft gehalten oder des Landes verwiesen werden.
10. Anspruch auf faires Gerichtsverfahren
11. Unschuldsvermutung: Jeder, der wegen einer strafbaren Handlung beschuldigt wird, hat das Recht, als unschuldig zu gelten, solange seine Schuld nicht […] nachgewiesen ist. Niemand darf wegen einer Handlung oder Unterlassung verurteilt werden, die zur Zeit ihrer Begehung […] nicht strafbar war.
12. Niemand darf willkürlichen Eingriffen in sein Privatleben, seine Familie, seine Wohnung und seinen Schriftverkehr oder Beeinträchtigungen seiner Ehre und seines Rufes ausgesetzt werden. Jeder hat Anspruch auf rechtlichen Schutz gegen solche Eingriffe oder Beeinträchtigungen.
13. Freizügigkeit und Auswanderungsfreiheit
14. Jeder hat das Recht, in anderen Ländern vor Verfolgung Asyl zu suchen und zu genießen.
15. Jeder hat das Recht auf eine Staatsangehörigkeit.
16. Heiratsfähige Frauen und Männer haben ohne Beschränkung aufgrund der Rasse*, der Staatsangehörigkeit oder der Religion das Recht zu heiraten und eine Familie zu gründen. […] Die Familie ist die natürliche Grundeinheit der Gesellschaft und hat Anspruch auf Schutz durch Gesellschaft und Staat.
17. Jeder hat das Recht, sowohl allein als auch in Gemeinschaft mit anderen Eigentum innezuhaben. Niemand darf willkürlich seines Eigentums beraubt werden.
18. Jeder hat das Recht auf Gedanken-, Gewissens- und Religionsfreiheit; dieses Recht schließt die Freiheit ein, seine Religion oder Überzeugung zu wechseln, sowie die Freiheit, seine Religion oder Weltanschauung allein oder in Gemeinschaft mit anderen, öffentlich

oder privat durch Lehre, Ausübung, Gottesdienst und Kulthandlungen zu bekennen.
19. Jeder hat das Recht auf Meinungsfreiheit und freie Meinungsäußerung; dieses Recht schließt die Freiheit ein, Meinungen ungehindert anzuhängen sowie über Medien jeder Art und ohne Rücksicht auf Grenzen Informationen und Gedankengut zu suchen, zu empfangen und zu verbreiten.
20. Alle Menschen haben das Recht, sich friedlich zu versammeln und zu Vereinigungen zusammenzuschließen. Niemand darf gezwungen werden, einer Vereinigung anzugehören.
21. Jeder hat das Recht, an der Gestaltung der öffentlichen Angelegenheiten seines Landes unmittelbar oder durch frei gewählte Vertreter mitzuwirken. Der Wille des Volkes bildet die Grundlage für die Autorität der öffentlichen Gewalt; dieser Wille muss durch regelmäßige, unverfälschte, allgemeine und gleiche Wahlen ... zum Ausdruck kommen.
22. Recht auf soziale Sicherheit
23. Recht auf Arbeit, gleichen Lohn
24. Recht auf Erholung und Freizeit
25. Recht auf Wohlfahrt.
26. Recht auf Bildung: Jeder hat das Recht auf Bildung. Die Bildung ist unentgeltlich, zum mindesten der Grundschulunterricht und die grundlegende Bildung. Der Grundschulunterricht ist obligatorisch. Fach- und Berufsschulunterricht müssen allgemein verfügbar gemacht werden, und der Hochschulunterricht muss allen gleichermaßen entsprechend ihren Fähigkeiten offenstehen. Die Bildung muss auf die volle Entfaltung der menschlichen Persönlichkeit und auf die Stärkung der Achtung vor den Menschenrechten und Grundfreiheiten gerichtet sein. Sie muss zu Verständnis, Toleranz und Freundschaft zwischen allen Nationen und allen rassischen oder religiösen Gruppen beitragen und der Tätigkeit der Vereinten Nationen für die Wahrung des Friedens förderlich sein. Die Eltern haben ein vorrangiges Recht, die Art der Bildung zu wählen, die ihren Kindern zuteilwerden soll.
27. Freiheit des Kulturlebens
28. Soziale und internationale Ordnung

29. Grundpflichten: Jeder hat Pflichten gegenüber der Gemeinschaft, in der allein die freie und volle Entfaltung seiner Persönlichkeit möglich ist. […]
30. Keine Bestimmung dieser Erklärung darf dahin ausgelegt werden, dass sie für einen Staat, eine Gruppe oder eine Person irgendein Recht begründet, eine Tätigkeit auszuüben oder eine Handlung zu begehen, welche die Beseitigung der in dieser Erklärung verkündeten Rechte und Freiheiten zum Ziel hat.

UN (2009)

7.2.2 Menschenrecht und Tierrecht

Wir hatten bereits in Abschn. 5.1.1 auf Natur- und Umweltschutz hingewiesen. In diese Reihe gehört auch der Tierschutz und die damit verbundenen Regeln.

Die Nachhaltige Entwicklung als anthropozentrisches Prinzip geht vom Menschen aus. Ein eigenständiges Recht der Natur als solche oder von Lebewesen gibt es dabei nicht.

Das Tierschutzgesetz (TierSchG) bezieht sich auch auf die Verantwortung des Menschen.

Tierschutzgesetz TierSchG § 1
Zweck dieses Gesetzes ist es, aus der Verantwortung des Menschen für das Tier als Mitgeschöpf dessen Leben und Wohlbefinden zu schützen. Niemand darf einem Tier ohne vernünftigen Grund Schmerzen, Leiden oder Schäden zufügen.

Die Menschenrechte sind das, was den Menschen vom Tier unterscheidet. Eine vollständige Übertragung der Menschenrechte auf Tierrechte erscheint nicht sinnvoll und umsetzbar. Allerdings ist eine Abstufung durchaus sinnvoll, so wird z. B. über ein erweitertes Recht für Menschenaffen diskutiert.

Man muss aber entscheiden, ob man über Gesetze zum Schutz bestimmter Kategorien (Tierschutzrecht) oder über ein persönliches Recht für Individuen (in Analogie zu den Menschenrechten) spricht.

Interessanterweise hat gerade die Diskussion um die Künstliche Intelligenz (Abschn. 16.1) diese Fragen um Persönlichkeitsrechte angeregt.

7.3 Kultur

Nachhaltigkeit hat viel mit den Begriffen Kultur (im Sinne des vom Menschen Geschaffenen) und Wertschöpfung (im Sinne der Erzeugung der zur Bedürfnisbefriedigung notwendigen Werte) zu tun. Sie betrachtet die Schaffung und die Erhaltung von kulturellen und natürlichen Ressourcen als Basis für die zukünftige Möglichkeit der Bedürfnisbefriedigung.

7.3.1 Kultur als Begriff

Der Begriff Kultur hat im Zusammenhang mit Nachhaltiger Entwicklung verschiedene wichtige Facetten. Er hat auch wichtige Schnittstellen zum Thema Bildung.

Definition	
Kultur	Der Begriff Kultur hat mehrere unterschiedliche Bedeutungen.
Kultur im Gegensatz zur Natur	Kultur ist die Gesamtheit alles vom Menschen Geschaffene. Dazu gehören materielle ebenso wie abstrakte Produkte (Kunst, Technik, Wissenschaft, Politik, …).
Kultur einer Gruppe	Die Kultur einer Gruppe von Menschen ist die Gesamtheit der Weltmodelle, Werte, Normen, Symbole und Artefakte dieser Gruppe.
Kultur als Gruppe	Als eine Kultur verstehen wir eine zeitlich, räumlich und personell abgegrenzte Gruppe von Menschen mit gemeinsamen Weltmodelle, Werte, Normen, Symbolen und Artefakten.
Kultur als gemeinsame Modelle	Die Kultur einer Gruppe von Menschen ist die Gesamtheit der Modelle und des gemeinsamen Verständnisses, wie die Welt ist und sein soll, sowie der sich daraus ergebenden Konsequenzen und Produkte.

7.3.2 Kultur als Kern der Nachhaltigen Entwicklung

Nachhaltigkeit bedeutet den Erhalt von Lebensmöglichkeiten, die diese Bedürfnisbefriedigung erlauben. Dies geht über das Überleben der Menschheit als Spezies (Genpool) weit hinaus und beinhaltet das kulturell Geschaffene im weiteren Sinne, beispielsweise:

- Menschenrechte und Aufklärung
- Politik, Demokratie und Partizipation
- Sicherheit und Selbstbestimmung
- Selbstverwirklichung und Bildung

Kurz kann man das anthropozentrische Prinzip der Nachhaltigen Entwicklung und den Aspekt der Befriedigung menschlicher Bedürfnisse zusammenfassen:

> Nachhaltige Entwicklung ist der Erhalt der menschlichen Kultur.

7.3.3 Kultur und Bedürfnisse

Ein weiterer Zusammenhang zwischen Kultur und Nachhaltigkeit besteht in dem Einfluss der Kultur auf die Nachhaltige Entwicklung. Bedürfnisse und die Frage ihrer Befriedigung sind auch von der Kultur abhängig.

Ein weiterer Punkt ist die Kultur als Bedürfnis. Nachhaltige Entwicklung muss die Teilhabe aller am gesellschaftlichen und kulturellen Leben sicherstellen, auch an der Bildung (SDG 4).

7.4 Demokratie und Bürgergesellschaft

7.4.1 Demokratie

> Die Demokratie ist ein Teil der Kultur.

Wichtige Aspekte der Bedürfnisbefriedigung sind die Mitwirkung an politischen Entscheidungsprozessen und die Meinungsfreiheit.

Jeder kann an den politischen Prozessen mitwirken: durch Bürgerengagement, in der Parteipolitik und in Gremien, durch Wahlen und durch aktive Kommunikation gegenüber politischen Entscheidern und Multiplikatoren.

Grundgesetz
Ein Kern unserer Demokratie ist das Grundgesetz mit den Grundrechten. Wir geben hier die Grundrechte Artikel 1 bis 19 sowie den für die Nachhaltigkeit wichtigen Artikel 20 a verkürzt wieder.

Grundgesetz (GG) – Grundrechte Artikel 1 bis 19

Artikel 1

(1) Die Würde des Menschen ist unantastbar. Sie zu achten und zu schützen ist Verpflichtung aller staatlichen Gewalt.

(2) Das Deutsche Volk bekennt sich darum zu unverletzlichen und unveräußerlichen Menschenrechten …

(3) Die nachfolgenden Grundrechte binden Gesetzgebung, vollziehende Gewalt und Rechtsprechung als unmittelbar geltendes Recht.

Artikel 2

(1) Jeder hat das Recht auf die freie Entfaltung seiner Persönlichkeit …

(2) Jeder hat das Recht auf Leben und körperliche Unversehrtheit. …

Artikel 3

(1) Alle Menschen sind vor dem Gesetz gleich.

(2) Männer und Frauen sind gleichberechtigt. …

(3) Niemand darf wegen seines Geschlechtes, seiner Abstammung, seiner Rasse, seiner Sprache, seiner Heimat und Herkunft, seines Glaubens, seiner religiösen oder politischen Anschauungen benachteiligt oder bevorzugt werden. Niemand darf wegen seiner Behinderung benachteiligt werden.

Artikel 4

(1) Die Freiheit des Glaubens, des Gewissens und die Freiheit des religiösen und weltanschaulichen Bekenntnisses sind unverletzlich. …

Artikel 5

(1) Jeder hat das Recht, seine Meinung in Wort, Schrift und Bild frei zu äußern und zu verbreiten und sich aus allgemein zugänglichen Quellen ungehindert zu unterrichten. … Eine Zensur findet nicht statt. …

(3) Kunst und Wissenschaft, Forschung und Lehre sind frei. Die Freiheit der Lehre entbindet nicht von der Treue zur Verfassung.

Artikel 6

(1) Ehe und Familie stehen unter dem besonderen Schutze der staatlichen Ordnung.

(2) Pflege und Erziehung der Kinder sind das natürliche Recht der Eltern. …

Artikel 7

(1) Das gesamte Schulwesen steht unter der Aufsicht des Staates. …

Artikel 8

(1) Alle Deutschen haben das Recht, sich ohne Anmeldung oder Erlaubnis friedlich und ohne Waffen zu versammeln. …

Artikel 9

(1) Alle Deutschen haben das Recht, Vereine und Gesellschaften zu bilden. …

Artikel 10

(1) Das Briefgeheimnis sowie das Post- und Fernmeldegeheimnis sind unverletzlich. …

Artikel 11

(1) Alle Deutschen genießen Freizügigkeit im ganzen Bundesgebiet. …

Artikel 12

(1) Alle Deutschen haben das Recht, Beruf, Arbeitsplatz und Ausbildungsstätte frei zu wählen. …

Artikel 12a

(1) Männer können… zum Dienst in den Streitkräften … verpflichtet werden.

Artikel 13

(1) Die Wohnung ist unverletzlich. …

Artikel 14

(1) Das Eigentum und das Erbrecht werden gewährleistet. ...

(2) Eigentum verpflichtet. Sein Gebrauch soll zugleich dem Wohle der Allgemeinheit dienen. ...

Artikel 15

Grund und Boden, Naturschätze und Produktionsmittel können ... in Gemeineigentum ... überführt werden. ...

Artikel 16

(1) Die deutsche Staatsangehörigkeit darf nicht entzogen werden. ...

Artikel 16a

(1) Politisch Verfolgte genießen Asylrecht. ...

Artikel 17a

(1) Gesetze über Wehrdienst und Ersatzdienst ... eingeschränkt werden.

Artikel 18

Wer die Freiheit ... zum Kampfe gegen die freiheitliche demokratische Grundordnung missbraucht, verwirkt diese Grundrechte. ...

Artikel 19

(1) Soweit nach diesem Grundgesetz ein Grundrecht durch Gesetz oder auf Grund eines Gesetzes eingeschränkt werden kann, muß das Gesetz allgemein und nicht nur für den Einzelfall gelten. ...

(2) In keinem Falle darf ein Grundrecht in seinem Wesensgehalt angetastet werden ...

Artikel 20a

Der Staat schützt auch in Verantwortung für die künftigen Generationen die natürlichen Lebensgrundlagen und die Tiere ...

(http://www.bundestag.de/parlament/aufgaben/rechtsgrundlagen/grundgesetz/gg_01/245122)

7.4.2 Partizipation und Aktion

> Bürgerbeteiligung bedeutet nicht, den Bürger nur an der Arbeit zu beteiligen.

Bürgerbeteiligung bedeutet aber auch nicht, dass die Bürger nur eine Wunschliste aufstellen, man muss auch Aufgaben anpacken und Projekte initiieren. Kap. 10. Und sie sollte auch nicht bedeuten, dass nur diejenigen Gruppen gehört werden, die sich am lautesten artikulieren. Da letzteres aber in der Politik unvermeidbar ist, braucht die Bürgerbeteiligung immer auch die Öffentlichkeit Kap. 14.

7.4.3 Bürgergesellschaft und Professionalität

In der Diskussion um Partizipation oder Bürgerbeteiligung spielt immer die Frage der Professionalität eine wichtige Rolle. Während Politiker auf ihre demokratische Legitimierung pochen, berufen sich Verwaltungen auf ihre Fachkompetenz. Der Bürger wird also mit unterschiedlichen Argumenten, aber letztendlich demselben Effekt ausgegrenzt, da er weder in der Verwaltung noch in der Politik „professionell" ist.

Professionalität bedeutet, etwas als Beruf zu machen. Dies wird im Allgemeinen mit Kompetenz assoziiert, im Allgemeinen ist damit auch eine entsprechende Berufs-Ausbildung verbunden. Aber auch Politiker und Unternehmer sind häufig in ihrem Bereich fachfremd oder haben sich Management und Führung selbst angeeignet.

Bürgerbeteiligung im Sinne der Nachhaltigkeit und der Agenda 21 erfordert, dass diese Beteiligung zuverlässig wird und sich nicht in spontanen Aktionen „austobt", die vom Ziel und Zeitpunkt her eher zufällig oder durch Einzelinteressen getrieben sind. Dies ist ein wichtiger Aspekt der „Professionalität":

> Professionalität bedeutet vor allem: Verlässlichkeit.

Das betrifft das sichere Erreichen der Ziele auf allen Ebenen: Visionen und strategische Ziele, Sachziele und Qualität des Ergebnisses, Projektziele im Projektdreieck (Abschn. 10.1.1) unter Einhaltung der Ergebnisqualität, Ressourcenrestriktionen und Terminvorgaben und Prozessziele bezüglich des Ablaufs.

Deshalb sind Kompetenzen wie Planung, Management, Kommunikation und Strukturierung in allen Bereichen wichtig. Wer sich im Ehrenamt damit befasst, und eventuell einen beruflichen Hintergrund hat, hat dann auch die entsprechenden Kompetenzen ebenso wie ein Politiker oder Verwaltungsangestellter.

Wir werden auf die Punkte wie

- Beruf oder Berufung
- Kommerziell und Amateur
- Ergebnisorientierung

im Zusammenhang für Projektmanagement für Ehrenamtliche Abschn. 10.1 und Öffentlichkeitsarbeit Kap. 14 noch eingehen.

7.5 Freiheit und Gerechtigkeit

Der Themenbereich Gerechtigkeit, Freiheit und Gestaltung des eigenen Lebens wird häufig unter dem Aspekt Soziales/Politik subsumiert. Wie halten ihn für zentral und wichtig für die Nachhaltige Entwicklung.

7.5.1 Individuelle Gerechtigkeit

Gerechtigkeit hat unterschiedliche Aspekte.

7.5.1.1 Recht und Gerechtigkeit

Jeder Bürger hat Menschenrechte, zu denen auch die individuelle Gerechtigkeit gehört. Das bedeutet, dass der Staat jedem Bürger eine Behandlung nach den geltenden Gesetzten garantiert und dass diese Gesetze selbst gerecht sind. Die Gewaltenteilung sichert dem Bürger zu, dass unterschiedliche Institutionen zuständig sind für die

- Definition des Rechts und der Gesetze (Legislative, Parlament)
- Durchsetzung des Rechts (Exekutive, Staatsanwaltschaft mit ihrem Organ Polizei)
- Umsetzung und Interpretation des Rechts im Einzelfall (Justiz, Gerichte)

7.5.1.2 Gesellschaft und Gerechtigkeit

Soziale Gerechtigkeit bedeutet: Gleiches Recht zur Teilhabe an der Gesellschaft, an Bildung und Veranstaltungen. Gleiche Möglichkeiten zur Teilhabe an politischen Willensbildungsprozessen.

Die Frage der wirtschaftlichen Gerechtigkeit, also danach, was Gerechtigkeit im wirtschaftlichen Bereich bedeutet, ist eine normative und wird stark unterschiedlich gesehen. Ein Konsens ist, dass jeder Mensch genügend Mittel bekommen soll, um am gesellschaftlichen Leben und an Bildung (Bildungsgerechtigkeit) teilzunehmen. Die unterschiedlichen politischen Richtungen unterscheiden sich vor allem dadurch, ob und wie stark dies abhängen soll von:

- der individuellen Leistung und Leistungsfähigkeit
- der Möglichkeit, für die eigene Leistung hohe Löhne zu erhalten
- dem individuellen Arbeits- und Kapitaleinsatz und der Risikobereitschaft
- dem vorhandenen Besitz
- dem Bedarf des Individuums und seiner Familie.

7.5.2 Globale Gerechtigkeit

Beim Thema globale Gerechtigkeit geht es vor allem um den Ausgleich zwischen dem sogenannten globalen Norden und Süden.

Nord – Süd

Globaler Süden	Der Begriff „globaler Süden" meint die früher als „Dritte Welt" bezeichneten Entwicklungs- und Schwellenländer.
Globaler Norden	Der globale Norden umfasst die Industrienationen.
BRICS	Die Zusammenfassung der sich stark entwickelnden Länder Brasilien, Russland, Indien, China und Südafrika.

Typische Eigenschaften von Ländern des globalen Südens sind:

- Lage südlich des 30. bzw. 23. nördlichen Breitengrads
- Geringere industrielle Entwicklung
- Verschuldung
- Hohe Ungleichheit, höherer Armutsanteil
- Geringerer Bildungsgrad, geringere Lebenserwartung, höhere Geburtenrate
- Koloniale Erfahrung

Der Begriff Entwicklungshilfe, der auch in den SDGs (z. B. Abschn. 4.9.1) verwendet wird, ist asymmetrisch siehe Abschn. 2.3.4.

SDGs global
Die Sustainable Development Goals der Agenda 2030 sind global gemeint und viele Ziele betreffen vor allem den globalen Süden.

Hilfe – Selbsthilfe – Partnerschaft
Selbst die Hilfe zur Selbsthilfe ist asymmetrisch. Gemeinsame Definition und Zielerreichung.

7.5.3 Freiheit und Lebensgestaltung

Die Freiheit, das eigene Leben zu gestalten, bedeutet für die Nachhaltige Entwicklung, dass Systeme zu erhalten sind, die die individuelle Freiheit und die Menschenrechte im Rahmen der für eine Nachhaltige Entwicklung notwendigen Einschränkungen gegenüber Systemen aller Art schützt.

Da hier aber Einschränkungen von verschiedenen Seiten möglich sind, betrachten wir diesen Punkt als einzelnes

- politisch: Regierungssysteme oder parallele Organisationen, die die individuelle Freiheit und Entwicklungsmöglichkeiten unterdrücken
- organisatorisch: Entmündigung durch Abgabe von Rechten innerhalb von Systemen
- religiös: Einschränkung der Freiheit durch religiös motivierte oder begründete Systeme
- technisch: Einschränkung der Freiheit durch Übernahme von Entscheidungskompetenz

Demokratie
Die Demokratie hat sich seit der Antike entwickelt. Sie ist ein Teil der Kultur – der vom Menschen geschaffenen Strukturen. Wichtig ist, die Demokratie nicht als etwas Statisches zu verstehen, sondern als einen sich entwickelnden Prozess, in dem die Demokratie als Regierungsform sich entwickeln und sich selbst schützen muss. Damit haben wir einen ähnlichen Widerspruch wie in der generellen Tripelstrategie:

> Intoleranz gegenüber Intoleranz.

7.5.4 Korruption

Eines der größten Hindernisse bei der Umsetzung Nachhaltiger Entwicklung ist Korruption. Korruption ist ein gesellschaftliches Problem, das bilateral oder durch Netzwerke auftreten kann.

Die Bekämpfung von Korruption ist auch eine Frage der Bildung, da diese nicht nur Werte vermittelt, sondern auch befähigt, korrupte Strukturen und ihre Folgen besser zu erkennen. Transparenz und Kontrollstrukturen (Governance Abschn. 6.2.7) sind neben der Vermittlung von Werten in der Bildung und in der Organisation wichtige Elemente für die Implementierung nachhaltigen Denkens.

Die Organisation Transparency International gibt jährlich für alle Länder einen Corruption Perception Index heraus, der die Länder bezüglich der Korruption im öffentlichen Bereich (CPI) einstuft. Von insgesamt 100 Punkten werden von den Ländern zwischen 10 und 90 Punkten erreicht. Deutschland bewegt sich mit ca. 80 Punkten so um den Platz zehn.

7.5.5 Sicherheit

Zur Freiheit gehört auch Sicherheit, wobei es absolute Sicherheit nicht geben kann, da absolute Sicherheit eine absolute Kontrolle erfordert.

> Wer die Freiheit aufgibt, um Sicherheit zu gewinnen, wird am Ende beides verlieren.
>
> Nach Benjamin Franklin (Original: Those who would give up essential Liberty to purchase a little temporary Safety, deserve neither Liberty nor Safety)

7.6 Zusammenfassung

Zukunft der Gesellschaft – Gesellschaft der Zukunft
Der Bereich Gesellschaft ist der Kern der Nachhaltigen Entwicklung. Die Frage, in welcher Gesellschaft wir zukünftig leben wollen, ist zentral für die Nachhaltige Entwicklung.

Gesellschaftliche Aspekte umfassen Themen wie Kultur, Gerechtigkeit, Freiheit, Menschenrechte und Inklusion.

Literatur

BMAS (Bundesministerium für Arbeit und Soziales) (Hrsg.). (2011). Die DIN ISO 26000 „Leitfaden zur gesellschaftlichen Verantwortung von Organisationen" – Ein Überblick http://www.bmas.de/SharedDocs/Downloads/DE/PDF-Publikationen/a395-csr-din-26000.pdf?__blob=publicationFile.

BMUB Bundesministerium für Umwelt, Naturschutz, Bau und Reaktorsicherheit (Hrsg.). (2014). Gesellschaftliche Verantwortung von Unternehmen Eine Orientierungshilfe für Kernthemen und Handlungsfelder des Leitfadens DIN ISO 26000. Berlin.

BMZ (Bundesministerium für wirtschaftliche Zusammenarbeit und Entwicklung). (2017). Die Agenda 2030 für nachhaltige Entwicklung. http://www.bmz.de/de/ministerium/ziele/2030_agenda/index.html. Berlin: BMZ.

UN. (2009). Department for General Assembly and Conference Management German Translation Service. Universal Declaration of Human Rights. Deutsch: Die Allgemeine Erklärung der Menschenrechte http://www.ohchr.org/EN/UDHR/Pages/Language.aspx?LangID=ger.

UN (Vereinte Nationen). (1992). AGENDA 21 Konferenz der Vereinten Nationen für Umwelt und Entwicklung Rio de Janeiro, Juni 1992. http://www.un.org/depts/german/conf/agenda21/agenda_21.pdf.

WCED (World Commission on Environment and Development). (1987). Our Common Future, Oxford University Press, Oxford. http://www.un-documents.net/a42-427.htm Deutsch: Hauff, V. (Hrsg.) Unsere gemeinsame Zukunft. Der Brundtland-Bericht der Weltkommission für Umwelt und Entwicklung, Greven 1987.

8

Umsetzung und Strategien
Wie können wir eine Nachhaltige Entwicklung erreichen?

> Strategien sind für das Erreichen von Zielen notwendig.

Um eine Nachhaltige Entwicklung zu erreichen, müssen viele Akteure in unterschiedlichen Bereichen mit unterschiedlichen Strategien zusammenwirken. Die Umsetzungsstrategien für eine Nachhaltige Entwicklung gehen von der Nachhaltigkeitswirksamkeit und den Handlungsmöglichkeiten der einzelnen Beteiligten aus. Langfristige Strategien zum Erreichen der Ziele müssen durch mittelfristige Strategien, gezielte Aktionen und Resilienzstrategien ergänzt werden.

8.1 Leitstrategien und Basisstrategie

Einfache Lösungen auf komplexe Frage sind im Allgemeinen nur eines: falsch.

Als Elemente der Strategie betrachten wir im Folgenden die Leitstrategien der Nachhaltigen Entwicklung und eine dazu passende Basisformel als Grundlage der Strategien.

8.1.1 Strategie

Zunächst wollen wir den Begriff Strategie klären und seine Rolle in einem unsicheren Umfeld verdeutlichen.

> **Definition**
>
> Strategie   Eine Strategie ist ein Plan zur Erreichung eines Ziels. Damit ist die Strategie immer an das Ziel und dessen Zeithorizont gebunden. Sie ist in dem Sinne langfristig, da sie die gesamte Zeitspanne bis zum Erreichen des Ziels betrachtet.

Eine Strategie berücksichtigt immer die zukünftige Entwicklung (das Grundprinzip der dynamischen Optimierung). Typischerweise schreibt sie keine Folge von einzelnen Entscheidungen, sondern Prinzipien, Regeln bzw. Mechanismen für das Finden bzw. Treffen der Entscheidungen vor. Damit kann sie auch auf unvorhergesehene oder zufällige Entwicklungen reagieren.

Ein Beispiel für ganz unterschiedliche Strategien nehmen wir aus dem Bereich Glücksspiel.

> **Spielbank**
>
> Wenn Sie mit 100 € in die Spielbank gehen mit dem Ziel, 100.000 € zu gewinnen, können Sie nacheinander auf die 13 und die 31 setzen. Sie können auch jeweils Ihren aktuellen Bestand (oder einen bestimmten Bruchteil) auf Rot/Schwarz/Gerade setzten. Sie werden – beim ersten schneller, beim zweiten langsamer – mit jeweils fast genau 1 ‰ Wahrscheinlichkeit gewinnen und mit ca. 999 ‰ Wahrscheinlichkeit mit leeren Händen nach Hause gehen. Wenn Sie gewonnen oder verloren haben, können Sie das rückblickend auf die Strategie schieben.
>
> Es gibt natürlich auch schlechtere Strategien, bei denen die Gewinnwahrscheinlichkeit kleiner ist – im Leben sogar noch extremer als in der Spielbank.

Strategien müssen das Verhalten der Kontrahenten berücksichtigen.

> **Beispiel**
>
> Bei „Schere-Stein-Papier" ist eine mögliche Strategie, immer denjenigen Zug zu wählen, der den vorangegangenen Zug des Gegners dominiert. Wenn der Gegner dies bemerkt und entsprechend darauf regiert, hat er eine Gewinnchance von 100 %.

8.1.2 Leitstrategien

Die Leitstrategien der Nachhaltigen Entwicklung zeigen einen möglichen Weg zur Nachhaltigkeit (Pufé 2012).

- Suffizienz: Genügsamkeit – weniger.
- Effizienz: Wirkungsgrad – besser.
- Konsistenz: Verträglichkeit – alternativ.

8.1.2.1 Effizienz

Die Effizienz zielt auf einen geringen Ressourcenverbrauch bei gleicher Leistung bzw. eine erhöhte Leistung bei gleichem Input durch technische Maßnahmen wie gesteigerte Produktivität oder bessere Ressourcenausnützung ab.

Effizienzmaßnahmen sind zum Beispiel technische Verbesserungen, insbesondere Verbesserungen von Wirkungsgraden (Abschn. 5.3.2.1). Die Basis der Effizienz ist eine technische Analyse und Optimierung des Systems.

Insbesondere bei Effizienzmaßnahmen ist der Rebound Abschn. 8.1.5 zu beachten.

8.1.2.2 Suffizienz

Die Suffizienz richtet sich auf einen geringen Ressourcenverbrauch durch eine Verringerung der Nachfrage, Verhaltensänderung und Bildung.

Dazu gehört auch, die Bedürfnisse anzupassen, wobei wir zwischen den legitimen Bedürfnissen und den Ansprüchen unterscheiden müssen. Dies zeigt sich in den folgenden Zitaten:

> The world has enough for everyone's need, but not enough for everyone's greed. (Mahatma Gandhi)

> Nicht die Vermehrung der Habe, sondern die Verringerung der Wünsche ist der rettende Weg. (Epiktet)

Suffizienz bedeutet vor allem einen quantitativen Verzicht, kann aber im Gesamtsystem zu einer verbesserten Lebenssituation (Wohlstand 5.0) führen.

8.1.2.3 Konsistenz

Die ursprüngliche Definition der Konsistenz richtet sich auf Technologien, die mit den Prinzipien der Natur (Ökologie) verträglich sind. Die Strategieelemente reichen von bionischen Prinzipien (Natur als Vorbild) bis zur Umsetzung ökologischer Grundprinzipien. Der Unterschied liegt darin, dass zum einen die Natur als Vorbild und zum anderen als Kriterium genommen wird.

Konsistenz muss aber auch mit wirtschaftlichen und sozialen Systemprinzipen gegeben sein. Bei der Konsistenz ist immer die Auswirkung auf das Gesamtsystem zu betrachten.

8.1.2.4 Zusammenwirken

Nur ein Zusammenspiel aller drei Strategien – Effizienz, Suffizienz, Konsistenz – ermöglicht eine Nachhaltige Entwicklung.

Zusammenwirken der Leitstrategien

Bei der Ernährung können der Verzicht auf (große Mengen) Fleisch (Suffizienz), die Produktion im Einklang mit der Natur durch Verzicht auf Massentierhaltung (Konsistenz) und die Verbesserung der Verarbeitungsketten (Effizienz) zu einer nachhaltigkeitsverträglichen Ernährung und Landwirtschaft führen.

Bei der Mobilität müssen technische Innovationen bei Fahrzeugen und Mobilitätsdienstleistungen (Effizienz), die Nutzung regenerativer Energien (Konsistenz) und ein verändertes Mobilitätsverhalten (Suffizienz) zusammenwirken.

Ein beliebtes Beispiel ist Coffee-to-go – Kaffee zum unterwegs Trinken – und die dadurch verursachte Ressourcenverschwendung sowie das Müllaufkommen durch Einwegbecher. Technische Lösungsansätze sind Mehrwegsysteme sowie kompostierbare, recycelbare oder gar essbare Becher. Man kann sich aber auch die Zeit für einen Kaffee nehmen und dadurch die to-go-Problematik obsolet machen. Beim Kaffee sollte natürlich die Gesamtproblematik, beispielsweise der Anbau und Handel, mit betrachtet werden.

8.1.3 Basisformel und Strategien

Etwas komplexer ist der Einfluss unserer Bedürfnisse auf die Möglichkeiten der Bedürfniserfüllung für andere (intragenerationell) und zukünftige Generationen (intergenerationell) durch den Einfluss auf den Verbrauch an natürlichen und kulturellen Ressourcen und Strukturen. Im einfachsten Fall würden wir eine Kenngröße (Nachhaltigkeitskennzahl, Ökopunkte, CO_2-Ausstoß, ...) betrachten, auch wenn eine solche Kennzahl weder eindeutig definiert noch einheitlich in Kraft gesetzt ist.

E sei der Einfluss (Impact) auf die Chancen jetziger und zukünftiger Generationen, ihre Bedürfnisse zu befriedigen. Dieser Effekt kann die Verbesserung/Verschlechterung der Zukunftsfähigkeit des Systems sein. Diese wird durch den Verbrauch oder die Regeneration oder Schaffung von (natürlichen oder kulturellen) Ressourcen beeinflusst. Die Güter zur Befriedigung der Nachfrage führen zur Befriedigung der Bedürfnisse.

Damit haben wir die folgende Basisformel als Erklärung des Grundprinzips:

Basisformel

$$E = \frac{E}{R} \cdot \frac{R}{G} \cdot \frac{G}{N} \cdot \frac{N}{B} \cdot \frac{B}{P} \cdot P$$

E Effekt, Einfluss, Verbrauch an natürlichen oder kulturellen Ressourcen, Verbesserung/Verschlechterung der Tragfähigkeit des Systems
R Ressourcen bzw. andere messbare Einheiten (Sachbilanz)
G Güter real umgesetzte Menge an Gütern
N Nachfrage, Bedarf einer Dienstleitung oder eines Gutes
B Bedürfnisse
P Anzahl Personen

Als Beispiel betrachten wir:

Mobilität

- E ist die Auswirkung, beispielsweise der Verbrauch an Primärenergie (Energieträger), Fläche oder die Erzeugung von CO_2
- R ist die Menge an Benzin oder Strom
- G ist die konkret zurückgelegte Strecke und die prozentuelle Anzahl genutzter Fahrzeuge
- N ist die Mobilitätsnachfrage, gemessen an den einzelnen zurückgelegten Strecken (Mobilitätsmix)
- B ist der Bedarf an Mobilität aufgrund von Beruf, Freizeit, Bildung. Mobilitätsmaße sind Strecken und Flexibilität
- P ist die betrachtete Anzahl Personen

Quotienten und Strategien

Die Quotienten entsprechen ungefähr den Strategien zur Verbesserung der Zukunftsfähigkeit. Die Verbesserung der einzelnen Quotienten stellt derivative Ziele (Abschn. 3.1.1) für das Erreichen des Gesamtziels dar.

Definition	
Konsistenz E/R	Reduktion des negativen Einflusses von Ressourcenverbräuchen.
Effizienz R/G	Technische Optimierung des Ressourcenverbrauchs pro Gut.
Wertschöpfung G/N	Intelligente Lösungen zur Verbesserung der Wertschöpfung (Dienstleistung statt Besitz, Lebensdauerverlängerung, Wirkungsgrad,)
Verhalten N/B	Benutzerverhalten, Dies wir auch durch die Bildung und durch Werte (Ethik) beeinflusst: „Values mediate how needs are transformed into wants" (Raskin 2002)
Suffizienz B/P	Verzicht bzw. Reduktion des spezifischen Bedarfs. Hier spielen auch Bildung und (individuelle und gruppenspezifische und gesamtgesellschaftliche) Kulturen eine wichtige Rolle.

8.1.4 Basisstrategie WINN

In einer Zusammenfassung der Basisformel können wir die Nachhaltigkeitsstrategie durch das Schlagwort WINN beschrieben:

- W steht für WENIGER: unabhängig von technischen Optimierungen; Effizienzsteigerung und Konsistenzbemühungen sind die Auswirkungen jedes Handelns proportional zum Umsatz.
- I steht für INTELLIGENT: hiermit ist vor allem die Information und Optimierung über die gesamte Wertschöpfungskette gemeint. Dies ist mehr als die reine Effizienzstrategie.
- N steht für NAHE: Dabei ist nicht nur die räumliche Nähe gemeint, sondern auch der Verzicht auf umständliche Transport- und Verarbeitungsschritte oder komplexe Konstruktionen.
- N steht für NATÜRLICH: Hierbei ist neben der Konsistenzstrategie auch gemeint, Aktionen einfach und in Einklang mit „natürlichen" Prinzipien zu gestalten. Dazu gehören ganzheitliche (holistische) und bionische Denkansätze. Für den Menschen „natürliche" Grundprinzipien wie Gerechtigkeit und Fairness, Menschenrechte und Kultur sollen in das Handeln miteinbezogen werden.

8.1.5 Rebound

Bei allen Maßnahmen muss der Rebound-Effekt berücksichtigt werden, der vor allem auf dem menschlichen (individuellem und gesellschaftlichem) Verhalten beruht.

> **Definition**
>
> Rebound-Effekt (Bumerang-Effekt) — Unter Rebound (zurückfedern) versteht man den Effekt, dass eine Maßnahme zur Veränderung eines Systems durch die Reaktion des Systems kompensiert wird.
>
> Backfire — Unter Backfire versteht man eine Überkompensation, d. h. ein Rebound von mehr als 100 %.

Kurzfristige Verbesserungs- und Rettungsmaßnahmen haben immer auch einen Rückwirkungseffekt, beispielsweise:

- dass das verbesserte System intensiver genutzt wird
- dass sich andere auf diese Maßnahmen verlassen.

und so im Gesamten eine Verschlechterung eintreten kann.

Da es sich um Reaktionen von Individuen oder Systeme handelt, sind für den Rebound-Effekt nicht nur die realen Maßnahmen und Effekte, sondern ihre Kommunikation und Wahrnehmung wichtig.

> **Rebound-Effekte**
>
> Typische Rebound-Effekte sind:
> - Erhöhte Nutzung bei Übergang auf ein weniger umweltbelastendes Produkt
> - Elektronische Dokumentation führt zu mehr Ausdrucken
> - Von Light-Produkten wird überproportional mehr gegessen
> - Mehrverbrauch nach Preissenkungen führt zu höheren Ausgaben.
> - Energiesparende oder umweltfreundliche Produkte werden sinnlos eingesetzt.
> - Autofahrer reagieren auf Verbote mit Trotzreaktionen (z. B. hochtourig fahren bei Tempolimit).

Im Verkehr kann man den Rebound gleich auf mehreren Ebenen beobachten:

> **Rebound beim PKW**
>
> Bei PKW kann man den Rebound in mehreren Aspekten finden:
> - Durch erhöhte Sicherheit wird mehr, schneller und riskanter gefahren.
> - Effizienzsteigerung führt zur Preissenkung, dadurch werden größere (und teurere) Autos gekauft.
> - Geringerer Spritverbrauch oder umweltfreundliche Antriebe führen zu erhöhter Fahrleistung.
> - Ausgebaute Straßen ziehen den Verkehr an und führen zu höherem Verkehrsaufkommen.

Häufig wird der Rebound auch überschätzt oder als Gegenargument für anstehende Maßnahmen benutzt.

8.1.6 Fünf Strategieaspekte

Die folgenden fünf konzeptuellen Aspekte bilden den Kern der Nachhaltigen Entwicklung nach (Pufé 2012):

- Integration der oben genannten drei Säulen Wirtschaft, Natur und Soziales
- Permanenz, d. h. dauerhaftes Wirken über die Zeit
- Gerechtigkeit innerhalb und zwischen den Generationen
- Eigenverantwortung: die Rolle des Einzelnen und der Organisationen
- Dependenz: Zusammenhänge und Restriktionen. Erkennen der Komplexität.

8.1.6.1 Integration

Integration bedeutet hier das gemeinsame Betrachten und Berücksichtigen der drei Säulen

- Wirtschaft,
- Natur
- Soziales

Dies haben wir unter dem Stichwort 3P oder Triple Bottom Line schon mehrfach betrachtet.

Es gibt unterschiedliche grafische Darstellungen dieser Integration, von Säulen über Dreiecke zu Schnittmengen. Siehe dazu auch die Darstellungen Tab. 1.4 und Abb. 1.1.

Wir halten nochmals fest, dass es nicht darum geht, dass jede Maßnahme unbedingt jeweils eine Komponente Wirtschaft, Natur und Soziales enthalten muss, sondern dass jeder dieser Aspekte berücksichtigt werden muss und in der Gesamtbetrachtung zumindest keine Verschlechterung eintreten darf (vergleiche Abb. 1.7).

> Nachhaltige Entwicklung ist mehr als nur die Schnittmenge von Ökologie, Ökonomie und Sozialem.

Es gibt auch neben den drei Säulen (3P) andere zu beachtende Aspekte (6P Abschn. 4.3). Wichtig ist, in einem ganzheitlichen Ansatz alle Problemaspekte zu berücksichtigen und bei Lösungen immer die Wirkungen auf alle Aspekte im Auge zu behalten. Integration bedeutet auch das Erkennen und Berücksichtigen von Konflikten zwischen den drei Säulen, z. B. von Nutzungskonflikten Abschn. 3.2.1 aufgrund beschränkter Ressourcen.

Zum Begriff Integration im Sinne einer gesellschaftlichen Integration siehe Abschn. 7.1.4.

8.1.6.2 Permanenz

Permanenz betrachtet das Wirken über die Zeit – die allgemeine Bedeutung von Nachhaltigkeit. Zukunftsfähigkeit und Zukunftsorientierung sind Synonyme für die Nachhaltigkeit.

Permanenz ist auch eines der P in 6P Abschn. 4.3.5. Sie betrachtet die zukünftigen Entwicklungen in den verschiedenen Zeitskalen Abschn. 3.1.2.

8.1.6.3 Gerechtigkeit

Das Thema Gerechtigkeit taucht einerseits in den SDGs Abschn. 4.5 explizit auf, andererseits sind die intragenerationelle und intergenerationelle Gerechtigkeit (Abschn. 1.6.3) Kern der Nachhaltigen Entwicklung. Dieses Thema wird in Tab. 8.1 differenziert und in Abb. 8.1 visualisiert.

Tab. 8.1 Gerechtigkeitsaspekte

Aspekt	Bedeutung	Strategieaspekte
Intergenerationelle Gerechtigkeit	Zwischen den Generationen – Zukunftsfähigkeit Kern der Brundtland-Definition International	Zukunftsorientierung Permanenz SDG Systementwicklung, Dynamik
Intragenerationelle Gerechtigkeit	Innerhalb der Generationen bzw. aller Menschen Menschenrechte und globale Gerechtigkeit	Globale Gerechtigkeit SDG Handel, Finanzen und Politik

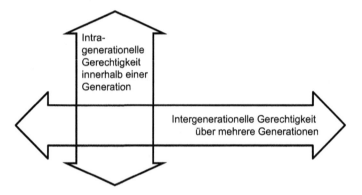

Abb. 8.1 Gerechtigkeitsaspekte

8.1.6.4 Eigenverantwortung

Das Thema Verantwortung haben wir bereits in unterschiedlichen Kontexten betrachtet. Eigenverantwortung bedeutet ganz einfach, dass jede Gruppe und Organisation bis hin zum Individuum die Verantwortung für das eigene Handeln und Unterlassen trägt.

8.1.6.5 Dependenz

Dependenz bedeutet das Erkennen und Berücksichtigen der Zusammenhänge zwischen den einzelnen Systemelementen. Letztendlich ist ein ganzheitliches (holistisches, Abschn. 15.3.4) Denken gefordert bzw. das Denken in komplexen System (Abschn. 15.3).

Die vielfältigen Vernetzungen des Systems „Erde" mit den beim Stichwort Dependenz erwähnten Subsystemen Natur (Ökologie), Gesellschaft (Soziales) und Wirtschaft (Ökonomie), die Abhängigkeit aufgrund endlicher Ressourcen und die dynamischen Entwicklungen und Pfadabhängigkeiten fordern einen ganzheitlichen Ansatz.

8.1.7 Problemzonen

Anlehnend an die Begriffsbildungen des Operations Research können wir die folgenden Defizite bei der Entwicklung von Strategien benennen:

Strategiedefizite	
Myopisch	Eine Strategie heißt myopisch, wenn sie nur den unmittelbaren Nutzen/Kosten und nicht die zukünftigen Entwicklungen, ihren Einfluss darauf und ihre Konsequenzen berücksichtigt.
Monokausalistisch	Eine Strategie heiß monokausal, wenn sie versucht, alle Probleme auf eine gemeinsame Ursache zu reduzieren.
Monodimensional	Eine Strategie heißt monodimensional, wenn sie nur eine Dimension bzw. einen Aspekt oder Perspektive der Situation berücksichtigt.
Deterministisch basiert	Eine Strategie heißt deterministisch basiert, wenn sie Unschärfen und Zufälligkeiten in der Situation und in der Entwicklung des Systems ignoriert.
Zentralistisch	Eine Strategie heißt zentralistisch, wenn sie von einer einzigen Entscheidungsinstanz ausgeht.

8.2 Tripelstrategie und Grundprinzipien

Wer nach Strategien für eine Nachhaltige Entwicklung sucht, ist häufig versucht, den Gegenargumenten wie „Da kann man nichts machen – was soll eine(r) von 8 Mrd. erreichen?" oder „Das ist zu spät" oder „Das liegt am System" nachzugeben und dann nichts zu machen. Aber 80 Mio. Menschen können schon etwas bewegen- und jeder Einzelne kann dazu beitragen.

Im Folgenden betrachten wir die Strategien zunächst von einer Meta-Ebene: Wie wählt und verknüpft man die einzelnen Strategien?

8.2.1 Tripelstrategie

Kurzfristig können wir nur innerhalb der vorhandenen Systeme agieren, um direkte und indirekte Wirkungen zu erzielen. Mittelfristig und langfristig müssen wir geeignete Strukturen schaffen und für ihre Weiterentwicklung sorgen.

Generell bedeutet die Dreifachstrategie auch: Das eine tun und das andere nicht lassen. Dabei muss natürlich auf die Begrenzungen der eigenen Ressourcen Rücksicht genommen werden.

Eine taktische Planung ist den Strategien untergeordnet.

Die Tripelstrategie am Beispiel Brand

Wenn ein Haus brennt, wird zunächst gelöscht. Dabei müssen Risiken abgewogen werden. Außerdem muss die Ausbreitung des Brandes verhindert werden. Dies geschieht sofort und unmittelbar.

Mittelfristig werden der vorbeugende Brandschutz (Brandherde, entflammbare Materialien, Umgang mit Feuer), die Möglichkeiten der Selbsthilfe (Feuerlöscher), die Alarmierung (Entdeckung, Meldekette) und die Möglichkeiten der Brandbekämpfung (Feuerwehr) und Brandeindämmung (Brandmauern, Schneisen) verbessert. Die technische und personelle Ausstattung und Infrastruktur wird aktuell gehalten.

Man kann sich auch darauf einstellen, die Folgen des Brandes beispielsweise durch konkrete Maßnahmen (Notquartiere, Katastofenschutz) oder durch Versicherungen und Hilfesysteme abzuschwächen.

Tripelstrategie

Strategieelemente	Die Tripelstrategie (Dreifachstrategie, Strategietripel) strebt eine nachhaltige Entwicklung an und reagiert auf eine nicht-nachhaltige Entwicklung durch drei Strategieelemente.
Operative Strategiekomponente	Operative und direkte Maßnahmen sind kurzfristige (operative, taktische) zur Verbesserung der Situation bzw. Bekämpfung von negativen Effekten und deren Ursachen und Folgen.
Strategische Strategiekomponente	Strategische Planung richtet sich auf Ursachenbekämpfung und Systemveränderung: Langfristige (strategische) Bekämpfung der Ursachen und Veränderung des Systems.

| Strategiekomponente Resilienz | Resilienz bedeutet (mittelfristiges) Einstellen auf mögliche Folgen des Effekts und Vorbereitungsmaßnahmen zur Reaktion auf Veränderungen. |

Eine grafische Darstellung Abb. 8.2 soll die drei Strategieelemente und ihre Zukunftsorientierung verdeutlichen.

> **Gender Pay Gap**
>
> Bei Thema Gender Pay Gap (Abschn. 4.5.1) wird unter anderem darauf verwiesen, dass Frauen eher Berufe ausüben, die schlechter bezahlt werden. Eine operative Verbesserung wird durch die „Girls' Days" und „Boys' Days" erreicht, um Menschen für den jeweils anderen Typus Beruf zu interessieren. Strukturell kann man aber die Frage angehen, warum man die Pflege von Menschen schlechter bezahlt als das Bauen von Autos. Letztendlich führt das zu der Frage des Einkommens und seiner Bedeutung für den Wert des Menschen. Resilienz bedeutet in diesem Zusammenhang, auch für Menschen beispielsweise in Pflegeberufen ein vernünftiges Nettoeinkommen zu sichern.

Einige Beispiele werden in Tab. 8.2 zusammengestellt.

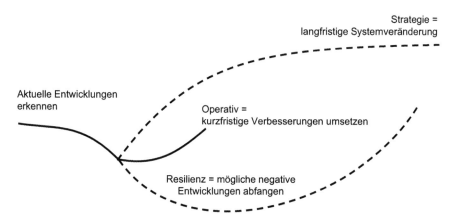

Abb. 8.2 Tripelstrategie

Tab. 8.2 Beispiele zur Tripelstrategie

	Langfristige Strategie	Operative kurzfristige Strategie	Resilienz
Grundprinzip	Langfristig ganzheitlich	Hier und heute	Absicherung
Klimawandel	Wandel zur CO_2-neutralen Wirtschaft	CO_2 vermeiden, CO_2 binden	Hochwasserschutz, Klimaadaption
Flüchtlingskrise	Fluchtursachen bekämpfen	Versorgung, Integration	Stabilität und Sicherheit gewährleisten
Armut	Wirtschafts- und Gesellschaftssystem	Individuelle Hilfe	Individuelle und soziale Prävention

Manchmal erscheinen die kurzfristigen Maßnahmen kontraproduktiv. Natürlich verbraucht jede Maßnahme beispielsweise in der Bildung oder Forschung oder zur Aktivierung kurzfristig Ressourcen. Die folgenden beiden Zitate betrachten dieses Phänomen des scheinbaren Widerspruchs:

Si Vis Pacem, Para Bellum

Fighting for Peace is like F***ing for Virginity.

Wichtig ist aber der Gesamtbeitrag zur Nachhaltigen Entwicklung im Sinne einer ganzheitlichen Strategie und der starken bzw. schwachen Nachhaltigkeit (Abschn. 1.6.2).

8.2.2 Grundprinzipien der Nachhaltigkeit

Folgende Grundprinzipien setzen die Leitstrategien der Nachhaltigkeit um:

- Wohlstand statt Verbrauch
- Qualität statt Quantität
- Wertschöpfungsketten
- Optimierung der Prozessgestaltung
- Ressourceneffizienz
- Economy of Scale
- Systemdenken

8.2.2.1 Wohlstand statt Verbrauch

Die bereits betrachtete Basisformel verknüpft den durch den Nutzen von Produkten und Dienstleistungen generierten Wohlstand mit dem Verbrauch (Konsum) und der daraus entstehenden Belastung von natürlichen und kulturellen Ressourcen.

Dazwischen gibt es mehrere Faktoren, mit denen die Relation zwischen Nutzen und Belastung vermindert werden kann. Die wichtigsten sind die bereits betrachteten Strategien der Suffizienz, Effizienz und Konsistenz sowie ein verändertes Wertesystem und daraus folgendes Konsumverhalten.

8.2.2.2 Qualität statt Quantität

Der optimale Nutzen (Zweckerfüllung) wird nicht durch maximalen Durchsatz erreicht. Eine Nachhaltige Entwicklung kann nur durch qualitatives statt quantitativem Wachstum erreicht werden.

Das Motto „Qualität statt Quantität" gilt sowohl für Strukturen und Produktionsprozesse als auch für die konsumierten Produkte und Dienstleistungen zur Befriedigung der Bedürfnisse (Wohlstand 5.0).

8.2.2.3 Wertschöpfungsketten und Prozesse

Bei der Beurteilung von Produkten und Dienstleistungen bezüglich Ihrer Nachhaltigkeitsrelevanz ist der gesamte Herstellungsprozess inklusive der gesamten Lieferkette und der Logistik der Materialien zu beachten. Dabei muss die Lieferkette als Ganzes verfolgt und beurteilt werden.

Die Optimierung der Prozessgestaltung und Ressourceneffizienz muss alle Effekte im Blick haben. Energieeffizienz und optimaler Einsatz von Ressourcen sind ein Weg, um die Produktion nachhaltiger zu gestalten. Dabei ist auf Rebound-Effekte zu achten.

Ebenso muss die gesamte Nutzung mit ihren Wirkungen und die auf die Nutzung folgenden Prozesse betrachtet werden.

8.2.2.4 Economy of Scale

„Economy of Scale" bedeutet eigentlich den Nutzen aus Größen- oder Dimensionseffekten. Man kann bei größer werdenden Systemen Synergien nutzen, muss jedoch darauf achten, dass Flexibilität und Diversität erhalten bleiben.

Economy of Scale kann auch negative Effekte haben, wenn Transaktions- oder Kommunikationsprozesse zu aufwendig werden.

Da die Themen Kommunikation und Komplexität für die Nachhaltigkeit generell interessant sind, betrachten wir das folgende Beispiel aus der Kommunikation.

Dimensionseffekte

In einem System mit N Elementen gibt es ca. $N^2/2$ Verbindungen zwischen einzelnen Elementen.

Verbindet man die Elemente durch einen binären Baum (jeder Knoten hat zwei Äste), so kann man mit einer Tiefe von M insgesamt 2^M Elemente verbinden.

D. h. bei 1000 Elementen hat man ca. 500.000 paarweise Verbindungen, diese Elemente können aber alternativ über einen binären Baum der Tiefe 10 strukturiert verbunden werden. Dazu reichen 2000 Verbindungen und 1001 weitere Knoten,

---

8.2.2.5 Systemdenken

Das Denken in Kreisläufen von Material und Geld, von Produkten und Energie und das Denken in Wechselwirkungsnetzen sind essenziell für die unternehmerische Nachhaltigkeit. Dazu betrachten wir später das Thema vernetztes Denken Abschn. 15.3.4.

8.2.3 Nudging

Nudging (Thaler und Sunstein 2008) bedeutet, durch ein niederschwelliges Einwirken („Anschubsen") Verhaltensänderungen zu bewirken. Im Gegensatz zur Manipulation sollen diese Einflüsse für den zu Beeinflussenden erkennbar (transparent) sein und nicht zu seinem Schaden, sondern zum Gesamtwohl beitragen.

Solche Anreize für Verhaltensänderungen kann man in vielen Bereichen manchmal ganz einfach geben.

Einfache Anreize für Verhaltensänderungen (Nudging)

- Informationen über Handlungsfolgen und Handlungsalternativen
- Optisches Herausheben von Alternativen (z. B. farblich rot/grün)
- Preisliche Gestaltung fördert nachhaltigkeitsbewusste Entscheidungen
- Die umweltfreundlichere Alternative wird leichter zugänglich gemacht

8.3 Aktionsbereiche jP

Wir fassen hier die möglichen Aktionsbereiche zusammen. Die folgende Stichwortliste soll Anregungen geben und die Vielfalt der Möglichkeiten aufzeigen, in denen ein Engagement möglich ist. Auf einige davon gehen wir in den folgenden Abschnitten und Kapiteln vertieft ein.

Der Begriff jP steht dabei in Anlehnung an 3P und 6P für eine größere Anzahl von Oberbegriffen. Das Zeichen j steht für eine beliebige Zahl, da die Liste Tab. 8.3 sicher noch ergänzt werden kann (zurzeit ist j = 16) – es soll hier auch dafür stehen, dass jede Person Aktionen aus diesen Aktionsbereichen umsetzen kann.

8.3.1 Persönlich – privates Verhalten

Das persönliche Verhalten betrachten wir vor allem im Bereich „Nachhaltig Leben" Kap. 9. Es betrifft aber auch die Kommunikation, beruflichen Einsatz und das Mitwirken in Projekten und Organisationen. Natürlich bedeutet persönliches Verhalten immer auch eine Vorbildfunktion, aber das soll nicht dazu führen, dass wir die anderen Aktionsmöglichkeiten außer Acht lassen.

> Der persönliche Handabdruck (Handprint) ist genauso wichtig wie der persönliche Fußabdruck (Footprint).

Events
Zum persönlichen Verhalten gehören auch Feiern aller Art und Größe. Dies betrachten wir in Abschn. 11.4.6.

8.3.2 Parents – Eltern und Bildung

Manche CO_2-Rechner stellen als eine der schlimmsten CO_2-Belastungen, die ein Mensch verursachen kann, die eigenen Kinder dar. Wenn man die gesamten CO_2-Emissionen, die die Kinder (wie jeder Mensch) verursachen, den Eltern zuordnet, mag dies sein. Schließlich sammelt sich über die erwartete Lebensdauer eines Menschen grob geschätzt 80-mal so viel CO_2 an wie in einem einzelnen Lebensjahr. Und sicher ist das globale Bevölkerungswachstum eine der Hauptursachen für nicht-nachhaltige

Tab. 8.3 Aktionsbereiche jP

Person/Private	Persönlich, Konsum	Das eigene Verhalten verändern. Bereiche Konsum, Wohnen, Reisen, Kommunikation etc.
Party	Feiern, Veranstaltungen	Verantwortlich feiern und erleben, Events, Erlebnisse und Tourismus nachhaltig gestalten
Parents	Erziehung	Erziehung und Bildung in Familie und Gesellschaft, formale und informelle Bildung
Projects	Projekte	Gemeinsam etwas erreichen. Projekte zur Erreichung von Zielen einsetzen
Plant	Aktionen mit NE-Bezug	Nicht nur Pflanzaktionen, sondern alle Projekte, in denen konkrete Änderungen bewirkt werden
Partnership	Netzwerke und Partnerschaften	Vernetzen und Kooperationen bilden Vernetzung und Multiplikatoren
Politics	Politisch aktiv werden	In der Politik als Akteur und Wähler aktiv werden. Politiker informieren und beeinflussen
Protest	Offen die Meinung vertreten	Alleine oder gemeinsam die Meinungen vertreten und Fakten korrekt darstellen – gegen „Fake News"
Press/Post	Presse/Sozial Media	Öffentlichkeitsarbeit und Multiplikator-Wirkung, Presse-Arbeit und Nutzung von Social Media
Publicity	Publizität und Bildung	Bildung und andere Maßnahmen, Informationen, Wissen und Motivation weiterzugeben
Play	Planspiele und Spiele	Spiele, Planspiele und Casual Learning als Beitrag zur Bildung für Nachhaltige Entwicklung
Profession	Berufliche Aktivität	Im Beruf aktiv werden und Entscheidungen und Systeme beeinflussen
Power	Power	Als Entscheidungsträger aktiv werden. Machpositionen und Hebel erkennen und nutzen.
Processes	Prozesse und Strukturen	Langfristige Prozesse aufrechterhalten und Strukturen schaffen
Positive	Positives generieren und kommunizieren	Positive Beiträge (Handabdruck, Handprint) initiieren, leisten und kommunizieren
Pennies	Pekuniäre Unterstützung	Finanzielle Unterstützung für Nachhaltigkeitsaktivitäten

Entwicklung. Es stellt sich aber die Frage, wie diese negative Sicht auf zukünftige Generationen beispielsweise mit dem Begriff der Nachhaltigkeit zusammenpasst, der ja von zukünftigen Generationen ausgeht und solche damit auch voraussetzt. Unabhängig von dieser Diskussion ist aber die Rolle von Eltern und anderen Erziehern bei der Umsetzung von Nachhaltigkeit wichtig.

Wir betrachten dieses Thema Erziehung und Bildung hier deshalb auch parallel zu der später noch zu betrachtenden Bildung für Nachhaltige Entwicklung, die sich mehr an formalen und informellen Institutionen orientiert. Letztendlich ist Bildung ein ganzheitlicher Prozess, in dem Eltern, Schule und Gesellschaft (insbesondere die Gleichaltrigen, sog. Peers) mitwirken.

8.3.3 Partnerschaften und Netzwerke

Wer etwas erreichen will, braucht Mitstreiter. Dazu ist es wichtig, Partnerschaften und Netzwerke aufzubauen – im Kleinen und im Großen. Vernetzen bedeutet, kurze Informationswege und Vertrauen zu schaffen. Dadurch werden Transaktionskosten (Kosten für die Suche passender Projektpartner, Informationsgewinnung, gemeinsame Planung) reduziert.

Ein Beispiel von Partnerschaften sind auch die Bildungsnetzwerke Abschn. 13.4.

Partnerschaften und Netzwerke sind auch eine wichtige Basis, um Projekte und Aktionen umzusetzen oder politisch aktiv zu werden.

8.3.4 Projekte und Prozesse – Gemeinsam etwas erreichen

Projekte sind dadurch charakterisiert, dass jemand anfängt zu planen, um ein Ziel zu erreichen Kap. 10. Während Projekte eine begrenzte Laufzeit und ein klar definiertes Projektende haben, sind Prozesse auf eine Verstetigung und auf eine unbestimmte Laufzeit angelegt.

> **XXX for future**
>
> Innerhalb des Jahres 2019 ist aus dem Schulstreik und den Reden von Greta Thunberg eine weltweite Bewegung Fridays for Future (FFF, F4F) mit lokalen Gruppen und Aktionen und einer bundes- und weltweiten Vernetzung und Organisationsstruktur geworden. Schwerpunkt sind die freitäglichen Streiks für die Umsetzung der Klimaziele.
>
> Parallel dazu haben sich vielfältige Unterstützungsstrukturen gebildet wie parents4future, scientists4future, teachers4future … Die Gruppen wirken durch ihre Aktionen (Demonstrationen), durch die Vernetzung der Akteure und durch die Öffentlichkeitswirksamkeit (Kap. 14). Dadurch werden auch die breite Öffentlichkeit und die Politik informiert und beeinflusst.

8.3.5 Politik – aktiv und passiv

Die Politik ist der wichtigste Hebel, um Nachhaltige Entwicklung zu erreichen. Sie kann nicht nur Gesetze und Richtlinien schaffen, sondern auch durch finanzielle Anreize, Förderungen und durch das Setzen und Betonen von Schwerpunkten bei Entscheidungen die Entwicklung beeinflussen. Sie kann Nachhaltige Entwicklung durch ihre Kommunikation und Darstellungen unterstützen und in den Außenbeziehungen und Verträgen fördern. Dies reicht von der UN und EU über Staaten und Länder bis in den kommunalen Bereich. Die Wechselwirkung mit den anderen Partnern, Unternehmen und Individuen und das daraus entstehende Bermudadreieck hatten wir in Abschn. 1.3.4.3 betrachtet.

Jeder kann an diesen politischen Prozessen mitwirken: durch Bürgerengagement, in der Parteipolitik und in Gremien, durch Wahlen und durch aktive Kommunikation gegenüber politischen Entscheidern und Multiplikatoren. Fast alle oben genannten Aktionsmöglichkeiten werden von Politikern und Wählern wahrgenommen und entfalten dadurch auch eine indirekte politische Wirkung.

Aktiv und passiv
Die Begriffe aktiv und passiv werden beispielsweise im Zusammenhang mit Vereinsmitgliedern gebraucht. Ein passives Mitglied ist dabei ein (beitragszahlendes) Vereinsmitglied, ohne weitere Aktivitäten; die Aktiven sind diejenigen, die beispielsweise in Politik oder Sport selbst agieren.

Beim Wahlrecht haben diese Begriffe eine fast konträre Bedeutung:

- Aktives Wahlrecht bedeutet das Recht, zu wählen. Man darf also den Kandidaten (oder Gruppierungen, beispielsweise Parteien) seine Stimme bei der Wahl geben.
- Passives Wahlrecht bedeutet, für eine Wahl aufgestellt werden zu können, gewählt werden zu können und im Falle der Wahl dann aktiv tätig sein zu können.

8.3.6 Presse – Öffentlichkeitsarbeit und Multiplikator-Wirkung

Hier geht es zum einen darum, effektiv und effizient zu kommunizieren, aber auch darum, offen die Meinung zu sagen (Protest, Post). Dies werden wir vor allem beim Thema Öffentlichkeitsarbeit Kap. 14 intensiv betrachten. Auch die lokalen Aktivitäten Kap. 13 und Projekte Kap. 10 spielen für die Multiplikatorwirkung eine wichtige Rolle und brauchen die begleitende Öffentlichkeitsarbeit.

8.3.7 Publizität – Bildung, Kommunikation und Events

Die Bildung ist ein zentraler Zugangspunkt für die Nachhaltige Entwicklung.

Bildung beschränkt sich nicht auf den formalen Bereich, sondern bietet vielfältige Aktionsmöglichkeiten, um die jeweilige Zielgruppe zu informieren. Die Öffentlichkeitsarbeit betrachten wir getrennt; hier konzentrieren wir uns auf das formale, nonformale und informelle Lernen, speziell die BNE Kap. 12.

Einen zweiten Schwerpunkt bilden Events als erlebnisorientierte Methode der Kommunikation, sowohl als Events und Kommunikation für die Nachhaltige Entwicklung als auch durch die Wirkung von Events als BNE-Maßnahme.

Play – Spiele und Planspiele für die BNE
Beim Spielen betrachten wir vor allem die Aspekte „informelles Lernen" und „Casual Learning" Abschn. 12.2.5. Beispiele sind Planspiele und Erlebnisorientierung Abschn. 12.2.7.

8.3.8 Profession und Power – Entscheidungsträger

Jeder Berufstätige kann seine beruflichen Aktivitäten und seinen Einfluss als Entscheidungsträger nutzen. Dies gilt in allen Arten von Unternehmen und analog auch im ehrenamtlichen Bereich.

8.3.9 Pekuniäre Wirkung (Pennies)

Die monetäre Unterstützung für Aktivitäten oder Organisationen ist ein weiterer Bereich der Wirkungsmöglichkeiten.

Auch die monetäre CO_2-Kompensation ist eine finanzielle Wirkung, die indirekt Organisationen unterstützt, die Maßnahmen zur Reduktion von Emissionen oder zur Bindung von CO_2 fördern.

Für das Unternehmen bietet sich Sponsoring an.

8.3.10 Positive Aktionsbereiche – der Handabdruck

In den bis jetzt genannten Handlungsbereichen kann man sowohl den negativen ökologischen Fußabdruck (Footprint) vermindern als auch positiv für die Nachhaltigkeit im Sinne des Handabdrucks (Handprint) wirken. Wichtig ist auch, positive Entwicklungen und Beispiele zu kommunizieren.

8.4 Umgang mit der Zukunft

Zu jeder Strategie gehören als Voraussetzung das angestrebte Ziel und die Frage der Handlungsmöglichkeiten (Ressourcen, Einflussmöglichkeiten, Rollen). Daneben auch die Frage zu beantworten, wie wir mit Unsicherheit und Risiko umgehen wollen. Diese Abschnitte widmen sich deshalb vor allem dem Risikomanagement und dem vernetzten Denken als Basis der Strategieentwicklung.

8.4.1 Prognose und Analyse

Die Zukunft ist unbekannt, Prognosen sind unsicher. Aber wir müssen Prognosen machen, um mit der Zukunft „rechnen zu können".

Dies können Ergebnisse von Überlegungen oder Diskussion, einfache lineare Fortschreibungen, Extrapolationen oder modellbasierte Simulationen sein.

8.4.1.1 Prognose und Simulation

Aufgabe der Prognose ist, mithilfe von Modellen und/oder Daten der Vergangenheit zukünftige Entwicklungen quantitativ und qualitativ vorherzusagen.

Simulation ist eine Methode, aus mathematischen Modellen der zukünftigen Entwicklung konkrete mögliche Entwicklungspfade zu bestimmen.

Als Beispiel betrachten wir wieder das exponentielle und logistisches Wachstum und die aus den Modellen abgeleiteten Wachstumskurven Abschn. 3.3.2 oder die Prognosen zum Klimawandel.

Einfache Simulationen können auch mit einem Tabellenkalkulationssystem nach dem Muster von Tab. 8.4 durchgeführt werden.

Als Beispiel betrachten wir in Tab. 8.5 eine sehr grobe Näherung für das exponentielle Wachstum.

Der erhaltene Wert $y(1) = 2{,}25$ ist die Näherung für den theoretischen Wert $e = 2{,}718$. Mit kleineren Schrittweiten dt werden die Näherungen besser.

Tab. 8.4 Tabellenkalkulationsschema $y' = f(t,y)$ mit Schrittweite dt

Wert t	Wert y	f(t,y)	Neues t	Neues y
t_0	y_0	= f((z,s−2),(z,s−1))	=(z.s−3)+dt	= (z.s−3)+(z,s−2)* dt
= (z−1,s+3)	= (z−1,s+3)	= f((z,s−2),(z,s−1))	=(z.s−3)+dt	= (z.s−3)+(z,s−2)* dt
= (z−1,s+3)	= (z−1,s+3)	= f((z,s−2),(z,s−1))	=(z.s−3)+dt	= (z.s−3)+(z,s−2)* dt
…	…	…	…	…

Tab. 8.5 Tabellenkalkulationsschema $y' = y$, $dt = 1/2$

Wert t	Wert y	f(t,y)	Neues t	Neues y
0	1	1	0,5	1,5
0,5	1,5	1,5	1	2,25
1	2,25	2,25	1,5	3,375
…	…	…	…	…

Modellbasierte Simulationen
Als Basis von Simulationen dienen zwei Ausgangspunkte:

- die beobachteten Wachstumskurven (empirisch)
- die betrachteten Wachstumsmodelle (modellbasiert)

Die Ergebnisse der Simulation werden an den empirischen Daten gemessen, und die durch die Empirie adaptierten Modelle (empirisch modellbasiert) als realitätsnahe Grundlage der Prognose genommen.

> **Grenzen des Wachstums**
>
> „Grenzen des Wachstums" (Meadows et al. 1972) war ein Bericht namhafter Wissenschaftler über die drohende Erschöpfung der Ressourcen dieser Erde. Das Buch basierte auf dynamischen Modellen und ihrer Simulation auf den damals verfügbaren Computern. Im Prinzip wurden die miteinander verknüpften Differentialgleichungen für Wachstum und Ressourcenverbrauch numerisch gelöst. Der Bericht war ein wichtiger Auslöser für die Ökologiebewegung. Ein mathematisches Modell und seine numerische Simulation haben bewirkt, dass Millionen Menschen heute bewusster und verantwortlicher mit der Umwelt umgehen.

8.4.1.2 Technikfolgenabschätzung

Welchen Einfluss werden neue Technologien auf die Entwicklung der Menschheit haben? Dabei geht es um eine Kombination von Prognose, Risikoabschätzung und normativer Bewertung. Da das Thema für eine kurze Darstellung zu komplex ist, verweisen wir auf die Beispiele Feuer Abschn. 8.4.4 und Künstliche Intelligenz Abschn. 16.1.

8.4.1.3 SWOT

Die SWOT-Analyse Tab. 8.6 untersucht Stärken und Schwächen sowie Chancen und Risiken. Diese werden dann als Basis von Strategien Tab. 8.7 verwendet.

Tab. 8.6 SWOT-Analyse

	Positiv	Negativ
Zustand	Strength	Weakness
Eigenschaften jetzt	Stärken	Schwächen
Zukunft	Opportunities	Threats
Potenzial für Entwicklungen	Chancen	Bedrohungen Risiken

Tab. 8.7 SWOT-Strategien

	Strength Stärken	Weakness Schwächen
Opportunities Chancen	Aktiv die Stärken zu Chancen ausbauen.	Präventiv verhindern, dass Schwächen die Chancen verhindern
Threats Bedrohungen Risiken	Offensiv mit den Stärken die Risiken vermindern.	Defensiv auf Schwächen regieren um Risiken zu vermindern

8.4.2 Risikomanagement

Risiko ist die Gefahr, einen Schaden oder Verlust zu erleiden. Da auch das Nichteintreten eines möglichen Gewinns gemeint sein kann, ist Risiko im allgemeinen Sinn das unabdingbare Gegenstück zu jeder Chance.

8.4.2.1 Entscheidung und Unsicherheit

In der mathematischen Entscheidungstheorie klassifiziert man Entscheidungen unter Unsicherheit danach, wie genau man die zukünftigen Entwicklungen (Ergebnisse) kennt bzw. vorhersagen kann.

Unsicherheitskonzepte	
Sicherheit	Deterministischer Ansatz, der die Unsicherheit nicht berücksichtigt. Meist werden dabei unsichere Ergebnisse durch das wahrscheinlichsten oder plausibelste oder geeignete Werte (z. B. Gewichtung, Erwartungswert, Quantil, Sicherheitsäquivalent) ersetzt.
Risiko (Stochastik)	Basiert auf Wahrscheinlichkeiten und Wahrscheinlichkeitsverteilungen. Damit gehen wir davon aus, dass die Wahrscheinlichkeiten für die einzelnen zukünftigen Zustände bekannt sind.

Unsicherheit im eigentlichen Sinne	Fehlende Information über die Wahrscheinlichkeiten zukünftiger Ergebnisse. Sie wird z. B. durch Parametrisierung oder die Annahme von allgemeinen Verteilungen berücksichtigt.
Unschärfe (Fuzziness)	Unschärfe kommt z. B. durch sprachliche Konstrukte oder Prozesse, die sich nicht durch Wahrscheinlichkeiten beschreiben lassen; sie wird durch Plausibilitäten (z. B. fuzzy logic) berücksichtigt.
Spielsituation (Spieltheorie)	Hier kommt die Unsicherheit daher, dass man mehrere unabhängige Entscheider mit eigener Zielsetzung hat. Deren Verhalten kann man versuchen, zu modellieren.

8.4.2.2 Risikobegriff

Beim Begriff des Risikos gehen wir davon aus, dass man die Wahrscheinlichkeiten und Größen der potenziellen Schadensereignisse kennt. Dann müssen wir zwischen verschiedenen Größen differenzieren.

- Die Wahrscheinlichkeit eines Schadens
- Die Größe des Schadens

Für die Frage, was das Risiko ist und wie wir das Risiko und seine Wahrscheinlichkeiten abschätzen, müssen wir die Ursachen, Wirkungen, Anlässe, Auswirkungen und Folgen des Risikos differenzieren.

Für ein Ereignis gibt es nicht immer eine Kausalkette, vielmehr wird im Allgemeinen die Wahrscheinlichkeit für das Auftreten eines Ereignisses durch viele Faktoren beeinflusst.

Zunächst wollen wir die Begriffe „Ursache" auch im Sinne der Beeinflussung einer Wahrscheinlichkeit, „Wirkung" im Sinne des Ereignisses und „Auswirkung" auch im Sinne eines Effekts, dessen Wahrscheinlichkeit erhöht wurde, benutzen.

Risiko

Problem	Ein Problem ist eine Abweichung zwischen gewünschtem und tatsächlichem Zustand.
Risiko	Ein Risiko ist ein potenzielles künftiges Problem. Das Risiko setzt sich aus den beiden Komponenten Höhe und

	Wahrscheinlichkeit aller möglichen Schadensereignisse (Einzelrisiken) zusammen.
Schadensereignis	Das Schadensereignis ist ein im Allgemeinen plötzlich und nicht vorhersehbar eintretendes Ereignis mit negativen Konsequenzen (Folgen).
Ursachen	Die Schadensursachen begründen entweder den Grund für das Schadensereignis oder sie erhöhen die Wahrscheinlichkeit oder die Auswirkungen des Schadenereignisses.
Auslöser	Der Anlass des Schadensereignisses ist ein Ereignis, das als erstes in der Handlungskette steht, also für das Schadensereignis notwendig war, das aber nicht notwendigerweise als Ursache eine Rolle spielt.

Beispiel

Schadenereignis: Autounfall.
Konsequenzen: Schäden am eigenen Auto, Verletzung des Fahrers, Verletzung von Insassen und Dritten, Schäden an Fahrzeugen oder Gütern Dritter
Schadensursachen: defekte Bremse, Übersehen einer Ampel
Risikofaktoren: schnelle Fahrweise, Alkoholgenuss
Auslöser: Ablenkung, zufälliges Zusammentreffen

8.4.2.3 Risiko-Management-Prozess

Anliegen des Risiko-Managements ist die Festlegung eines einheitlichen Denk- und Handlungsprozesses zur Bewältigung von Risiken. Dabei werden mögliche Ereignisse und Entwicklungen, die zu Problemen führen können, gedanklich vorweggenommen.

Der Risikomanagementprozess besteht aus der Risikoidentifikation, der Risikoanalyse, der Risikobewältigung und der Risikokontrolle.

Phasen des Risiko-Management-Prozesses sind:

- Risikoidentifikation
- Risikoanalyse, Risikobewertung
- Risikobewältigung und der abschließenden
- Risikokontrolle (erneute und fortlaufende Identifikation, Analyse und Bewertung)

Tab. 8.8 Risikomanagement

Phase	Hauptfrage	Ergebnis	Art
Identifikation	Welche Risiken gibt es?	Risikoinventar	Qualitativ
Analyse	Wie wichtig sind die Risiken?	Risikoportfolio	Quantitativ
Bewältigung	Was lässt sich gegen das Risiko tun?	Risikomaßnahmen	Quantitativ

Wir betrachten im Folgenden Tab. 8.8. die ersten drei linear aufeinander aufbauenden Schritte.

8.4.2.4 Risikoidentifikation und Analyse

Sämtliche Aktivitäten werden unter dem Blickwinkel der möglichen Fehlentwicklungen betrachtet. Dabei sind zu untersuchen:

- Existierende Risiken (Gefährdungspotenzial bereits vorhanden)
- Zukünftig mögliche Risiken (Mögliches Gefährdungspotenzial durch Entwicklung)
- Risiken neuer Aktivitäten und Projekte

Für jede Risikoart sind unterschiedliche Maßnahmen zur Identifikation, Analyse und Bewältigung geeignet. Die Maßnahmen müssen dabei auch auf unbeabsichtigte Nebenwirkungen untersucht werden.

Bei der Identifikation von Risiken müssen verschiedene Methoden angewandt werden, um alle Arten von Risiken zu erfassen. Risiken, die bereits zu Schadensfällen geführt haben, sind im Allgemeinen bewusster.

Methoden der Risikoidentifikation (Tab. 8.9) sind:

- indirekte (rückblickende) Methode: Es werden bereits aufgetretene Unfälle analysiert
- direkte (präventive) Methode: Systeme und Prozesse auf Risikopotenziale analysiert (Simulation, analytische Behandlung, Methodik des vernetzten Denkens, Checklisten)

Hierbei ist ein Ursache-Wirkungs-Diagramm (auch Fischgrätendiagramm oder Ishikawa-Diagramm genannt) mit den „6 M" gemäß Abb. 8.3 sehr nützlich:

Tab. 8.9 Risikoidentifikation

Art	Charakterisierung	Identifikation
Bereits realisierte (eingetretene) Risiken	Gefährdungspotenzial hat bereits zu Schädigungen geführt	Bestandsaufnahme der Schäden, Statistische Verfahren, Charts, Zeitreihen, Controlling
Existierende Risiken	Gefährdungspotenzial bereits vorhanden	Bestandsaufnahme, Risikoaudit, Analyse der derzeitigen Aktivitäten und ihrer Risikopotenziale, etabliertes Frühwarnsystem
Zukünftig mögliche Risiken	Mögliches Gefährdungspotenzial durch Entwicklung	Analyse der Entwicklungsmöglichkeiten (Frühwarnsystem, Szenariotechnik, dynamische Systeme, Vernetze Systemanalyse)
Risiken neuer Aktivitäten und Projekte	Gefährdungspotenzial in geplanten Aktivitäten, Entscheidungen und Projekten	Analyse der möglichen direkten Gefährdungen und Auswirkungen (FMEA) und der indirekten Auswirkungen durch angestoßene Entwicklungen (Vernetze Systemanalyse)

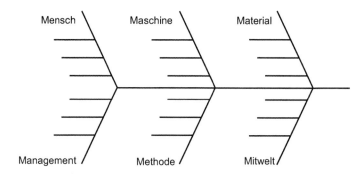

Abb. 8.3 Fischgräten-Diagramm

- Mensch (Team, Kommunikation, Kultur)
- Maschine (Technik)
- Methoden (Techniken, Tools)
- Mitwelt (externe Einflüsse, Stakeholder)
- Material (Objekt)
- Management (Organisation)

8.4.2.5 Risikobewältigung – Umgang mit Risiko

Die Ergebnisse der Risikoanalyse bilden die Grundlage für den dritten Schritt: Risikobewältigung durch die Entwicklung von Maßnahmen. Damit sind zum einen Maßnahmen, die die Eintrittswahrscheinlichkeit herabsetzen, gemeint und zum anderen Maßnahmen, die negativen Auswirkungen bei Risikoeintritt entgegenwirken. Die wichtigsten Risiken können dazu im Risikoportfolio Abb. 8.4 dargestellt und den jeweiligen zu empfehlenden Maßnahmen zugeordnet werden.

8.4.2.6 Umgang mit Risiko

Eine weniger formale, aber für die Betrachtung zukünftiger Entwicklungen wichtige Gegenüberstellung ist die zwischen risikoaversem (Vermeiden) und risikoaffinem (Suchen) Verhalten (Tab. 8.10). Ein realistischer Umgang

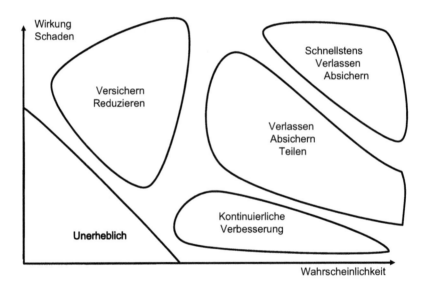

Abb. 8.4 Risikomanagementportfolio

Tab. 8.10 Strategien bei Risiko

WHY NOT	YES BUT	RISKIT
Optimismus	Pessimismus	Realismus
Risikoaffin	Risikoavers	Risikoneutral
Euphorie (emotional)	Angst (emotional)	Rational
Zukunftsbezogen	Vergangenheitsbezogen	Zukunftsbezogen

mit Risiko muss eine Balance zwischen Chancen und Risiken finden und gegebenenfalls in der Tripelstrategie beides berücksichtigen.

8.4.3 Vernetztes Denken als Strategie

Einen wichtigen Ansatz zum Umgang mit komplexen Systemen und der Zukunft finden wir in den ganzheitlichen Konzepten von Vester (1988) und der Methodik des ganzheitlichen Problemlösens nach Probst und Gomez (1989). Diese beschreiben sieben typische Denkfehler, die im Umgang mit komplexen Situationen häufig vorkommen und dazu die jeweils die zugehörigen Schritte, um diese Fehler zu vermeiden. Das schrittweise Vorgehen ist dabei als erster Ansatz zu sehen, der integriert wird und zu einem zirkularen Problemlösungszyklus führt. Die hier vorgeschlagene kompakte Methode (Hachtel und Holzbaur 2009) orientiert sich auch am modellbasierten Problemlösen.

8.4.3.1 Problemformulierung

Die gegebene Situation wird unter unterschiedlichen Aspekten und Perspektiven betrachtet. Kern ist die Herausarbeitung des Ziels aus den unterschiedlichen Stakeholder-Perspektiven und Problemaspekten.

Perspektiven bzw. Stakeholder können sein

- Bearbeiterteam
- Auftraggeber
- Firma, Geschäftsleitung
- Mitarbeiter, Team
- Kunden
- Öffentlichkeit, Gesellschaft
- Verbände, Lobbys

Typische wichtige Systemaspekte sind

- Finanzen
- Organisation
- Gesellschaft, Soziales
- Image
- Technik

- Ökologie
- Gerechtigkeit
- Ethik
- Macht
- Recht
- Zukunftsfähigkeit

8.4.3.2 Systemmodellierung – Elemente, Begriffe, Variablen

Im Rahmen der Modellierung sind zunächst die Systemelemente (Objekte, Teilsysteme, Gruppen, Personen) und Größen (Variablen) zu beschreiben. Wichtig ist, die Variablen zu quantifizieren.

In diesem Schritt wird ein Graphen-Modell des Systems erstellt. Grundelement sind dabei positive und negative Einflüsse und Rückkopplungen. Dabei muss die Semantik der Pfeile (Flüsse, Korrelationen, Einflüsse, Übergänge) beachtet werden. Für jede Perspektive kann ein eigenes Netz erstellt werden, sodass ein Modellatlas (Abschn. 15.1.3.5) entsteht, der später erweitert wird.

8.4.3.3 Systemanalyse

Die Systemstruktur wird zunächst durch die Rückkopplungsschleifen charakterisiert, da insbesondere diejenigen mit positiver Rückkopplung (exponentielles Wachstum) das Systemverhalten dominieren.

Die Systemstruktur und die Dynamik des Systems werden in einem kybernetischen Kontrollmodell dadurch angenähert, dass die Systemelemente in aktive, passive, kritische und träge Elemente aufgeteilt werden. Die Klassifizierung der Systemelemente erfolgt nach dem Vester'schen Papiercomputer, indem jedem Element seine Aktivsumme (AS = gewichtete Anzahl der beeinflussten Elemente) und Passivsumme (PS = gewichtete Anzahl der beeinflussenden Elemente) zugewiesen werden Tab. 8.11.

Diese Analyse dient der Entscheidung, welche Elemente im kybernetischen Modell wie genutzt werden können Tab. 8.11.

Die aktiven Elemente bzw. diejenigen Elemente, die relativ direkt auf positive Rückkopplungsschleifen einwirken, sind für Lenkungsmaßnahmen besonders geeignet. Das Systemnetz ist zu ergänzen, damit die wirklich beeinflussbaren Größen („Stellschrauben") identifiziert werden können.

Tab. 8.11 Elemente im kybernetischen Modell

Klasse		Nutzung
Kritische Elemente	In positive Rückkopplungs-schleifen eingebunden Einfluss AS hoch Kritizität AS*PS hoch	Gefahr von Kettenreaktionen, Elemente vorsichtig behandeln, ggf. stabilisieren
Aktive Elemente	Aktivität AS/PS hoch	Gut für Lenkungseingriffe
Passive Element	Beeinflussung PS hoch Aktivität AS/PS gering	Gute für Indikatoren
Träge Elemente	AS und PS gering	Puffer, Langfristige Entwicklung beobachten

Die Analyse der möglichen Entwicklungen bzw. der Reaktionen des Systems auf potenzielle Veränderungen nennt man Sensitivitätsanalyse. Eine Szenariotechnik sollte durch eine SWOT-Analyse (Abschn. 8.4.1.3) und Risikomanagement (Abschn. 8.4.2) ergänzt werden.

8.4.3.4 Lenkungsmodell

Für die Bestimmung optimaler Lenkungseingriffe muss man nicht nur Aufwand und Wirkung gegeneinander abwägen, sondern auch die Dynamik und Stabilität des Systems und mögliche Nebeneffekte berücksichtigen.

Die Weiterentwicklung der Problemlösung ist zu fördern, Reaktionen auf Veränderungen in einer Situation sind in Form lernfähiger Lösungen vorwegzunehmen. Dabei ist insbesondere auf die schon identifizierten Risiken zu achten. Die implementierten Lösungen sollen hinreichend flexibel (Entscheidungsregeln statt Aktionenfolgen, Rückkopplungssteuerungen statt festen Steuerfunktionen) und adaptiv sein. Indikatoren für mögliche zukünftige Probleme sind zu implementieren.

8.4.3.5 Planung der Umsetzung

Die Umsetzung verschiedener Zukunftsstrategien muss im Allgemeinen in Form eines Projekts geplant werden. Hierzu sind die Methoden des Projektmanagements Abschn. 10.1 einzusetzen. Auf jeden Fall sollten für die als notwendig erachteten Aktionen Verantwortlichkeiten und Termine festgelegt werden.

8.4.4 Neue Technologien

Welchen Einfluss werden neue Technologien auf die Entwicklung der Menschheit haben? Die Technikfolgenabschätzung beschäftigt sich mit diesem Thema.

Wir müssen dafür zunächst die möglichen Entwicklungen analysieren. Dabei geht es um kontinuierliche stetige Entwicklungen, aber auch um mögliche disruptive sprunghafte Entwicklungen (Singularitäten).

Die Bewertung von Chancen und Risiken (SWOT-Analyse, Risikomanagementprozess) wird durch die normative Analyse ergänzt: Welche Risiken und den Verzicht auf welche Chancen wollen wir heute den zukünftigen Generationen zumuten?

Das Beispiel Künstliche Intelligenz werden wir in Abschn. 16.1 betrachten. Dabei geht es nicht nur um die direkte Wirkung neuer Technologien, sondern auch um die mögliche Anpassung des Menschen und der Gesellschaft und die gemeinsame Entwicklung.

Geschichte: das Feuer

Wenn wir uns über den Umgang mit Technologien unterhalten, so kann man eine der ersten Technologien, die sich der Mensch zunutze gemacht hat, als Beispiel nehmen: das Feuer (Tab. 8.12).

Man kann das Feuer nutzen, ohne den Verbrennungsprozess selbst zu verstehen.

$$C_nH_m + \left(n + \frac{m}{4}\right)O_2 \rightarrow nCO_2 + \frac{m}{2}H_2O$$

Dies gilt für den Steinzeitmenschen genauso wie für den Autofahrer des 21-sten Jahrhunderts.

> And she tried to fancy what the flame of a candle is like after the candle is blown out […].
> L-Carroll, Alice in Wonderland

Tab. 8.12 Technikfolgen am Beispiel Feuer

Effekt verstehen Was können wir wissen?	Feuer machen, brennbare Stoffe, Anzünden und weitergeben, die Rolle der Luft, die Rolle des Sauerstoffs, Verbrennung als Oxidation, Entstehung von CO_2
Nutzen verstehen Welche Anwendungen gibt es?	Erwärmen, Abschreckung, Kochen, Dampfmaschine, Schmieden, Verbrennungsmotor
Risiken verstehen Was kann schiefgehen?	Brandgefahr, Verbrennungen, Klimawandel
Risiken beherrschen Wie gehen wir damit um?	Löschen, Brandschutz, Feuerwehr, Regeln und Gesetze, Technische Vorkehrungen, Information und Bildung
Alternativen verstehen Wie geht es anders?	Elektrische Heizung und Ofen, Geothermie, Kalte Oxidation, Laser

Tripelstrategie für Neue Technologien
Die Tripelstrategie hatten wir in Abschn. 8.1 betrachtet, sie ist auch hier eine wichtige Ergänzung und Meta-Strategie für den Umgang mit neuen Technologien:

- Langfristig die sinnvolle und nachhaltigkeitsverträgliche Nutzung neuer Technologien planen.
- Kurzfristig die Technologie optimal nutzen und auf Veränungen reagieren.
- Risikomanagement umsetzen und gegen negative Effekte der neuen Technologien resiliente Systeme planen.

8.5 Zusammenfassung

Vielfältige Aktionsmöglichkeiten
Zur Erreichen einer Nachhaltigen Entwicklung sind Strategien notwendig. Die wichtigsten sind die an der Wirkungskette orientierten Leitstrategien, die an den Akteuren orientierten Strategieaspekte, die Tripelstrategie sowie die an den Rollen der Akteure orientierten jP: Person, Project, Profession, Power, Publicity, Parents, Press, Processes, Politics, Partnership.

Literatur

Hachtel, G., & Holzbaur, U. (2009). *Management für Ingenieure*. Wiesbaden: Vieweg + Teubner.

Meadows, D., Meadows, D., Miling, P., & Zahn, E. (1972). *Grenzen des Wachstums Deutsche Verlagsanstalt*, Stuttgart (Orig: Meadows, D. et al. (1972) The Limits to Growth). New York: Universe Books.

Probst, G. J. B., & Gomez P. (Hrsg.). (1989). *Vernetztes Denken: Unternehmen ganzheitlich führen*. Wiesbaden: Gabler.

Pufé, I. (2012). *Nachhaltigkeit UKV Lucius*. München: UTB.

Thaler, R., & Sunstein, C. (2008). *Nudge: Wie man kluge Entscheidungen anstößt*. New Haven: Yale University Press.

Vester, F. (1988). *Leitmotiv vernetztes Denken*. München: Heyne.

9

Nachhaltig leben
Was können wir persönlich tun?

Nachhaltig Leben bedeutet mehr als umweltgerecht leben oder den eigenen CO_2-Fußabdruck zu verbessern. Zu Themen und Schlagworten wie Suffizienz, Klimagerechtigkeit, Autonomie bzw. Autarkie und der Art, nach solchen Prinzipien zu leben, gibt es viele Leitfäden. Wir stellen hier die Grundprinzipien vor.

Das individuelle bzw. persönliche Verhalten wird mit dem Begriff „Konsum" beschrieben. Konsum bedeutet den privaten Verbrauch im Gegensatz zum Einsatz eines Gutes als Basis für die Produktion. In diesem Sinne spricht man von Konsumgütern und Investitionsgütern.

Zunächst wollen wir die Kriterien für nachhaltiges Leben zusammenfassen, hier heruntergebrochen auf das Individuum.

9.1 Zielkonflikt und Handlungsfelder

Wirksamkeit versus Nachhaltigkeit – Handabdruck vs. Fußabdruck

9.1.1 Wirkungsbereiche

Wenn wir uns überlegen, wie das Handeln des Einzelnen im täglichen Leben mit der Nachhaltigen Entwicklung verknüpft ist, kommen wir auf eine ganze Liste von Einflussfaktoren.

Generell muss man differenzieren zwischen kontinuierlichem Verbrauch, der z. B. in einer Ökobilanz direkt ausgewiesen werden kann, und Investitionen, die auf die betrachteten Zeitintervalle verteilt werden müssen, sowie Risiken, deren Folgen entweder zufällig oder später eintreten.

Mögliche direkte Wirkungsbereiche individuellen menschlichen Handelns sind:

- Klimawirksamkeit/CO_2-Bilanz
- Ressourcenverbrauch
- Emissionen
- Wirtschaftswirkung, Arbeitsplätze
- Kulturelle Wirkung
- Soziale Wirkung

Diese Wirkungen treten lokal, regional und global auf, letzteres typischerweise über die Lieferkette bei der Produktion.

9.1.2 Nachhaltigkeitskriterien und Strategien

Die folgende Liste gibt eine Zusammenfassung von möglichen Kriterien und Strategie für einen Nachhaltigen Lebensstil.

Nachhaltigkeitskriterien und Strategien

Klimaneutralität	Nur so viel Klimagase (als Prototyp/Referenz: CO_2) verursachen, wie man auch durch eigene Aktivitäten bindet.
Klimagerechtigkeit	Nur so viel Klimagase (als Prototyp/Referenz: CO_2) verursachen, wie dem eigenen Anteil an einer zukunftsverträglichen Gesamtproduktion an Klimagasen entspricht.
Suffizienz	Strategie der Genügsamkeit – Reduktion der Bedürfnisse
Effizienz	Befriedigung der Bedürfnisse durch optimierte Maßnahmen mit geringerer negativer Auswirkung auf die Nachhaltigkeit
Autarkie	Selbstversorgung, d. h. im jeweils betrachteten Rahmen Unabhängigkeit von externer Produktion.
LOHAS	Lifestyle of Health and Sustainability. Bezeichnet eine Zielgruppe, die bereit ist, für Ihren an Nachhaltigkeit und Gesundheit ausgerichteten Lebensstil mehr Geld auszugeben.
Tripelstrategie	Kombination aus lang- und kurzfristiger Strategie und Resilienz/Risikomanagement.

Auch im persönlichen Bereich kann man die Tripelstrategie (Abschn. 8.1) anwenden:

- Kurzfristige Optimierung und bestmögliches eigenes Verhalten, anpassen von Lebensstil und Konsum
- Strategische Planung und Beeinflussung der Prozesse, Aktivitäten für Nachhaltigkeit.
- Resilienz gegenüber negativen Entwicklungen, persönliches Risikomanagement und Versicherung, Eintreten für resiliente Strukturen.

9.1.2.1 Handabdruck und Fußabdruck

Ein „nachhaltiges" Leben ist sicher langfristig ein Ziel für die Menschheit. In der derzeitigen Übergangsphase ist nachhaltiges Leben nicht nur ein wichtiger Beitrag des Individuums zu einer Nachhaltigen Entwicklung, sondern auch ein Beitrag zur Erarbeitung und Kommunikation von Vorbildfunktionen (best practice).

In Ergänzung zu den negativen Wirkungen des ökologischen Fußabdrucks (Footprint) entstand weltweit der Begriff des Handabdrucks (Handprint) für die positiven Wirkungen menschlichen Handelns.

Damit stehen drei Aspekte positiver Wirkung nebeneinander:

- Reduzierter Fußabdruck durch direkte Nachhaltigkeitswirksamkeit
- Best Practice (aufzeigen, wie sich ein nachhaltiger Lebensstil realisieren lässt) und Vorbildfunktion
- Positiver Handabdruck durch Projektarbeit, politische Arbeit, Engagement und Kommunikation.

Andererseits steckt in dem Konzept eines nachhaltigen Lebens auch eine Falle, die insbesondere von Kritikern der Nachhaltigkeit gerne aufgestellt wird (siehe catch 22 Abschn. 15.1.1.1): Jeder Einsatz für eine Nachhaltige Entwicklung und jede Kommunikation von Kriterien und Machbarkeit verbraucht Ressourcen und hat damit eine negative Bilanz, wenn man die positiven Auswirkungen von Projekten und Kommunikationsmaßnahmen nicht berücksichtigt. Durch den Verweis auf negative Auswirkungen und Ressourcenverbrauch würde jede Aktivität zugunsten einer Nachhaltigen Entwicklung unmöglich gemacht. Der vegan lebende Eremit, der ohne Strom und Kommunikationsmittel lebt, hat keinerlei Auswirkung auf die Nachhaltigkeit. Dieselbe Problematik erleben wir bei politischen

Maßnahmen (Schülerdemo für Klimaschutz, Plant for the planet) und bei Bildungsmaßnahmen. Wichtig ist es, sich dieses scheinbaren Widerspruchs bewusst zu sein und konstruktiv damit umzugehen (Abschn. 8.2.1).

9.1.2.2 Lebensstil: LOHAS vs. Minimalismus

Wenn man davon ausgeht, dass ein Konsument rational handelt, so wird er ein besseres und billigeres Produkt immer einem schlechteren teureren vorziehen (Dominanz). Wenn sich also mehrere Produkte auf dem Markt halten, muss jedes davon in mindestens einem Aspekt einen Vorteil bieten (Pareto-Optimalität). Dieser Vorteil kann auch in subjektiven oder irrationalen Gründen, in der Bequemlichkeit des Konsumenten oder in einem eingespielten System von mehreren Komponenten und den damit verbundenen Transaktionskosten für einen Wechsel (Pfadabhängigkeit) liegen.

9.1.3 Handlungsfelder und Handlungsportfolio

Wenn wir die Frage nach der Wirkung stellen, kommen wir wieder zu der doppelten Frage: Wie wirken wir und auf was wirken wir?

Die Frage des WIE betrifft die einzelnen Handlungsfelder und die möglichen Handlungsstrategien:

- Effizienz und Technik
- Suffizienz und Lebensstil
- Konsistenz und intelligente naturverträgliche Lösungen
- Engagement und positive Wirkung (Handabdruck)

Wir können die unterschiedlichen Wirkungsbereiche und Handlungsfelder wieder im Portfolio Tab. 9.1 zusammenstellen.

9.1.4 Individuelle Strategie WINN

In einer Zusammenfassung der Basisformel können wir die Nachhaltigkeitsstrategie durch das Schlagwort WINN beschreiben, welches wir aus Abschn. 8.1.4 kennen:

Tab. 9.1 Portfolio Nachhaltigkeit 6p

	Planet Ressourcen und Umwelt	People Gesellschaft, Kultur, Menschenrechte	Prosperity Wohlstand, Wirtschaft, Infrastruktur	Peace Gerechtigkeit, Politik	Permanence and Progress Zukunftsorientierung	Partnership Kooperation, Strukturen
Lebensstil generell						
Täglicher Konsum						
Wohnen						
Mobilität Tourismus						
Multiplikatorwirkung						
Finanzen						
Arbeit						
Ehrenamt Politik						

- W steht für WENIGER: Unabhängigkeit von technischen Optimierungen, Effizienzsteigerung und Konsistenzbemühungen sind natürlich die Auswirkungen des Konsums proportional zum Konsum. Unter gleichen Nebenbedingungen braucht doppelt so viel Fleisch oder doppelt so viele Reisen eben doppelt so viele Ressourcen. Das W entspricht der Effizienzstrategie, wobei hier auch die Relation zwischen erfüllten Bedürfnissen und dazu notwendigem Konsum optimiert werden kann.
- I steht für INTELLIGENT: Hiermit ist vor allem die Information gemeint. Beim Einkauf von Produkten und Dienstleistungen stehen die Information und der intelligente Umgang damit im Vordergrund und sollten die Entscheidungen beeinflussen. Außerdem kann intelligente Nutzung die negativen Fußabdrücke verkleinern und den positiven Handabdruck verbessern. „Intelligent" bedeutet mehr als die reine Effizienzstrategie.
- N steht für NAHE: Dies meint nicht nur den Verzicht auf lange Transportwege, sondern auch wenige Verarbeitungsschritte beispielsweise bei Nahrungsmitteln.
- N steht für NATÜRLICH: Hierbei ist neben der Konsistenzstrategie und „ökologischem" Konsum auch gemeint, Aktionen und Entscheidungen im Einklang mit „natürlichen" Prinzipien und Grundprinzipien wie Gerechtigkeit und Fairness erfolgen.

9.2 Nachhaltiger Konsum

Nachhaltiger Konsum heißt, so zu konsumieren, dass die Bedürfnisbefriedigung heutiger und zukünftiger Generationen unter Beachtung der Belastbarkeitsgrenzen der Erde nicht gefährdet wird. (BMUB 2018)

Hier betrachten wir die täglichen Hauptaspekte und ihre nachhaltigkeitsrelevanten Einflüsse und die Aktionsmöglichkeiten. Wir unterscheiden dabei

- den täglichen Konsum, insbesondere
  - Ernährung
  - Bekleidung
- Mobilität
- Wohnen

9.2.1 Nachhaltig Leben in Stadt und Land

Für das nachhaltige Leben spielen die Randbedingungen und insbesondere die vorhandene Infrastruktur und die lokale Kultur eine wichtige Rolle.

Wir gehen für eine grobe Differenzierung (Tab. 9.2) von den Prototypen Stadt (Innenstadt, Ballungsraum) und Land (urbaner Raum, ländlich/landwirtschaftlich geprägt) aus. Natürlich gibt es Abstufungen und Ausnahmen.

Dadurch ergeben sich ganz unterschiedliche Herausforderungen, Aktionsmöglichkeiten und Möglichkeiten der Mobilisierung von Bürgern.

Tab. 9.2 Nachhaltig leben in urban und ländlich geprägten Räumen

Lebensbereich	Schwerpunkt Stadt	Schwerpunkt Land
Ökonomischer Fokus	Dienstleistung, Verwaltung, Handel. Industrie in Randgebieten	Landwirtschaft, Traditionellere Strukturen falls noch erhalten, Tourismus, Industrie
Infrastruktur	Sehr gut Kompakt	Ausgedünnt Resilient
Nahrung	Extern – große Entfernungen Supermarkt, Restaurant. Entfremdung	Ortsnah. Direkt erlebbar z. T. Selbstversorgung und Autonomie
Arbeit	Viele Arbeitsmöglichkeiten im erreichbaren (ÖPNV-)Bereich	Eingeschränkt, Pendeln
Mobilität	ÖPNV gut ausgebaut Anbindung an Bahn (ICE-Netz)	Straßen und Parkplätze vorhanden
Wohnen	Teurere Mietpreise Verödung der Innenstädte Ghettoisierung	Häuser und Bauland vorhanden
Dynamik	Zuzug/Urbanisierung Entmischung	Leerstände durch Landflucht Rückgang
Bildung	Große Vielfalt in ÖPNV-Entfernung	Bedarf an Mobilität oder mobiler Bildung (B.-Mobil)

9.2.2 Wirkungen und Strategien

Allgemeine Strategien können sich an den Auswirkungen orientieren. Die klassische Strategie ist neben der Reduktion von Konsum (Suffizienz) die umweltbezogene Energie- und Ressourceneffizienz.

9.2.2.1 Effizienz

Bei der Effizienz ist immer auf die geplante Nutzung bzw. die Bedürfnisbefriedigung abzuzielen. Daher ist eine Lebenszyklusanalyse und Nutzenanalyse wie in Abschn. 5.5 beschrieben zumindest vom Prinzip her anzustreben. Dies ist aber im Haushalt oder beim privaten Konsum nicht in jeder Situation möglich.

Effizienz in der Form von Energieeffizienz oder Ressourceneffizienz kann auch ohne aufwendige Ökobilanz anhand der Daten und der Einschätzung der Produkte überschlagen oder grob beurteilt werden:

- Bei einem Produkt, das nur selten benutzt wird, spielt die Herstellung eine wichtige Rolle.
- Bei einem Produkt, das viel oder dauernd benutzt wird, spielen die laufenden Verbräuche eine wichtige Rolle
- Optimal ist immer eine mehrfache Nutzung.

Im Zweifelsfall kann der gesunde Menschenverstand, eine kurze Information über das Produkt, die Basisregel WINN oder auch die Frage „Brauche ich das und wieviel?" weiterhelfen. Letzteres leitet zur Suffizienzstrategie über.

9.2.2.2 Suffizienz

Die Themenbereiche Effizienz und Suffizienz hatten wir schon betrachtet. Für den persönlichen Lebensstil spielen sie eine wichtige Rolle. Die Entscheidung für Suffizienz und die Investition in Effizienz sind persönliche Entscheidungen.

Bei jeder individuellen Entscheidung sollten die Entscheidungsprinzipien hinterfragt werden, im Sinne des kategorischen Imperativs – „Handle nur nach derjenigen Maxime, durch die du zugleich wollen kannst, dass sie ein allgemeines Gesetz werde" – ist das Allmendeproblem (Tragik der Allmende Abschn. 15.2.4.5) zu berücksichtigen: Individuell optimale Entscheidungen können zu einer Verschlechterung des Gesamtsystems beitragen. Dazu muss niemand in die Tiefen der Ethik oder Spieltheorie einsteigen, es genügt, sich selbst die Frage zu stellen:

> Möchte ich, dass sich alle so verhalten?

9.2.2.3 Konsistenz

Die Konsistenzstrategie zielt darauf ab, Produkte und Prozesse in Einklang mit der Natur und natürlichen Prinzipien („ökologisch") zu gestalten.

9.2.2.4 Gesellschaftliche Wirkungen berücksichtigen

Konsum ist nicht nur mit Ressourcenverbrauch und Emissionen verbunden, er hat auch gesellschaftliche Auswirkungen. Dies wird in den Bereichen Mobilität und Freizeit, bei denen wir mit anderen Menschen in Kontakt kommen, besonders deutlich. Konsum verbraucht nicht nur private, sondern auch öffentliche Ressourcen und führt auch zu Nutzungskonflikten.

Auch andere Aspekte der gesellschaftlichen und wirtschaftlichen Nachhaltigkeit werden vom privaten Konsum maßgeblich beeinflusst – lokal und global.

Vorbildfunktion und Neid
Jeder Konsum, der nach außen sichtbar ist, hat eine Vorbildfunktion. Er schafft auch je nach Situation Vergleiche oder Konkurrenzdenken, gegebenenfalls auch Gefühle wie Angst oder Neid.

Das Neid-Argument wird häufig dazu verwendet, die Kritik an beispielsweise übermäßigem Konsum oder der Gefährdung durch Konsumverhalten nicht als Anregung zur zumindest Auseinandersetzung mit dem Thema oder zur Verhaltensänderungen anzusehen, sondern einfach als Neid abzustempeln. Damit wird a-soziales Verhalten (vergleiche Allmendeproblem Abschn. 15.2.4.5) legitimiert.

9.2.3 Täglicher Konsum

Um ein bisschen Struktur in den Konsum zu bringen, betrachten wir zunächst das alltägliche offensichtliche Konsumverhalten. Die Themen Ernährung und Kochen sowie Wohnen, Urlaub und Arbeit werden wir getrennt betrachten. Dabei nehmen wir das Thema Mobilität (inklusive der Investitionen) in diesen Abschnitt auf, während das tägliche Heizungsverhalten beim Wohnen berücksichtigt wird.

9.2.3.1 Kleidung

Auch die Kleidung hat einen großen Anteil am ökologischen Fußabdruck, vor allem auch über die Lieferkette in den Ländern des globalen Südens, Die Probleme in der Wertschöpfungskette betreffen sowohl Umweltaspekte als auch soziale Aspekte (Menschenrechte).

Bei der Kleidung ist das Konsumverhalten extrem wichtig. Neben der Strategie WINN sind die folgenden Rs gute Ansätze:

- Rethink: Innovationen, Verhaltensmuster ändern
- Refuse: Konsummuster ändern, Suffizienzstrategie
- Rebuy: Nutzung von Produkten aus dem Kreislaufprozess
- Reduce: Weiterverwenden
- Repair: Reparieren, Lebensdauer verlängern
- Recycle: in den stofflichen Kreislauf zurückführen
- Reuse/Rotate/Recover: wiederverwenden, upcycling, weitergeben

9.2.3.2 Mobilität

Mobilität ist ein wichtiger Faktor der Bedürfnisbefriedigung mit mehreren negativen Aspekten

- Flächenverbrauch durch Infrastruktur
- Ressourcenverbrauch durch Herstellung und Betrieb
- Emissionen (Luftverschmutzung, Lärm. CO_2)
- Gefährdung anderer Verkehrsteilnehmer.

Mobilität ist kein Bedürfnis an sich, aber Komponente vieler wichtiger Bedürfnisse. Die Erfüllung dieser Bedürfnisse muss nur im Einklang mit den Strategien zu Nachhaltigkeit erfolgen. Dabei spielen neue Formen von Mobilitätsangeboten eine wichtige Rolle.

9.2.3.3 Müll

Jeder Abfall hat zwei Aspekte: Qualität und Quantität.

Eine Verringerung aller Arten von Abfällen ist immer anzustreben. Es gibt keine „guten" Abfälle, da jeder Abfall, selbst wenn er zum „Wertstoff" wird, in der Produktion Ressourcen verbraucht hat und auch seine Rückführung in den Kreislauf wieder Ressourcen verbraucht. Die primäre Strategie für Abfall ist also immer: Vermeiden und Vermindern. Auch die Weiterverwendung (Upcycling, Reuse) trägt dazu bei, Umwelt und Ressourcen zu schonen.

> Müllvermeidung beginnt bei der Einkaufsplanung: nicht nur beim Verpackungsmüll, sondern vor allem bei der Reduktion von später weggeworfenen Produkten (Reste).

Die richtige Entsorgung von anfallendem Abfall ist aber auch wichtig. Hier ist jede Person im privaten Haushalt gefragt:

- Kurzfristig geht es um die richtige Mülltrennung, das Einspeisen in die richtigen Entsorgungskanäle.
- Mittelfristig um die Veränderung des Konsumverhaltens und um das Einwirken auf die Entsorger.

9.2.3.4 Kommunikation und Unterhaltung

Die Kommunikation ist durch die vielen Kommunikationsgeräte (Handy, Smartphone, Computer…) ein wesentlicher Umweltfaktor und mit den Bereichen Büro und Unterhaltung zusammengewachsen.

Zum Thema Unterhaltung gehören die vielen Unterhaltungsgeräte, die in wechselnden Modetrends in Privathaushalten verwendet werden. Fast jeder Haushalt hat heute mehrere Endgeräte – vom Smartphone über Tablets, Laptops bis zum PC. Die Leistungen werden immer höher und die Funktionen verschwimmen. Neben den ökologischen Wirkungen müssen wir hier auch an die gesellschaftliche Wirkung und die Vielfalt der Nachrichten und Informationen denken, die auf den Nutzer einströmen.

Die Elektronik verbraucht Rohstoffe, die zum Teil aus kritischen Quellen stammen, knapp sind und noch kaum recycelt werden können. Zum Thema mineralische Rohstoffe siehe Abschn. 5.2.3.

9.2.3.5 Arbeit 9 to 5

Das Arbeiten gehört für die meisten Menschen zum werktäglichen Leben. Dort setzt sich unser privater Konsum fort. Engagement in der Arbeit werden wir später betrachten, die unternehmerischen Beiträge zur Nachhaltigen Entwicklung betrachten wir in Kap. 11, aber man muss auch berücksichtigen, dass die Zeit von 9 bis 17 Uhr (oder wie lange der Einzelne arbeitet, der Begriff „Nine to five" kommt aus dem Englischen) dieselben Auswirkungen hat wie die Zeit zu Hause.

Die bis jetzt genannten Aspekte betreffen also genauso den Teil des Lebens, den wir mit und bei der Arbeit verbringen. Ernährung, Heizung, Mobilität und Müll betreffen nicht nur die Privathaushalte oder die betrieblichen Aktivitäten des Unternehmens bzw. der Organisation. Es gibt etwas dazwischen: Auch während der Arbeitszeit, in den Pausen und bei den Wegen ist nachhaltiger Konsum und nachhaltiges Verhalten in demselben Maße gefragt. Dabei betrifft die Arbeitszeit auch unsere sozialen Kontakte und damit auch mögliche gesellschaftlichen Nachhaltigkeitswirkungen in der Kooperation und Kommunikation mit Arbeitskollegen, Vorgesetzten, Kunden, Lieferanten und anderen von unserer Tätigkeit Betroffenen.

9.2.4 Ernährung und Kochen

Wir betrachten das Thema Ernährung hier etwas genauer, weil es nicht nur das häusliche Leben, sondern auch Außer-Haus-Verpflegung und Catering bei Events betrifft und die Ernährung ein wichtiger Umwelt- und Klimafaktor, aber auch Teil der Kultur ist.

SDG 2 thematisiert nicht nur den Hunger, sondern auch Lebensmittel und ihre Wirkung). Die SDG 3 und SDG 2 haben viele Gemeinsamkeiten, aber auch deutliche Unterschiede. Die Tab. 9.3 stellt die Zusammenhänge zwischen Ernährung und Nachhaltigkeit anhand der drei Säulen/Triple Bottom Line zusammen.

Tab. 9.3 Nachhaltigkeit und Ernährung

	Probleme	Ziele
Ökologie Planet	Intensivierung der Landwirtschaft, Klima Pflanzenschutzmittel Intensivierung der Verarbeitung Transporte	Ressourcenschonung Biodiversität Vielfalt der Nutztiere/Pflanzen
Ökonomie Prosperity	Welternährung, Logistik Wirtschaftsstruktur, Spekulationen Globalisierung, Wettbewerb	Stabile und effiziente Märkte Regionale Strukturen Fairtrade
Soziales People	Fehlernährung Kompetenzverlust Nahrungsversorgung und Konflikte	Gerechte Verteilung lokal und global Solidaritätsprinzip Genuss beim Essen

Die Aspekte Gesundheit und Ressourcenverbrauch können auch konkurrieren.

9.2.4.1 Ernährung

Vegan und Vegetarisch
Eine vegane bzw. vegetarische Ernährung bzw. ein Verzicht auf große Mengen an Fleisch hat durch die Reduktion der Massentierhaltung positive Aspekte und verursacht weniger Umweltbelastung und CO_2-Ausstoß.

Die vegane oder vegetarische Ernährung wird teilweise auch mit Tierrechten begründet. Zu diesem normativen Aspekt verweisen wir auch auf die Diskussion in Abschn. 7.2.2. Der Beitrag von Viehhaltung und Jagd zur Kultur und Kulturlandschaft sei hier nochmals erwähnt, um an diesem Beispiel die Vielschichtigkeit eines einzelnen Themas zu zeigen.

Wenn Tiere als Nahrungsmittel genutzt werden, sollten sie als Ganze genutzt werden. Das folgende Schlagwort lässt sich analog auch auf andere Bereiche übertragen:

> Schwanz bis Schnauze, Nose to Tail.

Einkauf
Die Basisstrategie WINN Abschn. 8.1.4 gilt auch für den Einkauf:

- Weniger: sparsamer und passgenau
- Intelligenter: flexibler und Bedarfsgerecht
- Näher: regional siehe unten, kurze Lieferketten
- Natürlicher: Geringer verarbeitet

9.2.4.2 Strategie SERVUSS

Die Stichworte zu einer nachhaltigeren Ernährung fassen wir mit den Akronym SERVUSS zusammen:

> **Definition**
>
> SERVUSS SERVUSS betrachtet die folgenden Aspekte von Ernährung und Catering:
>
> - S E R V U S S einhalten: Regional auf Platz 3 der Liste
> - Saisonal
> - Eco/Bio
> - Regional
> - Vegan/Vegetarisch
> - Umweltaspekte (Energie, Müll, Abfall)
> - Sozioökonomische Aspekte
> - Service: gesamte Kette Service, Verzehr, Reste und Müll

Regionalität

Um die Nachhaltigkeitswirkung regionaler Produkte zu beurteilen, sollte man sich nicht nur auf die CO_2-Bilanz (die manchmal durch das notwendige Heizen schlechter sein kann als bei Importware) beschränken, es geht um eine ganzheitliche Betrachtung, in die viele Faktoren der Ökobilanz und sozioökonomische Faktoren eingehen:

- Energie- und Wasserverbrauch
- Flächenverbrauch und Infrastruktur
- Kulturlandschaft und Artenvielfalt
- Wirtschaftsstruktur und Erhalt von Höfen
- regionale Wirtschaft und Arbeitsplätze
- Frische und Transportaufwände
- Nähe und Rückverfolgbarkeit

Einen besonderen Vorteil bieten dabei Direktvermarkter, wenn sich die vom Kunden zurückgelegten Wege in Grenzen halten, beispielsweise bei ortsnahem dezentralem (Hofladen) oder zentralem (Bauernmarkt) Verkauf. Zur Regionalvermarktung gehören auch regionale Rezepte – diese sind nicht zufällig entstanden, sondern dem Angebot der Region und Saison angepasst.

9.2.4.3 Kochen

Kochen ist eine der Urtätigkeiten des Menschen und geht heute bei vielen Menschen über die reine Zubereitung von hochwertiger Nahrung hinaus. Trotzdem sollte dieser Aspekt der Ernährung – auch im Hinblick auf SDG 3

– und die zugehörigen Kompetenzen (Kochen als BNE) nicht vernachlässigt werden.
Wie alle Kulturtätigkeiten hat auch Kochen unterschiedliche Auswirkungen:

- Rohstoffe, Nahrungsmittel
- Energie – und Wasserverbrauch
- Herstellung von Küche, Herd und Utensilien
- Abfall.

Abfall
Heute wird über die gesamte Produktionskette ein großer Teil der Lebensmittel weggeworfen. Dies ist beim Endverbraucher auf eine mangelnde Kompetenz zur Behandlung (Lagerung, Kochen …) und Beurteilung (z. B. nach dem Ablauf des Mindesthaltbarkeitsdatums) von Nahrung und auf falsche Mengenkalkulationen (Einkauf, Lagerhaltung, Reste) zurückzuführen.
Die Diskussion um die großen Mengen an weggeworfenen Lebensmitteln ist nicht nur eine Frage der Einstellung zu Nahrungsmitteln, sondern auch der Kompetenzen. Im Haushalt und der Küche betrifft dies:

- Planen (Mengen)
- Einkaufen (Qualität und Quantität)
- Konservieren (Haltbarmachen)
- Verwenden
- Lagern.

Nutzungskaskade Die R (Rethink, Refuse, Reduce, Recycle, Recover) tauchen auch hier wieder in veränderter Form auf, wir wollen dies an einem Beispiel verdeutlichen:

> **Das Semmelmodell**
>
> Die (schwäbische) Küche kennt Recycling auf sehr vielen Stufen und mit einem sehr hohen Verwertungsgrad. Das „Semmelmodell" soll die Verwendungsmöglichkeiten am Beispiel eines Brötchens verdeutlichen:
> - Stoffflussplanung: Einkaufsplanung: Mengen und Zeiten
> - Lebensdauerverlängerung: Lagern, Aufbacken
> - Weiterverwenden: Brotauflauf, Semmelknödel, Weiterverwenden der Knödel (Überbacken)
> - Stofflich verwerten: Semmelbrösel, Weckmehl
> - Rohstofflich verwerten: Verfüttern, Kompostieren

9.2.4.4 Anbau

Nahrungsmittel kommen heute noch großteils aus der Natur und aus landwirtschaftlichem Anbau. Dies ist nicht nur Tradition, sondern ein Teil der Kultur und auch prägend für unsere Natur und Kulturlandschaft. Durch die Debatten beispielsweise um Tierschutz, Grundwasserqualität und das Bienen- und Artensterben ist die Landwirtschaft in die Kritik gekommen.

Hier muss man differenzieren. Nicht nur der Öko-Landwirt, sondern auch der in Einklang mit der Natur arbeitende Landwirte tragen positiv zum Erhalt der Natur und Kulturlandschaft bei. Auch die Weideviehhaltung ist Teil von vielfältigen Ökosystemen und prägt die Kulturlandschaft.

Der Anbau von Nutzpflanzen wie Obst und Gemüse im Garten beispielsweise erfordert ebenfalls viele Ressourcen und ist im Vergleich zu professioneller Landwirtschaft meist ineffizient. Es geht aber hier nicht nur um die Erzeugung von Lebensmitteln, es geht auch um den eigenen Anbau und das Erleben des Pflanzenwachstums als Bildungseffekt. Die Arbeit im eigenen Garten ist für den Hobby-Gärtner nicht Arbeit, sondern Freizeit (Abschn. 9.3.3).

> **Beispiel**
>
> Ein Beerenstrauch im Garten mag als Nahrungsquelle ineffizient sein – effizienter als eine Thujahecke ist er immer.

Hier sieht man den wichtigen Aspekt der Nachhaltigen Entwicklung: dass bei Maßnahmen einzelne Aspekte divers, aber ganzheitlich betrachtet werden müssen und dass Nutzungskonflikte in diesem Bereich durchaus üblich sind.

9.2.4.5 Genussmittel

Genussmittel muss man neben dem Aspekt der Ernährung immer auch unter dem Aspekt der Sucht und Prävention (Abschn. 7.1.6) betrachten.

9.2.5 Wohnen

Wohnen ist ein wichtiger Faktor im Leben. Es hat Einflüsse auf Ressourcenverbrauch und gesellschaftliche Aspekte. Wohnen ist ein wichtiger Punkt der persönlichen Ökobilanz, der zum großen Teil durch Investitionsmaßnahmen geprägt ist.

9.2.5.1 Wohnraum und Bau

In vielen Gebieten, insbesondere in Ballungsgebieten mit Zuzug (Urbanisierung) ist Wohnraum knapp und teuer. Dadurch entstehen Nutzungskonflikte und ein Druck zu erhöhtem Flächenverbrauch. Die primären Auswirkungen von Wohnungsbau sind Flächenverbrauch und der Ressourcenverbrauch bzw. CO_2-Ausstoß durch das Bauen (z. B. den hohen CO_2-Ausstoß der Zementindustrie).

Häuser werden nicht mehr von Generationen rollierend bewohnt, jede Generation möchte etwas Neues und das möglichst früh. Erhöhte Anforderungen an Bildungs- und Arbeits-Mobilität und Freizeitverhalten (Zweitwohnung) verschärfen den Trend. Deshalb muss man heute über innovative (bzw. alte) Wohnformen nachdenken. Das generationenübergreifende Zusammenwohnen spart viele Ressourcen. Auch die Gestaltung der Wohnung kann das Zusammenwohnen erleichtern oder erschweren.

Die Bauphase bestimmt den späteren Energieverbrauch des Gebäudes. Für die Heizung gibt es beispielsweise vielfältige technische Ansätze:

- Gebäudeplanung und Ausrichtung
- Solarenergie (Photovoltaik, Solare Wärme)
- Wärmepumpe, Geothermie
- BHKW (Blockheizkraftwerk)
- Wärmeverbund (Fernwärme ist Nahwärme)

Analoge Ansätze gibt es für das Kühlen. Klimaanlagen werden im Zuge der Urbanisierung und des Klimawandels immer mehr an Bedeutung gewinnen.

> **Überlegungen beim Bauen**
>
> Einige Punkte, die es beim Bauen zu beachten gilt:
> - Offenes Wohnen erhöht die soziale Kontrolle. Jugendliche brauchen auch Freiräume
> - Der Energieverbrauch hängt auch von der Form und Oberfläche des Gebäudes ab
> - Regenerative Energien und Barrierefreiheit müssen mit geplant werden

9.2.5.2 Die Wohnung

Die Wohnung und die dazugehörigen Aspekte sind für Bauherren und Mieter relevant. Die primären Einflussfaktoren der Wohnung sind Größe und Ausstattung. Auch bei der Größe ist die Frage: Was brauchen wir?

Geräte

Der klassische Ratschlag bei technischen Geräten (Unterhaltung, Küche) ist das komplette Abschalten im Gegensatz zu den verschiedenen Standby-Möglichkeiten. Diese verbrauchen zwar je nach Gerät und Technik nur in der Größenordnung von 1 W, aber ein kontinuierlicher Verbrauch von 1 W summiert sich im Jahr zu ca. 9 kWh auf.

Die Frage ist eher, wie viele Geräte man braucht, da die Herstellung auch ein wichtiger Faktor bezüglich des Verbrauchs von Ressourcen ist. Jedes elektronische Gerät enthält vielfältige Rohstoffe wie Tantal (Schaltungen) und seltene Erden (Motor), andere Metalle und Kunststoffe, und es erfordert Arbeitsleistung und Energie für Herstellung und Logistik.

Möbel

Für Möbel gelten analoge Prinzipien wie für Kleidung. Nutzen, Herkunft, Lebensdauer, Umweltfreundlichkeit und Weiterverwendung sind wichtige Faktoren.

Klima

Für die Heizung und die Klimaanlage gibt es zum einen technische Lösungen (Solarenergie, BHKW, Wärmeverbund), vieles wird aber durch das Verhalten beeinflusst. Mögliche Ansätze sind:

- Richtiges Lüften im Tagesablauf (Stoßlüften, automatischer Luftaustausch mit Wärmerückgewinnung, …)
- Angepasste Raumtemperatur: Raumbezogen, Zeitbezogen, Situationsbasiert

Das intelligente Haus
Eine angepasste Raumtemperatur ist beispielsweise Teil des Konzepts des intelligenten Hauses. Die Künstliche Intelligenz bietet im Bereich Wohnen und generell im privaten Konsum Chancen und Risiken. Dabei ist zum einen an Effizienzsteigerung (Abschn. 8.1.2.1) und Rebound-Effekt (Abschn. 8.1.5) zu denken, aber auch an die Einflüsse auf das menschliche Verhalten.

9.2.5.3 Haustiere

Auch Haustiere verursachen Ressourcenverbräuche und Umweltbelastungen. Zu Haustieren gibt es nur wenige Ökobilanzen. Dabei kann zum einen auf den Ressourcenverbrauch eingegangen werden, der stark von der Ernährung und insbesondere vom Fleischverbrauch abhängt.

Insbesondere freilaufende und streunende Katzen haben eine negative Wirkung auf die Biodiversität und die Vogelwelt.

9.2.5.4 Garten

Gärten stellen natürlich zunächst einen Flächenverbrauch dar. Gärten können aber auch ein Beitrag zur Biodiversität und Brückenpunkte (Stepping Stones) in der Biotopvernetzung sein, vor allem durch einheimische Pflanzen und Gehölze sowie bereichernde Elemente wie Totholzhaufen, Teiche, Steinriegel … Sie bieten außerdem die Möglichkeit, Nutzpflanzen anzubauen und so zur Versorgung (Abschn. 9.2.4.4) und zur Bildung beizutragen. Beides gilt auch für Gärten, Grünanlagen und einzelne Pflanzungen in der Stadt (Urban Gardening), die außerdem zu einem angenehmeren Klima beitragen.

9.2.6 Freizeit und Tourismus

Menschliche Bedürfnisse gehen über die Grundbedürfnisse hinaus. Ein besonders kritischer Bereich in Bezug auf die Legitimation und die Nachhaltigkeitswirkungen sind die mit Mobilität und Konsum verbundenen Freizeitaktivitäten und der Tourismus. Das Thema Nachhaltige Events werden wir in Abschn. 11.4.6 betrachten.

Zum Tourismus gehören die Aktivitäten vor Ort, aber auch die Mobilität und insbesondere Flugreisen als ein wichtiger Beitrag zu CO_2-Emissionen und Klimawandel.

Auch hier können wir mit der Basisstrategie WINN ansetzen:

- Weniger touristische Aktivitäten. Weniger Fliegen und Autofahren – umweltfreundliche Mobilität. Weniger negativen Einfluss auf die lokale Kultur und Natur durch die gesamte touristische Wertschöpfungskette.
- Intelligente Lösungen, Kombinationen und Verbindung von Bildung und Erholung. Umwelt- und sozialverträgliches Verhalten erfordert intelligente Vorplanung und geistige Flexibilität. Perspektivenwechsel in die Sicht der Einheimischen.
- Nahe: Die Entfernung geht direkt in die Aufwände und Belastungen durch den Verkehr ein. Egal wohin man reist: Regionale Wertschöpfung sollte in der besuchten Region gefördert werden.
- Natürlich: Nicht nur das eigene Verhalten, sondern auch der Einfluss auf die touristischen Anbieter sollte den Erhalt der Natur und der lokalen Kultur im Auge haben.

Nachhaltiger Tourismus beginnt mit der Planung und der Frage „Was ist mir wichtig?"

9.3 Arbeit – Engagement

In den Bereich Arbeit fällt sowohl das Engagement in der beruflichen Rolle für die Themen der Nachhaltigkeit im Unternehmen (Kap. 11) als auch in der privaten Rolle als Arbeitnehmer und die Umsetzung der persönlichen Möglichkeiten Abschn. 9.2 im Bereich der beruflichen Tätigkeit (Büro, Mobilität, Kantine, …).

Durch die Flexibilisierung der Arbeit, Projektarbeit, die modernen Kommunikationsmöglichkeiten und die immer bessere Erreichbarkeit wird die Anzahl der Personen, die 8 oder 7,5 h arbeiten und den Rest des Tages keinerlei Berührung mit der Arbeit haben, abnehmen. Dies kann zu kürzeren oder längeren Arbeitszeiten führen, es kann auch die Spannweite der Leistung (im Sinne von Aufwand und im Sinne von Ergebnis) noch weiter spreizen.

9.3.1 Tourismus

Im Deutschen klingt Tourismus eher nach Freizeit. Die allgemeine Definition umfasst aber ebenso die beruflich bedingten Reisen. Hier können Ansätze sein:

- Videokonferenzen statt Reisen
- Bahn statt Flugzeug
- Klimakompensation von Flugreisen
- Klimakompensation von Übernachtungen

9.3.2 Arbeit – Engagement – Leben

> Leben ist 24 Stunden pro Tag

Der Begriff Work-Life Balance suggeriert, dass Arbeit und Leben zwei unterschiedliche Dinge sind und um die gesamte Lebenszeit des Menschen in Konkurrenz zueinander stehen.

> Das Jahr hat ca. 1600 Arbeitsstunden. Aber immer genau 8760 (bzw. 8784) Stunden.

Wichtige Stichworte zur Balance Arbeit vs. Freizeit sind Selbstbestimmung und Kommunikation. Auch während der Arbeitszeit finden soziale Interaktionen und private Aktivitäten statt.

Arbeits-Zeit
Bei mechanischen Arbeiten kann man Arbeit und Freizeit genau trennen. Ein Arbeiter steht am Band oder nicht, ein Baggerfahrer sitzt am Steuer oder nicht. Bei geistigen Aufgaben ist das schwieriger und das Prinzip „mit dem Kopf woanders" gilt in beide Richtungen. Dies gilt nicht nur bei Homeoffice oder durch die Auswirkungen von Smartphones.

Spaß an der Arbeit – Motivation
Spaß an der Arbeit klingt für viele komisch. Aber es hat viel mit den Begriffen intrinsische Motivation und Flow (Csikszentmihalyi 1996) zu tun: der Einklang zwischen Anforderungen und Kompetenz, zwischen Anstrengung und Erfolg wirkt nicht nur im Spiel oder Event, sondern auch

bei der Arbeit. Viele Menschen verbringen Zeit mit Tätigkeiten, die sie als Hobby freiwillig ausführen, wofür andere Geld bekommen.

9.3.3 Work Life Balance – Leben und Wirken

„Leben und Wirken" ist nicht eine schlechte Übersetzung von „Work and Life"; es ist die bessere Interpretation von Work Life Balance. Es geht nicht um die Arbeit, den geleisteten „Input", sondern um das Werk, das Geschaffene und Bewirkte, also den „Output". Wo endet der Beruf, wo beginnt das Leben? Gerade für professionell Agierende in allen Bereichen gibt es den Unterschied „Arbeiten oder Leben" nicht in dieser Form, sondern die Integration des Wirkens und des gesamten Lebens.

Gerade das informelle Lernen und das Beobachten spielt eine wichtige Rolle, sodass der kontinuierliche Übergang zwischen Arbeit und Freizeit schon durch das Lernen gegeben ist.

Ein Mitarbeiter, der Interesse an Hintergründen für seine berufliche Tätigkeit mitbringt, ist für das Unternehmen extrem wertvoll. Und ein Manager, der sich in der Freizeit für beruflich Relevantes interessiert und mit offenen Augen durch die Welt läuft, ist das Beste, was einem Unternehmen passieren kann. Freizeit, Hobby, Lernen, Ehrenamt und Beruf ergänzen sich optimaler Weise.

Work Life Balance bedeutet aber auch, bewusst loszulassen und freie Zeit ohne Druck oder Zwang zu verbringen. Wie das geschieht, ist eine Sache des Einzelnen und kann mit keinem Rezept verschrieben werden. Je nach Einstellung und beruflichem Umfeld kann das Training für einen Marathon, das Schreiben eines Buchs oder die Tournee mit einer Musikkapelle für den Einzelnen zwei Wochen Erholung, Eustress oder harten Distress bedeuten.

9.4 Büro

Dem Thema Büro ist hier ein eigener Abschnitt gewidmet, weil es in unterschiedlichen Bereichen Auswirkungen und Vorbildfunktion hat. Das Büro im Privathaushalt ist nicht nur für Freiberufler oder Nebentätigkeiten interessant, auch die privaten Prozesse vom Einkauf bis zur Steuererklärung erfordern eine Bürostruktur. Auch hier macht sich der Wandel von Papier und Bleistift hin zu elektronischen Medien bemerkbar.

Egal ob im Privathaushalt, Bildungseinrichtungen, Vereinen oder Unternehmen, das Büro ist Schnittstelle zu allen Arten von Stakeholdern und damit Anlaufstelle oder Schnittstelle. Egal ob jemand unser Büro besucht oder das Büro einen Brief, eine Broschüre oder E-Mail verschickt, das Büro ist ein Aushängeschild der jeweiligen Organisation.

9.4.1 Kommunikation und Smartphone

Auch wenn das Smartphone heute eher zum privaten Bereich zählt, führen wir es hier und nicht beim allgemeinen Konsum auf. Mobile Endgeräte und fest installierte Computer werden ja beruflich, ehrenamtlich und privat genutzt, und mobile Endgeräte ersetzen das Büro in allen drei Bereichen.

Zum Thema Smartphone und Ressourcen siehe Abschn. 5.2.3.

9.4.2 Das umweltfreundliche Büro

Aus den vielen Leitfäden und eigenen Projekten haben wir hier eine Liste zusammengestellt, die Aktionen und Wirkungsmöglichkeiten aufzeigt. Generell ist auch hier die WINN-Strategie zu beachten.

- Bessere Produkte
  Einkauf umweltfreundlicher Produkte, Ökostrom, Fairtrade-Produkte, Recyclingmaterialien
  Beispielsweise gibt es inzwischen sehr gutes Recyclingpapier.
- Weiterverwenden und wiederverwenden
  Beispielsweise kann einseitig bedrucktes Papier als Schmierpapier verwendet werden.
- Weniger Verbrauch
  Beispielsweise durch Reduktion der Druckvorgänge oder weniger Einwegprodukte
  Stromverbrauch für die Beleuchtung durch Bewegungsmelder reduzieren.
- Recycling und Entsorgung
  Büromüll kann man genauso trennen und den entsprechenden Entsorgungskanälen zuführen.
  Entsorgung muss mit der Verwaltung und den Entsorgern abgestimmt sein.
- Lüften, Heizen und Klima
  Durch richtiges Lüften im Tagesverlauf kann man viel Energie (Heizung, Klimaanlage) sparen.
- Standby vermeiden
  In Pausen, über Nacht, Wochenende oder Urlaub Geräte abschalten.
- Telefonie statt Reisen

Beispielsweise Videotelefonie oder Chats nutzen.
- Anreize schaffen
Nudging (Abschn. 8.2.3, Thaler und Sunstein 2008) für umweltfreundliches und nachhaltigkeitsfreundliches Verhalten
Poster an der Wand, Bevorzugung der nachhaltigkeitsfreundlicheren Variante.
- Nachhaltigkeitsbewusst planen
Der Haupteffekt eines Büros ist nicht durch den Verbrauch gegeben, sondern durch die Entscheidungen, die dort getroffen werden.

9.4.3 Das nachhaltige Büro

Im vorangegangenen Abschnitt wurden schon einige Punkte genannt, die auch sozioökonomische Aspekte der Nachhaltigkeit berücksichtigen. Hier geht es um einen ganzheitlicheren Ansatz. Ob der Begriff nachhaltig oder nachhaltigkeitsfreundlich eher für ein Büro zutrifft, ist Geschmackssache. Wie oben geht es auch nicht nur um den Fuß- sondern ebenso um den Handabdruck, die Wirkung der Büroaktivitäten für eine Nachhaltige Entwicklung.

Wichtige Aspekte im Büro sind:

- Nachhaltigkeitsorientierung
- Inklusion
- Familienfreundlichkeit
- Kommunikationskultur
- Eintreten für Nachhaltigkeit

9.4.4 Nudging

Nudging (Abschn. 8.2.3) kann in vielen Bereichen eingesetzt werden. Durch die vielfältigen Prozesse und Kontakte bietet sich das Büro (insbesondere bei Kundenkontakt) für niederschwelliges Einwirken für Verhaltensänderungen im Sinne der Nachhaltigen Entwicklung an.

> **Einfache Anreize für Verhaltensänderungen (Nudging)**
> Ein Poster an der Wand weist auf die globale Verantwortung hin.
>   Die umweltfreundlichere Alternative wird leichter zugänglich gemacht.
>   Recycling wird innerhalb des Büros ermöglicht.
>   Durch die gemeinsame Nutzung von weniger häufig benutzten Geräten werden Ressourcen und Platz eingespart.

9.5 Aktiv engagiert für die Zukunft

Wir sind nicht nur Privatperson, sondern in vielen Rollen aktiv.

9.5.1 Prosumer

Das klassische Modell der Ökonomie geht von einer Dualität Produzent – Konsument aus:

- Der Produzent produziert das Gut und verkauft es dem Konsumenten. Dazu kauft er Investitionsgüter, Rohstoffe und Arbeit.
- Der Konsument kauft das Gut und nutzt und verbraucht es.

Entgegengesetzt dazu funktioniert der Strom des Geldes bzw. der Arbeit

- Der Konsument leistet Arbeit beim Produzenten und bekommt dafür Lohn.
- Der Produzent bezahlt den Konsumenten.

Dieses Grundmodell der industriellen Gesellschaft gilt in einer sich wandelnden Struktur nicht mehr. Der Konsument wird gleichzeitig in gewissem Umfang Produzent oder Anbieter von Dienstleistungen. Man nennt diese Rolle dann Prosumer.
  Man sieht dies gut am elektrischen Strom:

> **Prosumer im Strommarkt**
>
> Viele Konsumenten sind auch Produzenten, d. h. sie speisen beispielsweise aus ihren eignen Solaranlagen Strom ins Netz ein.

Auch in anderen Bereichen führen innovative Geschäftsmodelle zu einem Verschwimmen von Konsument und Produzent.

> **Prosumer Mobilität und Wohnen**
>
> Durch innovative Geschäftsmodelle bieten Privatpersonen mit ihren zum Konsum angeschafften Produkten Dienstleistungen (Transport, Wohnen) an. Dadurch wird aus dem Konsumgut (Auto, Wohnung) ein Investitionsgut, das teilweise der Produktion bzw. Dienstleistung dient.

Dadurch ergeben sich natürlich erweiterte Handlungsmöglichkeiten für den Prosumer, der eben nicht mehr nur Konsument, sondern auch Anbieter auf einem Markt ist.

9.5.2 Über das individuelle Verhalten hinaus

Durch Verzicht oder veränderte Prioritäten und Lebensentwürfe die Welt zu retten ist Kern von Wohlstand 5.0. Und es wäre gut, wenn jeder Mensch seine Ansprüche so weit reduzieren, optimieren und anpassen würde, dass die Kapazitäten der ökologischen, ökonomischen und sozialen Systeme nicht überlastet werden. Aber das ist nicht alles: neben einer nachhaltigen Lebensweise kann jeder Einzelne in vielfältigen Bereichen wirksam werden:

Einzeln Jeder kann Aktionen alleine oder gemeinsam mit anderen planen und durchführen:

- Als Initiator von Aktionen
- Als Multiplikator im informellen und formellen Bereich
- Durch Entscheidungen im beruflichen und privaten Bereich.

Zusammen Mehr Einfluss bekommen wir, wenn wir andere Menschen mit einbinden oder aus unseren individuellen oder organisatorischen Einflusspositionen heraus im Sinne der Nachhaltigkeit wirken.

Deshalb betrachten wir im Folgenden wichtige Aspekte nachhaltigen Handelns in den Bereichen

- Projekt Kap. 10
- Lokale Kooperation Kap. 13
- Unternehmen Kap. 11
- Öffentlichkeit und Kommunikation Kap. 14
- Bildung Kap. 12

9.6 Zusammenfassung

Nachhaltig Leben
Im privaten Bereich gibt es viele Ansatzpunkte für ein nachhaltiges Leben. Wichtige Bereich sind Wohnen und Mobilität, Freizeit, Tourismus, Ernährung und allgemeiner Konsum. Neben den laufenden Verbräuchen müssen auch die Wirkungen von Investitionen (Anschaffungen) berücksichtigt werden. Die Basisformel für die Optimierung des privaten Fußabdrucks ist WINN: weniger, intelligenter, näher, natürlicher.

Literatur

Csikszentmihalyi, M. (1996). *Das Flow-Erlebnis*. Stuttgart: Klett-Cotta.
Thaler, R., Sunstein, C. (2008). *Nudge: Wie man kluge Entscheidungen anstößt*. Yale University Press.

10

Projekte für die Nachhaltigkeit
Wie sollen wir das schaffen?

Wie bereits dargelegt, kann durch veränderte Werte und Verhalten ein wichtiger Beitrag geleistet werden. Und es wäre gut, wenn jeder Mensch im Sinne des kategorischen Imperativs so handeln würde, dass die Kapazitäten der natürlichen und gesellschaftlichen Systeme nicht überlastet werden. Aber das ist nicht alles. Mehr Einfluss bekommen wir, wenn wir in Projekten andere Menschen mit einbinden oder unsere Einflussmöglichkeiten im Sinne der Nachhaltigkeit nutzen. Dies gilt nicht nur als Privatperson, sondern auch im Unternehmen oder Verein.

Nachhaltige Entwicklung geschieht nicht von selbst. Man muss die politischen oder technischen Prozesse initiieren. Selbst wenn man einen dauerhaften Prozess initiieren will, ist dieses Initiieren ein Projekt. Ein Projekt kann durchaus in einen langfristigen Prozess einmünden oder diesen initiieren.

Je nach Ziel des Projekts und seinem Beitrag zur Nachhaltigkeit sind unterschiedliche Aspekte im Projekt wichtig. Normalerweise ist das Projektziel im Sinne des vorliegenden Ergebnisses das Wichtigste ist, aber insbesondere im sozioökonomischen Bereich ist auch der Prozess zur Erreichung des Ziels wichtig. „Der Weg ist das Ziel" ist nicht ganz richtig, aber die Aussage hat einen wichtigen Aspekt: Das Ziel ist zwar das Wichtigste, aber die Veränderungen in den Bereichen

- Wissenszuwachs
- Kompetenzerwerb

- Motivation
- Vernetzung

sind wichtige Aspekte beim Umsetzen von Projekten. Gleichzeitig ist Projektmanagement eine wichtige Komponente der Gestaltungskompetenz.

In Folgenden betrachten wir Projekte generell, mit einem Fokus auf die Probleme und Möglichkeiten im Ehrenamt. Während im Beruf die Leitung und Mitwirkung in Projekten Teil der Anstellung ist und damit letztendlich dem Lebenserwerb dient, ist im Ehrenamt das für das Individuum, die Gruppe oder die Gesellschaft zu erreichende Ergebnis das Ausschlaggebende, zum Teil auch die intrinsische Motivation und die Freude an der gemeinsamen Arbeit.

Ein wichtiger Aspekt ist, dass durch Projektmanagement das Risiko des Scheiterns verkleinert wird. Außerdem wird durch die Anwendung der Methoden auch eine einfachere Kommunikation von Zielen und Planungen möglich. Das Vertrauen bei den Projektpartnern wird durch eine gute und dokumentierte Planung gestärkt.

Dieses Kapitel ist im Rahmen des Buchs relativ umfangreich, aber für eine Einführung in Projektmanagement relativ knapp. Es gibt sehr viele gute umfangreiche Bücher zu Projektmanagement, hier sollen nur diejenigen Bereiche herausgearbeitet werden, die für ein Projekt zur Initiierung von Nachhaltigkeitsprozessen und zur Umsetzung Nachhaltiger Entwicklung wichtig sind.

> Es gibt nichts Gutes. Außer: man tut es. (Erich Kästner)

Projekte erfordern nicht nur Initiatoren und Projektmanager, sondern auch Mitstreiter und Sponsoren, und deshalb werden wir in Kap. 14 die Öffentlichkeitsarbeit, die immer Teil der Projektarbeit sein muss, getrennt betrachten nach dem Motto:

> Tue Gutes und rede darüber.

10.1 Projektmanagement als Umsetzungskompetenz

Dieser Abschnitt betrachtet das Projektmanagement als eine der Kernkomponenten für die erfolgreiche Umsetzung von Nachhaltiger Entwicklung. Es ist genauso für die Umsetzung im Unternehmen und im Ehrenamt, im privaten Lebensbereich und in der Bildung wichtig.

10.1.1 Projekt und Management

Im Folgenden sollen lediglich die wichtigsten Grundlagen des Projektmanagements grob skizziert werden. Über das (operative) Projektmanagement zur Abwicklung eines einzelnen Projekts hinaus ist auch das strategische Projektmanagement zur Umsetzung von Projektmanagement in der Organisation wichtig.

> **Projektmanagement: Begriffe**
>
> | | |
> |---|---|
> | (Operatives) Projektmanagement | Projektmanagement umfasst alle Führungsaufgaben, -organisation, -techniken und -mittel zur operativen Durchführung, Überwachung und Unterstützung von Projekten. |
> | Strategisches Projektmanagement | Strategisches Projektmanagement umfasst alle Maßnahmen zur Verankerung von Projekten in der Organisation und zur Sicherstellung des Erfolgs des individuellen Projektmanagements für die Projekte der Organisation. |

Ein einzelnes Projekt ist durch die Schlagworte „abgeschlossen" (wohldefiniert) und „einmalig" (keine Routine) charakterisiert.

> **Projekt und Projektdreieck**
>
> Projekt Ein Projekt ist ein Vorhaben, das ein klares abgegrenztes Ziel mit einem gegebenen Endtermin hat, und das insgesamt durch folgende Eigenschaften gekennzeichnet ist:
>
> - Zielvorgaben mit Kriterien
> - Zeitliche Vorgaben (Termin) für das Erreichen der Ziele
> - Ressourcen, die für das Projekt zur Verfügung stehen
> - Abgrenzung gegen andere Vorhaben (Scope)
> - Projektspezifische Organisation, die von der zeitlichen Abwicklung und Aufgabenzuordnung von den Routineaufgaben abweicht.

> **Projektdreieck** Das (magische) Projektdreieck wird gebildet durch die drei Ecken
>
> - Ziel (Qualität)
> - Termin
> - Ressourcen

Das Projektdreieck stellt Abb. 10.1 grafisch dar.

> Das Projektdreieck wird durch die drei Projektaspekte (Abb. 10.1) gebildet
>
> - Q: Qualität, Ergebnis, Zielerreichung, Projektziel
>   Erreichung der angestrebten Qualität des Projektziel
> - T: Termine, Projektdauer, Zieltermin, Pünktlichkeit
>   Einhaltung des vereinbarten Fertigstellungstermins
> - R: Ressourcen, finanzielle und personelle Mittel und Infrastruktur
>   Einhaltung des vorgegebenen Budgets an Personal und Geld

10.1.2 Projektvorbereitung

Kennzeichen eines Projekts ist es, dass es nicht im Rahmen der üblichen Organisationsform durchgeführt werden kann. Dies bedeutet im Allgemeinen, dass ein Projektteam gebildet wird.

Um den Erfolg eines Projekts zu gewährleisten, müssen Projekte gut vorbereitet werden. Der Begriff Projektstart kann ein Ereignis wie etwa der Tag der Vertragsunterzeichnung, oder eine eigenständige Projektphase von gewisser Dauer sein. Trotz des häufig vorherrschenden Zeitdrucks sollte diese erste Phase sehr sorgfältig durchgeführt werden, da sonst der Projekterfolg gefährdet wird.

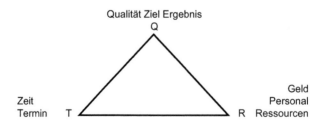

Abb. 10.1 Projektdreieck

Das Team muss beim Projektstart gemeinsam klären:

- Verteilung der erforderlichen Rollen/Funktionen (eventuell auch Termine für die Wahrnehmung der einzelnen Rollen/Funktionen)
- Spielregelungen für die Kommunikation intern (Gesprächsführung, Berichterstattung) und extern (Sprecherfunktion, Vertraulichkeit)
- Ziele und Vision des Projekts, Arbeitsziele im Projektdreieck (Visionen, Ziele, Qualität; Zeitplan und Meilensteine; personeller, materieller und zeitlicher Rahmen)

10.1.2.1 Projektziel

Auch wenn sich die Ziele und Anforderungen in Projekten ändern, und die Praxis flexiblere Entwicklungsprozesse erfordert, ist eine generelle Festlegung der Projektziele und der Inhalte (nicht von Form und Inhalt der Ergebnisse) immer wichtig. Diese dienen ggf. als Basis für ein Änderungsmanagement.

> **Das Wichtigste am Projekt ist das Ziel.**

Grundsätzlich muss zwischen den Projektzielen im Rahmen des magischen Projektdreiecks (Ergebnis, Ressourcen, Termine) und dem Ziel – verstanden als Projektergebnis – unterschieden werden.

> **Zieldefinition: Begriffe**
>
> | | |
> |---|---|
> | Vision | Die Vision des Projekts ist der angestrebte zukünftige Zustand der Welt (bzw. der betroffenen Organisation). Hiermit sind also die durch das Projekt zu erreichenden Veränderungen gemeint. Die Vision lässt sich dadurch fassen, dass man die Frage stellt: Wie sieht die Welt aus, wenn das Projekt erfolgreich abgeschlossen ist? |
> | Projektergebnis | Das Projektergebnis beschreibt die als Ergebnis des Projekts vorliegenden Produkte, Erkenntnisse oder Veränderungen bzw. deren angestrebten Eigenschaften. |
> | Deliverables | Deliverable Items sind Projektergebnisse (Produkte), die in physischer oder elektronischer Form übergeben werden können. |
> | Mission | Mit Mission ist die durch das Projektteam zu bewältigende Aufgabe gemeint. Hierbei geht es um konkrete Handlungen und Maßnahmen, die zur Zielerreichung dienen Die Mission (Aufgabenstellung) kann schon den Lösungsweg beinhalten und ist die Basis für den Arbeitsstrukturplan. |

> **Wichtig**
>
> Je nach den Rahmenbedingungen werden die Ecken des Projektdreiecks
>
> - durch Externe (Vorgesetzte) vorgegeben
> - durch die Rahmenbedingungen gesetzt
> - durch Verhandlungen und Vereinbarungen festgelegt
> - durch die Projektleitung oder das Projektteam selbst definiert.

10.1.2.2 Projektteam

Wenn eine Einzelperson oder eine kleine Gruppe ein Projekt durchführt, werden einzelne Personen mehrere der im Folgenden betrachteten Funktionen ausführen und verschiedene Rollen einnehmen. Damit entfallen Kommunikationsaufwände, aber es bleibt wichtig, sich die unterschiedlichen Aufgaben (Hüte) im Rahmen des Projekts zu vergegenwärtigen.

Hintergrundinformation
Der Begriff „Hut" bezieht sich darauf, dass jemand im Moment eine bestimmte Rolle innehat oder einen bestimmten Aspekt, Standpunkt oder Stakeholder vertritt. Er oder sie hat also in dem Moment den jeweiligen „Hut auf". Dies ist insbesondere bei kleinen Teams wichtig, wo nicht jede Funktion (Arbeitspaketverantwortliche, Stakeholdervertreter ...) und jeder Aspekt (Technik, Einkauf, Qualität, Budget, ...) durch eine dezidierte Person vertreten wird.

Ein spezieller Hut ist der des „Advocatus Diaboli" (Anwalt des Teufels), der gezielt eine kritische Gegenposition einnimmt, um auf Schwachstellen und Risiken (Abschn. 8.4.2) hinzuweisen.

Die folgenden Rollen und Aufgaben können im Umfeld des Projektmanagements für ein einzelnes Projekt unterschieden werden. Sie werden in einer oder mehreren Personen vereinigt, die je nach Gepflogenheiten die Namen „Projektleiter" oder „Projektmanager" bekommen.

- Projektverantwortliche: Vertretung und Verantwortung für das Projekt gegenüber Geschäftsleitung und Kunde, Zuständigkeit für die Ressourcenausstattung und Ergebnisse des Projekts.
- Promotoren: Unterstützer des Projekts innerhalb der Organisation oder wichtige Stakeholder
  - Machtpromotoren mit entsprechender Stellung im Unternehmen und Einfluss
  - Fachpromotoren mit entsprechender Fachkompetenz

- Projektmultiplikatoren (informelle Rolle)
    - Extern: Unterstützer
    - Intern: Koordinatoren, Moderatoren
- Projektleiter: interne Rolle, Entscheidungskompetenz gegenüber den Projektmitarbeitern, Verantwortung für das Erreichen der Projektziele
- Projektsprecher: Teammitglied (I.A. Mitglied der Projektleitung) mit der Aufgabe und Befugnis, das Projekt nach außen zu vertreten
- Projektmanager: Teammitglied mit der Aufgabe, das Projekt zu planen, zu überwachen und zu steuern bzw. Maßnahmen der Projektleitung vorzuschlagen.

Die erste Aufgabe des Projektleiters/der Projektleiterin ist, einen realistischen Projektentwurf vorzulegen. Viele Projekte scheitern, weil von Anfang an das Projektdreieck Abb. 10.1 unrealistisch ist und Ziele, Ressourcen und Termin nicht zusammenpassen.

10.1.2.3 Machbarkeit

Jedes Projektziel sollte vor dem Projektstart bzw. in einer ersten Projektphase auf seine Machbarkeit hin untersucht werden. Dabei kann man die Kriterien von Tab. 10.1 anwenden.

Projekte sind stets risikobehaftet, ihr Erfolg kann nicht garantiert werden. Daher ist es wichtig, bereits zu Beginn mögliche Risiken im Prozess des Risikomanagements (Abschn. 8.4.2) zu identifizieren und sich trotz aller Euphorie zu fragen, was alles schiefgehen könnte.

10.1.2.4 Stakeholder- und Anforderungsanalyse

Bei den Projektbeteiligten sind einerseits die handelnden Personen und andererseits die im Aktionsrahmen des Projekts betroffenen Interessen relevant. Es hilft der Strukturierung, diese bei der Planung mitzudenken und eventuelle Maßnahmen/Reaktionen im Projekt einzuplanen.

Die Akzeptanz eines Projekts ist sehr wichtig für dessen Erfolg. Zum einen ist es natürlich von Bedeutung, eventuelle Projektkunden und ihre Anforderungen an das Projekt zu kennen. In Nachhaltigkeitsprojekte und im Ehrenamt gibt es viele Beteiligte, die auf irgendeine Art und Weise von

Tab. 10.1 Machbarkeitsanalyse

Aspekt	Kernfragen
Generell	Ist das Projekt in der vorgeschlagenen Form machbar?
Kompetenz	Ist das Team für die Umsetzung des Projekts befähigt/bevollmächtigt?
Aufwand	Ist der Aufwand machbar? Sind die Ressourcen vorhanden?
Finanziell	Ist das Projekt von den zu erwartenden Kosten und Erträgen umsetzbar?
Rechtlich	Ist das Projekt rechtssicher? Ist das Produkt legal?
Technisch	Kann das angestrebte Projektergebnis von Stand der Technik und Wissenschaft her erzielt werden?
Politisch	Sind das Projekt und das zu erwartende Ergebnis politisch durchsetzbar?
Nutzen	Besteht Interesse am Projektergebnis? Wie kann es genutzt werden?
Nachhaltigkeit	Wie ist die Wirksamkeit bezüglich der Nachhaltigen Entwicklung?
SWOT	Was sind aktuelle Stärken und Schwächen, Chancen und Risiken?

dem Projekt betroffen sein können (Stakeholder). Aus diesem Grund ist es wichtig, eine Stakeholderanalyse durchzuführen, um die unterschiedlichen Stakeholder, ihre Interessen und Möglichkeiten der Einflussnahme zu identifizieren. Neben den explizit formulierten Anforderungen gibt es auch implizite (persönliche, private, interne, strategische) Interessen (hidden agenda) bei allen Stakeholdern.

Die Stakeholderanalyse gliedert sich in vier Schritte.

> **Wichtig**
>
> Stakeholderanalyse in vier Schritten:
>
> - Wer sind die Stakeholder des Projekts?
> - Inwiefern sind diese Stakeholder von dem Projekt betroffen? Welche Interessen und welche Möglichkeiten der Einflussnahme haben sie?
> - Mit welchem Verhalten der Stakeholder ist zu rechnen?
> - Welche Maßnahmen können getroffen werden, um eventuelle Widerstände zu mindern und potenzielle Unterstützer zu aktivieren?

Die Erfassung und Klassifizierung der Stakeholder kann anhand einer Liste wie im Beispiel Tab. 10.2 geschehen.

Am Beispiel eines lokalen Projekts verdeutlicht dies Tab. 10.3.

Tab. 10.2 Stakeholder, Anforderungen und Beitrag

Stakeholder	Interesse (passiv)	Beitrag (aktiv)

Tab. 10.3 Stakeholder, Anforderungen und Beitrag eines lokalen Projekts

Stakeholder	Interesse (passiv)	Beitrag (aktiv)
Initiativgruppe Anwohner	Neugestaltung Marktplatz mit regionalem Wochenmarkt	Arbeitsleistung quantifiziert
Stadtverwaltung (Soziales)	Bürgerzufriedenheit im Quartier	Mittel für die Platzgestaltung
Stadtverwaltung (Wirtschaft)	Förderung Regionalvermarktung und Tourismus	Mittel für den Aufbau Markt Kommunikationsmöglichkeiten
Stadtverwaltung (Bau und Recht)	Indirekt	Platzgestaltung, Genehmigungen
Bürger	Gestaltung des Marktplatzes, funktionierender Wochenmarkt, weiterhin als Parkplatz nutzbar	Evtl. Mitarbeit Aktivierung der Politik
Lokaler Einzelhandel	Verbesserung Parksituation	Kommunikationsmöglichkeiten
Lokale Landwirte	Direktvermarktung	Teilnahme, Unterstützung
Sponsoren (Bank, Unternehmer)	Kommunikationsziele	Finanziell

10.1.2.5 Projektkommunikation

Die Kommunikation im Projekt muss geplant werden: Wer erhält Informationen, wer gibt welche weiter? Je mehr Personen an einem Projekt beteiligt sind, desto komplexer ist die zu organisierende Kommunikation.

Zum einen muss die interne Kommunikation geplant werden: Wie soll vor allem das Reporting erfolgen? Wann sollen beispielsweise Berichte zum Bearbeitungsstand abgegeben werden? Wann soll über Schwierigkeiten berichtet werden? Regelmäßige Projektteamsitzungen zu Beginn oder am Ende der Woche eignen sich dazu besonders gut.

Zum anderen müssen für die externe Kommunikation mit Auftraggebern und Lenkungsausschuss die Art und Weise sowie Termine der Berichterstattung festgelegt werden. Hier kann man sich beispielsweise an den gesetzten Meilensteinen orientieren. Auch an die Projektdokumentation und Öffentlichkeitsarbeit sollte rechtzeitig gedacht werden.

10.1.3 Projektplanung

Die Projektplanung geschieht in mehreren Phasen:

- Zum einen muss die Projektplanung selbst geplant werden, d. h. es gehen ein oder mehrere Planungsprozesse für die Planung voraus – je nach Größe des Projekts.
- Zum anderen wird die Planung immer mehr verfeinert, so dann man von einer Grobplanung in der Definitionsphase zu immer genaueren und detaillierteren Plänen kommt, die auch während des gesamten Projektverlaufs noch verfeinert und angepasst werden.

Die beiden wichtigsten Komponenten der Projektplanung – Arbeitsstrukturplan und Terminplan – stellt Tab. 10.4 zusammen. Sie entsprechen den beiden Ecken Ressource und Termin des Projektdreiecks Abb. 10.1. Der Projektstrukturplan und Projektablaufplan können als eigenständige Dokumente erstellt oder in den Arbeitsstrukturplan bzw. Zeitplan integriert werden.

10.1.3.1 Arbeitsstrukturplan und Arbeitspakete

Der Arbeitsstrukturplan zeigt die zu leistende Arbeit in Form von hierarchisch geordneten Arbeitspaketen. Dieser bildet die Grundlage für den weiteren Planungsprozess.

Tab. 10.4 Projektplanung

Komponente/Dokument	Aufgabe
Arbeitsstrukturplan (WBS) mit Ressourcen	Die gesamte Aufgabe in Teilprojekte und Arbeitspakete gliedern und die Aufwände schätzen und festlegen
Zeit- und Terminplan (Netzplan, Gantt)	Die Aufgaben (Arbeitspakete) in eine zeitlich-logische Reihenfolge bringen und Termine für Beginn und Fertigstellung ermitteln und festlegen
Projektstrukturplan	Verantwortlichkeiten für die Arbeitspakete des Arbeitsstrukturplans festlegen
Projektablaufplan	Die Aufgaben im Terminplan den Personalressourcen zuordnen

> **Arbeitsstrukturplan**
>
> Arbeitsstrukturplan (WBS)   Der Arbeitsstrukturplan (engl.: work breakdown structure, WBS) gliedert sämtliche zur Erreichung des Projektziels notwendigen Schritte hierarchisch in Arbeitspakete.
> Arbeitspaket (AP)   Jedes Element des Arbeitsstrukturplans ist ein Arbeitspaket.

Wir verwenden den Begriff Arbeitspaket für alle Elemente des Arbeitsstrukturplans. Im Laufe des Projektfortschritts werden Arbeitspakete aufgeteilt (Verfeinerung des WBS) oder für eine übersichtlichere Darstellung zusammengefasst (Konsolidierung des WBS).

Jedes Arbeitspaket hat wohldefinierte

- Eingangsvoraussetzungen,
- Ergebnisse,
- Dauer,
- Aufwände und Ressourcenbedarf.

Es ist also ein kleines Projekt im Projekt.

Der Arbeitsstrukturplan wird im Allgemeinen wie in Abb. 10.2 gezeigt grafisch mittels einer hierarchischen Kästchenstruktur wie bei einem Organigramm dargestellt.

Der Arbeitsstrukturplan (WBS) stellt noch keine zeitliche Abfolge der Arbeitsschritte dar, sondern lediglich eine inhaltliche Zergliederung der Gesamtaufgabe. Dabei sollten die Arbeitspakete auf der niedrigsten Ebene jeweils einem Verantwortlichen zugeordnet werden können. Der WBS bildet die Grundlage für alle weiteren Planungsschritte.

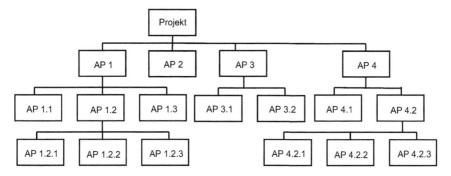

Abb. 10.2 Arbeitsstrukturplan (WBS)

Die Gliederung im Arbeitsstrukturplan (WBS) ist Ausgangspunkt für die

- Ressourcenplanung
- Zuordnung von Verantwortung
- Vergabe von Aufträgen
- Aufstellung der Zeit- und Terminpläne
- Planung und Kontrolle.

Wie detailliert sollten Arbeitspakete sein? Die Detaillierung des Arbeitsstrukturplans sollte weder zu grob (geringe Tiefe) noch zu fein (starke Detaillierung) sein. Bei sehr großen APs lassen sich Aufgaben und Verantwortung nur unzureichend zuordnen und Abweichungen schlecht erkennen. Bei zu detaillierten WBS und zu kleinen APs ergibt sich ein deutlich höherer Planungsaufwand. Häufig kommt es vor, dass APs im Projektverlauf noch weiter aufgeteilt werden, wenn die Planung sukzessive verfeinert wird.

Wichtig ist es, für jedes AP klar zu formulieren: Ziel/Ergebnis, Tätigkeiten, Kosten, Dauer, benötigte Ressourcen, Verantwortliche, Scope etc. Das Beispiel in Tab. 10.5 kann dabei helfen.

> Der Arbeitsstrukturplan ist nach der Zieldefinition die wichtigste Basis für die Planung eines Projekts.

Tab. 10.5 Exemplarischer Arbeitsstrukturplan Event (Auszug)

AP-Nr.	AP-Name	Ziel/Ergebnis, Kosten, Dauer, Verantwortliche …
1	Ziel und Teilnehmer festlegen	
1.1	Festlegung Eventstrategie	Eckpunkte der Strategie (1 Woche, Kernteam, 4 PTg)
1.2	Auswahl und Einladung Gäste	Einladungen versandt
1.2.1	Auswahl und Einladung VIP	Einladungsliste VIP, Design Einladungen, Einladungen versandt (3 Wochen, 2 Personen, Genehmigung durch Kernteam, 7 PTg)
…	…	
3.4.3.	Anreise	
3.4.4	Catering	

10.1.3.2 Zeit- und Terminplan

Der Einsatz von Zeit und Ressourcen in den einzelnen Phasen kann sehr unterschiedlich sein. Für die Planung sind Meilensteine wichtig. Ein Meilenstein ist ein wohldefiniertes Ereignis mit besonderer Bedeutung für das Projekt. Er kennzeichnet ein klar definiertes Teilergebnis, das zu einem bestimmten Termin erreicht sein muss.

> **Meilensteine**
>
> Meilensteine sind terminlich festgelegte Zeitpunkte. Sie müssen durch ein nachprüfbares Ergebnis definiert sein. Das Ergebnis kann formalisiert werden in Form von Kriterien wie
>
> - Review, Dokumentenprüfung
> - Test, Abnahme
> - Ende einer Phase

Netzplan

Für die Zeitplanung werden aus den einzelnen Arbeitspaketen (oder geeigneten Zusammenfassungen bzw. Abschnitten davon) Vorgänge. Außerdem muss die Dauer der einzelnen Vorgänge bestimmt werden.

Die Netzplantechnik bringt die Vorgänge in eine logische Reihenfolge und leitet daraus Termine ab. Das Grundprinzip basiert auf der Frage „Was kann gleichzeitig passieren?" bzw. „Was kann von der Ablauflogik her parallelisiert werden?". Analog dazu ist die Analyse der logischen Vorgänger-Nachfolgerbeziehung, d. h. der Frage „Welche Vorgänge oder Arbeitspakete müssen nacheinander durchgeführt werden?"

Diese Überlegungen sind die Basis für die Erstellung von Netzplänen.

- Wenn zwei Vorgänge gleichzeitig oder überlappend durchgeführt werden können, besteht keine logische Ablaufbeziehung.
- Bildet ein Vorgang (bzw. sein Ergebnis) die Voraussetzung für einen folgenden Vorgang, so muss er abgeschlossen sein, bevor mit dem nächsten begonnen werden kann. Damit ergibt sich eine logische Ablaufbeziehung zwischen diesen Vorgängen, die Nachfolgerrelation.
- Weitere zeitliche Zusammenhänge (Verzögerungen, Überlappungen) sind möglich.

Tab. 10.6 Berechnungsschema Meilensteine und Phasen

Meilenstein	Termin	Phase	Dauer
M_X	T_X	P_X	D_X
M_X+1	$T_X+1 = T_X + D_X$		

Tab. 10.7 Berechnungsbeispiel Meilensteine und Phasen

Meilenstein	Termin	Phase	Dauer
Projektstart	04.01.	Anforderungsanalyse	4 Wochen
Festlegung der Anforderungen	01.02.	Spezifikation	2 Monate
Festlegung der Spezifikation	01.04.	Implementierung	3 Monate
Produkt liegt vor	01.07.	Test	2 Monate
Abnahme	01.09.		

Phasen und Meilensteine

Ein ganz einfaches Beispiel liegt vor, wenn alle Vorgänge aufeinanderfolgen. Dann bezeichnen wir sie als Projektphasen. Die Meilensteine können dann den Beginn bzw. das Ende von Phasen kennzeichnen.

Die Berechnung ist dann sehr einfach, wie die Tab. 10.6 und das Beispiel eines Entwicklungsprojekts in Tab. 10.7 zeigen.

Gantt-Diagramm

Eine grafische Darstellung des Ablaufs ist das Gantt-Diagramm oder Balken-Diagramm Abb. 10.3. Dort werden die Vorgänge durch Balken entsprechender Länge dargestellt und terminiert (d. h. auf einen bestimmten Termin festgelegt). Die Nachfolgerrelation wird durch Pfeile dargestellt. Meilensteine sind im Allgemeinen. Beginn und/oder Anfang von Vorgängen.

10.1.4 Durchführung und Projektcontrolling

Wenn die Planungsphase abgeschlossen ist, kann die Umsetzung beginnen.

Zentrale Aufgaben während der Projektdurchführung sind das Umsetzen der geplanten Schritte und Aktivitäten, das Überwachen und das Steuern, d. h. die fortgesetzte Anpassung der Planung an den Projektfortschritt.

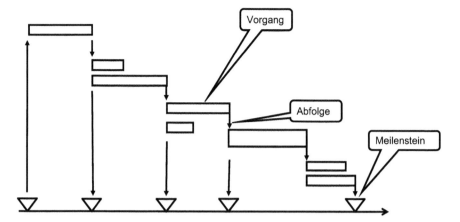

Abb. 10.3 Balkendiagramm (Gantt-Diagramm)

10.1.4.1 Controlling

Der Projektfortschritt muss stetig überwacht werden (Soll-Ist-Vergleich). Dabei stehen vor allem die Parameter des magischen Projektdreiecks im Vordergrund: Ergebnis, Ressourcen, Zeit (Abb. 10.1). Die Projektplanung wird dem aktuellen Informationsstand angepasst.

> **Projektcontrolling**
>
> Projektcontrolling beinhaltet die Maßnahmen zum Erreichen der Projektziele durch:
>
> - Feststellung des Ist-Zustands,
> - Soll-Ist-Vergleich, Feststellung der Abweichungen und Bewerten der Konsequenzen,
> - Vorschlagen von Korrekturmaßnahmen und Mitwirkung bei der Maßnahmenplanung,
> - Kontrolle der Durchführung.

Der englische Begriff „to control" meint dabei nicht nur kontrollieren, sondern auch „steuern" bzw. im technischen Sprachgebrauch „regeln". Die Aufgabe des Projektcontrollings besteht daher zum einen in der Kontrolle und Überwachung und zum anderen in der Steuerung des Projekts (im Sinne eines Regelkreises von Beobachtung und steuernden Eingriffen). Es gilt, das Projekt mithilfe des Projektplans auf Kurs zu halten.

Wichtige Schritte im Controlling sind

- Berichtswesen und Erfassung des Projektstands
- Soll-Ist-Vergleich im Projektdreieck und Feststellung der Abweichungen
- Bewerten der Konsequenzen
- Erarbeiten von Korrekturmaßnahmen und Maßnahmenplanung
- Kontrolle der Durchführung
- Kontrolle der Wirksamkeit

Auch wenn allen Projektmitarbeitern die Projektplanung bekannt sein sollte, muss der Projektleiter dafür sorgen, dass die Arbeitspakete planmäßig starten und die benötigten Ressourcen rechtzeitig bereitstehen. Auch gilt es, Störungen möglichst frühzeitig zu erkennen, indem regelmäßig der geplante Sollzustand mit dem Istzustand verglichen wird und mögliche externe Einflüsse beobachtet werden. Tritt ein unerwartetes Ereignis ein, müssen möglichst schnell Korrekturmaßnahmen ergriffen werden, insbesondere dann, wenn Arbeitspakete des kritischen Pfades betroffen sind.

In welchen Zeitabständen Controlling-Maßnahmen und Projektbesprechungen nötig sind, muss ebenso abgewogen werden. Bei längeren Projektlaufzeiten genügen häufig monatliche Intervalle, bei kürzeren wöchentliche oder 14-tägige. In kritischen Phasen können tägliche Treffen nötig sein. Daneben können die Meetings auch (zusätzlich) stichtagsbezogen abgehalten werden, beispielsweise nach jedem erreichten Meilenstein. Bei besonderen Vorkommnissen sollte jedoch nicht erst bis zum nächsten Meeting gewartet werden.

In Ergänzung zum klassischen Controlling, das eine Anpassung des Ist- an den Sollwert beinhaltet, muss im Projektmanagement das Projektdreieck mitberücksichtigt werden. Eine Anpassung eines der drei Parameter Qualität, Ressourcen und Termine ist zwar möglich, aber häufig muss das gesamte Projektdreieck angepasst werden (Hachtel und Holzbaur 2009).

> Projektcontrolling betrifft das gesamte Projektdreieck.

10.1.4.2 Kosten und Nutzen

Projektcontrolling verursacht Kosten. Wenngleich es viele Vorteile mit sich bringt, gilt es, das richtige Maß von Aufwand und Nutzen abzuwägen.

Das operative Projektcontrolling muss nicht vom Projektleiter übernommen werden, da insbesondere bei größeren Projekten der

Arbeitsaufwand weit überschritten werden würde. Die Projektleitung muss aber immer zeitnah informiert werden, um einen guten Überblick über den Projektstand zu haben.

10.1.4.3 Agiles Projekt

Die Anforderungen an die vereinbarten Ergebnisse und Leistungen können sich im Projektverlauf auch ändern. Gründe für eine Modifikation der Anforderungen oder Spezifikationen können sein:

- Änderungen in den Wünschen der Auftraggeber und Projektbeteiligten
- Ausgleich zwischen den Anforderungen im Projektdreieck
- Festgestellte Probleme in der Umsetzung von Vorgaben

Daher ist es sinnvoll, Stakeholdermanagement (siehe Abschn. 10.1.2.4) zu betreiben und sich nicht nur auf eine Stakeholderanalyse zu Projektbeginn zu begrenzen. Denn die Anforderungen und Meinungen können sich ändern. Es können neue Stakeholder auf den Plan treten und alte an Macht verlieren oder zunehmen. Diese Punkte sollten regelmäßig im Auge behalten werden.

10.1.4.4 Berichte und Dokumentation

Obwohl der Begriff Berichtswesen nach großen Projekten und Formalien klingt, sind die gegenseitige Information und die Dokumentation des Projekts in allen Projekten – selbst bei zwei oder drei Teilnehmern – notwendig. Auch die Regeln und Wege der Kommunikation müssen festgelegt werden. Wichtige Informationen sollten immer von denjenigen, die sie haben, zeitnah an diejenigen weitergegeben werden, die diese Informationen brauchen.

10.1.5 Projektabschluss

> No job is finished until the paperwork is done

Es ist geschafft, das Ziel ist erreicht – jetzt das Projekt noch erfolgreich abschließen. Die letzte Phase des Projekts, der Abschluss, wird häufig vernachlässigt, obwohl sie wichtig ist. Denn es geht hier zum einen um die Erfüllung des Auftrags, zum anderen um die Auswertung des Projektablaufs.

> **Projektabschluss**
>
> Der Projektabschluss ist das formale Ende eines Projekts. Er beschließt alle Tätigkeiten, die mit dem Projekt in Zusammenhang stehen – offiziell und theoretisch hört damit das Projekt auf, zu existieren.

Zum Projektabschluss sollte das Projekt auch vom Ablauf her kurz dokumentiert werden.

- Dokumentation intern
- Dokumentation gegenüber Kunden und Stakeholdern
- Finanzieller Abschluss

Weitere Punkte können sein:

- Überführung in einen Prozess
- Start von Nachfolgeprojekten
- Pressebericht
- Würdigung und Überleitung der Mitarbeiter
- Abschlussfeier: Wer arbeiten kann, soll (sich) auch feiern dürfen.

10.2 Projekte im Ehrenamt

Der Idealtypus eines Projekts ist der einer temporären Organisation, in die Mitarbeiter für eine bestimmte Zeit eingestellt oder abgeordnet werden.

In einer temporären Projektorganisation sind die Mitarbeiter

- nur mit diesem Projekt beschäftigt und
- dem Projektleiter/der Projektleiterin auch disziplinär unterstellt.

Projekte in der Praxis Die Praxis in vielen Projekten in Organisationen aller Art (Firmen, Schulen …) ist aber eine andere: Die Mitarbeiter im Projekt

- arbeiten zusätzlich an dem Projekt oder arbeiten an vielen Projekten gleichzeitig
- haben eine vom Projektleiter/der Projektleiterin unabhängige Hierarchie von Linienvorgesetzten.

Im Ehrenamt sind die Teammitglieder

- mit diesem Projekt nur in ihrer Freizeit beschäftigt und
- vom Projektleiter/der Projektleiterin absolut unabhängig.

Negativ formuliert:

- Die Mitarbeiter haben eigentlich was Wichtigeres zu tun
- Der Projektleiter hat gar nichts zu sagen.

10.2.1 Spezifika im Ehrenamt

Projekte im Ehrenamt haben einige Unterschiede zu hauptamtlichen Projekten (Tab. 10.8), wobei bei letzteren die Spanne zwischen Vollzeit-Projekten und Teilzeit-Projekten (Matrixstruktur, mehrere parallele Projekte …) sehr groß ist.

- Teilzeit
- Projekte im Ehrenamt sind im Allgemeinen teilzeitbasiert, d. h. die Beteiligten arbeiten (wie bei vielen Projekten in Unternehmen) nur zu einem Bruchteil der vollen Arbeitszeit im Projekt mit.
- Motivationsbasiert
- Projektleiter und Stakeholder haben im Allgemeinen keine Sanktionsmöglichkeiten.
- Freizeit
- Es besteht ein fließender Übergang zwischen Engagement und Freizeit im Gegensatz zur Work-Life- Abgrenzung work-life (Abschn. 9.3).

Professionell und kommerziell
Das Thema Professionalität haben wir in Abschn. 7.4.3 ausgeführt.

Tab. 10.8 Projekte im Ehrenamt

	Ehrenamt	Unternehmen
Grund der Mitarbeit	Ergebnis, Erfolg, Spaß	Gehalt, Karriere
Antrieb	Motivation	Sanktion
Einbindung	i. A. Teilzeit	Vollzeit bis Teilzeit

> **Wichtig**
>
> Kostenlos ist nicht umsonst und kommerziell ist nicht immer professionell. Professionell bedeutet vor allem „verlässlich", insbesondere, dass Verlässlichkeit eingefordert werden kann.

10.2.2 Projektstart

Im Ehrenamt (außer vielleicht bei großen Vereinen) gibt es keine Projektleitfäden oder organisatorische Rahmenbedingungen. Das Projekt wird durch diejenigen initiiert, die daran Interesse haben.

> Der Projektstart ist oft fließend. Eine klare Zielsetzung ist wichtig.

Die Definition von Projektzielen zum Projektstart ist besonders wichtig. Die meisten Projekte scheitern an einem unklaren Ziel oder einem unrealistischen Projektdreieck. Das unklare Ziel führt unweigerlich zu einer Fehleinschätzung von Terminen und Ressourcen.

Wie in Abschn. 10.1.2.1 dargestellt, können die Ecken des Projektdreiecks bei einem ehrenamtlichen Projekt

- durch die erkannte und aufgenommene Problemstellung vorgegeben sein,
- durch die organisatorischen Randbedingungen festgelegt sein,
- durch Verhandlungen vereinbart werden,
- durch das Projektteam selbst als Projektstart definiert werden.

10.2.3 Partizipation und Kommunikation

Ein wichtiger Aspekt der Nachhaltigen Entwicklung ist Partizipation.

10.2.3.1 Partizipation

Projekte für eine Nachhaltige Entwicklung sollten dies unbedingt berücksichtigen. Partizipation sollte deshalb

- im Projekt geplant und gelebt werden – ohne dieses damit zu lähmen.
- sich auch auf Strukturen generell und Entscheidungsfindungsprozesse beziehen.

- auch nach außen demonstriert und gelebt werden – soweit dies mit dem Ziel und Ablauf des Projekts verträglich ist.
- nicht nur auf gelegentliche Abstimmung „Ihr wollt das doch auch" beschränken.

Die Projektleitung und das gesamte Team sollten Partizipation und Wandel als Chance betrachten.

10.2.3.2 Kommunikation

Auch die Kommunikation im Projekt muss geplant werden: Wer erhält Informationen, wer gibt welche weiter? Dabei sollte die Kommunikation in mehreren Schalen geplant werden:

- Projekt-Team-intern
  Die interne Kommunikation im Team muss geplant werden. Wie soll vor allem das Reporting erfolgen soll: Wann sollen z. B. Zwischenberichte zum Bearbeitungsstand abgegeben werden? Wann soll über Schwierigkeiten berichtet werden? Regelmäßige Projektteamsitzungen haben im Ehrenamt das Problem, dass meist nicht alle dazukommen können. Da muss man die modernen Kommunikationsmöglichkeiten nutzen und synchron (Telefon, Chat) oder asynchron (E-Mail, Messenger) kommunizieren.
- Projekt-intern
  Für die externe Kommunikation mit Projektpartnern (Stakeholder, Sponsoren, Ämter) muss die Art und Weise sowie die Terminierung der Berichterstattung festgelegt werden. Hier kann man sich an den gesetzten Meilensteinen orientieren. Auch an die Erfassung der Informationen für die Projektdokumentation sollte bereits während der Vorbereitungsphase gedacht werden: Wer liefert welchen Beitrag in welcher Form wo ab?
- Öffentlichkeit
  Die externe Kommunikation sorgt für die Wahrnehmung des Projekts und der Projektergebnisse und trägt zur Wirkung des Projekts bei. Dies kann gegenüber Organisationen (Ämter, Vereine, Firmen, Gremien, Parteien) inklusive deren Repräsentanten oder gegenüber der Öffentlichkeit sein (siehe das Thema Öffentlichkeitsarbeit in Kap. 14). Durch die Möglichkeiten moderner Medien kann man diese Kommunikation außerordentlich schnell und effizient gestalten, jedoch ist die Konkurrenz

um Aufmerksamkeit der Öffentlichkeit sehr hoch (Informationsüberflutung), sodass man für eine effiziente Kommunikation gute Strategien braucht. Auf jeden Fall muss die externe Kommunikation im Projekt mit eingeplant sein und bei Meilensteinen und Aufwänden (WBS) berücksichtigt werden.

10.2.3.3 Reporting

Damit der Projektleiter schnell agieren kann, ist er natürlich auf ein gut funktionierendes Informationssystem angewiesen, das wahre, vollständige und zeitnahe Informationen liefert. Die Datenbeschaffung sollte auch in hektischen Zeiten von den Mitarbeitern nicht vernachlässigt werden.

Spätestens zu Beginn der Durchführung muss mit allen Mitarbeitern das „Reporting" (Berichtswesen) besprochen werden. Zunächst einmal muss der Umfang festgelegt werden: Was soll alles überwacht werden? Nur Termine oder auch Kosten bzw. Ressourcen? Sollen die Tätigkeitsverantwortlichen die Informationen liefern (Bringschuld) oder besorgt sich der für die Überwachung Zuständige die Informationen selbst (Holschuld)? Auf alle Fälle sollte die Erfassung der Istwerte einheitlich sein sowie das Verfahren zur Erfassung festgelegt und an alle vermittelt werden.

> Jeder Mitarbeiter muss wissen, wem er wann was auf welche Art berichten muss.

10.2.4 Ressourcen

Ressourcen im Projekt sind

- Personal (hier Teammitglieder)
- Geld
- Infrastruktur
- Information

10.2.4.1 Projektressourcen im Ehrenamt

Bei kommerziellen Projekten werden die Ressourcen typischerweise alle in Geld umgerechnet. Das ist die einfachste Methode, da hier Personal über das Gehalt sofort in Geld umgerechnet werden kann. Außerdem werden Personalaufwände von Unterauftragnehmern durch das Angebot unmittelbar in Geld ausgedrückt. Im Ehrenamt müssen wir differenzierter vorgehen. Im Ehrenamt haben wir keine Bezahlung, d. h. keinen festen Stundensatz, und ein fiktiver Stundensatz würde nur zu Verwirrungen führen, egal ob man 10 oder 100 € ansetzt. Es ist deshalb wichtig, die Personalressource als solche in einer geeigneten Einheit (Abschn. 10.2.4.3) als Planungsgrundlage zu nehmen.

Gleichzeitig müssen die eigenen finanziellen Ressourcen geplant, überwacht und gesteuert werden. Diese sind im Allgemeinen klein gegenüber den personellen Ressourcen, spielen aber für das Ergebnis eine wichtige Rolle.

Außerdem müssen Ressourcen betrachtet und gesteuert werden, die von Dritten zur Verfügung gestellt werden oder von den Teilnehmern einer Veranstaltung erhoben werden. Hier können die finanziellen Mittel in einer anderen Größenordnung liegen. Verantwortungen für Budgeteinhaltung und vorab ausgegebene oder vorgestreckte Mittel sind unbedingt im Vorhinein zu klären.

> **Veranstaltungsorganisation**
>
> Ein Projektteam möchte für die Bürger der Stadt die Teilnahme an einer in 200 km entfernten Veranstaltung organisieren. Geplant sind 1000 Teilnehmer.
> Die Hauptkosten sind Fahrtkosten und Teilnehmergebühren, für die das Team in Vorleistung gehen muss. Es muss so planen und vorgehen, dass auch bei Stornierungen das Budget eingehalten wird.

10.2.4.2 Personal im Ehrenamt

Mitarbeiter sind in den meisten Projekten die wichtigste (und bei kommerziellen Projekten meist die kostenintensivste) Ressource. Die Abschätzung des Personalaufwands ist also eine wichtige Aufgabe in der Projektplanung. Zunächst ist einzuschätzen, wie viele Arbeitstage ein AP benötigt. Dann ist zu überlegen, ob diese auf einen oder mehrere Teammitglieder aufzuteilen sind, um es schneller abschließen zu können. Projekte können allerdings nicht beliebig beschleunigt werden, und manche Aufgaben können nur von einer Person oder nur von einer Gruppe bearbeitet werden oder müssen sequentiell abgearbeitet werden. Daneben sind Qualifikation, Kapazität (zeitliche Verfügbarkeit) und Motivation der Teammitglieder zu berücksichtigen, da diese die Schnelligkeit und Qualität der durchgeführten Aufgabe maßgeblich beeinflussen.

Motivation statt Weisungsbefugnis
Projekte im Ehrenamt sind ergebnisorientiert, denn dies ist – neben der Freude an der Projektarbeit – das einzige, was das Team verbindet. Ein Team im Ehrenamt arbeitet zusammen, weil es an einem Ziel interessiert ist, nicht, weil es damit seinen Lebensunterhalt verdient.

Führung
Das Thema „Führung" bekommt im Ehrenamt eine andere Gewichtung. Je nach Struktur der Gruppe kann sie sehr locker organisiert sein, sodass nur eine informelle Führung besteht, oder sich selbst eine Organisation geben.

Wenn es keine formale Organisation gibt, nimmt meist trotzdem eine Person oder Teilgruppe die Organisation des Projekts in die Hand. Im Gegensatz zum „Führen ohne Auftrag" kann die Gruppe auch jemanden als Projektleitung auswählen.

Bei permanent bestehenden Gruppen ist das Projektteam ein Teil der Gruppe, der Projektleiter muss nicht der (ggf. informelle) Leiter oder Sprecher der Gruppe sein. Diese Situation ist gar nicht so verschieden von der im Unternehmen, wenn sich kleinere Projektgruppen spontan bilden.

Teamarbeit spielt im Ehrenamt dieselbe Rolle wie in beruflichen Projekten. Auf die Aufgabenverteilung und Rollenzuweisung ist genauso zu achten. Teamwork bedeutet nicht, dass keine Aufgaben und Verantwortlichkeiten verteilt werden.

> Teamfähigkeit bedeutet nicht, dass niemand bereit ist, Entscheidungen zu treffen und Verantwortung zu übernehmen.

10.2.4.3 Die Einheit HAT

Für die Projektplanung und Abschätzung kann man anstelle der Personenstunden oder Personentage eine für das Ehrenamt passendere Einheit wählen:

> **Die Einheit HAT = halber Arbeits-Tag**
>
> Ein HAT entspricht ca. 3 Personenstunden. Es ist ein übersichtlicher Zeitblock und beispielsweise
>
> - die Zeit, die man an einem halben regulären Arbeitstag produktiv arbeiten kann,
> - die Zeit, die man an einem Tag im Urlaub oder am Wochenende problemlos einbringen kann.
>
> Die Ressourceneinheit HAT ergibt sich wieder durch Multiplikation der Dauer mit der Anzahl Personen.

> **Die Zeit für einen HAT kann sein:**
>
> - Für Frühaufsteher 5–8 h
> - Verteilt über den Tag 7–8 + 13–14 + 19–20 h
> - Für Nachtmenschen 22 – 01 h
> - Für Teams 17–20 h
> - Außerhalb der Arbeitszeit 19–22 h
>
> Ein Team von drei Personen kann die Arbeit von einem HAT innerhalb von einer Stunde leisten.
>
> **Größere Einheiten**
> In den oben aufgeführten drei Stunden leistet ein Team von vier Personen dann 4 HAT.
> Die kontinuierliche Arbeit von 7 bis 21 Uhr mit zweimal einer Stunde Pause entspricht 3 HAT.

10.2.4.4 Kosten

Im Ehrenamt ist die Kostenplanung meist untergeordnet, da der Hauptaufwand „Personalkosten" nicht verrechnet wird. Die Personenstunde kann zwar in fiktive Kosten umgerechnet werden und als Basis für die Darstellung gegenüber Verwaltung, Presse und Mitwirkenden dienen, sie hat aber im eigentlichen Ehrenamt keine monetäre Bedeutung. In vielen Bereichen gibt es aber „Aufwandsentschädigungen" oder andere zeitbezogene Zahlungen.

Darüber hinaus entstehen monetäre Kosten in jedem Projekt. Die Kosten sind aber deshalb wichtig, weil im Allgemeinen kein großes Budget vorhanden ist oder Projektkosten im Ehrenamt von den Aktiven oder Sponsoren getragen werden.

Kosten sind im WBS anzusetzen. Wenn Kosten auftauchen, die im WBS nicht abgebildet sind, muss im Allgemeinen der WBS ergänzt werden. Je nach Projektgröße können die Kosten beispielsweise für Flyer, das Catering bei einem Event, Reisen oder benötigte Hard- oder Software einen großen Teil des Budgets ausmachen. Bei der Beschaffung von projektspezifischen Produkten und Dienstleistungen muss diese mit einer Spezifikation des zu beschaffenden Produkts oder der Dienstleistung und dem Einholen von Angeboten vorbereitet werden. Bei der Beschaffung von Verbrauchsmaterialien oder Waren nach Katalog ist dies einfacher, trotzdem müssen je nach Organisation bestimmte Abläufe eingehalten werden.

In jedem Projekt entstehen Aufwände in Form der Abnutzung von Geräten oder des Verbrauchs von Materialien. Häufig wird das im Ehrenamt ignoriert. Trotzdem muss man sich diese Kosten klarmachen und – auch als Argumentationshilfe oder für spätere Erstattungen – dokumentieren. Dies können beispielsweise sein:

- Nutzung von Räumen oder Fahrzeugen
- Nutzung von Maschinen und Infrastruktur
- Entnahme von Materialien aus einem Lager
- Verbrauch von privaten Materialien.

10.3 Vom Projekt zum Prozess

10.3.1 Verstetigung

Ein Projekt ist per Definition ein abgeschlossenes Vorhaben. Häufig ist aber ein Ziel des Projekts, dauerhafte Strukturen und Prozesse zu schaffen. Man muss also innerhalb des Projekts ein Teilprojekt „Verstetigung/Ergebnissicherung" einplanen, das den zukünftigen Prozess definiert, strukturiert, organisiert und die Steuerung und eine kontinuierliche Verbesserung sicherstellt.

Wir geben einige Beispiele:

> **Software: Entwicklung und Weiterentwicklung**
> Ein Projekt zur Erstellung einer App, Website oder Datenbank ist mit der Erstellung des Objekts nicht abgeschlossen. Pflege und Weiterentwicklung müssen möglich sein und der Zugriff auf die Quellen muss sichergestellt werden.

> **Event – einmalig oder regelmäßig**
> Wenn eine Gruppe ein Event plant und veranstaltet, wird häufig der Wusch laut, das Event jährlich zu veranstalten. Dazu ist eine gute Dokumentation notwendig und aus der Planungsgruppe muss jeweils eine Kern-Gruppe für das kommende Jahr bestimmt werden. Eine gute Dokumentation von Prozessen, Kosten, Mengen und Lessons Learned ist notwendig, damit nicht die Planung jährlich neu starten muss, sondern ein kontinuierlicher Prozess entsteht.
>
> Nach dem Event ist vor dem Event

> **Lokale Agenda 21 Aalen – vom Projekt zum Prozess**
> Nach der Initiierung und der ersten Arbeit in Projektgruppen hat sich gegen Ende des begleiteten Initialisierungsprozesses ein Strukturteam gefunden, das eine Arbeitsstruktur für den Agendaprozess festgelegt hat. Dieser Prozess besteht aus einem Agendarat (der für die Steuerung und kontinuierliche Verbesserung zuständig ist) sowie den Strukturelementen Agendabüro, Agendaparlament und den Agendagruppen, die selbständig Prozesse und Projekte umsetzen. Viele Projekte wurden auch in den Agendagruppen inzwischen verstetigt und in eine Prozessstruktur oder einen Verein überführt.

10.3.2 Prozesse gestalten

Generell ist insbesondere im ehrenamtlichen Bereich das Kernteam und dessen Kontinuität wichtiger als formale Beschreibungen und Prozesshandbücher.

Handbücher sind für größere Teams und längere Zeiträume wichtig, denn sie tragen zur Verstetigung bei und sorgen dafür, dass Lessons Learned in einen kontinuierlichen Verbesserungsprozess (KVP, CIP) einfließen. Statt formaler Handbücher kann man auch Checklisten verwenden.

10.3.2.1 Checklisten

Mit dem Einsatz von Checklisten können komplexe Projekte einfach und erfolgreich bearbeitet werden. Sie dienen als roter Faden.

Die Methode der Checklisten bietet eine Reihe von Vorteilen

- Sie gewährleistet, dass alle wichtigen Punkte, die für eine erfolgreiche Durchführung eines Projektes nötig sind, bedacht und bearbeitet werden.
- Die bearbeiteten Checklisten dokumentieren Vorgänge und Entscheidungen, wodurch eine Kontrolle und Nachvollziehbarkeit gewährleistet ist.

Die Checklisten dienen folgenden Zielen

- Aufgabenbezogen:
    - Festlegen von Zielen im Sinne einer Zielvereinbarung.
    - Systematische Zusammenstellung von Arbeitspaketen und Aufgaben.
    - Festlegen von Verantwortung und Kompetenz für die Aufgaben.
    - Dokumentation getroffener Entscheidungen, ob und wie eine Aufgabe durchgeführt wird.
- Entscheidungsbezogen:
    - Festlegen von Fakten und Rahmenbedingungen (z. B. angenommene Werte und Größenordnungen) im Sinne eines Konsenses unter den Projektbeteiligten.
    - Zwang zu Entscheidungen zum richtigen Zeitpunkt.
    - Dokumentation getroffener Entscheidungen (z. B. geplante Werte) als Basis für die weitere Arbeit und Dokumentation der Festlegung.
- Prozessbezogen
    - Definition von Schritten und Bearbeitern (wie in der Swimline (Abschn. 10.3.2.2)
    - Definition von Teilaufgaben (Unter-Checklisten)

In Checklisten kann nicht jede einzelne Teilaufgabe, die für die Erfüllung einer Gesamtaufgabe nötig ist, erwähnt werden, da dies zu einer Unübersichtlichkeit und einem unnötigen Bürokratismus führen würde. Jedoch müssen sie detailliert genug sein, um sicherzustellen, dass das Gesamtziel erreicht werden kann.

10.3.2.2 Prozessbeschreibungen

Eine Prozessbeschreibung muss die Abläufe klar definieren und dazu mehrere Aspekte im zeitlichen Ablauf zusammenbringen.

Komponenten der Prozessbeschreibung

- Aufgaben bzw. Teilprozesse und Tätigkeiten
  Aufgaben werden abgearbeitet:
  - Sequentiell: nacheinander
  - Iterativ: eine Menge von Aufgaben wird mehrmals bearbeitet
  - Alternativ: Aufgrund einer Entscheidung (Verzweigung) wird nur eine (Gruppe von) mehreren Aufgaben abgearbeitet
  - Parallel: Mehrere (Gruppen von) Arbeiten werden gleichzeitig oder zumindest zeitlich unabhängig bearbeitet.
- Personen in ihren Rollen (Funktionen)
- Entscheidungen
- Informationen

Prozessdarstellungen

Prozessdarstellungen sind wichtig, um Prozesse dokumentieren und kommunizieren zu können. Beispiele sind:

- Prozesskette: Aufeinanderfolge (Aneinanderreihen) von Prozesselementen, die beispielsweise grafisch dargestellt werden. Diese können auch parallel und geschachtelt sein Abb. 10.4).
- EPK: Ereignis-Prozess-Kette, in der Ereignisse (Entscheidungen) und Prozesse (Verarbeitung) sich abwechseln.

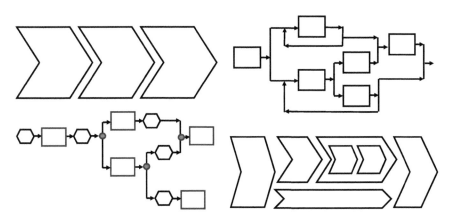

Abb. 10.4 Einfache Prozessdarstellungen

- Swimline: Grafische Darstellung von Prozessschritten (Zeitlicher Ablauf) und Akteuren mit ihren Ausgaben (Der Name kommt daher, dass die einzelnen Schwimmbahnen die Akteure repräsentieren).

10.3.3 Vom Prozess zur Struktur

Langfristig ist als Basis der Prozesse eine statische Struktur (Aufbauorganisation) als Basis der Prozesse (Ablauforganisation) notwendig.

Nachhaltigkeit im umgangssprachlichen Sinne erfordert nicht nur die Etablierung von Ablaufstrukturen, sondern auch die Sicherstellung von Nachfolgeregelung und Adaptionen (Kontinuierlicher Verbesserungsprozess).

Wir betrachten hier die Nachhaltigkeit im umgangssprachlichen Sinne des Dauerhaften.

Strukturen

Die wichtigen Festlegungen für eine Festlegung der Strukturen in einer Satzung oder Organisationshandbuch betreffen die Entscheidungsprozesse und Organe:

- Ziel und Zweck sind zentral. Sie sollten allgemein beschrieben werden.
- Der Prozess zur Änderung des Ziels und Zwecks muss klar sein und Flexibilität erlauben, er muss aber Willkür und „feindliche Übernahme" verhindern.
- Strukturen und Verantwortlichkeiten müssen klar beschrieben sein.
- Leitungsfunktionen und Entscheidungskompetenzen sind wichtig, Kontrollfunktionen ebenso.
- Adaptivität ist wichtig. Meta-Regeln für die Veränderung von Regeln müssen formuliert sein
- Eine Satzung kann nicht alle Probleme vorhersehen oder lösen. Die Grundprinzipien sollten klar sein.

> **Vereinsgründung**
>
> Den Deutschen wird ein Hang zu Vereinen nachgesagt, Vereine sind eine effiziente Art, Aktivitäten und Engagement zu verstetigen. Dies muss nicht zwingend ein eingetragener Verein (e. V.) sein, aber diese Konstruktion bietet gewisse Strukturen. Unabhängig davon können wir von der Vereinsgründung viel über den Aufbau von Strukturen als Basis langfristiger Prozesse lernen:
>
> - Das Ziel ist wichtig und sollte allgemein beschrieben werden (ggf. Gemeinnützigkeit und die Kriterien dafür beachten)
> - Die Rollen, Aufgaben, Rechte und Pflichten von Vorständen, Geschäftsführung, Abteilungen und Mitgliederversammlung müssen klar beschrieben sein.
> - Wichtig sind Kriterien für die Aufnahme und die Rechte und Pflichten der Mitglieder.
> - Keine Satzung kann alle Probleme vorhersehen oder lösen. Die Grundprinzipien und Änderungsregeln müssen klar sein. Eine Salvatorische Klausel verweist auf die Grundprinzipien und Absichten.
> - Auch die mögliche Auflösung muss geregelt sein.

Beispiel Agenda-Struktur

Wie bereits beschrieben wurde die Lokale Agenda 21 von einem Projekt in eine Prozessstruktur überführt. Diese ist nun selbsttragend. Die in Tab. 10.9 definierte Struktur und Aufgabenverteilung trägt den Prozess seit 2004. Sie wird hier exemplarisch für eine Struktur- und Aufgabenbeschreibung vorgestellt.

Die Nachhaltigkeit der Organisation erfordert auch eine Nachwuchsarbeit und die rechtzeitige Gewinnung und Einbindung potenzieller Nachfolger.

Beendigung

Eine wichtige Frage lautet: Ist es notwendig, dass die Organisation über einen beliebig langen Zeitraum existiert? Welche Kriterien gibt es für eine Beendigung? Was geschieht danach?

Beendigungsgründe können sein

- Das spezielle Ziel ist erreicht und kein allgemeineres übergeordnetes Ziel in der Satzung und durch die Mitglieder und Entscheidungsträger vorgesehen.
- Die Mitglieder sind sich einig, dass das Ziel erreicht ist oder nicht erreicht werden kann.

Tab. 10.9 Strukturelemente der Lokalen Agenda 21 Aalen

Strukturelemente	Aufgaben
Agenda-Parlament Das Agendaparlament ist oberstes Organ des Agenda-Prozesses. Teilnehmer sind alle Interessierte	Forum für neue Ideen und Gruppen Berät und beschließt Anträge Aufnahme/Aberkennung von Gruppen Impulsreferate und Informationen
Agenda-Büro Das Agendabüro unterstützt den Agenda-Prozess	Verwaltungsaktivitäten Informationen nach innen und außen Schnittstelle zur Verwaltung Haushalt
Agenda-Rat Der Agendarat ist Motor und Steuerung für den Agenda-Prozess.	Richtlinien Vertritt den Agenda-Prozess Planung des Prozesses und Agendaparlaments
Sprecher des Agenda-Rats Ansprechpartner für Verwaltung, Agenda-Büro und Presse.	Vertretung nach außen Leitung der Sitzungen Agendarat Dringende Aktivitäten und Entscheidungen
Agenda-Gruppen Die Agendagruppen sind die Träger des Agendaprozesses und der Agendaaktivitäten.	Agenda-Aktivitäten Aktive Mitwirkung im Prozess
Sprecher der Agenda-Gruppen Informationsdrehscheibe Vertretung im Agendaparlament	Information, Leitung, Schnittstelle Dringende Aktivitäten und Entscheidungen

- Das Ziel ist in der ursprünglichen Form nicht mehr relevant und soll nicht durch ein aktualisiertes Ziel ersetzt werden.
- Die Organisation ist aus personellen, rechtlichen oder finanziellen Gründen nicht mehr existenzfähig.

Auch die Konsequenzen einer möglichen Beendigung sollten festgelegt werden

- Was geschieht mit Vermögen/Schulden und Sachwerten?
- Wer übernimmt eventuelle Rechte?

10.4 Zusammenfassung

Projektmanagement

Nachhaltige Entwicklung geschieht nicht von selbst. Wir müssen sie bzw. die notwendigen Prozesse initiieren und umsetzen. Dazu ist Kompetenz im Bereich Projektmanagement notwendig.

Projektmanagement ist zunächst die erfolgreiche Durchführung eines Projekts zur Einhaltung der Vorgaben hinsichtlich des Ergebnisses, der Ressourcen und der Termine (magisches Projektdreieck). Darüber hinaus ist die Festlegung dieser Zielkomponenten und die Sicherstellung eines realistischen Projektziels im Projektdreieck eine wichtige Aufgabe am Beginn des Projekts.

Die wesentlichen Kompetenzen im Projektmanagement sind in Beruf und Ehrenamt ähnlich. Neben der Beherrschung der Projektmanagement-Werkzeuge sind die zentralen Elemente immer Führung, Kommunikation und das richtige Setzen von Zielen.

Literatur

Hachtel, G., & Holzbaur U. (2009). *Management für Ingenieure*. Wiesbaden: Vieweg + Teubner.

11

Nachhaltigkeit im Unternehmen
Wie nutzt man die unternehmerischen Möglichkeiten?

Unternehmen und allgemein Organisationen jeder Art haben bezüglich der Nachhaltigen Entwicklung eine wichtige Wirkung durch ihr Handeln, eine Vorbildfunktion und die Wirkung durch ihre Mitarbeiter. Unternehmen stehen aber durch ihre Auswirkungen auch im Brennpunkt der Nachhaltigkeitsdebatte und müssen sich entsprechend anpassen. Jede Führungs- und Entscheidungsebene und jeder einzelne Mitarbeiter ist bei der Umsetzung der Nachhaltigkeit bzw. Corporate Social Responsibility im Unternehmen gefragt. Insofern ist dieses Kapitel für jeden Manager, Arbeitnehmer und Selbständigen relevant.

11.1 Corporate Social Responsibility

Die Corporate Social Responsibility (CSR) ist im Unternehmen eher bekannt und akzeptiert als der Begriff Nachhaltigkeit. Wir gehen hier von wirtschaftlichen Unternehmen aus, die Grundprinzipien gelten auch für andere Organisationen.

11.1.1 Einbettung in die 3P

Einerseits kann eine Organisation in allen drei Säulen der Nachhaltigkeit (triple bottom line) aktiv werden und muss die drei Bereiche Ökologie, Ökonomie und Soziales berücksichtigen. Andererseits ist natürlich das Thema Wirtschaft stark mit den ökonomischen Aspekten der NE verknüpft.

Aus Sicht des Unternehmens kann man Tab. 6.1 umsetzen in eine Darstellung der Einbindung der Mikro-Sicht in die Makro-Ökonomie Tab. 11.1.

Von der Bilanz zur Triple Bottom Line

Die Triple Bottom Line (Abschn. 1.6.1) erweitert die klassische finanzielle Bilanz (bottom line) des Unternehmens um die beiden Aspekte ökologische und soziale Wirkung. Auch die makroökonomische gesamtwirtschaftliche Wirkung des Unternehmens ist mehr als nur der Profit, sondern zielt auf den Beitrag zu wirtschaftlichen Entwicklung und zum Wohlstand (Prosperity), vergleiche dazu die Gemeinwohlbilanz Abschn. 6.2.3 und Abschn. 11.2.1.3.

Wir greifen daher die Definition in Abschn. 6.1.3 aus Unternehmenssicht auf:

Triple Bottom Line des Unternehmens	
Triple Bottom Line	Die drei Elemente der Triple Bottom Line (Dreifache Bilanz) aus Sicht des Unternehmens sind durch die Begriffe Gesellschaft/People, Umwelt/Planet und Wirtschaft/Prosperity gegeben.
Gesellschaft/People	Beitrag zur gesellschaftlichen Entwicklung, Beschäftigung, Einkommen und Gerechtigkeit, Partizipation, Freiheit und Lebensgestaltung. Förderung der Gesellschaft.
Wirtschaft/Profit	Aufbau und Erhalt von Wirtschaftssystem und Wertschöpfung. Beitrag zu Kooperationen und Kreisläufen.
Umwelt & Ressourcen/Planet	Schutz der natürlichen Ressourcen, Erhalt und Förderung der Natur. Schutz der Umwelt.

Tab. 11.1 Unternehmen in der Mikro- und Makro-Ebene

	Makro	Mikro
Betrachteter Bereich	Gesamte Wirtschaft	Unternehmen
Wissenschaftliche Aspekte	Volkswirtschaftslehre (VWL)	Betriebswirtschaftslehre (BWL) Unternehmensführung
Hauptaspekte	Wirkungsmechanismen	Entscheidungen Prozesse im Unternehmen
Bezug zur Nachhaltigkeit	Drei-Säulen-Modell	Corporate Social Responsibility Nachhaltige Unternehmensführung
6P	Prosperity	Profit
Bezug im Buch	Kap. 6 Prosperity	Abschn. 11.2 NE im Unternehmen

11.1.2 Branchen und Bereiche

Nachhaltigkeit im Unternehmen steht hier für alle Arten von Organisationen und deren Nachhaltigkeitsaktivitäten.
Ein paar Vorabbemerkungen zu verschiedenen Organisationsformen:

- Industrieunternehmen: Produzierende Unternehmen haben durch ihre Produktionsaktivitäten und die Lieferkette wichtige Nachhaltigkeitswirkungen. Sie sind auch die klassischen und meist originären Zielgruppen von Normen wie der ISO 26000. Auch die EG-Öko-Audit-Verordnung EMAS war ursprünglich auf produzierende Unternehmen ausgerichtet.
- Handel und Banken: in diesen Branchen sind die indirekten Wirkungen wichtiger als die direkten Auswirkungen des Bürobetriebs. Insbesondere die Kriterien für die Produkt- und Lieferantenauswahl bzw. für die Investition und Kreditvergabe sowie die Informationen der Kunden sind relevant im Kontext der Nachhaltigen Entwicklung.
- Dienstleister: Dienstleister wirken durch ihre Dienstleistungen, durch ihr Personal, die Kommunikation sowie Bildungs- beziehungsweise Vorbildaspekte. Auch hier sind die indirekten Wirkungen entscheidender als der Bürobetrieb.
- Bildungseinrichtungen: Auch Bildungseinrichtungen sind Organisationen, die im Sinne einer Nachhaltigen Entwicklung ausgerichtet werden können und müssen. Wir werden dies bei Bildung für Nachhaltige Entwicklung (BNE) noch unter dem Begriff „Whole Institution Approach" Abschn. 12.2.3 betrachten.
- Vereine: Vereine setzen nicht nur Projekte im Ehrenamt um, sondern wirken auch in den vielfältigen Aktivitäten und Strukturen. Je nach Größe und Vereinszweck kann durch die Leitung und Geschäftsführung, Mitarbeiter und Mitglieder viel bewirkt werden.
- Verwaltungen: Das Handeln der Verwaltungen auf den unterschiedlichen Ebenen hat einen großen Spielraum und Wirkungsfaktor.

In jedem Unternehmen sind vielfältige Bereiche relevant

- Unternehmensführung, strategische Planung, Organisation, Kommunikation
- Finanzen, Controlling
- Marketing, Distribution, Werbung, Vertrieb, Verkauf
- Logistik, Materialwirtschaft, Einkauf, Beschaffung, Lagerhaltung, Transportwesen
- Produktion, Produktionsplanung, Kreislaufwirtschaft, Entsorgung, Recycling

- Bürobereich
- Gebäude, Versiegelung, Begrünung
- Personalwesen, Aus- und Weiterbildung, Motivation.

11.1.3 Unternehmen und Gesellschaft

Eine Organisation kann auf unterschiedlichen Pfaden auf die Gesellschaft wirken bzw. mit dieser in Beziehung treten. Die Hauptwirkungen kann man durch die vier L (4L) in Abb. 11.1 charakterisieren und grafisch darstellen:

- Leute: durch ihre Mitarbeiter, die selbst Teil der Gesellschaft sind: deren Aktivitäten im privaten, ehrenamtlichen und beruflichen Bereich und die Wirkung der Organisation auf die Mitarbeiter.
- Laufender Betrieb: durch die ökologischen, ökonomischen und sozialen Wirkungen der Tätigkeit des Unternehmens am Standort.
- Lieferanten: durch die gesamten Auswirkungen der Vorkette, die Tätigkeit der Lieferanten und deren Lieferkette, die Gewinnung und Verbrauch von Rohstoffen.
- Leistungen: durch die Wirkung der Produkte und Dienstleistungen eines Unternehmens (dazu gehören bei staatlichen Organisationen auch die hoheitlichen Aufgaben).

11.1.4 Drei Säulen – 6p

Wirtschaft ist nicht nur eine der drei Säulen bzw. der 3P der Triple Bottom Line, sondern die Triple Bottom Line (3P) ist ihrerseits für das Unternehmen zentral. In den drei Säulen kann das Unternehmen aktiv

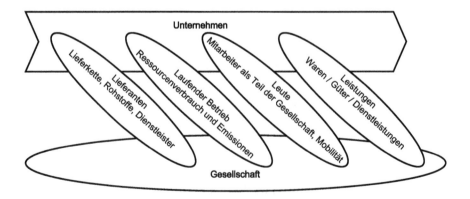

Abb. 11.1 4L Wirkungsbereiche des Unternehmens

werden, es kann und es muss diese bei seinen unternehmerischen Entscheidungen berücksichtigen (Tab. 11.2). Dies beinhaltet nicht nur leistende Maßnahmen nach außen, sondern alle internen Aktivitäten mit direkten und indirekten Auswirkungen.

Daneben gehören eine umfassende und ganzheitliche Betrachtung und die zukunftsorientierte Generationengerechtigkeit essenziell dazu. Der Bereich Kultur wird häufig dem Sozialen zugeordnet, umfasst aber natürlich

Tab. 11.2 Säulen der Nachhaltigkeit im Unternehmen

Profit/Prosperity	People	Planet
Wirtschaftliche Nachhaltigkeit:	Soziale Nachhaltigkeit:	Ökologische Nachhaltigkeit
Ökonomie: Erhalt von Wirtschaftssystem und Wertschöpfung zur Befriedigung der Bedürfnisse. Wirtschaftliche Nachhaltigkeit Hierunter wird der gesamte wirtschaftliche Beitrag des Unternehmens verstanden. Neben der Versorgung mit Gütern und Dienstleistungen sind die Erwirtschaftung von Wertzuwächsen und Steuern wichtige Beiträge des Unternehmens. Darunter fallen auch Aktivitäten zur Ausbildung und die Teilnahme an Aktivitäten von Gesellschaft und Wirtschaft, beispielsweise in Verbänden	Soziales: Kernelemente sind die Verteilungsgerechtigkeit und Partizipation sowie die Freiheit bei der Gestaltung des eigenen Lebens Unter diesen Bereich fallen alle Leistungen des Unternehmens für die Gesellschaft. Die Schaffung von Arbeits- und Ausbildungsplätzen, Sponsoring und Förderung gesellschaftlicher Institutionen sind wichtige Bereiche, in denen Unternehmen aktiv werden können. Auch die Wirkung der Produkte und ihrer Nutzung oder von Dienstleistungen hat wichtige Auswirkungen in diesem Bereich. Insbesondere sind hier auch die von Zulieferern und Dienstleister verursachten Auswirkungen zu berücksichtigen. Hierunter fällt auch die Wahrnehmung gesellschaftlicher Verantwortung durch das Unternehmen (Corporate Social Responsibility, CSR)	Ökologie: Bewahrung der natürlichen Ressourcen als Grundlage des Lebens und Wirtschaftens. Ökologische Nachhaltigkeit betrifft die Umweltauswirkungen im weitesten Sinne Auch die Auswirkungen auf Emissionen und Ressourcenverbräuche durch den Gebrauch der Produkte gehört dazu. Die Lieferkette (Supply Chain) und der Produktnutzen spielen ebenfalls eine wichtige Rolle

Tab. 11.3 Erweiterung von 3P zu 6P im Unternehmen

Peace	Permanence	Partnership
Gerechtigkeit Menschenwürde Politischer Einfluss Einfluss	Zukunftsorientierung Sustainable development vs. Sustainable Yield Bildung als Investition in die Zukunft Wissensmanagement	Partnerschaften Lieferkette (Supply Chain) Private-Public

Tab. 11.4 Portfolio unternehmensspezifische Nachhaltigkeit 6p

	Planet Ressourcen und Umwelt	People Gesellschaft, Kultur, Menschenrechte	Prosperity Wohlstand, Wirtschaft, Infrastruktur	Peace Gerechtigkeit, Politik	Permanence Zukunftsorientierung	Partnerschaften, Strukturen
Lieferkette						
Leute						
Laufender Betrieb						
Leistungen						

auch die Ökonomie und Bereiche der Ökologie. Die Wahrnehmung gesellschaftlicher Verantwortung durch das Unternehmen (Corporate Social Responsibility, CSR) umfasst die Berücksichtigung aller gesellschaftlichen Aspekte und Auswirkungen bei unternehmerischen Entscheidungen. Kurz könnte man sagen: „Nachhaltigkeit ist Bewahrung der menschlichen Kultur."

Auch hier kann man gemäß Tab. 11.3 die drei Säulen (3P) entsprechend ergänzen (6P). Diese überlappen sich, da z. B. der politische und kommerzielle Einfluss des Unternehmens sowohl den Aspekt Recht und Gerechtigkeit als auch die Partnerschaft mit Kommunen und Staaten, Lieferanten und Konsumenten, sowie Stakeholdern betrifft.

Die Matrix mit den 6P in Tab. 11.4 setzt Tab. 9.1 unternehmensspezifisch um

11.1.5 Sponsoring

Da Sponsoring als Maßnahme immer wieder auftaucht, sei es hier kurz betrachtet. Umgangssprachlich werden die Begriffe Spenden und Sponsoring häufig vermischt.

- Spenden von Unternehmen und Privatpersonen werden ohne eine direkte Gegenleistung vergeben (bezüglich der Erwartung von Gegenleistung müssten wir auf das mehrfach erwähnte Thema Korruption verweisen). Spenden sind unter bestimmten Bedingungen steuerlich absetzbar, ansonsten spricht man von Mäzenatentum.
- Sponsoring liegt vor, wenn die gesponsorte Organisation oder Person eine Gegenleistung erbringt, die der Kommunikation des Sponsors nützt. Damit wird das Sponsoring für ein Unternehmen zur Betriebsausgabe. Dies erfordert, dass die Leistungen des Gesponsorten für den Sponsor klar beschrieben werden.

Sponsoring

Aktives Sponsoring (Sponsor)	Der Sponsor bezahlt an den Gesponsorten einen Betrag (Geld, geldwerte Leistung) für eine konkrete Leistung.
Passives Sponsoring (Gesponsorter)	Der Gesponsorte gibt dem Sponsor die Möglichkeit, sich positiv zu positionieren, z. B. indem er ihm erlaubt, mit dem Namen oder Projekte des Gesponsorten bei seiner Zielgruppe zu werben bzw. zu kommunizieren.

Aktives und passives Sponsoring können sich ergänzen.

Eventsponsoring

Events können vom Sponsoring in beiden Richtungen profitieren:
- Aktiv: der Eventveranstalter sponsort eine Gruppe, Organisation oder Person, die bei der Zielgruppe ein positives Image hat.
- Passiv: ein Unternehmen sponsort das Event um bei den Besuchern (auf dem Event) und weiteren Interessenten (durch die Öffentlichkeitsarbeit des Events, des Sponsors oder Dritter) ein positives Image zu generieren.

11.2 Nachhaltigkeit und Unternehmensführung

Neben der Nachhaltigen Entwicklung als Ziel oder Rahmenbedingung des unternehmerischen Handelns gibt es den Begriff der Nachhaltigkeit in Bezug auf das Unternehmen selbst. Nachhaltige Unternehmensführung, dauerhafte Existenz und kontinuierliche Erträge sind auch das, was Carlowitz (1713) mit der „kontinuierlichen beständigen und nachhaltenden Nutzung" meint.

Hier steht der kontinuierlich, also nachhaltig (im umgangssprachlichen Sinne) zu erwirtschaftende Ertrag im Vordergrund. Daneben können Unternehmen auch wirklich im Sinne der Nachhaltigkeit geführt werden.

11.2.1 Gesamtwirtschaft und Gemeinwohl

Hier betrachten wir die Aspekte Nachhaltiger Ökonomie Abschn. 6.2 aus der Mikro-Perspektive des Unternehmens. Jedes Unternehmen kann zu einer global nachhaltigeren Wirtschaftsweise beitragen.

11.2.1.1 Unternehmen und Gesamtökonomie

Der ökonomische Aspekt der Nachhaltigkeit betrifft wie in Kap. 6 besprochen zunächst die Sicherstellung eines stabilen Wirtschaftssystems, das es heutigen und zukünftigen Generationen erlaubt, ihre Bedürfnisse zu befriedigen.

11.2.1.2 Wohlstand

Die Entkopplung von Wohlstand und negativen Wirtschaftswirkungen (Umweltzerstörung, Ressourcenverbrauch, soziale Folgen, Probleme der Gesamtwirtschaft) ist ein wichtiges Ziel für eine Erreichung der in der Brundtland-Definition (WCED 1987) geforderten Bedürfnisbefriedigung. Auch die Reduktion materieller Bedürfnisse und die Konzentration auf die Lebensqualität können zu dieser Entkopplung beitragen und neue Modelle des Wohlstands (Wohlstand 5.0) ermöglichen, die mit einer Nachhaltigen Entwicklung kompatibel sind.

11.2.1.3 Gemeinwohlökonomie

Das Konzept der Gemeinwohl-Ökonomie (GWÖ) geht davon aus, dass nicht das Geld bzw. der monetäre Umsatz das Erfolgskriterium einer Wirtschaft sind, sondern dass dabei die gesellschaftliche Wirkung im Vordergrund stehen soll.

Für das Unternehmen bedeutet das Gemeinwohlprodukt (GWP) bzw. die Analyse nach der Gemeinwohlmatrix eine Erweiterung vom klassischen monetären Gewinn (Bottom Line) zu einer ganzheitlichen Betrachtung des Ergebnisses unter Einbeziehung gesellschaftlicher und ökologischer Aspekte (Triple Bottom Line).

11.2.2 Nachhaltiges Wirtschaften

Aus Sicht der regionalen und globalen Auswirkungen muss nachhaltiges Wirtschaften auch die Auswirkungen auf andere Unternehmen (mikroökonomisch) und die regionale Wirtschaft bzw. Volkswirtschaft (makroökonomisch) umfassen.

Aus Sicht der Auswirkungen auf die heimische Wirtschaft sind beispielsweise regionale Wirtschaftskreisläufe zu schließen und für den Erhalt von Strukturen und Ausbildungssystemen zu sorgen.

Generationengerechtigkeit bedeutet auch, die Auswirkungen auf die zukünftige Wirtschaftentwicklung und Wirtschaftsstrukturen in Betracht zu ziehen.

11.2.3 Nachhaltiger Ertrag

Nachhaltige Ertragsfähigkeit oder „sustainable yield" ist nicht direkt Nachhaltige Entwicklung, aber damit verknüpft. Für ein Unternehmen bedeutet das, dass es auf lange Sicht die Wertschöpfung sicherstellen und einen Ertrag für die Anteilseigner (shareholder) erwirtschaften kann.

Langfristige Gewinnerwirtschaftung ist zwar eine Voraussetzung dafür, dass ein Unternehmen langfristig zur nachhaltigen Entwicklung beitragen kann, aber kein Garant für Nachhaltigkeit. Auch ein nicht nachhaltig oder gar kriminell wirtschaftendes Unternehmen kann bei passenden politischen Bedingungen auf Kosten der Gesellschaft und der anderen Unternehmen über längere Zeit Gewinne erwirtschaften.

Andererseits ist aber Nachhaltiges Wirtschaften kein Widerspruch zum langfristigen Unternehmenserfolg, sondern es trägt positiv dazu bei: Auch ein Unternehmen, das ökologisch (keine Ausbeutung der natürlichen Ressourcen und Belastung der Umwelt), sozial (keine Ausbeutung der Mitarbeiter, keine negative Auswirkungen auf Anwohner und andere Stakeholder) und ökonomisch (keine negativen volkswirtschaftlichen Auswirkungen, keine Ausbeutung der Geschäftsbeziehungen) Nachhaltig wirtschaftet, kann langfristig Gewinne erwirtschaften.

11.2.4 Nachhaltigkeit und Unternehmenserfolg

Nachhaltiges Wirtschaften bringt dem Unternehmen auch konkrete Vorteile. Die nachfolgenden Ergebnisse wurden vom Rat für Nachhaltige

Entwicklung unter dem Titel „Grün gewinnt: Nachhaltigere Unternehmen verkraften Finanzkrise besser" bereits 2009 publiziert:

> Börsennotierte Unternehmen, die sich in ihren Geschäften am Leitbild der nachhaltigen Entwicklung orientieren, verkraften die Folgen der Finanzkrise besser als ihre nicht-nachhaltig aufgestellten Wettbewerber. [...] Dietrich Neumann, Zentraleuropachef von A.T. Kearney, zieht aus der Untersuchung den Schluss, dass „die Aktienmärkte nachhaltigen Unternehmen eher zutrauen, die Krise zu bewältigen und vor allen Dingen auch langfristig – sprich: nach der Krise – weiterhin sehr erfolgreich zu sein".
>
> Der Erfolg der Nachhaltigkeitsvorreiter basiert den Autoren zufolge auf einer ganzen Reihe gemeinsamer Merkmale: So verzichteten die Unternehmen zugunsten einer langfristigen Strategie auf kurzfristige Gewinne, hätten eine in Nachhaltigkeitsfragen nicht beirrbare Unternehmensführung und teilweise langjährige Erfahrungen mit „grünen" Innovationen. Umweltfreundlichere Produktionsweisen seien bei den Vorreitern schon lange Standard.

Wörtlich nach: http://www.nachhaltigkeitsrat.de/index.php?id=4385 am 06.03.2009

11.2.5 Nachhaltigkeitsmanagement

Die Umsetzung von Nachhaltigkeit im Unternehmen erfordert ein ähnliches System wie das Qualitäts- oder Umweltmanagement (siehe ISO 26000 Abschn. 11.3). Dabei sind die folgenden Punkte wichtig:

- Managementaspekte
  - Organisationsführung (Governance)
  - Verantwortung der obersten Leitung
  - kontinuierliche Verbesserung
- Inhaltliche Aspekte
  - faire Betriebs- und Geschäftspraktiken
  - Menschenrechte, Arbeitspraktiken
  - Umweltschutz, Ressourcenschonung
  - Konsumentenanliegen, Produktverantwortung
  - Einbindung und Entwicklung der Gesellschaft.

11.2.5.1 Umweltmanagementsystem

Ale Einstieg und Modell betrachten wir das Umweltmanagement, das auf eine längere Erfahrung zurückblicken kann als das Nachhaltigkeitsmanagement. Grundlage war die Umweltorientierte Unternehmensführung (Winter 1987). Umweltmanagement ist der organisatorische und betriebswirtschaftliche Aspekt der umweltorientierten Unternehmensführung. Die normativen Grundlagen sind die EG-Öko-Audit-Verordnung EMAS (Eco management and auditing scheme) und die DIN EN ISO 14001. Kernpunkte von Managementsystemen sind die Umsetzung von Strategien und die kontinuierliche Verbesserung.

Begriffe zum Umweltmanagement

Umwelt	Umgebung, in der eine Organisation tätig ist; dazu gehören Luft, Wasser, Land, natürliche Ressourcen, Flora, Fauna, der Mensch sowie deren Wechselwirkungen.
Umweltaspekt	Derjenige Bestandteil der Tätigkeiten, Produkte oder Dienstleitungen einer Organisation, der in Wechselwirkung mit der Umwelt treten kann.
Umweltauswirkung	Jede Veränderung der Umwelt, ob positiv (Handabdruck) oder negativ (Fußabdruck), die das Ergebnis der Tätigkeiten, Produkte oder Dienstleistungen der Organisation ist.
Umweltmanagementsystem	Der Teil des übergreifenden Managementsystems, der die Organisationsstruktur, Planungstätigkeiten, Methoden, Verfahren, Prozesse und Ressourcen zur Entwicklung, Implementierung, Erfüllung, Bewertung und Aufrechterhaltung der Umweltpolitik umfasst.
Umweltpolitik	Erklärung der Organisation über ihre Absichten und Grundsätze in Bezug auf ihre umweltbezogene Gesamtleistung, welche einen Rahmen für Handlungen und für die Festlegung der umweltbezogenen Zielsetzungen und Einzelziele bildet

Positiv formuliert bedeutet dies, dass im Umweltmanagement nicht die ökologischen Aspekte, sondern Organisation und Führung als zentrale Aspekte des Managements betrachtet werden. Dabei ist klar, dass die umweltorientierte Unternehmensführung nur dann Sinn macht, wenn sie sich letztendlich an den Belangen der Umwelt, d. h. an den umweltbezogenen betrieblichen Leistungen orientiert.

Umweltmanagement betrachtet die an der Wirtschaftlichkeit und Führung orientierten Aspekte der umweltorientierten Unternehmensführung. Es ist die Antwort auf die Frage „Wie stellt man sicher, dass der Betrieb möglichst umweltfreundlich arbeitet?" und dient der Umsetzung der umweltorientierten Unternehmensführung im Betrieb.

11.2.5.2 Nachhaltigkeitsteam

Ein Umwelt- oder Nachhaltigkeits-Management muss „leben". Deshalb spielt das Nachhaltigkeitsteam bei der Einführung, Umsetzung und Verstetigung eines Nachhaltigkeitsmanagementsystems eine entscheidende Rolle. Das Nachhaltigkeitsteam fungiert als zentrales Forum für alle Nachhaltigkeitsfragen.

Grundprinzipen können sein:

- Das Nachhaltigkeitsteam fungiert als zentrales Beratungsforum für alle Nachhaltigkeitsfragen und alle nachhaltigkeitsrelevanten Aktivitäten.
- Das Nachhaltigkeitsteam plant den Nachhaltigkeitsmanagementprozess und legt das Nachhaltigkeitsprogramm fest.
- Das Nachhaltigkeitsteam sollte aus Vertretern der Leitung und Mitarbeitern aus allen Bereichen bestehen.
- Ein von der Leitung benannter Vertreter der Leitung muss im Nachhaltigkeitsteam Mitglied sein.
- Die Arbeitnehmervertreter sollten im Nachhaltigkeitsteam vertreten sein.
- Das Nachhaltigkeitsteam organisiert seine Arbeit selbst.
- Die Schnittstelle zwischen Nachhaltigkeitsteam und Leitung (Vertretern der Leitung im Team) muss durch die Leitung geklärt werden
- Das Nachhaltigkeits-Budget und die Kommunikation des Teams mit den Stellen des Unternehmens (Beratung, Vorschlag, Weisung) muss durch die Leitung festgelegt und kommuniziert werden
- Das Nachhaltigkeitsteam kann sich durch Projektteams (projektbezogene Teams mit ggf. externen Mitgliedern) ergänzen.
- Das Nachhaltigkeitsteam initiiert Aktionen und Veranstaltungen.

Das Nachhaltigkeitsteam sollte sich regelmäßig (real oder virtuell) treffen. Seine Aufgaben sind unter anderem:

- Auswahl und Formulierung von Nachhaltigkeitsschwerpunkten und Nachhaltigkeitszielen
- Auswahl von Maßnahmen für das Nachhaltigkeitsprogramm, insbesondere Festlegung von nachhaltigkeitsrelevanten Prozessen und Initiierung von nachhaltigkeitsrelevanten Schulungen.

- Bewertung der Elemente der ISO 26000 und der SDG nach ihrer Relevanz, Umsetzung in Programme
- Initiierung von Projekten und Maßnahmen
- Kommunikation nach innen (Mitarbeiter, Leitung)
- Kommunikation nach außen (Stakeholder, Öffentlichkeit) über die Abteilung Öffentlichkeitsarbeit
- Festlegung und Bestimmung der für das Unternehmen relevanten Kennzahlen (KPI)
- Durchführung von Audits, Bewertung der Ergebnisse
- Regelmäßiger Bericht an die Leitung

11.2.5.3 Managementprinzipien

Der Rat für Nachhaltige Entwicklung fasste bereits 2008 die Managementregeln für Nachhaltigkeit folgendermaßen zusammen:

- Jede Generation muss ihre Aufgaben selbst lösen und darf sie nicht den kommenden Generationen aufbürden. Zugleich muss sie Vorsorge für absehbare zukünftige Belastungen treffen.
- Erneuerbare Naturgüter (wie z. B. Wald oder Fischbestände) dürfen auf Dauer nur im Rahmen ihrer Fähigkeit zur Regeneration genutzt werden. Nicht erneuerbare Naturgüter (wie z. B. mineralische Rohstoffe oder fossile Energieträger) dürfen auf Dauer nur in dem Umfang genutzt werden, wie ihre Funktionen durch andere Materialien oder durch andere Energieträger ersetzt werden können.
- Die Freisetzung von Stoffen darf auf Dauer nicht größer sein als die Anpassungsfähigkeit der natürlichen Systeme – z. B. des Klimas, der Wälder und der Ozeane.
- Gefahren und unvertretbare Risiken für die menschliche Gesundheit sind zu vermeiden.
- Der durch technische Entwicklungen und den internationalen Wettbewerb ausgelöste Strukturwandel soll wirtschaftlich erfolgreich sowie ökologisch und sozial verträglich gestaltet werden. Zu diesem Zweck sind die Politikfelder so zu integrieren, dass wirtschaftliches Wachstum, hohe Beschäftigung, sozialer Zusammenhalt und Umweltschutz Hand in Hand gehen.
- Energie- und Ressourcenverbrauch sowie die Verkehrsleistung müssen vom Wirtschaftswachstum entkoppelt werden. Zugleich ist anzustreben, dass der wachstumsbedingte Anstieg der Nachfrage nach Energie, Ressourcen und Verkehrsleistungen durch Effizienzgewinne mehr als kompensiert wird. Dabei spielt die Schaffung von Wissen durch

Forschung und Entwicklung sowie die Weitergabe des Wissens durch spezifische Bildungsmaßnahmen eine entscheidende Rolle.
- Die öffentlichen Haushalte sind der Generationengerechtigkeit verpflichtet. Dies verlangt die Aufstellung ausgeglichener Haushalte durch Bund, Länder und Kommunen. In einem weiteren Schritt ist der Schuldenstand kontinuierlich abzubauen.
- Eine nachhaltige Landwirtschaft muss nicht nur produktiv und wettbewerbsfähig, sondern gleichzeitig umweltverträglich sein sowie die Anforderungen an eine artgemäße Nutztierhaltung und den vorsorgenden, insbesondere gesundheitlichen Verbraucherschutz beachten.
- Um den sozialen Zusammenhalt zu stärken, sollen

  - Armut und sozialer Ausgrenzung soweit wie möglich vorgebeugt werden,
  - allen Bevölkerungsschichten Chancen eröffnet werden, sich an der wirtschaftlichen Entwicklung zu beteiligen,
  - notwendige Anpassungen an den demografischen Wandel frühzeitig in Politik, Wirtschaft und Gesellschaft erfolgen,
  - sollten alle am gesellschaftlichen und politischen Leben teilhaben.

- Die internationalen Rahmenbedingungen sind gemeinsam so zu gestalten, dass die Menschen in allen Ländern ein menschenwürdiges Leben nach ihren eigenen Vorstellungen und im Einklang mit ihrer regionalen Umwelt führen und an den wirtschaftlichen Entwicklungen teilhaben können. Umwelt und Entwicklung bilden eine Einheit. Nachhaltiges globales Handeln orientiert sich an den Millenniums-Entwicklungszielen der Vereinten Nationen. In einem integrierten Ansatz ist die Bekämpfung von Armut und Hunger zu verknüpfen mit:

  - der Achtung der Menschenrechte,
  - wirtschaftlicher Entwicklung,
  - dem Schutz der Umwelt sowie
  - verantwortungsvollem Regierungshandeln

(Rat für Nachhaltige Entwicklung 2008).

11.2.5.4 Wirkungskategorien

Als einen ersten Ansatz für die Einbettung von Nachhaltigkeit in das Unternehmen kann man von den drei Säulen ausgehen. Man muss sie auf jeden Fall durch das Thema Management/Strategie ergänzen oder gleich in die Felder gemäß Tab. 1.4 verteilen. Wir erhalten so analog zu dem privaten Portfolio Tab. 9.1 ein Portfolio für das Unternehmen gemäß Tab. 11.5.

Tab. 11.5 Portfolio Nachhaltigkeitsaspekte – Aktions- und Wirkungsbereiche

	Mit-arbeiter	Umwelt/ Ressourcen	Gesell-schaft	Menschen-rechte	Wirt-schaft	Bildung
Management, Strategie						
Compliance						
Entwicklung, Forschung						
Marketing						
Produktion, Lager						
Leistungserbringung						
Einkauf, Lieferkette						
Vertrieb, Kunden						
Produktnutzung, Lebensdauer						
Recycling, Entsorgung						
Mitarbeiter						
Stakeholder, Finanzen, Investition						

11.2.5.5 Integriertes Managementsystem

Ein Nachhaltigkeitsmanagementsystem kann wie jedes andere Managementsystem aufgebaut werden. Es ist jedoch sinnvoller, die einzelnen Managementsysteme zu integrieren. Die gemeinsamen Prinzipien und Elemente von Managementsystemen können so genutzt und effizient im Unternehmen verankert werden. Die wichtigsten Grundelemente jedes Managementsystems sind im Folgenden kurz zusammengefasst, da sie auch für das Nachhaltigkeitsmanagement und integrierte Managementsysteme zentral sind.

Managementsystem	
Prozessorientierung	Ausrichtung des Managementsystems an der Gestaltung und Implementierung der Prozesse (Abschn. 10.3.2).
Strategieorientierung	Ausrichtung des Managementsystems an der Definition und Umsetzung der Vision und Mission des Unternehmens (Abschn. 8.1.1).
KVP/CIP	Kontinuierlicher Verbesserungsprozess/Continuous Improvement Process/Kontinuierliche Verbesserung: Prozess zur Weiterentwicklung des Managementsystems.
PDCA	Plan – Do – Check – (re-) Act: Zyklus mit dem das Managementsystem und Maßnahmen geplant, umgesetzt, reflektiert und verbessert werden.
KPI	Key Perfomance Indikator (Messgrößen/Kennzahlen für den Erfolg)

11.2.6 Nachhaltigkeitsberichterstattung

Die Nachhaltigkeitsberichterstattung ist zum einen Teil der Öffentlichkeitsarbeit Kap. 14 und zum anderen Berichterstattung gegenüber Kunden, Behörden, Shareholdern und anderen Stakeholdern. Nachhaltigkeitsberichterstattung baut auf einer Erfassung und Bewertung der Prozesse und Aktivitäten auf, analog zur Ökobilanz,

Beispiele für systematische Berichterstattung, die vor allem im Rahmen der Lieferkette wichtig sind:

- GRI: Die Global Reporting Initiative versucht eine gesamte und ganzheitliche Berichterstattung über nachhaltigkeitsrelevante Fakten und Aktivitäten von Unternehmen durch einen ausführlichen Index von zu berichtenden Aspekten zu erreichen.
- CDP: Ziel des Carbon Disclosure Project ist die Erfassung der Carbon Footprint (verursachte CO_2-Emissionen) aller Produkte. Dies muss sukzessive und rekursiv aufgebaut werden, da jede CO_2-Berechung die CO_2-Daten von Rohstoffen, Prozessen, Produkten und Infrastruktur benötigt.
- DNK: Der Deutsche Nachhaltigkeitskodex des Rats für Nachhaltige Entwicklung gibt einen Rahmen für die Berichterstattung vor. Er berücksichtigt sowohl inhaltliche Elemente (3P in den Bereichen Umweltbelange und Gesellschaft) als auch die Prozesse im Unternehmen (mit den Bereichen Strategie und Prozessmanagement).
- CSR-Richtlinie: diese erweitert die Berichtspflicht von Unternehmen um Nachhaltigkeitsaspekte.

Gesetz zur Stärkung der nichtfinanziellen Berichterstattung der Unternehmen in ihren Lage- und Konzernlageberichten (CSR-Richtlinie-Umsetzungsgesetz)
§ 289 c Inhalt der nichtfinanziellen Erklärung.

[…] Die nichtfinanzielle Erklärung bezieht sich darüber hinaus zumindest auf folgende Aspekte:

1. Umweltbelange, wobei sich die Angaben beispielsweise auf Treibhausgasemissionen, den Wasserverbrauch, die Luftverschmutzung, die Nutzung von erneuerbaren und nicht erneuerbaren Energien oder den Schutz der biologischen Vielfalt beziehen können,
2. Arbeitnehmerbelange, wobei sich die Angaben beispielsweise auf die Maßnahmen, die zur Gewährleistung der Geschlechtergleichstellung ergriffen wurden, die Arbeitsbedingungen, die Umsetzung der grundlegenden Übereinkommen der Internationalen Arbeitsorganisation,

die Achtung der Rechte der Arbeitnehmerinnen und Arbeitnehmer, informiert und konsultiert zu werden, den sozialen Dialog, die Achtung der Rechte der Gewerkschaften, den Gesundheitsschutz oder die Sicherheit am Arbeitsplatz beziehen können,
3. Sozialbelange, wobei sich die Angaben beispielsweise auf den Dialog auf kommunaler oder regionaler Ebene oder auf die zur Sicherstellung des Schutzes und der Entwicklung lokaler Gemeinschaften ergriffenen Maßnahmen beziehen können,
4. die Achtung der Menschenrechte, wobei sich die Angaben beispielsweise auf die Vermeidung von Menschenrechtsverletzungen beziehen können, und.
5. die Bekämpfung von Korruption und Bestechung, wobei sich die Angaben beispielsweise auf die bestehenden Instrumente zur Bekämpfung von Korruption und Bestechung beziehen können.

Abschließend stellen wir die Anforderungen des Deutschen Nachhaltigkeitskodex (DNK) vor.

Deutscher Nachhaltigkeitskodex

STRATEGIE

1. Strategische Analyse und Maßnahmen

Das Unternehmen legt offen, ob es eine Nachhaltigkeitsstrategie verfolgt. Es erläutert, welche konkreten Maßnahmen es ergreift, um im Einklang mit den wesentlichen und anerkannten branchenspezifischen, nationalen und internationalen Standards zu operieren.

2. Wesentlichkeit

Das Unternehmen legt offen, welche Aspekte der eigenen Geschäftstätigkeit wesentlich auf Aspekte der Nachhaltigkeit einwirken und welchen wesentlichen Einfluss die Aspekte der Nachhaltigkeit auf die Geschäftstätigkeit haben. Es analysiert die positiven und negativen Wirkungen und gibt an, wie diese Erkenntnisse in die eigenen Prozesse einfließen.

3. Ziel

Das Unternehmen legt offen, welche qualitativen und/oder quantitativen sowie zeitlich definierten Nachhaltigkeitsziele gesetzt und operationalisiert werden und wie deren Erreichungsgrad kontrolliert wird.

4. Tiefe der Wertschöpfungskette

Das Unternehmen gibt an, welche Bedeutung Aspekte der Nachhaltigkeit für die Wertschöpfung haben und bis zu welcher Tiefe seiner Wertschöpfungskette Nachhaltigkeitskriterien überprüft werden.

PROZESSMANAGEMENT

5. Verantwortung

Die Verantwortlichkeiten in der Unternehmensführung für Nachhaltigkeit werden offengelegt.

6. Regeln und Prozesse

Das Unternehmen legt offen, wie die Nachhaltigkeitsstrategie durch Regeln und Prozesse im operativen Geschäft implementiert wird.

7. Kontrolle

Das Unternehmen legt offen, wie und welche Leistungsindikatoren zur Nachhaltigkeit in der regelmäßigen internen Planung und Kontrolle genutzt werden. Es legt dar, wie geeignete Prozesse Zuverlässigkeit, Vergleichbarkeit und Konsistenz der Daten zur internen Steuerung und externen Kommunikation sichern.

8. Anreizsysteme

Das Unternehmen legt offen, wie sich die Zielvereinbarungen und Vergütungen für Führungskräfte und Mitarbeiter auch am Erreichen von Nachhaltigkeitszielen und an der langfristigen Wertschöpfung orientieren. Es wird offengelegt, inwiefern die Erreichung dieser Ziele Teil der Evaluation der obersten Führungsebene (Vorstand/Geschäftsführung) durch das Kontrollorgan (Aufsichtsrat/Beirat) ist.

9. Beteiligung von Anspruchsgruppen

Das Unternehmen legt offen, wie gesellschaftliche und wirtschaftlich relevante Anspruchsgruppen identifiziert und in den Nachhaltigkeitsprozess integriert werden. Es legt offen, ob und wie ein kontinuierlicher

Dialog mit ihnen gepflegt und seine Ergebnisse in den Nachhaltigkeitsprozess integriert werden.

10. Innovations- und Produktmanagement

Das Unternehmen legt offen, wie es durch geeignete Prozesse dazu beiträgt, dass Innovationen bei Produkten und Dienstleistungen die Nachhaltigkeit bei der eigenen Ressourcennutzung und bei Nutzern verbessern. Ebenso wird für die wesentlichen Produkte und Dienstleistungen dargelegt, ob und wie deren aktuelle und zukünftige Wirkung in der Wertschöpfungskette und im Produktlebenszyklus bewertet wird.

UMWELTBELANGE

11. Inanspruchnahme natürlicher Ressourcen

Das Unternehmen legt offen, in welchem Umfang natürliche Ressourcen für die Geschäftstätigkeit in Anspruch genommen werden. Infrage kommen hier Materialien sowie der Input und Output von Wasser, Boden, Abfall, Energie, Fläche, Biodiversität sowie Emissionen für den Lebenszyklus von Produkten und Dienstleistungen.

12. Ressourcenmanagement

Das Unternehmen legt offen, welche qualitativen und quantitativen Ziele es sich für seine Ressourceneffizienz, insbesondere den Einsatz erneuerbarer Energien, die Steigerung der Rohstoffproduktivität und die Verringerung der Inanspruchnahme von Ökosystemdienstleistungen gesetzt hat, welche Maßnahmen und Strategien es hierzu verfolgt, wie diese erfüllt wurden bzw. in Zukunft erfüllt werden sollen und wo es Risiken sieht.

13. Klimarelevante Emissionen

Das Unternehmen legt die Treibhausgas (THG)-Emissionen entsprechend dem Greenhouse Gas (GHG) Protocol oder darauf basierenden Standards offen und gibt seine selbst gesetzten Ziele zur Reduktion der Emissionen und die bisherigen Ergebnisse an.

GESELLSCHAFT

14. Arbeitnehmerrechte

Das Unternehmen berichtet, wie es national und international anerkannte Standards zu Arbeitnehmerrechten einhält sowie die Beteiligung der Mitarbeiterinnen und Mitarbeiter im Unternehmen und am Nachhaltigkeitsmanagement des Unternehmens fördert, welche Ziele es sich hierbei setzt, welche Ergebnisse bisher erzielt wurden und wo es Risiken sieht.

15. Chancengerechtigkeit

Das Unternehmen legt offen, wie es national und international Prozesse implementiert und welche Ziele es hat, um Chancengerechtigkeit und Vielfalt (Diversity), Arbeitssicherheit und Gesundheitsschutz, Mitbestimmung, Integration von Migranten und Menschen mit Behinderung, angemessene Bezahlung sowie Vereinbarung von Familie und Beruf zu fördern, und wie es diese umsetzt.

16. Qualifizierung

Das Unternehmen legt offen, welche Ziele es gesetzt und welche Maßnahmen es ergriffen hat, um die Beschäftigungsfähigkeit, d. h. die Fähigkeit zur Teilhabe an der Arbeits- und Berufswelt aller Mitarbeiterinnen und Mitarbeiter, zu fördern und im Hinblick auf die demografische Entwicklung anzupassen, und wo es Risiken sieht.

17. Menschenrechte

Das Unternehmen legt offen, welche Maßnahmen, Strategien und Zielsetzungen für das Unternehmen und seine Lieferkette ergriffen werden, um zu erreichen, dass Menschenrechte weltweit geachtet und Zwangs- und Kinderarbeit sowie jegliche Form der Ausbeutung verhindert werden. Hierbei ist auch auf Ergebnisse der Maßnahmen und etwaige Risiken einzugehen.

18. Gemeinwesen

Das Unternehmen legt offen, wie es zum Gemeinwesen in den Regionen beiträgt, in denen es wesentliche Geschäftstätigkeiten ausübt.

19. Politische Einflussnahme

Alle wesentlichen Eingaben bei Gesetzgebungsverfahren, alle Einträge in Lobbylisten, alle wesentlichen Zahlungen von Mitgliedsbeiträgen, alle Zuwendungen an Regierungen sowie alle Spenden an Parteien und Politiker sollen nach Ländern differenziert offengelegt werden.

20. Gesetzes- und richtlinienkonformes Verhalten

Das Unternehmen legt offen, welche Maßnahmen, Standards, Systeme und Prozesse zur Vermeidung von rechtswidrigem Verhalten und insbesondere von Korruption existieren, wie sie geprüft werden, welche Ergebnisse hierzu vorliegen und wo Risiken liegen. Es stellt dar, wie Korruption und andere Gesetzesverstöße im Unternehmen verhindert, aufgedeckt und sanktioniert werden.

www.deutscher-nachhaltigkeitskodex.de/de-DE/Documents/PDFs/Sustainability-Code/DNK_Broschuere_2017.aspx 2019-11-08.

Transparenz
Da es für Nachhaltigkeit keine Skalen gibt, ist die Transparenz bezüglich der nachhaltigkeitsbezogenen Aktivitäten und Wirkungen noch wichtiger als bei der Ökobilanzierung und Umweltberichterstattung.

11.3 ISO 26000

Gesellschaftliche Verantwortung umfasst mehr als die in Deutschland übliche Interpretation des Begriffs „sozial". Damit geht CSR auch weit über das soziale Engagement hinaus, es umfasst alle gesellschaftlichen Aktivitäten und berücksichtigt gesellschaftliche Aspekte und Auswirkungen bei allen unternehmerischen Entscheidungen. Die folgende Darstellung orientiert sich an der Norm ISO 26000. Zu diesem Kerndokument der CSR sind von verschiedenen Ministerien Leitfäden erschienen (BMAS 2011; BMU 2014).

11.3.1 Ausgangspunkt

Gesellschaftliche Verantwortung
Verantwortung einer Organisation für die Auswirkungen ihrer Entscheidungen und Aktivitäten auf die Gesellschaft und die Umwelt durch transparentes und ethisches Verhalten, das

- zur nachhaltigen Entwicklung, Gesundheit und Gemeinwohl eingeschlossen, beiträgt,
- die Erwartungen der Anspruchsgruppen berücksichtigt,
- anwendbares Recht einhält und
- im Einklang mit internationalen Verhaltensstandards steht,
- in der gesamten Organisation integriert ist und
- in ihren Beziehungen gelebt wird.

(ISO 26000).

11.3.2 Grundsätze

Grundsätze der Umsetzung gesellschaftlicher Verantwortung in ein Managementsystem sind nach ISO 26000:

- Rechenschaftspflicht:
  Eine Organisation sollte für die Auswirkungen ihrer Entscheidungen und Aktivitäten auf Gesellschaft, Wirtschaft und Umwelt die Verantwortung übernehmen und nachweisbar Rechenschaft ablegen.
- Transparenz:
  Eine Organisation sollte insbesondere dann transparent agieren, wenn ihre Entscheidungen und Aktivitäten einen Einfluss auf Gesellschaft oder Umwelt haben. Das umfasst eine glaubwürdige, offene, verständliche Kommunikation und Berichterstattung über Zweck, Art und Standorte der Aktivitäten einer Organisation.
- Ethisches Verhalten:
  Das Handeln einer Organisation sollte auf den Werten der Ehrlichkeit, der Gerechtigkeit und der Rechtschaffenheit beruhen.
- Achtung der Interessen von Anspruchsgruppen:
  Eine Organisation sollte ihre Anspruchsgruppen (Stakeholder) kennen und deren Interessen respektieren und berücksichtigen.
- Achtung der Rechtsstaatlichkeit:
  Eine Organisation sollte Recht und Gesetz unbedingt achten und einhalten

11.3.3 Struktur

Eine mögliche Strukturierung der ISO 26000, die sich an der Differenzierung von Makro- und Mikroökonomie anlehnt, zeigt Abb. 11.2.

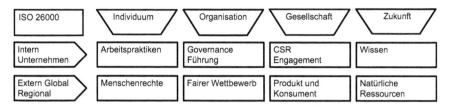

Abb. 11.2 Struktur ISO 26000

11.3.4 Kernthemen und Handlungsfelder

Die folgenden Kernthemen der ISO 26000 werden jeweils durch Handlungsfelder konkretisiert.

- Organisationsführung (Governance) als zentrales Kernthema, Prozesse und Strukturen
- Menschenrechte (z. B. Diskriminierungsverbot)
- Arbeitspraktiken (z. B. Tarife, Gesundheitsschutz)
- Umwelt (Ressourcennutzung, Anpassung an den Klimawandel, Schutz von Lebensräumen)
- Faire Betriebs- und Geschäftspraktiken (faires Handeln, Korruption, fairer Wettbewerb)
- Verbraucherangelegenheiten (z. B. ausreichende Informationen, Schutz von Kundendaten)
- Gesellschaftliche Einbindung (z. B. Investitionen zugunsten des Gemeinwohls, regionale Anbindung, Einbindung in Bildung und Kultur)

11.3.5 Handlungsfelder und Umsetzung

Die Handlungsfelder ergeben sich aus den Kernthemen.

11.3.5.1 Organisationsführung (Governance)

Erst eine wirkungsvolle Organisationsführung, d. h. die formelle und die „gelebte" Führung und Steuerung einer Organisation, ermöglicht es, Maßnahmen zu den inhaltlich orientierten Kernthemen umzusetzen,

Jede Organisation sollte deshalb für das Umsetzen formale und informelle Mechanismen etablieren und entsprechende Ansätze in bestehende Systeme und Prozesse integrieren. Sie ermöglichen es, bei allen Entscheidungen gesellschaftliche Verantwortung wahrzunehmen.

11.3.5.2 Menschenrechte

Die Achtung der Menschenrechte ist die Grundlage für alle Maßnahmen und Aktivitäten.

Jede Organisation sollte für die Achtung der Menschenrechte Sorge tragen und dort, wo es ihr möglich ist, auch Maßnahmen zur Förderung und zum Schutz dieser Rechte ergreifen.

Handlungsfelder sind:

- Gebührende Sorgfalt (Due Diligence)
- Menschenrechte in kritischen Situationen
- Mittäterschaft vermeiden
- Missstände beseitigen
- Diskriminierung und schutzbedürftige Gruppen
- Bürgerliche und politische Rechte
- Wirtschaftliche, soziale und kulturelle Rechte
- Grundlegende Prinzipien und Rechte bei der Arbeit

11.3.5.3 Arbeitspraktiken

Die Arbeitspraktiken von Organisationen haben einen großen Einfluss auf die Achtung der Rechtsstaatlichkeit und das in einer Gesellschaft herrschende Gerechtigkeitsgefühl. Gesellschaftlich verantwortliche Arbeitspraktiken werden als unverzichtbar für soziale Gerechtigkeit, Stabilität und Frieden erachtet.

Handlungsfelder:

- Beschäftigung und Beschäftigungsverhältnisse
- Arbeitsbedingungen und Sozialschutz
- Sozialer Dialog
- Gesundheit und Sicherheit am Arbeitsplatz
- Menschliche Entwicklung und Schulung am Arbeitsplatz

11.3.5.4 Umwelt

Handlungsfelder:

- Vermeidung der Umweltbelastung Hier finden wir das gesamte Thema Umweltschutz wieder. Je nach Unternehmen muss man Produktion und Logistik, aber auch die Nutzungsphase und Entsorgung der Produkte und

die Wirkungen von Dienstleistungen, Unternehmensaktivitäten und Mitarbeitern berücksichtigen.
- Nachhaltige Nutzung von Ressourcen:

  - Ressourcenverbrauch
  - Produktion
  - Lieferkette
  - Regenerative Ressourcen: Anbau und Nutzung
  - Nichtregenerative Ressourcen

- Abschwächung des Klimawandels und Anpassung: Hier stehen drei Aspekte zusammen (Tripelstrategie Abschn. 8.2):

  - Klimaschutz, d. h. der Beitrag des Unternehmens zum Klimaschutz durch Einsparung von Treibhausgasen. Hier ist vor allem CO_2 zu betrachten, auch bei anderen Stoffen muss die Treibhauswirkung berücksichtigt werden.
  Hauptaspekte sind Prozesse, Verbrennungsprozesse, Heizung und Mobilität/Logistik.
  - Beitrag zum langfristigen Klimaschutz und zu einer Null-Emissions-Strategie.
  - Anpassung/Resilienz: Die Anpassung des eigenen Unternehmens an zu erwartende Folgen des Klimawandelns und der Beitrag des Unternehmens zu lokalen und regionalen Resilienz. Neben Temperaturänderungen sind z. B. Änderungen der Niederschlagsverteilung und der Luftströmungen zu erwarten. Dabei geht es nicht nur um die Mittelwerte, sondern auch um die zeitliche und räumliche Verteilung bzw. zu erwartende Extremereignisse.

- Umweltschutz, Artenvielfalt und Wiederherstellung natürlicher Lebensräume

  - Umweltschutz im Sinne eines Umwelt- und Biotopschutzes, Biodiversität.
  - Auf dem eigenen Gelände oder durch Förderung von Maßnahmen lokal und in anderen Ländern.

11.3.5.5 Faire Betriebs- und Geschäftspraktiken

Im Kontext gesellschaftlicher Verantwortung beziehen sich faire Betriebs- und Geschäftspraktiken darauf, wie eine Organisation ihre Beziehung zu anderen Organisationen (Zulieferer, B2B-Kunden, Wettbewerber) gestaltet.

Handlungsfelder:

- Korruptionsbekämpfung in Gesellschaft, Unternehmen und Wirtschaft
- Verantwortungsbewusste politische Mitwirkung. Keine Korruption durch eigene Macht und Einfluss
- Fairer Wettbewerb
- Gesellschaftliche Verantwortung in der Wertschöpfungskette

11.3.5.6 Konsumentenanliegen

Organisationen, die Dienste oder Waren anbieten oder verkaufen, haben dafür die Verantwortung gegenüber dem Abnehmer oder Nutzer. Dazu gehören das Vermitteln korrekter Informationen sowie die Aufklärung über die Nutzung und etwaige Risiken einer Dienstleistung oder eines Produkts. Ebenso sollten Organisationen einen nachhaltigen Konsum fördern.

Handlungsfelder:

- Faire Werbe-, Vertriebs- und Vertragspraktiken sowie sachliche und unverfälschte, nicht irreführende Informationen
- Schutz von Gesundheit und Sicherheit der Konsumenten
- Nachhaltiger Konsum
- Kundendienst, Beschwerdemanagement und
- Schutz und Vertraulichkeit von Kundendaten
- Sicherung der Grundversorgung
- Verbraucherbildung und Sensibilisierung

11.3.5.7 Einbindung und Entwicklung der Gemeinschaft

Eine Organisation sollte die Gemeinschaft in ihre Aktivitäten einbeziehen, damit sie einen positiven Beitrag zu deren Entwicklung leisten kann. Sowohl diese Einbindung als auch die angestrebte Entwicklung der Gemeinschaft sind integraler Bestandteil Nachhaltiger Entwicklung. Hier haben wir den Kern und die offensichtlichste direkte Umsetzung der gesellschaftlichen Verantwortung des Unternehmens (CSR).

Handlungsfelder:

- Einbindung der Gemeinschaft
- Bildung und Kultur
- Schaffen von Arbeitsplätzen und berufliche Qualifizierung

- Technologien entwickeln und Zugang dazu ermöglichen
- Schaffung von Wohlstand und Einkommen
- Gesundheit
- Investition zugunsten des Gemeinwohls

11.3.5.8 Unternehmerische Gesamtstrategie

Die hier genannten Kernthemen bilden das heutige Verständnis gesellschaftlicher Verantwortung ab und werden als grundsätzlich relevant für jede Organisation angesehen. Im Rahmen gesellschaftlicher Entwicklungen können sich diese Kernthemen jedoch weiterentwickeln oder es können neue Themen und Handlungsfelder hinzukommen.

Die Umsetzung erfolgt durch Managementsysteme und Verbesserungszyklen (KVP).

11.4 Unternehmensbereiche und Branchen

Wir betrachten als Beispiele die Wertschöpfungskette und die Bereiche Beschaffung, Produktion und Entwicklung als wichtigste und relativ allgemeingültige Aspekte produzierender Unternehmen sowie die Branchen Tourismus, Events und Bildungseinrichtungen.

11.4.1 Wertschöpfungskette und Beschaffung

Die Nachhaltigkeitswirkung von Unternehmen ist nicht auf den Bereich des eigenen Betriebs beschränkt. Wichtige Nachhaltigkeitswirkungen kommen

- von den nachgelagerten Schritten:
  - Distribution, Verkauf und Vertrieb
  - Nutzung durch den Kunden
  - Entsorgung und Recycling
- von den vorgelagerten Schritten
  - Beschaffung und Lieferlogistik
  - Supply Chain Management
  - Herstellung
  - Rohstoffgewinnung

Die ersten Punkte hatten wir beim Thema Lebenszyklusbilanz schon betrachtet. Auch die ISO 26000 betont die Verantwortung für den Produktnutzen und die Information des Kunden.

Sowohl im Handel als auch in der Wertschöpfungskette produzierender Unternehmen ist die Vorkette (Supply Chain) wichtig und teilweise entscheidend. Auch hier werden wichtige Punkte in der ISO 26000 angesprochen. Gerade bei einer Produktion in Ländern des globalen Südens sind Umweltschutz, Klimaschutz und Menschenrechte als zentrale Punkte zu beachten.

Beschaffung

Wichtige Nachhaltigkeitskomponenten für das Beschaffungswesen (Einkauf) sind:

- Beschaffung nach NE-Kriterien
- Verantwortung für die Lieferkette
- Ganzheitliche Abwägung

Fairtrade

Fairer Handel ist ein Wirtschaften, bei dem der Händler nicht seine Macht ausnutzt um Lieferbedingungen zu diktieren, sondern den Lieferanten und Kooperationspartnern insbesondere in Ländern des globalen Südens – günstigere „faire" Lieferbedingen gewährt. Fairer Handel ist mit flankierenden Maßnahmen und Auflagen begleitet.

Fairer Handel wird dem Endverbraucher gegenüber durch Siegel oder überwachende Institutionen dokumentiert.

11.4.2 Kalkulation und Marketing

Viele Ansätze für Nachhaltigkeit zeichnen sich dadurch aus, dass in der bereits betrachteten Wertschöpfungskette mit Rohstoffen begonnen wird, die durch die Berücksichtigung sozialer, ökologischer oder ökonomischer Nachhaltigkeitsaspekte einen höheren Preis haben. Hier kann ein Nachdenken über die betriebswirtschaftlichen Grundlagen die Preiskalkulation für Nachhaltige Produkte günstiger machen. Auch die Verteilungsschlüssel für Fixkosten und variable Kosten können überdacht werden. Dies betrifft auch die Preiskomponente (Kontrahierung) des Marketing-Mix.

Die klassische Zuschlagskalkulation reicht diesen Preisunterschied über eine Zuschlagskalkulation proportional weiter. Dies ist aber im Allgemeinen nicht gerechtfertigt, wenn die nachgelagerten Prozessschritte dieselben Kosten verursachen oder beispielsweise im Marketing sogar Einsparungen möglich sind.

> **Zuschlagskalkulation und Prozesskostenrechnung**
>
> Wenn der Einkaufspreis für ein traditionelles T-Shirt 2 € und der Verkaufspreis 20 € beträgt, ist der Zuschlagsfaktor 900 % oder 18 €. Die Frage ist nun, ob man ein für 3 € eingekauftes T-Shirt für 30 € (Zuschlagssatz), 21 € (Prozesskosten) oder aus strategischen Gründen mit geringerer Marge, geringeren Verpackungskosten oder geringeren Marketing-Kosten für 19 € verkauft.
> Pro Tasse Kaffee (2 €) entfallen auf das Kaffeepulver etwa 1/20 der Kosten. Wenn nun statt konventionellem Kaffee (10c) ein fair gehandelter Bio-Kaffee (15c) verwendet wird, ist die Frage, ob der Preis für die Tasse Kaffee dann auf 3 € oder auf 2,05 € steigen muss.

Auch die Internalisierung externer Kosten und die Berücksichtigung von gesamtwirtschaftlichen, gesellschaftlichen und ökologischen Effekten im Sinne der Triple Bottom Line (Abschn. 4.3) bzw. Gemeinwohlökonomie (Abschn. 6.2.3) sind Ansätze für eine nachhaltigkeitsorientierte Betriebswirtschaft.

11.4.3 Produktentwicklung

Entwicklung ist im Unternehmen die Umsetzung der Möglichkeiten (aus der Technologie, Forschung) in Produkte, die vom Markt nachgefragt werden. In der Entwicklung liegen die wichtigsten Hebel für eine Nachhaltigkeitsgerechte Produktion und Nutzung.

Die Ansprüche des Kunden steigen generell. Während im industriellen Umfeld die Kunden zunehmend qualitätsorientiert werden, ist im Massenmarkt die „Geiz ist geil"-Variante und eine Schnäppchenmentalität zu beobachten. Trotzdem gibt es in beiden Märkten immer mehr Kunden, die auch auf die Nachhaltigkeit Wert legen. Dabei spiel natürlich die in Abschn. 11.3 betrachteten Elemente der ISO 2600, insbesondere die Lieferkette, eine wichtige Rolle. Auf der anderen Seite sind es Produkteigenschaften wie die Langlebigkeit, Reparaturfreundlichkeit und Recyclingfähigkeit, die wesentlich durch die Produktentwicklung beeinflusst werden.

11.4.3.1 Engineering

Das ingenieurmäßige strukturierte Vorgehen in einzelnen begründeten Schritten dient als Vorbild für den Entwicklungsprozess eines (industriellen) Produkts. Auch wenn wir uns im Moment den Ablauf eines Entwicklungsprojektes nicht im Detail betrachten wollen, müssen wir uns an der fortschreitenden Verfeinerung in den Phasen der Entwicklung orientieren.

11.4.3.2 Anforderungsanalyse

In der Anforderungsanalyse wird untersucht, welche Anforderungen das zu entwickelnde Produkt erfüllen soll. Das kann man sich in der Form vorstellen, dass man das Problem analysiert, welches das Produkt für den Kunden löst (Soll-Ist-Analyse). Die Anforderungsanalyse muss systematisch alle Anforderungen erfassen.

Stakeholderanalyse: Wichtig ist, sich nicht nur mit dem aktuellen Kunden, sondern mit zukünftigen Kunden und mit aktuellen und zukünftigen Anspruchsgruppen zu beschäftigen. Dazu gehört auch, gesellschaftliche, wirtschaftliche, technische und politische Entwicklungen im Auge zu behalten.

Anforderungen können sich beziehen auf

- Funktionen und Eigenschaften: was?
- Mengen und Größen: wie viel?
- Aufgabe und Zweck: wozu?
- Nutzer und Bediener: für wen?
- Bedeutung und Priorisierung der Anforderung: wie wichtig?

11.4.3.3 Spezifikation

Die Spezifikation dient dazu, die Leistungen des Produkts zu beschreiben. Es ist sehr wichtig, dabei die Gesamtheit der Leistungen zu erfassen und gleichzeitig keine Implementierungsdetails vorwegzunehmen.

Die Spezifikation legt das Produkt fest – nicht in seiner Ausführung, sondern in seinen Eigenschaften, Merkmalen und Leistungen, in seinem Systemverhalten bzw. in seiner Reaktion auf die Umwelt. In den späteren Entwicklungsphasen werden dann die Details des Produkts immer feiner beschrieben (spezifiziert), bis die einzelnen Teile oder Komponenten so genau beschrieben sind, dass sie aufgrund der Beschreibung eindeutig implementiert und realisiert (produziert, gekauft) werden können.

Die Spezifikation beschreibt die Eigenschaften des zukünftigen Systems. Sie ist also ein Modell.

11.4.3.4 Entwurf

Der Entwurf ist der herausforderndste, flexibelste und kreativste Teil des Produktentstehungsprozesses. Und der Entwurf ist diejenige Phase, in der strategische Entscheidungen getroffen werden, die auf Umweltfreundlichkeit und Nachhaltigkeitswirksamkeit von Produkt, Nutzung und Produktion entscheidenden Einfluss haben.

Die hohe Komplexität des Entwurfsprozesses kommt daher, dass die aus den Anforderungen abgeleitete Spezifikation (WAS wollen wir?) nun umgesetzt werden muss in eine Implementierung (WIE wird es gemacht?). Aufgrund der Komplexität und Kreativität ist der Entwurf wohl die fehleranfälligste Phase. Andererseits steht der Entwurf in der Fehlerfortpflanzung noch so weit vorne, dass Fehler immense Auswirkungen haben können. Deshalb ist der Entwurf ein kritischer Punkt in der Produktentwicklung.

Im Laufe des Entwurfsprozesses sind viele Entscheidungen zu treffen. Wichtig ist, diese Entwicklungen explizit wahrzunehmen und zu treffen. Dabei müssen nach der Art und Bedeutung der Entwicklung diese Entscheidungen mehr oder weniger ausführlich vorbereitet, durch optimierende Verfahren unterstützt und entsprechend dokumentiert werden. Auch dabei gibt es wieder mehrere Möglichkeiten des Vorgehens, im Wesentlichen die sukzessive Verfeinerung und die komponentenweise Entscheidung.

Umweltgerechter Entwurf
Kriterien für einen umweltfreundlichen Entwurf können sein:

- Umweltgerechte Produktion, Energieeinsparung, Ressourceneinsparung, Emissionsminderung in der Produktion
- Umweltgerechte und erneuerbare Rohstoffe
- Verwendung von Kreislaufmaterial (Recyclingmaterial) in der Produktion
- Lebensdauerverlängerung. Reparaturfreundlichkeit
- Umweltgerechte Produktnutzung, Energieeinsparung, Ressourceneinsparung, Emissionsminderung in der Nutzung
- Ermöglichen von umweltgerechtem Gebrauch
- Kreislauffähigkeit (Wiederverwendung, Lebensdauer, Recycling), Einheitliche Materialzusammensetzung, Zerlegbarkeit, Trennbarkeit, Materialkennzeichnung.

11.4.4 Produktion

Die Produktion ist der typische Bereich für umweltrelevante Analysen und die Frage von Arbeitsbedingungen. In der Produktion werden meist große Mengen an Rohstoffen über mehrere Schritte in Produkte umgewandelt. Viele Normen und Richtlinien wie die ISO 9001 oder EMAS (EG-Öko-Audit Verordnung) haben sich stark an produzierenden Unternehmen ausgerichtet.

Im Bereich der Produktion ist schon vieles erreicht worden. Auch deshalb, weil man Produktionsprozesse über einen kontinuierlichen Verbesserungsprozess im Laufe der Zeit nachhaltiger machen kann. Hier betrachten wir exemplarisch die Umweltschutzmaßnahmen in der Produktion. Im Laufe der Zeit ist man vom nachsorgenden zum produktions- und produktintegrierten Umweltschutz übergegangen.

Nachsorgender Umweltschutz
Nachsorgender oder additiver Umweltschutz, auch „End-of-the-pipe-Technology" genannt, versucht, die Belastungen durch die Emissionen zu verringern. Beispiele sind Kläranlagen oder Luftfilter.

Integrierter Umweltschutz
Im produktionsintegrierten Umweltschutz wird durch technische Maßnahmen ein Entstehen von Schädigungspotenzialen vermieden und der Ressourcenverbrauch möglichst reduziert. Beispiele sind: Änderungen im Produktionsprozess, Kreislaufführung, Kaskadierung.

Produktintegrierter Umweltschutz
Im produktintegrierten Umweltschutz wird auch der Produktnutzen in die Planung mit einbezogen (Lebenszyklusanalyse). Durch umweltgerechte und recyclinggerechte Konstruktion wird die Umweltbelastung über den gesamten Lebenszyklus vermindert. Beispiel: Durch Planung der Verwendung einheitlicher und gekennzeichneter Materialien und eine leichtete Zerlegbarkeit des Produkts wird ein hochwertiges stoffliches oder rohstoffliches Recycling gefördert.

11.4.5 Tourismus

„Der Tourismus zerstört seine eigenen Grundlagen" dieses Schlagwort ist die Basis für eine Definition von Nachhaltigem Tourismus als „Tourism that takes full account of its current and future economic, social and environmental impacts, addressing the needs of visitors, the industry, the environment and host communities" (UNWTO 2005), d. h. einer Konzentration auf die lokale Wirkung in der und auf die Destination.

Im Sinne der Nachhaltigen Entwicklung wirkt der Tourismus lokal und global, sodass wir Nachhaltigen Tourismus durchaus im Sinne der Brundtland-Definition (WCED 1987) in seiner Wirkung für aktuelle und zukünftige Generationen verstehen können:

Definition

Nachhaltiger Tourismus   Nachhaltiger Tourismus erlaubt es Touristen und Akteuren der heutigen Generation, den Tourismus zu nutzen und davon zu profitieren, ohne die Chancen heutiger und zukünftiger Generationen zu gefährden, an den jeweiligen touristischen Destinationen ihre Bedürfnisse zu befriedigen.

Diese Definition von nachhaltigem Tourismus orientiert sich an der jeweiligen Destination. Daneben sind beim Tourismus natürlich mit Nachhaltigkeitsaspekte wir Umwelt, Klima, Menschenrechte … zu beachten. Der Tourismus muss immer in der Wechselwirkung Tourist – Destination – touristische Wertschöpfungskette gesehen werden.

Tourismus

Destination	Destination ist das räumliche Gebiet, in das man reist. Die Destinationen lassen sich bis hinunter zur einzelnen Location auffächern.
Die Location	ist ein Ort, der durch eine wirtschaftlich handelnde Organisation vertreten wird.
Touristische Wertschöpfungskette	Die touristische Wertschöpfungskette umfasst alle Produkte und Dienstleistungen im Rahmen der Reise von der Information und Buchung über den Transport und den Aufenthalt in der Destination.

Nachhaltigkeitsziele sind:

- für die Destination: Erhalt eines lebenswerten Umfelds, insbesondere der Kommune und Region mit den Aspekten Umwelt und Ressourcen, Soziales und Kultur und wirtschaftliche Strukturen.
- für die Location: zukunftsorientiertes Wirtschaften und gesellschaftliche Verantwortung.

Nachhaltigkeitsfaktoren von Locations
Nachhaltigkeitsfaktoren von Locations sind:

- Strategie und Vision
- Energie und Umwelt
- Barrierefreiheit
- Mitarbeiter
- Beschaffungskette
- Produktmix
- Mobilität
- Marketing

Wirkungsaspekte aus Sicht der Location
Wirkungsaspekte aus Sicht der Location sind:

- Umwelt und Klima
- Natur und Landschaft
- Lokale Wirtschaft und Gesellschaft
- Lokale Kultur
- Bildung
- Inklusion
- Anreise

Nachhaltigkeitsaspekte in der Informationsphase
Schon In der Informationsphase können Alternativen bezüglich nachhaltigkeitsrelevanter Aspekte aufgezeigt werden, wie beispielsweise:

- Nachhaltigkeitsfreundliche Komponenten bei der Zusammenstellung der gesamten Reise
- Bildungskomponenten und zusätzliche Erlebnismöglichkeiten
- Kompensation von negativen Effekten
- Auswahl von nachhaltigen Mobilitätsangeboten, Catering und Unterkunft

Nachhaltige Angebote
Als ein Beispiel geben wir die Darstellung der Nachhaltigkeitszertifikate Viabono (Deutschland, seit 2001) und TourCert (weltweit, seit 2004).

> **Viabono – Was ist nachhaltiger Tourismus?**
>
> Eine Reise bedeutet in erster Linie Erholung und Urlaub, Vergnügen und Unterhaltung, das Öffnen neuer Horizonte und das Bewundern von fremden Sehenswürdigkeiten und Landschaften. Das Urlaubsgefühl wird perfekt, wenn die Reisenden nachhaltig unterwegs sind. Das bedeutet, die negativen Spuren, die der Tourismus hinterlassen kann, möglichst zu reduzieren. Dies ist möglich beim Ausstoß von klimawirksamen Emissionen bei der An- und Abreise, bei der Zerstörung der Landschaft oder der Beeinträchtigung der Bevölkerung in der Reisedestination. Das Ziel lautet, auch weiterhin das wirtschaftliche, soziale und ökologische Wohlergehen der Destination zu gewährleisten, bei dem die Wünsche und Bedürfnisse des Reisenden, der Industrie, der Umwelt und der Gastgemeinschaft voll berücksichtigt werden. Die Folge ist eine authentische Destination mit einer lebendigen Kultur und erlebbaren Traditionen, die allen gegenwärtigen und zukünftigen Urlaubern eine intakte und sehenswerte Natur bietet. So stehen auch der Wiederkehr ins Urlaubsparadies alle Türen offen.
> (www.viabono.de/nachhaltiges-reisen.html).

> **TourCert Nachhaltiger Tourismus**
>
> Alle Akteure des Tourismus, von den Reiseunternehmen über Destinationen bis hin zu den Reisenden, sollen in den Prozess einbezogen werden. In der Praxis bedeutet dies auch, Tipps für einen respektvollen Umgang mit der Natur, der lokalen Kultur und Bevölkerung zu geben, lokale Angebote zu unterstützen, auf umweltfreundliche Mobilität zu setzen, die Transportwege zu reduzieren und alle Partner vor Ort in den Prozess einzubeziehen und zu informieren.
> (www.tourcert.org/).

11.4.6 Event

Feiern ist unmittelbar und ein menschliches Bedürfnis und Teil der Kultur. Events sind wichtige Aktivitäten im privaten und öffentlichen Bereich. Deshalb betrachten wir hier die Nachhaltigkeit von Events, was sich auch auf private Veranstaltungen übertragen lässt.

11.4.6.1 Nachhaltige Events

Nachhaltig im umgangssprachlichen Sinne wirken Events dann, wenn sie bei den Beteiligten einen lang anhaltenden Eindruck hinterlassen. Diese Nachhaltigkeit ist aber Kern des Eventmanagements („Ich erinnere mich an keine Veranstaltung, die nicht ein Event gewesen wäre – alle anderen habe ich vergessen" (Holzbaur et al. 2010).

> **Beispiel**
>
> Die vielfältige Bedeutung des Begriffs Nachhaltig lässt sich an den möglichen Antworten auf die Frage „Was ist ein nachhaltiges Event?" aufzeigen: Die Eigenschaft „nachhaltig" kann ein Event bezeichnen, welches
> - lange andauert
> - wiederholt wird
> - immer wieder wiederholt wird
> - im Gedächtnis bleibt
> - eine langfristige Wirkung erzielt
> - langfristig eine positive Wirkung erzielt
> - die Nachhaltige Entwicklung berücksichtigt
> - zu den Nachhaltigkeitszielen beiträgt
> - im Sinne der Nachhaltigen Entwicklung wirkt
> - lokal und global zu einer Nachhaltigen Entwicklung beiträgt

Eine nachhaltige Wirkung sollte mit einem tiefen und positiven Eindruck einhergehen. Dafür sind die Berücksichtigung der Erlebnisorientierung, der Stakeholderanforderungen und der Nachhaltigen Entwicklung essenzielle Faktoren. Neben der erwähnten nachhaltig positiven Wirkung kann die Nachhaltige Entwicklung Ziel oder Randbedingung sein, die Hauptwirkung kann aus dem Events oder dem Bildungseffekt kommen.

Die Integration von Eventmanagement und Nachhaltigkeit hat zwei wichtige Ansätze: Einerseits im Eventmanagement die Nachhaltigkeit im Sinne der positiven Wirkung und der Nachhaltigen Entwicklung zu berücksichtigen und zu unterstützen und andererseits durch Events die Bildung für Nachhaltige Entwicklung zu fördern.

11.4.6.2 Event und Nachhaltige Entwicklung

Events zeichnen sich dadurch aus, dass sie etwas Zusätzliches in das Leben der Menschen bringen und damit etwas, was „eigentlich überflüssig" ist. Damit geraten sie schnell in die Kritik von Menschen, die diese Ressourcenverschwendung kritisieren. Andererseits ist Feiern und das gemeinsame Erleben ein menschliches Grundbedürfnis, und Events sind eine effiziente Methode des Erlebens und der Kommunikation.

Nachhaltige Entwicklung ist nicht Ressourcensparen um jeden Preis, sondern ein gesamtheitlicher Prozess, dessen Ziel eine lebenswerte Zukunft ist. Für jedes Fest, jeden Urlaub, jede Freizeitaktivität, jedes Festessen stellt sich die Frage, ob dies „notwendig" ist. Die Nachhaltige Entwicklung bedeutet auch den Erhalt der Kultur, und dazu gehören Kommunikation und Erlebnisse. Es geht also nicht um eine Vermeidung, sondern um einen verantwortlichen Umgang mit Festen und Freizeitaktivitäten. Die Wertschöpfung und Schaffung von Arbeitsplätzen ist zwar keine Absolution für Aktivitäten aller Art, aber die wirtschaftliche und soziale Nachhaltigkeit sind wichtige Säulen einer tragfähigen Entwicklung.

Nicht zuletzt ergibt sich aus der Bedeutung der Kultur für die Nachhaltigkeit auch ein wichtiger Aspekt des Erlebnisses als Teil der Bedürfnisbefriedigung und von Events als Teil der Kultur.

11.4.6.3 Nachhaltige Wirkung von Events

Nachhaltigkeit und Events haben mehrere Wechselwirkungen:

- Die Berücksichtigung von Nachhaltigkeitsaspekten in der Eventgestaltung (Green Events).
- Der Einsatz von Events zur Unterstützung von (Bildung für) Nachhaltiger Entwicklung.
- Nachhaltige Entwicklung als explizites Ziel von Events.
- Nachhaltigkeit in der Unternehmensführung und im strategischen Eventmanagement.

Die Nachhaltigkeitswirkung von Events kann durch entsprechende Planung umgesetzt werden. Die Wirkungen von Events sind nicht nur die direkten und unmittelbaren (zeitlich und räumlich dem Event zuordenbaren), sondern auch mehrere Arten indirekter und mittelbarer Wirkungen:

- über die Besucher und den indizierten Tourismus,
- über die Liefer- und Wertschöpfungskette,
- über die Informations- und Bildungseffekte.

Wirkungsketten

Wichtig und offensichtlich sind im Event zunächst die direkten Effekte wie Energieverbrauch, Inklusion und Wertschöpfung. Daneben gibt es viele indirekte Effekte, wobei der Begriff „indirekt" sich auf verschiedene Mechanismen beziehen kann:

- Indirekte Effekte: zuordenbare Wirkung durch Aktivitäten der Planung, Vor- und Nachbereitung
- Induzierte Wirkungen durch Besucher (Anreise und Tourismus)
- Induzierte Wirkungen durch die Lieferkette (Supply Chain, Beschaffung, Logistik)
- Indirekte Wirkungen durch Information, Bildung, Vorbild und Kommunikation über Besucher und Medien.

Die Abb. 11.3 fasst die Wirkungsketten zusammen

Teilbereiche

Wichtige Teilbereiche sind:

- Logistik und Mobilität (An- und Abreise, Mobilität vor Ort),
- Gastronomie und Catering (Kochen, Verpflegung, Bewirtung), Gebäude,
- Eventtechnik und Personal,
- Regionale und nachhaltige Beschaffung.

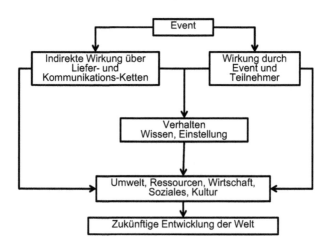

Abb. 11.3 Wirkungen von Events auf die Nachhaltigkeit

> **Catering**
> Nachhaltigkeitsaspekte im Catering können durch das oben definierte Stichwort SERVUSS zusammengefasst werden:
> - Saisonal: Verwendung von Produkten, die gerade geerntet werden
> - Eco: Produkte aus ökologischem Landbau oder verantwortlicher Landwirtschaft
> - Regional: Verwendung lokaler Produkte
> - Vegetarisch oder Vegan: Reduktion von Fleisch und tierischen Produkten
> - Umweltfreundlich: Berücksichtigung von Material- und Energieverbrauch, Müllvermeidung
> - Soziokulturelle Aspekte: Religion (Halal, Kosher, etc.), keine Ausgrenzung
> - Service: Berücksichtigung von Darbietungsformen, Geschirr etc.

11.4.6.4 Nachhaltigkeit im Eventmanagement

Ein wichtiger Aspekt in der Wechselwirkung von Nachhaltigkeit und Events ist die Berücksichtigung der Nachhaltigen Entwicklung als Randbedingung für die Organisation und Durchführung des Events.

Eventmanagement umfasst die gesamte Planung und Durchführung von Veranstaltungen. Die Verantwortung des Veranstalters für das Event ist allumfassend und kann nicht abgegeben werden. Die Besucher und die Öffentlichkeit rechnen dem Veranstalter alle positiven und negativen Ereignisse zu, eine Entschuldigung durch Delegation ist nicht möglich. Der Manager ist für das (Fehl-)Verhalten seiner Mitarbeiter verantwortlich. Einweisungen, Motivation und Kontrolle im angemessenen Umfang sind notwendig.

Heute reicht es nicht mehr, eine Veranstaltung „durchzuziehen. Viele interessierte Gruppen (Stakeholder) haben Ansprüche an die Veranstaltung. Das strategische Ziel des Events muss klar herausgearbeitet werden, die Definition der Ziele bezüglich finanziellem Ertrag und Imagegewinn, direkten und indirekten Ergebnissen ist für jedes Event wichtig. Eine klare Strategie muss die Rolle der Nachhaltigkeit berücksichtigen, nach innen klarstellen und umsetzen und nach außen kommunizieren.

Die für das nachhaltige Eventmanagement wichtigen Aspekte sind:

- Ressourcenschonung und Energieverbrauch beim Event und im Umfeld (Anreise, Kommunikation), Schutz der natürlichen Umwelt und Erhaltung der Biodiversität an den Veranstaltungsorten (Locations),
- soziale und wirtschaftliche Aspekte bezüglich Mitarbeitern und Teilnehmern, Partizipation durch Teilhabe in der Planung und beim Event,

- „Event für Alle" im Sinne einer umfangreichen Partizipation (niedrigschwelliges Angebot, Barrierefreiheit in jeglicher Hinsicht) und eines gesellschaftlichen Nutzens für alle Anspruchsgruppen,
- Verantwortung für die Nachhaltigkeit bei der Beschaffung bezüglich der indirekten Auswirkungen (beispielsweise auf globale Gerechtigkeit, Ressourcenverbrauch, Umweltauswirkungen, regionale Wirtschaft),
- Förderung der Kultur und Bildung generell,
- Förderung von Maßnahmen zur Nachhaltigen Entwicklung (im Rahmen des Events, durch Gewinnung von Akteuren oder durch aktives und passives Sponsoring Abschn. 11.1.5),
- Beitrag zur Bildung für Nachhaltige Entwicklung (Sensibilisierung, Information).

Nachhaltigkeit im Großevent

Bei Großevents ist die aufzubauende Infrastruktur (Gebäude, Straßen) ein wichtiger Umweltfaktor. Durch geeignete Planung lassen sich negative Auswirkungen auf die Biodiversität und positive soziale und wirtschaftliche Wirkung verbinden.

Nachhaltigkeit im Kleinevent

Auch auf kleineren Events wie Partys können durch Einkauf und Beeinflussung des Besucherverhaltens positive Effekte für die Nachhaltige Entwicklung bewirkt werden:
    Fahrgemeinschaften reduzieren nicht nur Benzinverbrauch und CO_2-Ausstoß, sondern auch Lärmbelästigung und Risiken.
    Die Verwendung regionaler und saisonaler Bio-Produkte ist nicht nur für die Umwelt, sondern auch für die lokale Wirtschaft wichtig.

11.4.6.5 Nachhaltigkeit durch Events

Neben den oben betrachteten Auswirkungen von Events können Veranstaltungen bei richtiger Planung positive Nachhaltigkeitswirkungen entfalten. Nicht nur in Events, die gezielt für einen Aspekt der Nachhaltigkeit veranstaltet werden (für eine direkte Wirkung, als Bildungsmaßnahme oder mit dem Ziel Fundraising/Sponsoring), sondern in jede Veranstaltung können die Bildung für Nachhaltige Entwicklung und lokale Nachhaltigkeitsaspekte integriert werden.

Das Event kann dabei Information und Wissen vermitteln, Sozialkompetenz und weitere Kompetenzen sowie die Motivation gezielt fördern oder durch die Vorbildfunktion des Events zu nachhaltigkeitsbewusstem Handeln anregen.

> **Events für die Bildung für Nachhaltige Entwicklung**
> Jede Veranstaltung kann durch Integration geeigneter Elemente zur Information und Motivation bezüglich der Nachhaltigen Entwicklung beitragen.

11.4.6.6 Fokussierung

Je nach der strategischen Ausrichtung oder Fokussierung in der strategischen Planung kann Nachhaltige Entwicklung als Ziel des Eventmanagements oder „nur" als Randbedingung für das Eventmanagement gesehen werden.

Wirkungsbereiche
Eventbezogene Wirkungsmechanismen für die Nachhaltige Entwicklung sind in Tab. 11.6 dargestellt. Zusammengefasst sind es:

- Globale und lokale Nachhaltigkeitseffekte (Impact) im ökologischen, ökonomischen und sozialen Bereich, auch über Lieferketten und Besucher
- Informations- und Bildungseffekte (Education), Vorbild- und Motivationsfunktion
- Förderung und Vernetzung von NE-Akteuren und Projekten, Berücksichtigung gesellschaftlicher Gruppen und ihrer Bedürfnisse (Cooperation).

11.4.7 Bildungseinrichtungen

Zum Thema Bildungseinrichtungen betrachten wir in Tab. 11.7 die Wirkungsbereiche am Beispiel Hochschule im Vergleich mit den Schalen von Rio+10 (Nachfolgekonferenz 2002 in Johannesburg Abschn. 4.1.8).

Bei Bildungseinrichtungen ist auch der Whole Institution Approach Abschn. 12.2.3 wichtig.

Tab. 11.6 Bereiche der Wechselwirkung von Event und Nachhaltigkeit

Bereich	Effekt/Impact	Bildung/Education	Vernetzung/Cooperation
Wirkung	Globale und lokale Nachhaltigkeitseffekte im ökologischen, ökonomischen und sozialen Bereich auch über Lieferketten und Besucher	Informations- und Bildungseffekte, Vorbild- und Motivationsfunktion	Förderung von NE-Akteuren und Projekten, Berücksichtigung gesellschaftlicher Gruppen und ihrer Bedürfnisse
Aktiv NE als Ziel	Förderung der Nachhaltigkeitswirkung im ökonomischen, sozialen, kulturellen und ökologischen Bereich. Beitrag zu sozioökonomischer Entwicklung, Umweltschutz, Gerechtigkeit und Partizipation	Events für die Bildung für Nachhaltige Entwicklung	Förder- und Networking-Events, Fundraising und Imageevents für Akteure der Nachhaltigen Entwicklung
Passiv NE als Randbedingung	Berücksichtigung der Nachhaltigkeitswirkungen auf Umwelt, Ressourcen, Kultur, Soziales, Wirtschaft und Gerechtigkeit	Berücksichtigung der Vorbildfunktion und Außenwirkung	Stakeholdereinbindung als Vorsichtsmaßnahme und Legitimation

Tab. 11.7 Wirkungsbereiche am Beispiel Hochschule im Vergleich mit den Schalen von Rio+10

Reichweite	Aktivität	Wirkung
Global	Forschung	Forschungsergebnisse und Austausch der Scientific Community weltweit
National	Transfer Third Misson	Wissenstransfer über die Bildung hinaus Kommune … Welt
Regional	Bildung	Schüler/Studierende je nach Einzugsbereich Absolventen regional bis weltweit
Institution	Betrieb	Vorbildfunktion (Whole Institution Approach) und Beschaffung

11.5 Vorgehen

Das Vorgehen bei der Einführung eines Nachhaltigkeits-Managementsystems lässt sich kurz und knapp in den folgenden Schritten beschreiben:

- Kern und Keimzelle identifizieren und anfangen
- Einbindung der Obersten Leitung
- Strategie und Ressourcen sicherstellen
- Ziele partizipativ festlegen
- Strukturen aufbauen, Prozesse festlegen
- Erfolge sicherstellen (Einfache Erfolge/so genannte „low hanging fruits" ernten), kommunizieren
- Dauerhaftigkeit sicherstellen: im Unternehmen und formal
- Kontinuierlichen Verbesserungsprozess initiieren und am Laufen halten
- Stetige Verbesserung auch auf der strategischen Ebene und Meta-Ebene (Selbstreflexion)
- Erfolge messen und berichten

11.6 Zusammenfassung

Nachhaltigkeit im Unternehmen
Nachhaltige Entwicklung kann für das Unternehmen Rahmenbedingung oder Ziel sein. Die Umsetzung im Betrieb erfordert ein angepasstes und möglichst integriertes Managementsystem.

Literatur

Holzbaur, U., Jettinger, E., Knauß, B., Moser, R., & Zeller, M. (2010). *Eventmanagement*. Heidelberg: Springer.
UNEP & WTO (United Nations Environment Programme & World Tourism Organisation). (2005). *Making tourism more sustainable – A guide for policy makers*. Madrid: UNEP & WTO.
WCED (World Commission on Environment and Development). (1987). Unsere gemeinsame Zukunft. Der Brundtland-Bericht der Weltkommission für Umwelt und Entwicklung. In V. Hauff (Hrsg.), *Our common future*. Oxford: Oxford University Press. http://www.un-documents.net/a42-427.htm.
Winter, G. (1987). *Das umweltbewusste Unternehmen*. München: Beck.

12

Bildung für Nachhaltige Entwicklung
Ist die Bildung eine Aufgabe oder die Lösung?

Für das Thema Nachhaltige Entwicklung gibt es keine einfache Lösung. Wenn es eine gäbe, dann wäre es die Bildung für Nachhaltige Entwicklung. Dabei ist nicht nur gemeint, die heutige Jugend über die nächsten 20 Jahre systematisch zum Handeln im Sinne einer nachhaltigen Entwicklung zu befähigen, sondern für alle Generationen und Altersstufen die Bildung jetzt und überall in den Vordergrund ihrer Aktivitäten und die Nachhaltigkeit in den Fokus der Bildung zu rücken. Die Bildung für Nachhaltige Entwicklung ist als SDG 4.7 (#SDG47, Abschn. 4.7.2.2) auch eines der Unterziele der Globalen Nachhaltigkeitsziele der Agenda 2030.

Wir haben bereits in Abschn. 1.3.4.3 ausgeführt, dass es nicht sinnvoll ist, im Bermudadreieck der Verantwortung zwischen Wirtschaft, Politik und Bürger die Bildung als Zauberkugel aus dem Hut zu ziehen und damit alle Verantwortung auf die Bildung mit ihrer langfristigen Wirkung abzuschieben. Trotzdem ist Bildung eines der wichtigsten langfristigen Strategieelemente.

> **Bildung für Nachhaltige Entwicklung (BNE)**
> Bildung für Nachhaltige Entwicklung ist ein Bildungskonzept, das die Fähigkeit vermitteln soll, aktiv und eigenverantwortlich die Zukunft mit zu gestalten.

12.1 Konzepte der BNE

Bildung für Nachhaltige Entwicklung (BNE) ist darauf ausgerichtet, die Kompetenz zu vermitteln, um aktiv und eigenverantwortlich die Zukunft mit zu gestalten. Damit ist das langfristige Ziel der BNE die Gestaltung einer nachhaltigen Zukunft.

In Analogie zu den bereits in Tab. 1.5 und 3.1 gemachten Differenzierungen können wir die BNE in verschiedene Aspekte gemäß Tab. 12.1 unterteilen.

12.1.1 BNE in der Agenda 21 und 2030

Beide Basisdokumente, die Agenda 21 und die Agenda 2030 stellen die Bildung als wichtiges Ziel und Mittel von und für Nachhaltige Entwicklung heraus.

Agenda 21

Das Kap. 36 der Agenda 21 (UN 1992) gibt umfangreiche Ziele und Handlungen zur „Förderung der Schulbildung, zum öffentlichen Bewusstsein und zur beruflichen Aus- und Fortbildung"

- Neuausrichtung der Bildung auf eine Nachhaltige Entwicklung,
- Förderung der öffentlichen Bewusstseinsbildung,
- Förderung der beruflichen Ausbildung.

Tab. 12.1 Aspekte der Bildung für Nachhaltige Entwicklung

	Analytisch (Vergangenheit, System)	Synthetisch (Zukunft, Gestaltung)
Kompetenzbereich Pädagogisch/didaktisch	Analyse, Wertung Wie vermitteln wir Kompetenzen zur Analyse und Wertung?	Gestaltung, Aktion Wie vermitteln wir Kompetenzen zur Partizipation und Aktion?
Kernfrage faktisch	Was ist?	Wie kann man es erreichen?
Kernfrage normativ	Was sollte sein?	Was soll werden?
Konsequenz für das Handeln	Probleme erkennen	Aktionen umsetzen

Im Folgenden zeigen wir einige exemplarische Ziele und Maßnahmen der Agenda 21 zum Thema Bildung für Nachhaltige Entwicklung auf (vergleiche Abschn. 4.1.7). Im Rahmen der BNE sind viele Organisationsformen angesprochen:

- *Regierungen:* Die Regierungen sollen darauf hinwirken, Strategien zu aktualisieren beziehungsweise zu erarbeiten, deren Ziel die Einbeziehung von Umwelt und Entwicklung als Querschnittsthema auf allen Ebenen des Bildungswesens innerhalb der nächsten drei Jahre ist. Dies soll in Zusammenarbeit mit allen gesellschaftlichen Bereichen geschehen.
- *Hochschulen:* Die einzelnen Länder sollen Aktivitäten von Universitäten und sonstige Aktivitäten im tertiären Sektor sowie Netzwerke für umwelt- und entwicklungsorientierte Bildung/Erziehung unterstützen. Allen Studierenden sollten fächerübergreifende Studiengänge angeboten werden. Dabei soll auf bestehende regionale Netzwerke und Aktivitäten sowie Bemühungen der Universitäten der einzelnen Länder zurückgegriffen werden, die zur Förderung der Forschung und gemeinsamer Unterrichtskonzepte zum Thema Nachhaltige Entwicklung beitragen, und es sollen neue Partnerschaften und Kontakte mit der Wirtschaft und anderen unabhängigen Sektoren sowie mit allen Ländern zum Austausch von Technologien, Know-how und Kenntnissen hergestellt werden.
- *Verbände:* Die nationalen Berufsverbände werden dazu ermutigt, ihre Standesordnung und ihre Verhaltenskodizes weiterzuentwickeln und zu überprüfen, um deren Umweltbezug und -engagement zu verbessern. In den auf die Ausbildung und die persönliche Entwicklung bezogenen Teilbereichen von Programmen, die von Standesorganisationen unterstützt werden, soll die Einbeziehung von Kenntnissen und Informationen über die Umsetzung einer nachhaltigen Entwicklung auf allen Stufen des politischen Willensbildungs- und Entscheidungsprozesses gewährleistet werden.
- *Nichtregierungsorganisationen (NGO):* Vorhandene Netzwerke von Arbeitgeber- und Arbeitnehmerorganisationen, Industrieverbänden und nichtstaatlichen Organisationen sollen den Austausch von Erfahrungen über Aus- und Fortbildungsprogramme und über Programme zur Bewusstseinsschärfung fördern.

Agenda 2030
In den Nachhaltigkeitszielen (SDG) der Agenda 2030 (BMZ 2017) spielt die BNE als SDG 4.7 (#SDG47) eine wichtige Rolle. Bereits in Abschn. 4.7.2 hatten wir die BNE als Unterziel 4.7 der Agenda 2030 erwähnt.

Diese zielt auf alle Lernenden die die „notwendigen Kenntnisse und Qualifikationen zur Förderung nachhaltiger Entwicklung erwerben" sollen. Angesprochene Bildungsinhalte sind neben der allgemeinen Bildung für Nachhaltige Entwicklung

- nachhaltige Lebensweisen
- Menschenrechte
- Geschlechtergleichstellung
- Kultur des Friedens und der Gewaltlosigkeit
- Weltbürgerschaft
- Wertschätzung kultureller Vielfalt und des
- Beitrags der Kultur zu Nachhaltiger Entwicklung

Mit letzterem sind wir wieder bei unserem generellen Ansatz der engen Verbindung von Kultur und Nachhaltigkeit.

12.1.2 Bildung

In den letzten Jahrzehnten gab es intensive Diskussionen, was Bildung eigentlich ist bzw. sein soll. Das traditionelle Verständnis von Bildung, das sich auf Literatur und Kunst konzentrierte, wurde ergänzt um die mathematisch-naturwissenschaftliche Bildung, die zum Verständnis der Welt notwendig ist. Wir greifen hier die Begriffe von Abschn. 1.5.3 auf.

> **Bildung und Nachhaltigkeit**
>
> Bildung   Bildung kann als Zustand (gebildet) oder Prozess (bilden) verstanden werden:
>
> - Bildung ist der Prozess der geistigen Formung des Menschen und des Erwerbs von Kompetenzen insbesondere im Bereich der Problemlösung und Reflexion.
> - Der Zielzustand des Bildungsprozesses ist eine gereifte und reflektierende (gebildete) Persönlichkeit, die dann „Bildung besitzt"
> - Bildung ist die Gesamtheit des Wissens und der Kompetenzen, die jemand braucht, um als gebildet zu gelten.
>
> Bildung für Nachhaltige Entwicklung   Bildung für Nachhaltige Entwicklung ist ein Bildungskonzept, das die Fähigkeit vermitteln soll, aktiv und eigenverantwortlich die Zukunft mit zu gestalten.

Nachhaltige Bildung	Mit Nachhaltiger Bildung meint man in der Pädagogik eine Bildung, die länger (langanhaltend) wirkt. Damit wird ein Gegenpol gesetzt zum kurzfristigen „Pauken" („Bulimierlernen"). Die Langfristigkeit liegt in der Natur jeder Definition von Bildung („Bildung ist das, was übrigbleibt, wenn man das Gelernte vergessen hat") ganz ähnlich zu langfristigen Wirkung von Events (Abschn. 11.4.6.1).
Gestaltungskompetenz	Mit Gestaltungskompetenz (de Haan) wird die Fähigkeit bezeichnet, „Wissen über nachhaltige Entwicklung anwenden und Probleme nicht nachhaltiger Entwicklung erkennen zu können".
Globales Lernen	Globales Lernen will den Lernenden globale Probleme und Zusammenhänge nahebringen. Gleichzeitig sollen sie diese mit der eigenen Lebenswirklichkeit in Verbindung bringen.
Edutainment	Als Kombination aus den Wörtern Education (Bildung, Erziehung) und Entertainment (Unterhaltung) bezeichnet Edutainment Formate (meist elektronische Medien), bei denen Wissen und Bildung auf unterhaltsame Art vermittelt wird.
Infotainment	Als Kombination aus den Wörtern Information und Entertainment (Unterhaltung) bezeichnet Infotainment Formate, bei denen Informationen auf unterhaltsame Art vermittelt werden.

Strategie und Bildung
Auch in der Bildung kann man die Tripelstrategie (Abschn. 8.2.1) umsetzen:

- Ganzheitliches hochwertiges Bildungssystem entwickeln und umsetzen:
Bildung für Nachhaltige Entwicklung umsetzen, Bildungslandschaften entwickeln, Kontinuierliche Verbesserung der Qualität, Ganzheitliche Bildung vermitteln, Potenziale aller Lernenden entwickeln
- Lernende, Lehrende und Leitende unterstützen:
Begabungen und Spitzenleistungen fördern, Interesse wecken, Individuelle Förderung organisieren, individuelle Chancen nutzen. Sicherstellen, dass Bildung alle erreicht und dass Bildungsabschlüsse und anschließende Ausbildung für alle sichergestellt werden können.

- Fehlentwicklungen abfangen und korrigieren.
Unterstützungsmaßnahmen, Qualitätssicherung, Aufklärungsarbeit.

12.1.3 Zielrichtungen der BNE

Das Ziel der Bildung für Nachhaltige Entwicklung ist es, dem Einzelnen Fähigkeiten mit auf den Weg zu geben, die es ihm ermöglichen, zum einen das Wissen und zum anderen die Kompetenzen zu erwerben, um entsprechend nachhaltig entscheiden und handeln zu können.

Die Formulierung des Weltaktionsprogramms BNE der UNESCO durch die Roadmap der DUK (2015) definiert

> BNE befähigt Lernende, informierte Entscheidungen zu treffen und verantwortungsbewusst zum Schutz der Umwelt, für eine bestandsfähige Wirtschaft und einer gerechten Gesellschaft für aktuelle und zukünftige Generationen zu handeln und dabei die kulturelle Vielfalt zu respektieren. Es geht um einen lebenslangen Lernprozess, der wesentlicher Bestandteil einer hochwertigen Bildung ist. BNE ist eine ganzheitliche und transformative Bildung, die die Lerninhalte und -ergebnisse, Pädagogik und die Lernumgebung berücksichtigt. Ihr Ziel/Zweck ist eine Transformation der Gesellschaft.

DUK (2015)

und formuliert zwei Zielrichtungen für die BNE:

> Das übergreifende Ziel des WAP ist es, „Aktivitäten auf allen Ebenen und in allen Bereichen der Bildung anzustoßen und zu intensivieren, um den Prozess hin zu einer nachhaltigen Entwicklung zu beschleunigen".

Das WAP wird einen zweifachen Ansatz verfolgen, um die BNE-Dynamik zu steigern:

(1) Integration der nachhaltigen Entwicklung in die Bildung und

(2) Integration der Bildung in die Nachhaltige Entwicklung.

Dementsprechend verfolgt das Programm zwei Zielsetzungen:

> Zielsetzung 1: Neuorientierung von Bildung und Lernen, sodass jeder die Möglichkeit hat, sich das Wissen, die Fähigkeiten, Werte und Einstellungen anzueignen, die erforderlich sind, um zu einer nachhaltigen Entwicklung beizutragen.

Zielsetzung 2: Stärkung der Rolle von Bildung und Lernen in allen Projekten, Programmen und Aktivitäten, die sich für eine Nachhaltige Entwicklung einsetzen.

DUK (2015)

Dimensionen der BNE
Dabei werden vier Dimensionen des Konzepts aufgestellt (DUK 2015):

- Lerninhalt:
  Aufnahme zentraler Themen wie Klimawandel, Biodiversität, Katastrophenvorsorge sowie nachhaltige Konsum- und Produktionsmuster in den Lehrplan.
- Pädagogik und Lernumgebung:
  Lehren und Lernen soll auf interaktive Weise und mit dem Fokus auf die Lernenden gestaltet werden, um forschendes, aktionsorientiertes und transformatives Lernen zu ermöglichen. Lernumgebungen – physisch sowie virtuell und online – müssen neu gestaltet werden, um Lehrende für nachhaltiges Handeln zu inspirieren.
- Lernergebnis:
  Stimulation des Lernprozesses und Förderung von Kernkompetenzen wie kritisches und systematisches Denken, gemeinschaftliche Entscheidungsfindung und die Übernahme von Verantwortung für aktuelle und zukünftige Generationen.
- Gesellschaftliche Transformation:
  Lernende jedes Alters in allen Lernumgebungen in die Lage versetzen, sich selbst und die Gesellschaft, in der man lebt, zu verändern:
  - einen Übergang zu nachhaltigeren Wirtschaftssystemen und Gesellschaften zu ermöglichen
  - Lernende mit den nötigen Kompetenzen für „Green Jobs" auszustatten
  - Menschen zu einem nachhaltigeren Lebensstil zu motivieren
  - Menschen in die Lage versetzen, „Weltbürger" zu werden, die sich sowohl lokal als auch global engagieren, um globale Probleme anzugehen und zu lösen, und letztendlich einen proaktiven Beitrag leisten, eine gerechtere, friedlichere, tolerantere, ganzheitlichere, sicherere und nachhaltigere Welt zu erschaffen.

12.1.4 Gestaltungskompetenz

Zusammenfassend werden die oben genannten Kompetenzen zur Analyse und zur Gestaltung einer lebenswerten Zukunft als Gestaltungskompetenz (deHaan und Harenberg 1999) bezeichnet.

Die Formulierung des Weltaktionsprogramms BNE durch die DUK (2015) fordert eine

> [...] Gestaltungskompetenz [...] die es Jugendlichen erlaubt, als Akteure des Wandels an globalen, nationalen und lokalen Prozessen für nachhaltige Entwicklung mitzuwirken.

Es gibt unterschiedliche Zusammenstellungen der Kompetenzen, die für die Gestaltung der Zukunft wichtig sind. Die folgende Darstellung orientiert sich an deHaan (2008)

- Sach- und Methodenkompetenz
  - Weltoffen und neue Perspektiven integrierend Wissen aufbauen
  - Vorausschauend denken und handeln
  - Interdisziplinär Erkenntnisse gewinnen und handeln
- Sozialkompetenz
  - Gemeinsam mit anderen planen und handeln können
  - An Entscheidungsprozessen partizipieren können
  - Andere motivieren können, aktiv zu werden
- Selbstkompetenz
  - Die eigenen Leitbilder und die anderer reflektieren können
  - Selbständig planen und handeln können
  - Empathie und Solidarität für Benachteiligte zeigen können
  - Sich motivieren können, aktiv zu werden

Zukunftsgestaltung
Die Gestaltungskompetenz hat neben einer kognitiv-analytischen Komponente eine wichtige Anwendungskomponente. Diese sollte sich nicht nur darauf beziehen, zu wissen, wo die Probleme sind, sondern im Sinne des Wortes Gestaltung auch darauf, aktiv zur Gestaltung der Zukunft

beizutragen. Hier eine Zusammenstellung, die sich am Problemlösungs- bzw. Verbesserungszyklus orientiert:

- Wissen und Werte erwerben, reflektieren und anwenden
  offen sein für andere Aspekte und neue Perspektiven. Weltoffen und neue Perspektiven integrierend Wissen aufbauen, Interdisziplinär Erkenntnisse und Werte gewinnen. Das eigene Wissen und die eigenen Leitbilder sowie das Wissen und die Werte und Leitbilder anderer Gruppen beurteilen und reflektieren können.
- Zukünftige und vergangene Entwicklungen reflektieren.
  Das Ergebnis globaler und lokaler Entwicklungen sowie von Umsetzungs- und Gestaltungsprozessen bezüglich seiner Wirkung beurteilen und notwendige Konsequenzen für Korrekturen auf der operativen und strategischen Ebene ziehen können.
- Planen, Prozesse und Projekte umsetzen
  Vorausschauend und gemeinsam mit anderen denken und planen. Projekte und Prozesse initiieren oder an existierenden Prozessen und Projekten mitwirken können. Als notwendig erkannte Maßnahmen planen. An Entscheidungsprozessen partizipieren und Partnerschaften aufbauen. Sich und andere motivieren können, aktiv zu werden und Planungen umzusetzen. Umsetzungsprozesse aktiv voranbringen und steuern.
- Prozesse und Projekte reflektieren
  Das Ergebnis eigener und Umsetzungs- und Gestaltungsprozesse bezüglich seiner Wirkung und Effizienz beurteilen und notwendige Konsequenzen für Korrekturen auf der operativen und strategischen Ebene ziehen können.

Kompetenzen und Kernaspekte
Wir greifen Tab. 3.1 und 12.1 nochmals auf und verknüpfen sie in Tab. 12.2 mit den Kompetenzen

Tab. 12.2 Technische und normative Aspekte und Kompetenzen

	Technisch Wissenschaftlich	Normativ Zielorientiert	Kompetenzen
Kernfrage	Was ist wahr?	Was ist gut?	
Vergangenheit	Wie funktionieren Entwicklungen?	Wie sollte die Welt sein?	Analysieren Bewerten
Zukunft	Wie können wir die Zukunft gestalten?	Welche Zukunft wollen wir?	Planen Agieren
Kompetenzen	Wissen erwerben und nutzen	Ethisch argumentieren, Empathie	

12.1.5 Bildung und Handlung

Man kann aus den vorangegangenen Definitionen die Bildung für Nachhaltige Entwicklung und die Gestaltungskompetenzen gleichsetzen. Da aber die Gestaltungskompetenzen eher die Fähigkeiten z. B. zum Wissenserwerb betonen, können wir auch eine Differenz feststellen, die im eigentlichen Wissen besteht.

> BNE = Wissen und Kompetenzen

Wissenserwerb setzt immer ein vorhandenes Wissen voraus, auf dem aufgebaut werden kann. Deshalb muss die Kompetenz zum Wissenserwerb immer mit einem geeigneten grundlegenden Wissen verbunden sein, um damit neues Wissen aufzubauen (Prinzip des Hermeneutischen Zirkels).

Bildung für Nachhaltige Entwicklung vermittelt Gestaltungskompetenzen und das für die analytischen und gestalterischen Aufgaben notwendige Wissen. Dabei beschränkt sich dieses Wissen nicht auf Fakten und Zahlen, sondern bezieht auch Zusammenhänge und Methoden der Problemlösung mit ein. Ein zweiter Punkt ist, dass neben den Kompetenzen (Können) auch das Wollen, d. h. die Bereitschaft zum Handeln gefördert werden soll. Auch dies ist ein Thema der Bildung.

Der vierte, in Abschn. 1.5.3 bereits angesprochene Bereich, das Tun, kann durch die Bildung nicht explizit initiiert werden. Damit bleiben die drei Bereiche (Trias) für Tab. 12.3

Tab. 12.3 BNE und Handlung (Trias)

Aspekt		Normativ	Wissenschaftlich/Fachlich
Wissen	Fakten und Zusammenhänge	Kenntnis der ethischen und normativen Grundlagen	Kenntnis der Fakten und Zusammenhänge
Können	Kompetenzen	Beurteilungskompetenz	Kompetenz zur Analyse, Handlungskompetenz, Planungskompetenz
Wollen	Motivation und Handlungsbereitschaft	Bereitschaft, sich mit Fragen der Gerechtigkeit, Normen und Ethik auseinanderzusetzen	Bereitschaft, die Erkenntnisse in Aktionen umzusetzen

- Wissen
  - Wissen über Fakten und Wirkungen
  - Kenntnis der Gesetze, Verordnungen und Regeln
  - Kenntnis der Methoden und Managementwerkzeuge.
- Können
  - Kompetenz, Alternativen zu beurteilen (Fakten und Normen)
  - Problemlösungskompetenz
  - Handlungskompetenz für die Einführung und Aufrechterhaltung
- Wollen
  - Motivation
  - Bereitschaft, Prioritäten zu setzen und Unbequemes durchzustehen
  - Persönliches Engagement

Diese Trias aus Wissen, Können und Wollen ist die Basis dafür, dass Menschen befähigt werden, die Zukunft im Sinne der Nachhaltigen Entwicklung zu gestalten.

Eigenständiges Schließen und Agieren
BNE soll die Lernenden zu eigenständigen Erkennen (das schon mehrmals zitierte „sapere aude") und konsequentem Handeln befähigen. Als Bildungsbereich ist für die BNE auch der von der Landeszentrale für Politische Bildung (LPB) Baden-Württemberg herausgebrachte „Beutelsbacher Konsens" für politische Bildung wichtig.

Beutelsbacher Konsens

Der Beutelsbacher Konsens (LPB) formuliert drei Leitgedanken für die politische Bildung:

Überwältigungsverbot	Keine Indoktrination. Die Lehrenden sollen den Lernenden keine Meinung aufzwingen.
Gegensätzlichkeit	Vielfalt: Betrachtung kontroverser Positionen (Wissenschaftlich und Normativ)
Schülerorientierung	Bezug zur eigenen Lebenswirklichkeit, Lernende können die eigenen Interessen analysieren und entsprechend agieren.

www.bpb.de/die-bpb/51310/beutelsbacher-konsens

12.2 BNE in den Bildungsbereichen

12.2.1 Informelle, nichtformale und formale Bildung

Für die (Bildung für) Nachhaltige Entwicklung sind die drei Bereiche der formalen, nonformalen und informellen Bildung gleichermaßen relevant. Wir verwenden die folgende Definition, angelehnt an einschlägige Literatur zum Thema.

Lernformen	
Formales Lernen/Formale Bildung	Formalisiertes Lernen findet in Bildungs- und Ausbildungseinrichtungen nach gegebenen (Aus-)Bildungsplänen statt und führt zu formalen Qualifikationen und formalen Bildungsabschlüssen.
Nichtformales Lernen/Nichtformale Bildung	Nichtformales Lernen findet außerhalb des formalen Systems statt, ist aber vom Lernenden und Lehrenden als Bildungsprozess geplant. Unter Umständen werden Zertifikate vergeben.
Informelles Lernen/Informelle Bildung	Informelles Lernen findet als Begleiterscheinung von Aktivitäten des täglichen Lebens statt. Der Lernprozess bzw. Bildungsprozess muss dem Lernenden nicht bewusst sein, kann aber auch beabsichtigt sein.

Die Lernformen unterscheiden sich auch nach den Anbietern:

- Die formale Bildung wird von den traditionellen Bildungsinstitutionen, wie Schulen, Hochschulen und sonstigen Ausbildungsstätten angeboten.
- Die nonformale Bildung wird durch verschiedene Angebote erworben, die von privaten Anbietern oder freien Trägern (Volkshochschule, Jugendeinrichtungen etc.) angeboten werden.
- Die informelle Bildung hat keinen formalen Träger, sie kann in allen Einrichtungen oder außerhalb jeglicher Institutionen durch eigene Aktivitäten und Erfahrungen erworben werden.

Die Bedeutung liegt in verschiedenen Bereichen gemäß Tab. 12.4:

Tab. 12.4 BNE in den Bildungsbereichen

Bereich	Typischer Bereich	BNE-Relevanz	Vorteile/Nachteile
Formale Bildung	Schule	Integration von BNE (Nachhaltigkeitsrelevantes Wissen, Gestaltungskompetenzen) in alle Curricula	Strukturiert, erreicht alle Schüler. Starres System, formale Einführung
Nichtformale Bildung	Verein	Vermittlung von Gestaltungskompetenz und Informationen. Spezielle Nachhaltigkeitsrelevante Angebote	Flexibel, freiwillige Teilnahme. Notwendige Strukturen müssen geschaffen werden
Informelle Bildung	Freizeit, Events	Vermittlung von nachhaltigkeitsrelevanten Informationen, Wissen und Kompetenzen in allen Situationen	Flexibel und überall einsetzbar. Notwendige Strukturen müssen geschaffen werden

12.2.2 BNE und formales Lernen

In den einzelnen Bereichen des formalen Lernens ist die BNE durch Integration in die Bildungspläne bzw. Vorgaben der Gremien verankert. Als Beispiele wählen wir die Schulen und Hochschulen.

12.2.2.1 Schule

Im föderalistischen System der BRD ist die strategische Entwicklung und operative Umsetzung von Bildungskonzepten und Bildungsplänen Ländersache. Jedes Bundesland hat eigene Programme und Konzepte. Als Beispiel sei die Integration der Leitperspektive „Bildung für Nachhaltige Entwicklung" in den Bildungsplan in Baden-Württemberg dargestellt.

Leitperspektive BNE Baden-Württemberg

Bildung für Nachhaltige Entwicklung befähigt Lernende, informierte Entscheidungen zu treffen und verantwortungsbewusst zum Schutz der Umwelt, für eine funktionierende Wirtschaft und eine gerechte Weltgesellschaft für aktuelle und zukünftige Generationen zu handeln. Dies betrifft vor allem die Beachtung der natürlichen Grenzen der Belastbarkeit des Erdsystems sowie den Umgang mit wachsenden sozialen und globalen Ungerechtigkeiten. Dies erfordert verantwortungsvoll eingesetzte Kreativität, intelligente Lösungen und Weitsicht. Nachhaltige Entwicklung setzt Lernprozesse voraus, die den erforderlichen mentalen und kulturellen Wandel befördern. Neben dem Erwerb von Wissen über (nicht-) nachhaltige Entwicklungen geht es insbesondere um folgende Kernanliegen: Bereitschaft zum Engagement und zur Verantwortungsübernahme, Umgang mit Risiken und Unsicherheit, Einfühlungsvermögen in Lebenslagen anderer Menschen und solide Urteilsbildung in Zukunftsfragen.

Bildung für Nachhaltige Entwicklung befähigt ihre Zielgruppe, als Konsumenten, im Beruf, durch zivilgesellschaftliches Engagement und politisches Handeln einen Beitrag zur Nachhaltigen Entwicklung leisten zu können. Es geht daher nicht allein darum, auf die existenten Problemlagen reagieren zu können, sondern vor allem darum, vorausschauend mit Zukunft umzugehen sowie an innovativen Lebens- und Gesellschaftsentwürfen mitzuwirken, die einen zukunftsweisenden und verantwortlichen Übergang in eine nachhaltige Welt möglich machen.

Die Verankerung der Leitperspektive im Bildungsplan wird durch folgende Begriffe konkretisiert:
- Bedeutung und Gefährdungen einer nachhaltigen Entwicklung
- Komplexität und Dynamik nachhaltiger Entwicklung
- Werte und Normen in Entscheidungssituationen
- Kriterien für nachhaltigkeitsfördernde und -hemmende Handlungen
- Teilhabe, Mitwirkung, Mitbestimmung
- Demokratiefähigkeit
- Friedensstrategien

http://www.bildungsplaene-bw.de/,Lde/LS/BP2016BW/ALLG/LP/BNE

Als Beispiel betrachten wir ein Umweltmanagementsystem für Schulen, das die BNE und den Whole Institution Approach integriert.

> **Integration formaler und informeller Bildung: der „Grüne Aal"**
>
> Der „grüne Aal" ist ein Zertifikat, das an Schulen und Jugendeinrichtungen in und um Aalen vergeben wird, die ein Umwelt-/Nachhaltigkeitsmanagementsystem einführen, Maßnahmen im Sinne der Bildung für Nachhaltige Entwicklung durchführen und in einer Umwelt-/Nachhaltigkeitserklärung über ihre Tätigkeiten, Projekte, Ziele und Ergebnisse berichten.
>
> Das System Grüner Aal hat schulbezogen folgende Ziele:
> - Stärkung des Umweltbewusstseins und der Umweltbildung an Schulen und Jugendeinrichtungen
> - Integration von Bildung für Nachhaltige Entwicklung in den Unterricht
> - Aktive Beteiligung von Schülern, Eltern und Lehrern an Umweltprojekten
> - Förderung der umwelt- und nachhaltigkeitsbezogenen Leistungen der Schule
> - Positive Darstellung der nachhaltigkeitsbezogenen Leistungen und BNE-Aktivitäten der Schule
>
> Der Grüne Aal verbindet damit das formale Lernen mit dem informellen Lernen in Projekten und am Erleben von BNE-Maßnahmen. Weitere Informationen über die Kriterien dieses Zertifikates stehen im Internet unter www.grueneraal.de.
>
> Auf die Stadt bezogen soll der Grüne Aal das Bewusstsein für Umwelt und Nachhaltigkeit fördern und in den Schulen verankern. Der Grüne Aal ist eine Komponente der Bildungslandschaft (Abschn. 12.2.7).

12.2.2.2 Hochschule

Auch in den Hochschulen ist BNE ganz unterschiedlich verankert:

- Hochschulen, die sich das Thema Nachhaltigkeit als Titel oder Motto gegeben haben
- Hochschulen mit nachhaltigkeitsbezogenen Studiengängen
- Hochschulen mit BNE als Querschnittsthema
- Hochschulen mit nachhaltigkeitsbezogenen Fächern.

Die gemeinsame Erklärung der Hochschulrektorenkonferenz (HRK) und der Deutschen UNESCO-Kommission (DUK) zur Hochschulbildung für Nachhaltige Entwicklung betont die Verantwortung und den Whole Institution Approach.

Erklärung der Hochschulrektorenkonferenz (HRK) und der Deutschen UNESCO-Kommission (DUK) zur Hochschulbildung für nachhaltige Entwicklung

Hochschulen sind Einrichtungen der Gesellschaft und stehen als Kern des Wissenschaftssystems mit ihren drei Aufgabenfeldern Forschung, Lehre und Dienstleistung in der Verantwortung, zur zukunftsorientierten Entwicklung der Gesellschaft beizutragen.

Die Hochschulen sind aufgerufen, diese Ansätze weiter zu vertiefen, um Bildung für nachhaltige Entwicklung zu einem konstitutiven Element in allen Bereichen ihrer Tätigkeit zu entwickeln.

In Forschung und Wissenstransfer [...] sollten, wo immer angezeigt, fachliche Spezialisierung mit fächerübergreifenden und interdisziplinären Perspektiven verbunden werden, um den komplexen Wechselwirkungen zwischen Mensch und Umwelt Rechnung zu tragen. Individuell und in gesellschaftlichen Handlungsfeldern sind die globalen Probleme des menschlichen Zusammenlebens nur sinnvoll zu erforschen, wenn sich Erkenntnisse und Expertise in Geistes-, Wirtschafts-, Sozial- und Verhaltenswissenschaften sowie Natur- und Technikwissenschaften stärker verbinden.

In Lehre und Studium sowie der Weiterbildung sollten die Hochschulen bei ihren Studierenden Wissen und Kompetenzen fördern, die es ihnen ermöglichen, die Probleme nachhaltiger Entwicklung in den interdisziplinären Zusammenhängen zu erkennen und zu beurteilen, um in ihren Disziplinen und beruflichen Arbeitszusammenhängen informiert und verantwortlich handeln zu können. Fach- und Spezialwissen muss sich dazu mit kommunikativen Kompetenzen für partizipative Entscheidungs- und Konfliktlösungsprozesse verbinden. Der Verbindung von Forschung und Lehre und fachübergreifend-interdisziplinär angelegten Studienangeboten kommt dafür zentrale Bedeutung zu.

Institutionell sollten Hochschulen sich auch in ihren internen Arbeitsweisen und Verfahrensabläufen am Leitbild der Nachhaltigkeit orientieren. Effektives Ressourcenmanagement, energieeffizienter Hochschulbau, umfassende Nutzung des öffentlichen Nahverkehrs durch Hochschulangehörige oder die Berücksichtigung von Prinzipien des fairen Handels bei Beschaffungsmaßnahmen sind Bereiche, in denen Hochschulen beispielgebend handeln können.

Die Hochschulleitungen sind hier gefordert, allen Mitgliedern ihrer Hochschule das Prinzip der Nachhaltigkeit als Grundlage ihrer Tätigkeit mit den Bezügen zu ihren einzelnen Arbeitsfeldern zu vermitteln.

Mit einer umfassenden Orientierung am Leitbild der Nachhaltigkeit und der Integration der genannten Grundsätze in Forschung, Lehre und Dienstleistung in einer Bildung für nachhaltige Entwicklung können Hochschule ihre tragende und leitende Rolle unter Beweis stellen und ihre Stellung als Zukunftswerkstätten für die gesellschaftliche Entwicklung weiter stärken.

www.hrk.de/positionen/beschluss/detail/hochschulen-fuer-nachhaltige-entwicklung/

Damit ist die Nachhaltigkeit und BNE in allen Bereichen gefordert:

- Forschung
- Lehre und Studium
- Wissenstransfer (Third Mission)
- Institutionell und organisatorisch

12.2.3 Third Mission

Die Dritte Mission ist insbesondere im Zusammenhang mit Hochschulen und Reallaboren (Abschn. 13.3) wichtig, bezieht sich aber auf jegliche Art des Transfers von Wissen und Kompetenzen aus den Einrichtungen der formalen Bildung in die Gesellschaft.

> **Third Mission**
> Der Begriff Third Mission (dritte Aufgabe) bezeichnet den Transfer von wissenschaftlichen Erkenntnissen in die Gesellschaft als dritte Aufgabe von Hochschulen neben der Lehre und der Forschung.

Algemeiner gesagt haben wir in Einrichtungen der Formalen Bildung damit die drei Aufgaben:

- Vermittlung von Wissen und Kompetenzen an die eigene Zielgruppe
- Gewinnung von neuem Wissen (Forschung, Aufbereitung, Prüfung, Strukturierung)
- Transfer von Wissen und Kompetenzen in die Gesellschaft

12.2.4 Whole Institution Approach

Der Whole Institution Approach ist ein ganzheitlicher Ansatz bei der Umsetzung von Bildung für Nachhaltige Entwicklung in allen Arten von Bildungseinrichtungen.

> **Whole Institution Approach**
> Der Whole Institution Approach fordert von Bildungseinrichtungen, die BNE nicht nur im Unterricht zu thematisieren, sondern den Betrieb und die Bildungsprozesse an den Prinzipien der BNE und der NE auszurichten.

Lernorte werden wir in Abschn. 12.2.6 betrachten. Das BNE-Portal betrachtet alle Arten von Lernorten unter dem Aspekt des Whole Institution Approach.

Lernorte entfalten ihre volle Innovationskraft, wenn sie ganzheitlich arbeiten – das heißt Nachhaltigkeit als ganze Institution rundum in den Blick nehmen. Wenn ein Lernort, beispielsweise eine Schule oder ein Verein, einen Whole Institution Approach verfolgt, ist Bildung für Nachhaltige Entwicklung (BNE) nicht nur ein Querschnittthema im Unterricht – auch die Lernprozesse und Methoden werden auf BNE ausgerichtet.

Der Lernort orientiert die Bewirtschaftung der eigenen Institution an Prinzipien der Nachhaltigkeit, indem beispielsweise Lernende, Lehrende und Verwaltungsmitarbeitende bewusst mit Energie und Ressourcen umgehen, einen Schulgarten pflegen oder für die Verpflegung regionale und fair erzeugte Bio-Produkte bevorzugen. Auch Weiterbildungsmaßnahmen für Lehrende aber auch für Verwaltungsmitarbeitende gehören dazu und das Einbinden aller in Entscheidungsprozesse. Lernorte mit ganzheitlichem Ansatz kooperieren darüber hinaus mit der kommunalen Verwaltung und weiteren Partnern wie etwa Sport- oder Migrantenvereinen.

www.bne-portal.de/de/einstieg/bildungsbereiche/whole-institution-approach-%E2%80%93-der-ganzheitliche-bne-ansatz

Damit integriert der Whole Institution Approach

- Nachhaltigkeit und Gestaltungskompetenz im Unterricht
- Nachhaltigkeit im gesamten Handeln der Institution.

Whole Institution Approach im formalen Lernen
In Einrichtungen des formalen Lernens ergänzt der Whole Institution Approach das formale Lernen anhand von Bildungsplänen durch das Lernen am Vorbild und in den täglichen Prozessen der Bildungseinrichtungen. Letzteres kann – trotz der Ansiedlung in einer formalen Bildungseinrichtung – als informelles Lernen gesehen werden, da es zwar in den Bildungs- und Lehrplan integriert werden kann und diesem nützt, aber nicht formal verankert ist.

> **Der Grüne Aal – Umweltmanagement und Pädagogik**
> Der in Abschn. 12.2.2.1 beschriebene „Grüne Aal" verbindet die curriculare Einbindung von Umwelt und Nachhaltigkeit mit dem gelebten Umweltschutz und Nachhaltigkeitsaktivitäten in der Schule im pädagogischen und technischen Bereich.
> Er verbindet damit die curriculare BNE mit dem Whole Institution Approach.

12.2.5 Informelles Lernen

Informelles Lernen kann sowohl vom Lernenden als auch vom Lehrenden (falls vorhanden) her geplant oder ungeplant sein. Es hat verschiedene Formen, auf die wir hier nicht im Detail eingehen:

- Erfahrungslernen: Lernen durch gemachte (geplante oder zufällige) Erfahrungen.
- Implizites Lernen: Es findet kein Unterricht statt, aber es wird etwas gelernt.
- Incidental Learning: Ungeplantes Lernen, die Lernsituation bzw. Lerneffekt entstehen zufällig.
- Casual Learning: Lernen in einer lernuntypischen Situation (Freizeit, Event) durch gezielt eingebrachte Situationen oder Gegenstände.

Informelle Bildung
Die informelle Bildung spielt für die BNE eine wichtige Rolle, weil sie alle Bürger erreichen kann und mit erlebnisorientierten Methoden oder Casual Learning auch außerhalb der typischen Lernorte Bildungseffekte erzielen kann.

12.2.6 Lernorte

Lernorte, an denen Bildung für Nachhaltige Entwicklung gelernt und erfahren werden kann, sind vielfältig. Natürlich sind Schulen wichtige Lernorte der formalen Bildung (Lehr- bzw. Bildungsplan), aber auch in Ihrer Rolle als Institution und Gebäude sind die Orte der nonformalen und informellen Bildung. Ebenso können alle anderen Orte einerseits Bildungsorte bzw. Lernorte in der informellen Bildung sein, andererseits auch im Rahmen der formalen oder nichtformalen Bildung als Außerschulische Lernorte (ALO, ASL) eingesetzt werden.

Lernorte

Externe Lernorte, XLO	Externe Lernorte sind Lernorte außerhalb der Schule (als Gebäude) in denen (meist informelles Lernen) stattfindet.
Außerschulische Lernorte, ALO, ASL	Außerschulische Lernorte bezeichnet die Nutzung externer Lernorte im Rahmen der formalen Bildung.

Wir können hier auf die möglichen Lernorte nur kurz eingehen. Im Sinne der Handlungsorientierung ist es wichtig, dass jede Person erkennt, dass und wie sie die von ihr beeinflussten Orte zu Lernorten machen kann. Dabei kann je nach Lernort der Schwerpunkt auf unterschiedlichen Wissensaspekten und Gestaltungskompetenzen liegen.

Typische externe Lernorte (XLO) sind:

- Touristische Ausflugsziele
- Lehrpfade
- Museen und Besucherzentren
- Zoos und Gehege
- GeoParks und Geotope
- Denkmäler (Kultur, Natur)
- und vieles mehr

Bezüge

In allen Lernorten können wir die BNE aufgreifen und Bezüge zu vielen Themenbereichen herstellen bzw. darstellen. Das jeweilige Objekt bzw. die

Location (Lernort) und die mit dem Ort uns seinen Teilen verbundenen Begriffe können verknüpft werden mit

- den Begriffen des jeweiligen Themas
- der Lebenswirklichkeit der Zielgruppe
- den Komponenten der Nachhaltigen Entwicklung
- den Prinzipien der Nachhaltigen Entwicklung
- den Gestaltungskompetenzen
- Nachhaltigkeitsrelevanten Bildungsinhalten
- den Komponenten und Aspekten der Bildung generell.

Dadurch entsteht eine Vernetzung, die die Brücke schlägt vom aktuellen Erlebnis am Ort und der Lebenswirklichkeit der Lernenden zu den zu vermittelnden Bildungsinhalten und Gestaltungskompetenzen.

12.2.7 BNE-Landschaften

Bildungslandschaften integrieren alle relevanten Bildungsträger der jeweiligen Raumschaft (Kommune, Region). Kommunale Bildungslandschaften betrachten wir in Abschn. 13.4.

12.3 BNE und Erlebnis

Bildung für Nachhaltige Entwicklung geht weit über die Vermittlung von Fakten hinaus und erfordert den Einsatz von handlungs- und erlebnisorientierten Methoden. Wenn wir die beiden Zielrichtungen der BNE (Abschn. 12.1.3) betrachten, ist der Aspekt Erlebnisorientierung für beide wichtig:

1. Lernende sollen die Komponenten Nachhaltigkeit und Gestaltungskompetenz erlebnisorientiert als Teil der Bildung erfahren (Event BNE).
2. Bildung soll als Erlebnis in den Strategien und Projekten zur nachhaltigen Entwicklung integriert sein (emotionale Vermittlungsstrategie).

Der Ansatz „Erlebnisorientierte Methoden in der Bildung für Nachhaltige Entwicklung" basiert auf:

- Handlungs- und erlebnisorientierten Methoden in der Bildung
- Einsatz der Projektmethode (PPM) für die Bildung für Nachhaltige Entwicklung

- Einsatz erlebnisorientierter Methoden im Rahmen studentischer Projekte zur BNE
- Weiterentwicklung konkreter Planspiele für den Einsatz in der BNE
- Gestaltungskompetenz vermitteln durch Aktivierung
- Verortung der BNE-Erlebnisorientierung in einem Labor.

12.3.1 Erlebnisorientierte Methoden der BNE

Die Vermittlung der Teilkomponenten der Gestaltungskompetenz (Gestaltungskompetenzen) beschränkt sich nicht auf ein bestimmtes Thema, sondern bezieht sich auf das Ziel und ist mit bestimmten Methoden verbunden. Dafür bieten sich erlebnisorientierte Methoden der Vermittlung an.

In Tab. 12.5 stellen wir einige Methoden zur Vermittlung der Gestaltungskompetenzen zusammen und zeigen, wie diese erlebnisorientiert vermittelt werden können. Der Begriff „Projekt" steht dabei nicht nur für

Tab. 12.5 Methoden zur Vermittlung der Gestaltungskompetenzen

Gestaltungskompetenz nach de Haan	Exemplarische erlebnisorientierte Methode
Weltoffen und neue Perspektiven integrierend Wissen aufbauen	Spiel, Forschendes Lernen, Planspiel, Projekt, Exkursion, Präsentation
Vorausschauend Entwicklungen analysieren und beurteilen können	Planspiel, Projekt
Interdisziplinär Erkenntnisse gewinnen und handeln	Forschendes Lernen, Projekt
Risiken, Gefahren und Unsicherheiten erkennen und abwägen können	Planspiel, Projekt, Rollenspiel
Gemeinsam mit anderen planen und handeln können	Projekt, Planspiel
Zielkonflikte bei der Reflexion über Handlungsstrategien berücksichtigen können	Planspiel, Rollenspiel, Simulation, Projekt
An kollektiven Entscheidungsprozessen teilhaben können	Planspiel, Rollenspiel, Projekt, Spiel
Sich und andere motivieren können, aktiv zu werden	Projekt, Spiel
Die eigenen Leitbilder und die anderer reflektieren können	Planspiel, Projekt, Rollenspiel, Diskussion
Vorstellungen von Gerechtigkeit als Entscheidungs- und Handlungsgrundlage nutzen können	Projekt, Planspiel
Selbstständig planen und handeln können	Projekt, Exkursion
Empathie für andere zeigen können	Planspiel, Rollenspiel, Präsentation, Teamarbeit, Exkursion

allgemeine Projekte, sondern insbesondere für erlebnis- und ergebnisorientierte Projekte nach der Methode gut vorbereiteter Projekte mit Planspielaspekt (PPM, Prepared Projects Method) nach (Holzbaur 2008).

12.3.2 Planspiele und BNE

Wir sehen in der BNE auch die zentrale Rolle von Planspielen, die durch ihre Flexibilität für fast alle Inhalte und Kompetenzen eingesetzt werden können. Daher soll diese Methode kurz erläutert werden.

12.3.2.1 Planspiele

Planspiele vereinigen das Erlernen von Problemlösungstechniken und Managementtechniken mit dem Erfahren von sozialer Kompetenz und Verantwortung. Sie sind damit eine wichtige Methode der Wissens- und Kompetenzvermittlung.

> **Planspiel**
> Ein Planspiel ist eine Situationsbeschreibung (Modell) mit einer Dynamik, in der die Spieler Entscheidungen treffen müssen und anhand der Folgen dieser Entscheidungen lernen.

Ein Planspiel ist eine Lernmethode, bei der ein Modell verwendet wird und in der die Spieler Entscheidungen treffen müssen. Ein Planspiel hat ein Ziel und wird nicht wie das Spiel nur zur Unterhaltung oder als Wettbewerb gespielt; es soll aber möglichst einen Spielreiz haben.

Ein Planspiel hat immer mehrere Elemente wie Didaktik und Dynamik, die entsprechend ausgeführt und für das Spiel und den Spielreiz umgesetzt werden müssen.

- Planspiel (Didaktik)
    - Mechanismus des Spiels
    - Rollen
    - Lernmechanismen
    - Lerneffekte
    - Einbettung
    - BNE-Aspekte

- Spiel (Mechanismus, Spielmodell)
  - Spielreiz/Gewinn/Flow
  - Darstellung
  - Dynamik
  - Zufall/Stochastik
  - Zusammenhänge
- Realsystem (Modellcharakter)
  - Struktur des Realsystems
  - Semantik der Planspielbegriffe
  - Modellrepräsentation
  - Berücksichtigung von Zufall/Stochastik
  - Zusammenhänge
- Dynamik des Planspiels
  - Genereller zeitlicher Verlauf (Takt)
  - Phasen und Entwicklung
  - Systemdynamik (Regeln, Simulation)
  - Entscheidungen der Spieler
  - Eingriffe des Trainers
- Spieltheoretische Aspekte
  - Gewinnkriterien/Strategien
  - Kommunikation und Absprachen
- Darstellung/Visualisierung
  - Für Teilnehmer
  - Für Trainer
  - Auswertemöglichkeiten

12.3.2.2 BNE-Planspiele

Planspiele können für die BNE unterschiedliche Aspekte gemäß Tab. 12.6 einbringen.

12.3.2.3 Fischteich – Planspiel zum Allmendeproblem

Das Kernproblem nicht-nachhaltigen Verhaltens wird durch das Allmendeproblem (Tragik der Allmende Abschn. 15.2.4.5) modelliert. Dies kann mit einem Planspiel leicht verdeutlicht werden.

Tab. 12.6 Planspiele und BNE

	Allgemein	BNE-Spezifisch
Kompetenzen	Sozialkompetenz, Problemlösungskompetenz	Gestaltungskompetenz – analytisch und synthetisch
Wissen und Verständnis	Wissen und Fakten/ Zusammenhänge	NE-relevantes Wissen und Zusammenhänge
Persönlichkeit und ethische Aspekte	Persönliche Kompetenz/ Selbstreflexion	Handlungskompetenz, Empathie

---

Fischteich – Planspiel zum Allmendeproblem

Für eine allgemeinere Beschreibung von Planspielen zum Allmendeproblem siehe Abschn. 15.1.4.

Das Spiel Fischteich simuliert fünf Fischerboote, die in einem Gebiet fischen. Zu Beginn des Spiels gibt es 50 Fische, was die maximale Kapazität des Ozeans darstellt. Die nach jedem Jahr verbleibenden Fische vermehren sich. Ziel ist es möglichst viele Fische zu „ernten", das Fischvermögen zu maximieren.

Spielmechanismus: Die Fische werden durch Münzen symbolisiert, die der Spielleiter verwaltet.

Spielanleitung für die Teilnehmer: Sie (als Team) haben ein Fischerboot und können in jeder Runde eine Anzahl Einheiten (Fische) aus dem Teich holen.

Spieldynamik: Die nach jeder Spielrunde verbleibenden Fische verdoppeln sich wieder bis zur maximalen Anzahl von 50 Fischen. (d. h., wenn weniger als 25 Fische da sind, verdoppeln Sie ihre Anzahl, sonst bleibt es bei der Anzahl von 50 Fischen).

Ergebnis: bei moderater Befischung (jeweils 5 Fische pro Boot) kann unendlich lang gefischt werden. Jede Überfischung führt schnell zur Zusammenbruch (wenn 1 Team 10 Fische erntet, ist der Bestand in der dritten Runde erschöpft).

Modifikation: Absprachen, Verhandlungen und Sanktionen können erlaubt werden.

Auswertung: Das Ziel, möglichst viele Fische zu ernten und das Fischvermögen zu maximieren, kann man auf das gesamte Team (Gesellschaft) übertragen. Der scheinbare „Gewinner" (höchste Anzahl Fische) trägt i. A. die Verantwortung für den Systemzusammenbruch.

Man kann das Spiel durch Erweiterungen wie Fixkosten (Lebensunterhalt und Unterhalt der Boote), unterschiedliche Fischarten, verschiedene Informationspolitiken bezüglich der Fischpopulation und durch stochastische Elemente variieren.

12.3.3 Erlebnis BNE

Bildung für Nachhaltige Entwicklung kann in formalen Lernorten, jedoch insbesondere in informellen Lernorten und externen Lernorten (XLO) erfahren und erlebt werden.

12.3.3.1 Erlebnisorientierung

Die Integration der Erlebniskomponente in die Bildung ist ein wichtiger Erfolgsfaktor, wir haben diesen Ansatz in (Holzbaur 2015) ausführlich beschrieben.

Klassische Eventtheorien konzentrieren sich auf das Erleben, also insbesondere auf das, was während des Events stattfindet. Im Gegensatz dazu sind Bildung und Partizipation eher zielorientiert, sie konzentrieren sich nicht nur auf den Prozess, sondern auch auf das Ergebnis. Die Differenzierung von Ergebnis- und Erlebnisorientierung haben wir im Managerkochbuch (Holzbaur 2013) aufgearbeitet und stellen sie Tab. 12.7 zusammen. Die Zieltriade movere – docere – delectare werden wir im Rahmen des Themas Kommunikation Kap. 14 vertieft betrachten.

12.3.3.2 Kochen als erlebte BNE

Kochen vermittelt Kompetenzen. Beim Kochen wird viel mehr vermittelt als nur die Fähigkeit, ein bestimmtes Essen nach einem vorgegebenen Rezept herzustellen. Deshalb betrachten wir es hier relativ ausführlich.

Wir haben beim Kochen auch viele Aspekte der Gestaltungskompetenz.

- Planungskompetenz: die Fähigkeit, Ziele zu setzen, Zeiten und Abläufe zu planen, sich und andere zu organisieren und so das geplante Ziel zu erreichen und das Ergebnis zu beurteilen
- Methodenkompetenz: für den Umgang mit den Werkzeugen und Materialien sowie mit der gegebenen Information
- Sozialkompetenz: beim gemeinsamen Kochen, bei der gemeinsamen Bearbeitung von Aufgaben und im Umgang mit gemeinsamen Ressourcen
- Fachkompetenz: fachliche Inhalte zum Thema Ernährung und Zubereitung, Catering und Essen
- Handlungskompetenz: die Umsetzung von Wissen und Können in eine konkrete Aktion und den Erfolg.

Tab. 12.7 Erlebnis und Ergebnis

Prinzip	Erlebnisorientierung	Ergebnisorientierung
Zeithorizont	Kurzfristig – Aktion	Langfristig – Ergebnis
Prozessorientierung	Tätigkeit als Selbstzweck	Zielorientierter Prozess
BNE-Fokus	Bildung als Prozess	Bildung als Ziel
Ziel im Rahmen der Zieltriade	Delectare – Spaß Movere – Motivation	Docere – Wissen Movere – Zielorientiert
Fokus	Interaktion und Umgebung	Lernen und Projektziele

> **Die drei Nachhaltigkeitssäulen der Rumford-Suppe**
>
> Die Rumford-Suppe ist von der Entstehung her eine einfache Suppe bzw. ein Eintopf. Sie verdankt ihre Entstehung und Namen dem Wissenschaftler und Politiker Benjamin Thomson, Lord Rumford. Sie hat eine soziale, wirtschaftliche und ökologische Komponente, da sie als eine einfache Armenspeisung gedacht war, in welcher Kalorien und Nährstoffe in hinreichendem Umfang mit den regional verfügbaren Nahrungsmitteln enthalten waren.
>
> - Kartoffeln/Graupen (Kohlenhydrate, kurzfristige Energie),
> - Erbsen (Eiweiß, Nährstoffe)
> - Speck (Fett, langfristige Energie).
>
> Die Rumford-Suppe ist bezüglich der Zutaten sehr flexibel, da die jeweiligen Komponenten auch durch andere ersetzt werden können, die gerade vorhanden bzw. preiswert sind, also zum Beispiel zum Ausnutzen saisonaler Produkte oder zur Verwertung von Resten. Dies ist das Prinzip einer preiswerten Suppe und hat der Rumford-Suppe auch die humorvolle Erklärung „alles, was rumliegt und fort muss" eingetragen. Man kann sie auch entsprechend den Stichworten SERVUSS modifizieren, wobei die Komponente Fett aus Klimaschutz- oder Tierschutzgründen durch eine vegetarische Variante ersetzt werden kann, andererseits im Sinne von „nose to tail" auch Speck seine Verwendung finden kann. Das Original von Rumford kam ohne Speck aus.

12.4 Nachhaltigkeit kommunizieren

Zur Bildung für Nachhaltige Entwicklung gehört es auch, nachhaltigkeitsrelevante Themen und Inhalte zu kommunizieren.

Dazu gibt es unterschiedliche Ansätze:

- Öffentlichkeitsarbeit über alle Kanäle betreiben, mit Stakeholdern und Multiplikatoren kommunizieren Kap. 14
- Spezielle Events für die BNE veranstalten, Events für die BNE nutzen Abschn. 11.4.6
- Aktionen organisieren Kap. 10

> Jede Aktion lässt sich für die Bildung für Nachhaltige Entwicklung nutzen.

> **#filltheX**
>
> Die Stadt Aalen beteiligte sich an der Challenge #fillthebottle. Dabei sollten möglichst viele Kippen (Zigarettenfilter) in Plastikflaschen gesammelt werden. Stadt und Hochschule haben dies erweitert zu #filltheX und entsprechend kommuniziert:
>
> - Niemand braucht extra eine Einweg-Plastikflasche zu kaufen, man kann auch eine intakte Tüte nehmen, die man sowieso wegwerfen würde
> - Ergänzend werden Mini-Aschenbecher propagiert und geeignete Müllbehälter ausgestellt, um für die Zukunft ein Wegwerfen zu verhindern.
>
> Damit ist #filltheX auch ein Beispiel für die Tripelstrategie:
>
> - Langfristige Strategie einer sauberen Stadt durch Aufklärung und geeignete Sammelgefäße
> - Kurzfristige Aktion für die Sauberkeit (Broken-Window-Syndrom) und Bewusstseinsbildung.
> - Absicherung durch ordnungsrechtliche Maßnahmen und Stadtreinigung

12.5 Projekte und BNE

Projekte (Kap. 10) können BNE zum Inhalt haben, BNE vermitteln und selbst Maßnahmen der BNE sein. Sie sind auch eine erlebnisorientierte Methode, BNE zu vermitteln. Projekte können bezüglich der BNE unterschiedliche Ziele haben:

- Konkrete Ziele erreichen und Veränderungen bewirken
- Fachliche Inhalte und Wissen erarbeiten und vermitteln
- Kompetenzen vermitteln bzw. erarbeiten
- Partizipation erleben.

Projektmanagement ist auch eine wichtige Komponente der Gestaltungskompetenz (Abschn. 12.1.4). Bildung für Nachhaltige Entwicklung beschränkt sich ja nicht nur auf die Vermittlung von Wissen, sondern soll auch die Kompetenzen vermitteln, im Sinne der Nachhaltigen Entwicklung zu agieren. Insofern können alle Aktionsbereiche gemäß Tab. 8.3 Handlungsmöglichkeiten bieten. Die Projektkompetenz bietet für alle diese Aktionsbereiche die zentrale Planungskompetenz.

12.5.1 Projekte und Kompetenzen

Projekte – auch in der informellen Bildung – können auch viele Aspekte der BNE vermitteln. Dabei geht es vor allem um die Gestaltungskompetenz und weitere notwendige persönliche und soziale Kompetenzen, aber auch die Wissensvermittlung und die Kompetenz zur Planung und Durchführung von Aktionen. Zum Projekten und Projektmanagement siehe auch Kap. 10.

Die Stichworte Tab. 12.8 kennzeichnen die Beziehung zwischen Projekten und BNE:

Tab. 12.8 Projekte und Bildung für Nachhaltige Entwicklung

Dimensionen der BNE	Aspekt im Projekt
Partizipation und Erkenntnisgewinn	Partizipatives Lernen, forschendes, projektbasiertes, selbstbestimmtes Lernen
Entwicklungen analysieren und beurteilen können	Erfahren von Systemdynamik und Entwicklungen im Projektablauf
Interdisziplinär Erkenntnisse gewinnen und handeln	Kooperation im Projekt
Risiken, Gefahren und Unsicherheiten erkennen und abwägen können	Umgang mit Unsicherheit im Projektverlauf
Gemeinsam mit anderen planen und handeln können	Planung von Vorgehen bei der Anwendung
Zielkonflikte bei der Reflexion über Handlungsstrategien berücksichtigen können	Sachorientiertes Verhandeln, Zielorientierung, Spieltheoretische Konzepte
An kollektiven Entscheidungsprozessen teilhaben können	Entscheidungs- und Abstimmungs-Prozesse
Sich und andere motivieren können, aktiv zu werden	Teamarbeit, Motivation, Planung
Die eigenen Leitbilder und die anderer reflektieren können	Konfliktsituationen im Projekt und mit den Stakeholdern
Vorstellungen von Gerechtigkeit als Entscheidungs- und Handlungsgrundlage nutzen können	Analytische Kompetenz
Selbstständig planen und handeln können	Strategie Projektmanagement
Empathie für andere zeigen können	Erlebnisorientierte Methoden, Kooperation im Projekt

12.5.2 Lehrprojekte

BNE-Komponenten können bei allen Typen sowohl in den Inhalten (Voraussetzungen, Basiswissen, Produktergebnis, Deliverables) als auch im Prozess (Entscheidung, Verantwortung, Gestaltung, Kommunikation, Kooperation) enthalten sein.

Für die Lehrprojekte an der Hochschule haben wir eine Kategorisierung (Tab. 12.9) entwickelt, die die lehrveranstaltungsbegleitenden Projekte anhand der Aufgabe und der Deliverables kategorisiert. Das soll die Vielfalt der Projektmöglichkeiten aufzeigen.

Tab. 12.9 Projekttypen für die Lehre

Typ/Aufgabe	Deliverables
Konzeption/Spezifikation	Detailliertes konkretes Konzept/Spezifikation für Produkt/Dienstleistung/Prozess
Entwicklung	Entwicklungsdokumentation, evtl. Prototypen mit Testergebnissen
Fertigung	Fertiges physisches Produkt mit Dokumentation (inkl. Anforderungen und Testbericht)
Test	Testkonzept und Testergebnis
Dokumentation	Ausgearbeitete Broschüre/Publikation
Guide/Leitfaden	Leitfaden/Anleitung/Führer
Publikation	Publikation (Paper, Buch)
Veranstaltung/Event	Dokumentation des durchgeführten Events
Workshop	Workshopergebnis und WS-Dokumentation
Umfrage/Empirie	Ausgearbeitete empirische Ergebnisse und Dokumentation der Befragung
Lehrprojekt	Lehrmaterialien und Unterrichtsdokumentation
S2S Teaching/Peer-Lehre	Durchgeführte Unterrichtseinheiten (von Studenten für Studenten)
Forschung	Wissenschaftsnah aufbereitete Ergebnisse

ESPRESSO

Als Beispiel stellen wir einige Lehrprojekte des Autors an der Hochschule Aalen vor.

Das Projekt ESPRESSO (Experience Science and Practical Relevance and learn Sustainably via Sustainability PrOjects) wurde vom Baden-Württembergischen Wissenschaftsministerium mit dem Schwerpunkt gefördert, Studierende an selbstständiges und forschendes Lernen heranzuführen und ihnen Vorstellungen vom zukünftigen Berufsfeld zu geben. Außerdem sollen Fachkompetenz und Sozial- und Methodenkompetenz durch inter- und transdisziplinäre Projekte gefördert werden. Durch die Einbindung in die Lehrveranstaltungen zur Nachhaltigen Entwicklung konnten BNE-Aspekte in die Methode und in die Projektinhalte integriert werden. Die Methode ist in (Holzbaur et al. 2017) dokumentiert.

Durch die Übertragung der Verantwortung bei der Durchführung von realen Projekten, deren Ergebnisse vom Kunden genutzt werden, werden die Studierenden gefordert und dabei motiviert. Parallel dazu werden sie an praxisorientiertes und wissenschaftliches Arbeiten herangeführt, erwerben wichtige Schlüsselqualifikationen und beschäftigen sich mit Aspekten der Nachhaltigen Entwicklung. Wichtig dabei ist, dass auch die Phase der eigentlichen Aufgabenfindung des Projektes gemeinsam mit den Interessen- und Anspruchsgruppen (Stakeholdern) durchgeführt wird.

Pro Semester werden ca. 30 Projekte durchgeführt. Exemplarische Projektkategorien sind:

- Förderung der Bildung für Nachhaltige Entwicklung in der Region, in Bildungseinrichtungen und in der informalen Bildung.
- Barrierefreiheit an der Hochschule, in der Stadt und im Tourismus
- Umweltmanagementsysteme für Schulen, touristische Einrichtungen und in der Industrie
- Regionalvermarktung und Fairer Handel (Fairtrade) und seine Umsetzung in Stadt und Hochschule
- Nachhaltige Events und Prävention auf Festen, Präventionsprojekte (Alkohol, Drogen, etc.) in Kooperation mit der Polizei
- Förderung des Ehrenamts, Unterstützung von Rettungsorganisationen (Kurse, Flashmob) sowie Unterstützung und Imageanalysen für (Sport-) Vereine
- Quartiersmanagement und Quartiersarbeit, Integration und Inklusion, Interkulturelle Aspekte
- Social Media für Unternehmen, Vereine und Museen
- Evaluierung und Kommunikation der Nachhaltigen Entwicklung und von Einzelaspekten in der Stadt und Region

12.6 Zusammenfassung

Bildung als Ziel und Mittel
Bildung ist einer der wichtigsten Ansätze, um Nachhaltigkeit zu erreichen. Bildung für Nachhaltige Entwicklung (BNE) soll zum Handeln im Sinne einer nachhaltigen Entwicklung befähigen. Außerdem soll die Bildung jetzt und überall in den Vordergrund gestellt werden. Kernpunkte sind das nachhaltigkeitsrelvante Wissen, Gestaltungskompetenz und Problemlösungsfähigkeit.

Hochwertige Bildung ist auch ein wichtiges Ziel (SDG 4) der Nachhaltigen Entwicklung.

Literatur

UN (Vereinte Nationen). (1992). AGENDA 21 Konferenz der Vereinten Nationen für Umwelt und Entwicklung Rio de Janeiro, Juni 1992. http://www.un.org/depts/german/conf/agenda21/agenda_21.pdf.

de Haan, G., & Harenberg D. (1999). *Bildung für eine nachhaltige Entwicklung – Materialien zur Bildungsplanung und Forschungsförderung* (Bd. 72). Bonn: Bund-Länder-Kommission für Bildungsplanung und Forschungsförderung.

de Haan, G. (2008). Gestaltungskompetenz als Kompetenzkonzept der Bildung für nachhaltige Entwicklung. In: I. Bormann & G. de Haan (Hrsg.), *Kompetenzen der Bildung für nachhaltige Entwicklung* (S. 23–43). Berlin: Springer.

Holzbaur, U. (2008). Teaching quality and sustainability with prepared project method. (PPM). In INTED2008 Gomez, L. et al. (Hrsg.), *International technology education and development conference proceedings.* Valencia: IATED

Holzbaur, U. (2013). *Manager-Kochbuch – was Manager vom Kochen lernen können.* Stuttgart: Steinbeis Edition.

DUK (Deutsche UNESCO Kommission). (2015). UNESCO Roadmap zur Umsetzung des Weltaktionsprogramms „Bildung für nachhaltige Entwicklung". Deutsche Übersetzung. UNESCO, Bonn. www.bmbf.de/files/2015_Roadmap_deutsch.pdf.

Holzbaur, U. (2015). *Nachhaltige Events. – Erfolgreiche Veranstaltungen durch gesellschaftliche Verantwortung.* Springer Gabler, Wiesbaden.

Holzbaur, U., Bühr, M., Dorrer, D., Kropp, A., Walter-Barthle, E., & Wenzel, T. (2017). *Die Projekt-Methode.* Wiesbaden: Springer-Gabler.

BMZ (Bundesministerium für wirtschaftliche Zusammenarbeit und Entwicklung). (2017). Die Agenda 2030 für nachhaltige Entwicklung. http://www.bmz.de/de/ministerium/ziele/2030_agenda/index.html. Berlin: BMZ.

13

Nachhaltigkeit Lokal

Global gedacht – und wie kann man dann lokal handeln?

Das Engagement des Einzelnen beginnt immer im Hier und Heute. Der Bereich kann von lokalen bis zu globalen Zielen gehen und kann individuell, projektfokussiert, in einer Gruppe oder Gemeinschaft oder politisch sein. Dieses Kapitel beschreibt die lokalen Wirkungsmöglichkeiten, die mit Projekten oder dem Engagement in Organisationen und Gremien erreicht werden können. Es will den Bogen spannen vom ehrenamtlichen Engagement bis in die Politik. Das lokale Engagement im Rahmen eines Unternehmens ist eine wirksame Möglichkeit und wurde in Kap. 11 betrachtet.

13.1 Möglichkeiten des Engagements

Generell geht es im Folgenden um ein Engagement für die Gesellschaft in allen Bereichen und Formen. Die Zielbereiche haben wir bereits kennengelernt, beispielsweise in Form der 3P und 6P (Abschn. 4.3). Auch mit möglichen Aktionsbereichen haben wir uns in Form der jP (Abschn. 8.3) schon kennengelernt. In allen Bereichen kann sich jeder lokal engagieren. Im Sinne der Tripelstrategie kann man kurzfristig-operativ, strategisch-organisatorisch oder im Bereich Risikoprävention und Notfallhilfe aktiv werden.

In diesem Abschnitt betrachten wir nun die einzelnen Möglichkeiten und Formen des Engagements vor Ort.

13.1.1 Formen

Engagement kann in vielfältigen Formen stattfinden. Die Aufzählung ist nicht ganz systematisch: Überlappungen wurden in Kauf genommen, um die Vielfalt der Möglichkeiten aufzuzeigen.

- Individuelles Engagement und Ein-Personen-Projekte
- Projekte und Bürgerinitiativen
- Politik und Verbands- und Vereinsarbeit
- Vereinsarbeit, NGO und NPO
- Unternehmen

13.1.1.1 Ehrenamt und Unternehmen

Häufig finden wir Engagement im ehrenamtlichen Bereich. Es kann auch in der bezahlten Mitwirkung in einer Organisation oder in der Mitarbeit oder der Gründung einer gewinnorientierten Form (Unternehmen) bestehen. Auch für die Gründung vom Unternehmen, deren Zweck primär ein gesellschaftlicher oder ideeller Nutzen und nicht die Gewinnerzielung ist, gibt es viele Möglichkeiten, beispielsweise im Bereich Social Entrepreneurship (Abschn. 6.2.5) oder durch Gründung einer Genossenschaft oder gemeinnützigen GmbH.

13.1.1.2 Projekt

Das Thema Projekte hatten wir bereits ausführlich betrachtet (Kap. 10). Projekte sind dadurch charakterisiert, dass sie ein klares Ziel haben, welches in einem wohldefinierten Zeitrahmen erreicht werden soll. Um ein solches Ziel zu erreichen, kann man ein Projekt initiieren oder sich einem existierenden Projekt anschließen.

13.1.1.3 Bürgerinitiative

Bürgerinitiativen sind das an ehesten sichtbare Engagement. Eine Bürgerinitiative (BI) definiert sich immer aus einem Ziel heraus. Ob die BI nach der Zielerreichung (Projektabschluss) beendet wird oder zur Sicherung des Ziels bestehen bleibt, hängt von Ziel und den weiteren Umständen ab.

13.1.1.4 Parteien und Vereine

Wer ein Ziel erreichen will, kann in einer Partei oder einem Verein Mitglied werden oder einen Verein gründen.

Die Gründung eines Vereins ist relativ einfach, meist wird auch eine Eintragung in das Vereinsregister (e. V.) und die Anerkennung der Gemeinnützigkeit angestrebt. Für die Entscheidungsprozesse gelten Regeln, die in einer Satzung niedergelegt werden müssen.

Verbände sind eher Organisationen von Organisationen, auch dort kann man sich in den unterschiedlichen Rollen einbringen.

13.1.1.5 NGO und NPO

Die beiden Begriffe NGO und NPO kennzeichnen die typischen ehrenamtlichen nicht als Wirtschaftsunternehmen oder Regierungsorganisation (im weitesten Sinne) einzuordnenden Organisationen aus zwei Blickrichtungen:

NGO NPO	
NGO: Non-Governmental Organization	Nichtregierungsorganisation (NRO), d. h. eine nicht von der Regierung (Staat) abhängige Organisation der Zivilgesellschaft.
NPO: Non Profit Organisation	Nicht-gewinnorientierte Organisation, d. h. eine Organisation, die nicht primär der Gewinnwirtschaftung dient.

13.1.2 Räumlicher Schwerpunkt

Bezüglich des räumlichen Schwerpunkts des Engagements müssen wir unterscheiden nach der Entfernung und dem Umfang (bzw. der Reichweite) des Engagements. Generell gibt es die folgenden Bereiche für Engagement für Nachhaltige Entwicklung:

- lokal (Quartier, Kommune)
- regional
- national
- global.

Man kann sich für ein sehr eng umrissenes Thema bzw. Ziel global ganz generell einsetzen, aber im Allgemeinen müssen wir auch bei einem globalen Fokus entscheiden, in welcher regionalen Größenordnung bzw. mit welchem räumlichen Schwerpunkt wir aktiv werden: vom Individuum über das Quartier und die Kommune bis zur Region oder zum Land.

13.1.3 Organisatorische Ergänzungen

Wer sich ehrenamtlich für die Nachhaltige Entwicklung interessiert und engagiert, rechnet meist nicht damit, dass dadurch auch juristisch relevanter Boden betreten wird. Doch jeder Zusammenschluss von Menschen hat auch eine rechtlich relevante Organisationsform. Die folgenden kurzen Darstellungen sind stark verkürzt und nicht juristisch exakt, sie sollen hauptsächlich für bestimmte Themenbereiche sensibilisieren. Man beachte auch das Thema Vereinsgründung in Abschn. 10.3.3.

13.1.3.1 Organisation und Verantwortung

Wie bereits erwähnt, hat jeder Zusammenschluss von Menschen eine Organisationsform. Sobald sich mehrere Akteure zu einem gemeinsamen Zweck zusammenschließen, bilden sie eine Gesellschaft im Sinne des BGB (Gesellschaft bürgerlichen Rechts, GBR). Normalerweise wird kein formaler Gesellschaftervertrag geschlossen, man ist sich lediglich einig, gemeinsam etwas erreichen zu wollen.

> **Bürgerliches Gesetzbuch (BGB) Titel 16 Gesellschaft**
> **§ 705 Inhalt des Gesellschaftsvertrags**
>
> Durch den Gesellschaftsvertrag verpflichten sich die Gesellschafter gegenseitig, die Erreichung eines gemeinsamen Zweckes in der durch den Vertrag bestimmten Weise zu fördern, insbesondere die vereinbarten Beiträge zu leisten.
>
> **§ 709 Gemeinschaftliche Geschäftsführung**
>
> (1) Die Führung der Geschäfte der Gesellschaft steht den Gesellschaftern gemeinschaftlich zu; für jedes Geschäft ist die Zustimmung aller Gesellschafter erforderlich.

Unter Umständen kann diese rechtliche Situation auch zu Haftungsfragen führen. Generell ist bei jeder gemeinsamen Aktion und jedem Projekt die Frage der Vertretungsberechtigung und Verantwortung zu klären.

13.1.3.2 Versammlungen

Ein einmaliges oder wiederholtes privates Treffen ist meist der Ausgangspunkt für die gemeinsame Arbeit. Wenn öffentlich eingeladen wird oder eine Versammlung im öffentlichen Raum stattfindet, greift das Versammlungsrecht.

> **Gesetz über Versammlungen und Aufzüge (Versammlungsgesetz)**
> § 1 (1) Jedermann hat das Recht, öffentliche Versammlungen und Aufzüge zu veranstalten und an solchen Veranstaltungen teilzunehmen. […]
>
> § 2 (1) Wer zu einer öffentlichen Versammlung oder zu einem Aufzug öffentlich einlädt, muss als Veranstalter in der Einladung seinen Namen angeben. […]

13.1.3.3 Träger öffentlicher Belange

Eine spezielle Rolle als Stakeholder bei Planungsprozessen spielen die Träger öffentlicher Belange (TöB). Sie seien deshalb hier extra erwähnt, da der Begriff für Engagierte wichtig ist. TöB sind für Anliegen der Nachhaltigen Entwicklung wichtige Ansprechpartner bzw. Rollen, die eine Organisation einnehmen kann.

> **Definition**
> TöB Träger öffentlicher Belange sind Institutionen (Behörden, Einrichtungen, Unternehmen), denen die Wahrnehmung öffentlicher Aufgaben durch Gesetz übertragen ist. Sie können Stellungnahmen zu geplanten Vorhaben beispielsweise der Bauleitplanung abgeben, die ihren Aufgabenbereich betreffen.
> Naturschutzverbände sind formal keine TöB, werden aber wie solche beteiligt.

> **TöB**
>
> TöB sind neben Behörden und regionalen Verbände vor allem Unternehmen, die Aufgaben der Grundversorgung (Wasser, Energie, Verkehr, …) wahrnehmen und Kammern (IHK …).
>
> Neben den anerkannten Naturschutzverbänden können im Laufe von Entscheidungsprozessen auch andere wichtige Akteure und Stakeholder, beispielsweise die Lokale Agenda 21, gehört werden.

13.2 Lokale Agenda 21

Nachhaltige Entwicklung FÜR, DURCH und IN der Kommune

Lokale Agenda-Prozesse sind in vielen Kommunen mit unterschiedlichen Ansätzen gestartet und sind teilweise bis heute aktiv und wirksam. Andere Prozesse sind mit ähnlichen Zielen vonseiten der Bürgerschaft oder der Verwaltungen gestartet worden.

Die Lokale Agenda 21 unterschiedet sich in mehreren Punkten von der klassischen Bürgerinitiative Abschn. 13.1.1.3:

- Sie basiert auf der Agenda 21 Abschn. 4.1.6.
- Üblicherweise gibt es einen Aufstellungsbeschluss der Kommune.
- Sie orientiert sich an der Nachhaltigkeit (global und lokal) und nicht an Einzelzielen einer Gruppe.
- Sie ist ein kommunaler Prozess auf der Ebene der Stadt bzw. Gemeinde, manchmal auch der Stadtteile oder der Landkreise.

„Die Agenda" kann ein Projekt zur Verabschiedung eines Agenda-Dokuments oder ein Prozess zur Umsetzung der Agenda 21 (UN 1992) und darauf aufbauend der Agenda 2030 (BMZ 2017) sein.

13.2.1 NE FÜR die Kommune

Ein Aspekt der Nachhaltigen Kommunalentwicklung ist die zukunftsfähige Entwicklung der Kommune. Das bedeutet, dass die Kommune darauf hinarbeitet, auch in Zukunft den Bürgern die Befriedigung ihrer Bedürfnisse sicherzustellen.

Damit beziehen sie die 3P oder 6P oder auch die SDGs auf die jeweilige Kommune.

Typische Themenbereiche, mit denen sich die Akteure in den Kommunen (z. B. die Gruppen der Lokalen Agenda 21) und die Kommunen selbst beschäftigen, sind:

- Bildung, Ausbildung und Bildung für Nachhaltige Entwicklung
- Armut und Arbeitslosigkeit
- Wohnen und Schaffung von Wohnraum
- Barrierefreiheit, Inklusion und Integration
- Demografischer Wandel
- Mobilität und Entwicklung der Infrastruktur
- Digitalisierung und Smart City
- Kultur und Kunst, Kulturelle Vielfalt
- Wirtschaft und regionale Wirtschaftsstruktur
- Ernährung und Landwirtschaft
- Natur- und Landschaftsschutz, Biodiversität
- Umweltschutz, Gesundheit
- Partizipation und Bürgerbeteiligung
- Demokratie und Meinungsfreiheit
- Klimaschutz und Resilienz
- Globales Lernen, Fairtrade, Hilfsmaßnahmen
- Unterstützung indigener Völker
- Frieden und Zusammenleben, interkultureller Austausch

13.2.2 NE DURCH die Kommune

Die Wirkung durch die Kommune reicht von der regionalen Wirkung (Regionalvermarktung, Landschaftsschutz, Nachhaltiger Tourismus) bis in den globalen Bereich.

Engagement für die globale Nachhaltige Entwicklung

- Klima und Umwelt
- Eine Welt generell
- Fairtrade und Lieferketten
- Frieden und Zusammenleben

Unterstützung von einzelnen Aktionen in anderen Ländern, typischerweise des globalen Südens

- Bildung und Ausbildung
- Wirtschaftsstrukturen
- Klima- und Umweltschutzmaßnahmen
- Schutz und Resilienz
- Erhalt der Kultur insbesondere indigener Völker

13.2.3 NE IN der Kommune

Nachhaltigkeit IN der Kommune bedeutet, Nachhaltigkeit und BNE als Prinzipien in der jeweiligen Kommune und ihren Strukturen zu verankern. Dabei geht es nicht nur um Einzelaspekte wie Klimaschutz oder Armut, sondern um einen ganzheitlichen Ansatz, der vernetztes Denken und Partizipation einschließt und sich auf die Willensbildungs- und Entscheidungsprozesse auswirkt.

Beispiel Lokale Agenda 21 Aalen

Die Lokale Agenda 21 Aalen setzt seit 1998 Jahren die Bildung und Arbeit für Nachhaltige Entwicklung in vielfältigen Projektgruppen um. Themen sind beispielsweise Energie, Europa, Regionalvermarktung, Mobilität, Schulen, Barrierefreiheit, Kultur, Integration, Programmkino, Quartiersentwicklung, Konsum und Wohnen.

Die Agenda hat sich dazu eine eigene Struktur mit Agendagruppen und einem Agendarat gegeben, die vom Agendabüro Grünflächen- und Umweltamt unterstützt wird. Tab. 10.9 zeigt Struktur und Aufgaben. Das Agendaparlament tagt zweimal jährlich öffentlich und behandelt Impulse, Berichte und Anträge für die Arbeit des Agendaprozesses. Der Agendaprozess setzt nicht nur Projekte für eine zukunftsfähige Stadt oder für globale Nachhaltigkeit um, er verankert den Gedanken der Nachhaltigkeit in der Stadt.

Die „Agenda" für die Stadt besteht nicht aus einem Papier, sondern lebt in dem Prozess und seiner Struktur.

> **Aalen schafft**
>
> Die Vielfalt der Aspekte in der Kommune wurde unter dem Motto „Aalen schafft" zusammengefasst und strukturiert. Dabei wurden die drei Grundlagen Zukunftsorientierung, Natur und Kultur als Ausgangspunkt genommen. Das Klimaschutzkonzept der Stadt trägt das Motto „Aalen schafft Klima" und der Leitbildprozess das Motto „Aalen schafft Zukunft".
>
> - Aalen schafft Zukunft: Wir gestalten die Nachhaltige Entwicklung und den demografischen Wandel unserer Stadt
>   - Aalen schafft Zukunft
>   - Aalen schafft Bildung
>   - Aalen schafft Wirtschaft
>   - Aalen schafft Chancen
>   - Aalen schafft Familienfreundlichkeit
>   - Aalen schafft Wissen
> - Aalen schafft Umwelt: Wir schaffen eine lebenswerte Umwelt und eine lebendige Region für zukünftige Generationen
>   - Aalen schafft Umwelt
>   - Aalen schafft Klima
>   - Aalen schafft Mobilität
>   - Aalen schafft Fairness
>   - Aalen schafft Region
> - Aalen schafft Kultur: Wir gestalten eine lebendige Stadt mit kultureller Vielfalt und sozialer Ausgewogenheit
>   - Aalen schafft Kultur
>   - Aalen schafft Vielfalt
>   - Aalen schafft Integration
>   - Aalen schafft Bürgernähe
>   - Aalen schafft Gerechtigkeit
>   - Aalen schafft Nachhaltigkeit
>   - Aalen schafft Bürgerbeteiligung

13.3 Reallabore

Zum lokalen Engagement gehören auch die lokalen Engagements von Hochschulen in den sogenannten Reallaboren nach Schneidewind und Singer-Brodowski (2014). Reallabore sich nicht nur Plätze und Objekte der Forschung, sondern auch des Transfers (Third Mission).

13.3.1 Grundidee: Transformative Forschung

Die Idee eines Reallabors wird durch den Wissenschaftlichen Beirat der Bundesregierung Globale Umweltveränderungen (WBGU 2011) formuliert.

Reallabore	
Reallabore generell	Ein Reallabor bezeichnet eine Kooperation, in der Forscher mit der Zivilgesellschaft interagieren, um durch Realexperimente Wissen über gesellschaftliche Prozesse zu erwerben.
Reallabore für die Nachhaltigkeit	Ein Reallabor bezeichnet eine Kooperation, in der Forscher mit der Zivilgesellschaft interagieren, um eine Transformation zu einer Nachhaltigen Entwicklung zu initiieren und zu beobachten und so Wissen über die Möglichkeiten einer Nachhaltigen Entwicklung zu erwerben.
Baden-Württemberg Reallabore	Erfolgreiche und effektive Reallabore sollten folgende Kriterien erfüllen: 1. Co-Design und Produktion des Forschungsprozesses mit der Zivilgesellschaft 2. Transdisziplinäres Prozessverständnis der Akteure 3. Langfristige Begleitung und Anlage des Forschungsdesigns 4. Breites disziplinäres Spektrum 5. Kontinuierliche methodische Reflexion 6. Koordination der forschenden Begleitung durch Institutionen, die in transdisziplinären Forschungsprozessen erfahren sind https://mwk.baden-wuerttemberg.de/de/forschung/forschungspolitik/wissenschaft-fuer-nachhaltigkeit/reallabore/

Dabei ist wichtig, dass im Reallabor Forschung und Zivilgesellschaft gleichwertig an der Zielsetzung und Umsetzung beteiligt sind und dass Reallabore die Nachhaltige Entwicklung als Ganzes als Ziel haben.

13.3.2 Forschung und Transformation

Aus Sicht der Hochschule hat das Reallabor zwei Aspekte: Forschung und Transformation (Tab. 13.1).

Tab. 13.1 Reallabor aus Sicht Hochschule und Stadt

Akteur	Eigene Rolle	Beitrag zur Transformation	Beitrag zum Reallabor
Hochschule	Forschung Initiator	Akteur und Beobachter	Personell Konzeptionell
Stadt = Zivilgesellschaft	Weiterentwicklung Bürgerschaftliches Engagement	Akteur	Ehrenamtlich Je nach Entwicklung auch konzeptionell
Stadtverwaltung	Weiterentwicklung der Stadt	Enabler	Organisatorisch Finanziell
Unternehmen	Förderung der Transformation	Mitwirkender	Materiell, ideell

13.3.3 Reallabor und Bildung

Wir betrachten als Beispiel für die Umsetzung von Reallaboren die Umsetzung der Bildung für Nachhaltige Entwicklung. Es ist eine sehr aktuelle Herausforderung, die Gesellschaft zu überzeugen, sich aktiv für die Nachhaltige Entwicklung zu engagieren. Dies betrifft alle Generationen und Bereiche. Dabei stellen sich nicht nur praktische Probleme, sondern auch Themen für die Forschung:

- Wie können wir diese Prozesse beeinflussen?
- Durch welche Methoden können wir dies tun?
- Wie können wir die Motivation für die Umsetzung einer nachhaltigen Entwicklung erhöhen?

Dies kann in Kooperation zwischen Hochschulen, Kommunen, Zivilgesellschaft und Bildungsträgern untersucht werden.

13.4 Nachhaltige Kommunen

13.4.1 Kommunale Bildungslandschaften

In kommunalen bzw. regionalen Bildungslandschaften sind lokale Aktivitäten und Bildung für Nachhaltige Entwicklung integriert.

Bildungslandschaften

Bildungslandschaft	Eine Bildungslandschaft ist eine organisierte Vernetzung von Bildungseinrichtungen in einem bestimmten geografischen Bereich. Zur Bildungslandschaft gehören die Schulen, sowie Träger der formalen, nonformalen und informellen Bildung.
Kommunale Bildungslandschaft	Kommunale Bildungslandschaften verbinden die Bildungseinrichtungen in der Trägerschaft der Kommunen mit denen auf dem Gebiet einer Kommune zu einem ganzheitlichen Netzwerk.
RCE – Regionale Kompetenzzentren BNE	Die Regionalen Kompetenzzentren BNE (RCE, Regional Centre of Expertise on Education for Sustainable Development) sind Netzwerke von Bildungsakteuren zur Verbesserung und Verankerung der Bildung für Nachhaltige Entwicklung in der Region.

Ziel der Bildungslandschaften ist:

- die Akteure der formalen, nonformalen und informellen Bildung zu vernetzen
- Kooperationen zwischen den Akteuren zu schaffen
- Durchgängigkeit und Anschlussfähigkeit zu erreichen
- die Bildungschancen der Lernenden zu verbessern.

13.4.2 Szenarien für die Stadtentwicklung

Sowohl im Reallabor als auch in der Arbeit der Lokalen Agenda 21 ist es wichtig, Ziele und Visionen zu entwickeln. Am Beispiel einer Stadt kann man das durch Szenarien umsetzen und visualisieren. Wir stellen hier ein positives und ein negatives Szenario der Nachhaltigen Entwicklung FÜR die Stadt gegenüber.

> **Beispiel**
>
> **Kommune 2050 – Pessimistisches Szenario**
> Die Stadt hat sich im Streit um Einzelthemen und politische Querelen selbst gelähmt und ist durch das mangelnde Angebot an familienfreundlichen Angeboten und attraktiven Arbeitsplätzen für die wenigen verbliebenen Schul- und Hochschulabsolventen so unattraktiv geworden, dass fast alle Schulen, Kindergärten und Buslinien geschlossen werden. Die Hochschule hat noch einige Massenstudiengänge im Bereich BWL und Promotionskolloquien in Sinologie. Die zweistündige Anbindung durch die Regionalbahnen in die benachbarten Metropolen werden ergänzt durch die Pendlerzüge in die Metropolen, wohin auch die wenigen Jugendlichen der Region abwandern. Im verzweifelten Bemühen, Arbeitsplätze zu schaffen, wurden die Naturschutzgebiete umgewidmet und stehen nun als Industriebrache neben den innerstädtischen ehemaligen Fabrikgeländen.
>
> **Kommune 2050 – Optimistisches Szenario**
> Die Stadt hat in einer gemeinsamen Anstrengung von Bürgern, Verwaltung und Hochschule nicht nur ein Gemeinschaftsgefühl entwickelt, sondern ist durch das kultur- und generationenübergreifende Bildungskonzept und die Konzentration auf die Familienfreundlichkeit eine blühende und wachsende Stadt geworden. Durch die Attraktivität der Stadt für junge Menschen hat sie nicht nur ein quantitatives Wachstum, sondern auch eine hohe Lebensqualität erreicht und eine vorbildliche Bildungslandschaft aufgebaut. Die Kommune hat als Oberzentrum zentrale Funktion und ist durch das innovative Grünflächen- und Erlebniskonzept eine beliebte Destination. Durch die kulturelle Integration und die vielfältigen und qualitativ hochwertigen Studiengänge der Hochschule hat sich die Stadt zum Kultur- und Bildungsstandort entwickelt, in dem nicht nur durch die Vollbeschäftigung in Industrie, Tourismus und Bildung ein quantitativer Wohlstand, sondern durch das Konzept Wohlstand 5.0 auch ein qualitativer Wohlstand herrscht.

13.5 Zusammenfassung

Global denken Lokal handeln

Das Engagement des Einzelnen kann sich auf unterschiedliche Bereiche konzentrieren. Es beginnt immer in Hier und Heute. Der Bereich kann von lokalen Zielen im Quartier bis zu regionalen oder globalen Zielen gehen und kann individuell, projektfokussiert, in einer Gruppe oder Gemeinschaft oder politisch sein.

Auch nach 30 Jahren ist die Aufforderung der Agenda 21, die Nachhaltigkeitsdiskussion und den Dialog mit den Bürgern lokal umzusetzen, eine wichtige Basis des Engagements für eine Nachhaltige Entwicklung. Die Wirkungsmöglichkeiten für Bürger sind jedoch heute vielfältiger.

Literatur

BMZ (Bundesministerium für wirtschaftliche Zusammenarbeit und Entwicklung). (2017). *Die Agenda 2030 für nachhaltige Entwicklung.* Berlin: BMZ. http://www.bmz.de/de/ministerium/ziele/2030_agenda/index.html.

Schneidewind, U., & Singer-Brodowski, M. (2014). *Transformative Wissenschaft* (2. Aufl.). Marburg: Metropolis.

UN (Vereinte Nationen). (1992). AGENDA 21 Konferenz der Vereinten Nationen für Umwelt und Entwicklung Rio de Janeiro, Juni 1992. http://www.un.org/depts/german/conf/agenda21/agenda_21.pdf.

WBGU (Wissenschaftlicher Beirat der Bundesregierung Globale Umweltveränderungen). (2011). *Welt im Wandel – Gesellschaftsvertrag für eine Große Transformation.* Berlin: WBGU. http://www.wbgu.de/hg2011/.

14

Kommunikation und Öffentlichkeitsarbeit
Wer erfährt was?

Tue Gutes und rede darüber.

Öffentlichkeitsarbeit ist ein wichtiger Hebel, um Nachhaltige Entwicklung umzusetzen. Kommunikation hilft bei der Umsetzung der Ziele durch Aktivierung und Information der breiten Öffentlichkeit, von Multiplikatoren und Entscheidungsträgern und von potenziellen Akteuren. Sie ist auch eine Maßnahme der Bildung für Nachhaltige Entwicklung.

Zum Thema Kommunikation gibt es viel Literatur, uns geht es hier um den Einsatz von Kommunikation für die Nachhaltigkeit. Kommunizieren ist eine wichtige Komponente in jeder Tätigkeit und ein Erfolgsfaktor zur Erreichung vielfältiger Ziele:

- Wir müssen im Projekt oder Team informieren (siehe Kap. 10)
- Wir wollen informieren, bilden und motivieren (Bildung für Nachhaltige Entwicklung Kap. 12)
- Wir wollen Mitstreiter gewinnen oder öffentlichen Druck aufbauen.
- Wir müssen in der Öffentlichkeit Farbe bekennen und Stellung nehmen.

Ein wichtiger Hebel in der Nachhaltigkeitsarbeit ist die Öffentlichkeits- und Pressearbeit

Darauf werden wir uns konzentrieren. Daneben sind Bildungsmaßnahmen immer auch mit Kommunikation verbunden und Kommunikation kann immer im Sinne der Bildung für Nachhaltige Entwicklung eingesetzt werden.

Tue Gutes und rede darüber – um Gutes zu erreichen, muss man darüber reden: zum einen untereinander im Team und zum anderen mit Unterstützern, Betroffenen, Stakeholdern, Multiplikatoren und der Öffentlichkeit. Kommunikation braucht aber auch Verantwortung – für die Zukunft und für die Kommunikation.

Verantwortung und Kommunikation
Das Thema Nachhaltigkeit und Ethik sei hier mit Bezug auf die Kommunikation vorangestellt. Wirkungsvolle Kommunikation muss auch nachhaltig im umgangssprachlichen Sinne sein. Es geht um eine dauerhafte Kommunikation mit den Zielgruppen und der Presse (die hier für alle Kommunikationskanäle steht, dies betrifft ebenso Moderatoren, Blogger…). Kommunikation über und für eine Nachhaltige Entwicklung muss glaubwürdig sein. Einerseits ist sie das dem Anspruch einer Bildung für Nachhaltige Entwicklung schuldig und andererseits ist die Glaubwürdigkeit wichtig für eine langfristige Zusammenarbeit mit der Presse und der Zielgruppe.

Kommunikation ist in Zeiten von Filterblasen und Fake News immer schwieriger. Der Kampf um Aufmerksamkeit treibt auch Vereine, Verbände und Forschungseinrichtungen dazu, mit reißerischen und plakativen Meldungen um die Aufmerksamkeit der Öffentlichkeit kämpfen. Für diejenigen, die hinter die Schlagzeilen schauen, ist es oft enttäuschend zu sehen, dass bei geeignetem Hinterfragen aus einem „ist" ein „möchte" oder „sollte" wird und aus einem „zeigen" ein „vermuten" oder „können nicht widerlegen" wird. Solche Meldungen untergraben auch die Glaubwürdigkeit der Kommunizierenden.

> Die Verantwortung für die Zukunft beinhaltet auch eine Verantwortung für die Kommunikationskultur.

14.1 Kommunikation – Grundlagen

Erfolgreiche Kommunikation orientiert sich an der Zielgruppe und an dem Ziel der Kommunikation. Die Zielgruppe der Kommunikation ist nicht nur der letztendliche Empfänger der Botschaft, sondern auch derjenige, der diese Botschaft zum Empfänger weiterleitet. Das kann in der Öffentlichkeitsarbeit die Presse als Institution, ein Teilnehmer eines sozialen Netzwerks oder ein anderer Multiplikator sein. Abschn. 14.3.3.

14.1.1 Ein bisschen Theorie

Wir wollen hier nicht zu tief in die Theorie einsteigen, aber in Anbetracht der Bedeutung der Kommunikation für eine Umsetzung der Nachhaltigen Entwicklung sind einige Grundlagen als Basis für eine Reflexion und Strukturierung der Kommunikation notwendig.

Man kann nicht nicht kommunizieren
Die Aussage „Man kann nicht nicht kommunizieren" ist das bekannteste der 5 Axiome von (Watzlawik, www.paulwatzlawick.de/axiome.html 20190905)
Die Axiome von Paul Watzlawick

- Man kann nicht nicht kommunizieren,
- denn jede Kommunikation (nicht nur mit Worten) ist Verhalten und genauso wie man sich nicht nicht verhalten kann, kann man nicht nicht kommunizieren. Dies gilt auch für Organisationen aller Art und ihre Kommunikation: Keine Nachricht ist auch eine Nachricht.
- Jede Kommunikation hat einen Inhalts- und einen Beziehungsaspekt, wobei letzterer den ersten bestimmt.
- Kommunikation ist immer Ursache und Wirkung. „Die Natur einer Beziehung ist durch die Interpunktion der Kommunikationsabläufe seitens der Partner bedingt."
- Menschliche Kommunikation bedient sich analoger und digitaler Modalitäten – die Analogie entspricht einem analogen impliziten und informellen Modell, das Digitale einer Benennung eines Objekts in einem formalen Modell mit einer expliziten Syntax und Semantik.
- Kommunikation ist entweder symmetrisch (gleichwertige Partner) oder komplementär (asymmetrisch).

Sender-Code-Empfänger
Das klassische Modell der Kommunikation zeigt Abb. 14.1: für eine Kommunikation ist eine gemeinsame Sprache (Code) notwendig.

Abb. 14.1 Kommunikationsmodell

Abb. 14.2 Kommunikationsziele in der Zieltriade

14.1.2 Kommunikationsziele

Eine antike Einteilung der Gründe, eine Rede zu halten, ist nach den Zielsetzungen der Aktivitäten strukturiert in die Zieltriade: docere (lehren – lernen), movere (bewegen – gefordert werden), delectare (erfreuen – genießen). Dies können wir auf die Kommunikation übertragen. Unsere Ziele können sein:

- Informationsvermittlung (docere): Alle Arten von Informationen über Aktuelles, Hintergründe, Erkenntnisse.
- Unterhaltung (delectare): Alles, was für den Empfänger der Kommunikation (Leser, Zuhörer) angenehm, leicht oder spannend zu lesen ist.
- Appell und Motivation (movere): Alles, was den Empfänger zu einem bestimmten Verhalten oder zu konkreten Aktionen bewegen soll.

Normalerweise sind in jeder Kommunikation Aspekte aller drei Ziele mit unterschiedlichem Anteil enthalten. Diese Zieltriade zeigt Abb. 14.2.

Damit können wir in Tab. 14.1 die Zieltriade der Kommunikationsziele mit der Bildung verknüpfen.

14.1.3 Kommunikationskanäle und Wirkung

Unterschiedliche Zielgruppen benötigen unterschiedliche Kommunikation und Medien. Wir müssen uns über diese Vielfalt klarwerden, um für den jeweiligen Kommunikationszweck, die Zielgruppe und die Rahmenbedingungen (Situation, Dringlichkeit, Ressourcen) die richtigen Maßnahmen auszuwählen.

Mögliche Maßnahmen mit abnehmender Intensität, aber zunehmender Reichweite der Kommunikation sind:

Tab. 14.1 Kommunikationsziele und (B)NE

	Docere	Movere	Delectare
Ziel	Wissen und Fakten vermitteln	Aktionen initiieren, Überzeugen	Anhänger gewinnen, Spaß machen
Typisch	Vorlesung, Kurs	Politische Rede	Talkshow, Festvortrag
Nachhaltigkeitsaspekt	Informationen	Appelle	Erlebnisorientierung
Typische NE-Kommunikation	Wissenkomponente der BNE Informationen über Zusammenhänge, Wirkungen, Regelungen Berichte	Motivationskomponente der BNE Appelle Leitfäden Aufrufe	Erlebnisorientierung in der BNE Erlebnischarakter Geschichten über Kultur und Natur

- Direkte mündliche Kommunikation: das persönliche Gespräch ist immer noch die klassische, direkteste, offenste und meist effektivste Form der Kommunikation.
- Direkte Kommunikation und Präsenz bei Veranstaltungen (Events, Konferenzen, Marktstand)
- Persönliche Kommunikation (1:1) schriftlich, telefonisch oder elektronisch
- Vortrag, Kurs, Unterricht
- Besprechungen, Diskussionen, Workshops
- Vortragsveranstaltungen, Podiumsdiskussion und ähnliche Events
- Massenanschreiben auf Papier oder elektronisch
- Internet, World Wide Web, Social Media
- Eigene Print-Organe
- Lokalpresse, Regionalseiten der Lokalpresse
- Fachzeitschriften
- Überregionale Presse, Journale
- Dokumentationen, Broschüren, Flyer, Karten, Leitfäden
- Funk und Fernsehen

Nachricht

Der Inhalt der Öffentlichkeitsarbeit wird unterschiedlich bezeichnet. In Bezug auf die Presse sind mehrere Begriffe üblich.

- Nachricht: bezieht sich auf den Empfänger
- Presseerklärung: offiziell
- Pressebericht: bezieht sich auf ein Ereignis oder Ergebnis

- Meldung, Pressemeldung: zeitnah, bezieht sich auf ein Ereignis
- Information, Presseinformation: allgemeiner

Wirkung

Die Wirkung unterschiedlicher Typen von Kommunikationsmaßnahmen kann man gemäß Abb. 14.3 grob modellieren als Produkt aus der Anzahl der erreichten Personen und der Intensität des Kontakts.

14.1.4 Timing

Die Terminierung von Kommunikationsmaßnahmen ist wichtig. Ein Pressebericht oder ein Post muss zur richtigen Zeit seine Zielgruppe erreichen.

Kommunikationsmaßnahmen können geplant werden:

- Periodisch (täglich, wöchentlich…) z. B. in Form eines Newsletters, Blogs, einer Meldung des Tages …
- Eventbezogen: Veranstaltungen sind typische Anlässe für einen Pressebericht
- Organisationsbezogen zum Anlass von Veränderungen, Wahlen …

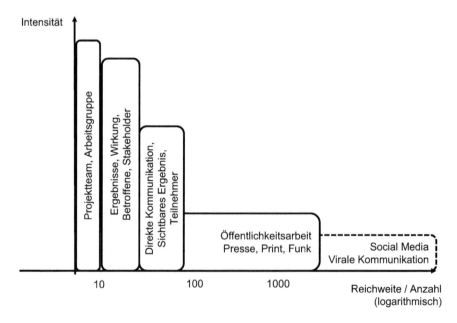

Abb. 14.3 Kommunikationswirkung

- Ergebnisbezogen nach einem Projektabschluss oder erreichten Zwischenziel
- Extern anlassbezogen mit einem Aufhänger (Terminbezogen wie der Tag des ..., zu einem Jubiläum oder anlässlich eines lokalen oder überregionalen Ereignisses.

> **Kommunikationsanlässe**
>
> Eine Initiative zur Verhinderung von Plastikabfall bei Events hat unterschiedliche Aufhänger, um einen Bericht über ihre Aktivitäten zu positionieren:
> - Start oder Abschluss eines Events, bei dem die Konzepte umgesetzt werden/wurden.
> - Auszeichnungen für die Initiative, Spenden, Vorträge ...
> - Periodische Anlässe wie Tag des Plastiks, Tag der Umwelt ...
> - Entwurf oder Verabschiedung eines Gesetzes oder einer Richtlinie zu plastikfreien Events.
> - Bericht über den Plastikmüll bei einem Großevent.
> - Gewinnung neuer Mitstreiter, Diskussion mit Politikern oder bekannten Aktivisten.
> - Nach einem Pressebericht über Müllinseln oder Plastikmüll.

14.2 Kommunikation für Nachhaltigkeit

14.2.1 Kommunikation für und über Nachhaltigkeit

Bei der Kommunikation können wir über Kommunikation für NE und Kommunikation über NE differenzieren, wobei sich diese beiden Bereiche ergänzen.

- Die Kommunikation für eine NE ist zielorientiert und will durch die übermittelte Nachricht die Ziele der Nachhaltigen Entwicklung unterstützen. Dabei müssen nicht notwendigerweise (B)NE-Inhalte vermittelt werden.
- Die Kommunikation für BNE ist ebenfalls zielorientiert und will durch die übermittelte Nachricht die BNE unterstützen. Dabei muss sich die Kommunikation an der Gestaltungskompetenz orientieren, sie sollte also partizipative Elemente enthalten. Sie muss sich auch an dem für Bildungsmaßnahmen formulierten Beutelsbacher Konsens orientieren.

- Kommunikation über (B)NE vermittelt (B)NE-relevante Inhalte und Informationen darüber. Sie kann also auch über die Ziele bzw. über die Frage diskutieren, welche Ziele die richtigen sind.
- NE-Information vermittelt Informationen, die für eine Nachhaltige Entwicklung relevant sind. Sie wirkt beim Empfänger auch als BNE.

Bei der Kommunikation muss immer berücksichtigt werden, dass der Empfänger der Information in die Lage versetzt werden soll, selbst informiert zu entscheiden.

14.2.2 Kommunikation und Projekte

Hier ist nicht die Kommunikation im Projekt gemeint, die für die Projektarbeit wichtig ist und die in Abschn. 10.1.4.4 betrachtet wurde, sondern die Kommunikation im Rahmen von Projekten.

Kommunikation kann Teil des Projekts oder sogar alleiniges Projektziel sein. Projekte die nur der Information (Aufklärung, negativ gesagt: der Propaganda) dienen, sind selten, da ja immer auch die Erfassung und Aufbereitung der zu kommunizierenden Inhalte eine Rolle spielt.

14.2.3 Hinweise zur NE-Kommunikation

Die Hinweise in Tab. 14.2 (nach Holzbaur und Theiss 2012) sollen bei allen Arten der Nachhaltigkeitskommunikation helfen, insbesondere der Pressearbeit.

14.3 Pressearbeit

Ein klassischer Bereich der Öffentlichkeitsarbeit ist die Pressearbeit.

14.3.1 Strategie

Die strategische Planung geht über den eigentlichen Pressebericht hinaus. Kernfragen:

- welche Informationen sollen über
- welche Medien

Tab. 14.2 Hinweise zur Nachhaltigkeitskommunikation

Kurzhinweis	Hinweise	Strategischer Hintergrund
Ziel und Zielgruppe definieren	Das Kommunikationsziel ist das Wichtigste. Die Zielgruppe kann ein Teil der Empfänger sein	Die einzelne Kommunikationsmaßnahme ist in die Kommunikationsstrategie und diese in die Gesamtstrategie eingebunden (Zielhierarchie)
Kern der Kommunikation klar planen	Die Kernaussage oder Appell der Kommunikation herausarbeiten	Die Kernaussage muss das Ziel der Kommunikation unterstützen. Der Inhalt flankiert
Kernaussage und Fokus auf Nachhaltigkeit	Nachhaltigkeit definieren, klarer Bezug zur Nachhaltigkeit	Nachhaltigkeit muss klar positioniert werden
Strategisch kommunizieren	Bezüge zur Nachhaltigkeit herstellen. Auch entferntere Bezüge aufzeigen	Ansprache von Interessenten Bezüge zur Nachhaltigkeit
Regelmäßig kommunizieren	Anlässe und Themen vorausschauend planen	Kommunikation z. B. über das Jahr strategisch positionieren
Positiv aber ehrlich kommunizieren	Nachhaltigkeit mit ihren Zielkonflikten und Unsicherheiten berücksichtigen, aber klare und positive Aussagen treffen	Die Komplexität der Nachhaltigkeit und Nutzungskonflikte dürfen nicht verschwiegen werden Glaubwürdigkeit auf die Dauer ist wichtiger als kurzfristige Hypes
Fokus auf Bildung	Jede Kommunikation im Sinne der BNE nutzen	Gestaltungskompetenz und Wissen vermitteln ohne Indoktrination
Effektiv kommunizieren	Fakten und Strukturen statt einzelner Zahlen. Anschaulichkeit und Bezug zum Empfänger	Formate, Darstellung und Inhalte an die Zielgruppen anpassen
Interessant kommunizieren	Beziehungen zu Lebenswirklichkeit und Interessengebieten der Empfänger Lokalbezug und Personen für die Lokalpresse, Theorien und Modelle im fachlichen Bereich	Inhalt und Darstellung an die Zielgruppe anpassen Bezüge und Interesse schaffen Aufbauprinzip AIDA

- welche Zielgruppe erreichen, um damit
- in welchem Zeitplan
- welches Ziel zu erreichen?

Die Einbindung der Presse- und Medienarbeit im Rahmen von Projekten in ein gesamtkommunikatives Konzept ist nicht nur logisch, sondern erleichtert auch die Arbeit des Projektteams.

Presseberichte haben eine wichtige Multiplikatorwirkung in den definierten Zielgruppen und über sie hinaus. Die Vermittlung der Informationen zu den eigentlichen Empfängern übernehmen die Medien. Die Redaktionen bzw. Journalisten sind die direkte Zielgruppe, die wir ansprechen, aber sie wirken als Multiplikatoren der Presseberichte in die Öffentlichkeit hinein und erreichen so die Medienkunden, die indirekte und wichtigste Zielgruppe der Pressearbeit sind.

Presseankündigungen sollen kurz und aktuell auf eine Veranstaltung hinweisen. Je nachdem, ob man für eine Aktion im Vorfeld Mitorganisatoren oder Partner, Mitwirkende oder direkte Teilnehmer sucht, ist auf die jeweilige Terminierung mit geeignetem Vorlauf zu achten (zu spät ist vorbei).

Für Veranstaltungen selbst sollte die Presse eingeladen werden und falls sie kommt, auch mit allen den nötigen Informationen versorgt werden, die sonst und andernfalls im eigenen Bericht stehen.

14.3.2 Öffentlichkeitsarbeit für Nachhaltigkeitsprojekte

Die Pressearbeit ist ein wichtiger Bestandteil von Projekten.

Ausgehend von der Organisation (Unternehmen, Verein, Projektteam) richtet sie sich an

- Interne Zielgruppen
- Externe Zielgruppen

Die Erfolgsfaktoren dieser Kommunikation wurden in Holzbaur et al. (2013) analysiert.

> **Medienresonanz von Hochschulprojekten**
>
> Die Hochschule Aalen und einzelne Bereiche davon nutzen neben der klassischen Pressearbeit auch Social Media Kanäle. Innerhalb von zehn Jahren konnte für die studentischen Projekte zur Nachhaltigen Entwicklung eine Öffentlichkeit geschaffen werden, die über die positive Resonanz in der Presse die Akquisition von Projekten und Projektpartnern deutlich erleichtert hat. Im Vergleicht stellt sich das etwa so dar:
> Stand 2005 = Projektakquisition: jeder potenzielle Projektpartner oder Stakeholder musste vom Konzept der Projekte, vom Nutzen und von der Erfolgsmöglichkeit studentischer Projekte überzeugt werden. Umfangreiche Kooperationsgespräche und Aufklärung sind vor jedem gemeinsamen Projekt mit einem neuen Partner notwendig.
> Stand 2015 = Projektmultiplikation: Studentische Lehrprojekte sind als erfolgreiche Kooperationen bekannt. Die Projektakquisition der Hochschule wird wohlwollend positiv beantwortet und kooperativ umgesetzt. Ideen und Projektansätze werden von potenziellen Partnern an die Hochschule herangetragen.

Wer Projekte öffentlichkeitswirksam platzieren will, kann dies bereits bei der Themenwahl steuern. Bei der Bestimmung von Themen können beispielsweise allgemein bekannte Trends genutzt werden: Globalisierung, Nachhaltigkeit, Umweltschutz oder Qualitätsstandards sind durchweg Entwicklungen, die noch mehr Bedeutung bekommen können.

14.3.3 Filter und Kooperationskette

Das Grundkonzept, dass jede Kommunikation zielgruppenorientiert sein muss, haben wir bereits erwähnt. Man muss also zunächst aus der für den Absender relevanten Information eine für den Empfänger relevante Nachricht machen. Dies geht über eine Kette von Schritten bzw. Institutionen, die auch als Filter wirken. Abb. 14.4 symbolisiert, wie aus den für den Absender relevanten Informationen die für den Empfänger interessante Nachricht wird.

Die Zielgruppe der Öffentlichkeitsarbeit sind die Leser. Bis aber die Information bei den Lesern ankommt, muss sie einige Filter durchlaufen. Dieser besteht bei der Pressearbeit aus mehreren Stufen. Bei Social Media, in denen der Benutzer selbst den Inhalt generiert, ist die Kommunikationskette unmittelbarer, der Filter liegt nicht mehr bei der Presse, sondern nur noch beim Leser. In Abb. 14.5 werden diese beiden Strukturen gegenübergestellt.

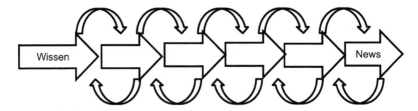

Abb. 14.4 Kette von der Information zur Nachricht

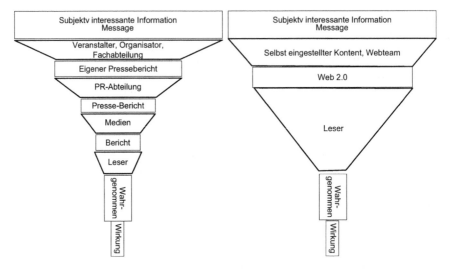

Abb. 14.5 Filter von der Quelle zum Leser – Print vs. Social Media

14.3.4 Presseberichte

Im Folgenden geben wir einige Hinweise für die Gestaltung erfolgreicher Presseberichte.

14.3.4.1 Formalia

Umfang

Der Umfang eines Presseberichts ist typischerweise zwei Seiten (12pt, 1,5 zeilig). Besser ist es, den Umfang in Wörtern (300–700) oder Zeichen (2000–5000) zu messen und ggf. mit den entsprechenden Verantwortlichen zu vereinbaren. Textverarbeitungssysteme bieten die Möglichkeit, Wörter und Zeichen (mit/ohne Leerzeichen) zu zählen. Presseankündigungen, also Kurzmitteilungen für Ereignisse, Auszeichnungen, etc. sollten ca. 100 Wörter umfassen.

> **Fünfzig Wörter**
>
> Eine gute Übung für kurze Texte ist, Texte auf exakt 50 Wörter zu komprimieren. Wir haben dazu exemplarisch in Folgenden die Einleitung zu Kap. 1 komprimiert.
> Nachhaltige Entwicklung bedeutet, dass sowohl jetzige als auch zukünftige Generationen ein gutes Leben haben. Um dieses Ziel zu erreichen, muss man Nachhaltigkeit verstehen, Probleme erkennen und Lösungsansätze umsetzen können. Das Ziel beinhaltet vielfältige Teilaspekte wie Klima, Gerechtigkeit, Ressourcen und Bildung und vielfältige Lösungsansätze und Handlungsmöglichkeiten auf individueller und organisatorischer Ebene.

Form

Die Form ist das, was zunächst auffällt. Der Bericht sollte sich an den Standards orientieren und dem Empfänger sofort eine Orientierung erlauben.

Wichtig ist: Verfasser, Datum und Kontaktdaten sind absolut notwendig. Vertritt der Verfasser eine Organisation, ist auch dies zu vermerken.

Zur Form gehört auch eine kurze und informative Überschrift. Diese sollte attraktiv und ehrlich sein.

14.3.4.2 Inhalt

Die Frage „Was soll (in eine Pressemeldung oder einen Bericht) rein?" ist einfach zu beantworten: Das, was die Zielgruppe interessiert. Auf jeden Fall sollten die wichtigsten Fragen beantwortet werden:

- Wer (Personen mit vollen Namen, Rollen, Organisationen) hat
- was (Inhalt von Aktionen, Ergebnisse, Wirkung)
- wann (Aktualität herausstellen)
- wo (Ortsbezug herausstellen)
- wie (Abläufe, Methoden, Kooperationen) und womit (Ressourcen, Partner)
- warum (Ziel, Nachhaltigkeitsbezug, Zukunftsorientierung oder auch Anlass und Grund)
- getan/erlebt/erzählt/gemacht/erreicht… und
- was hat das mit unserer Zukunft zu tun?

Der Inhalt ist die Schnittmenge aus

- dem, was Sie als Nachricht den Lesern vermitteln wollen
- dem, was für Ihr Projekt bzw. Ihre Institution gut und wichtig ist
- dem, was für die Leser neu und nützlich ist
- dem, was für die Leser interessant ist
- dem, was zu der jeweiligen Zeitung passt.

Nur wenn diese Kriterien erfüllt sind, wird der Pressebericht die Filter Abschn. 14.3.3 passieren.

Ein Trick dazu: stellen Sie sich vor, sie wollen eine(m) Nachbarn oder ihrem Chef erzählen, was Sie meinen, planen oder gemacht haben und was herausgekommen ist.

Pressemitteilungen (Inhalt und Empfänger) müssen vor der Weiterleitung mit den betroffenen Projektpartnern (und evtl. weiteren Stakeholdern) abgestimmt werden.

Achten Sie auf Exaktheit und Belegbarkeit der Aussagen, Lesbarkeit und Verständlichkeit, potenzielle Missverständnisse und Angriffe, Rechtschreibung und Grammatik.

Bei wissenschaftlichen Zeitschriftenartikeln ist der Kern die neue Erkenntnis.

One message a time

Der Bericht sollte nur ein Kernthema haben. Dies ist bei Projekten normalerweise der Fall. Sollte es mehr als ein Kernthema geben, empfiehlt es sich, zwei getrennte Mitteilungen herauszugeben oder ein übergreifendes deutliches Dachmotto (wenn es um dieses Dachthema geht) zu finden.

One message a time

Wenn man über mehrere Themen einen gemeinsamen Bericht hat, muss das gemeinsame Dach gefunden werden. Soll über zwei Ihrer abgeschlossenen Projekte berichtet werden, sollte statt einer Überschrift „Alkoholkonsum in der Innenstadt und Geologisches Museum" die Überschrift oder zumindest der Header ein klares Dach zeigen. „Projekte untersuchen die beiden Kernthemen der Innenstadt: Schnaps und Steine". Die Überschrift kann trotzdem mit „Innenstadt-Themen: Alkohol und Museum" oder „Schnaps und Steine in der City" das Thema plakativ aufbereiten. Noch besser ist es, zwei Berichte zu positionieren, wobei der zweite dann das gemeinsame Überthema betonen kann.

Alle relevanten Beteiligten erwähnen
Teilnehmer: Projektleiter, Projektpartner, Betreuer, Teammitglieder, Stakeholder
Alle mit Titel (Funktion) Vornamen und Nachnamen bei der ersten Nennung.
Auch Organisationen und Beziehungen müssen entsprechend erwähnt werden. Beispielsweise:

- Die Untersuchungen waren Teil eines Projekts der Initiative …
- Das Projekt wurde ideell von … und finanziell von … unterstützt.
- Die Initiatoren … haben auch …
- Die Befragung wurde unterstützt von …

Fakten
Fakten und Informationen sind das A und O des Berichts. Sie müssen verlässlich sein.
Die Hintergrundinformation (über die Organisation, die Nachhaltige Entwicklung, aktuelle Probleme und Projekte) sollte am Schluss aufgeführt werden, da diese von den Redaktionen ggf. gekürzt oder weggelassen wird.

Hintergrundinformation für den Pressebericht

Hintergrundinformationen sollen den Lesern und der Redaktion das Verständnis und die Einordnung der aktuellen Meldung erleichtern: Beispielsweise in der folgenden Form:
Klimaresilienz: Durch den Klimawandel werden Anpassungsmaßnahmen notwendig. Für den Forstbetrieb …
Lokale Agenda 21: Die „Lokale Agenda" geht auf die Agenda 21 von Rio 1992 zurück und besteht in X-Stadt schon seit 1999. Sie …
SDG: Die 17 Nachhaltigkeitsziele (Sustainable Development Goals) der Agenda 2030 legen …
Waldbesitz: Der Wald in X-Stadt hat eine Fläche von xxx ha. Davon sind xx% in Privatbesitz, yy% gehören der Stadt, hier …

Persönliches
Zusammenfassungen und Ergebnisse dürfen auch persönlich gefärbt sein: „Wir empfehlen …", „Handlungsbedarf besteht…", „Erste Erfolge wurden…" etc. Dabei muss aber klar sein, wessen Meinung hier dargestellt wird. Wörtliche Zitate Dritter dürfen nur nach Rücksprache aufgeführt werden.

Eine eigene abschließende Würdigung kann in einem eigenen Medium angebracht sein: „Wir sind stolz auf den Erfolg. Vielen Dank an das engagierte Team und an die Partner für die vertrauensvolle Zusammenarbeit." Für einen Pressebericht ist sie entsprechend umzuformulieren.

Hintergründe
Hintergrundinformationen und Darstellung der eigenen Organisation (Team) kommen eher am Schluss, die Teile können je nach vorhandenem Platz durch die Redaktion gekürzt oder weggelassen werden.

14.3.4.3 Aufbau

Der Aufbau des Presseberichts folgt dem Schema:

- Meta-Informationen:
  Verfasser und Datum sind unumgänglich
- Headline:
  Die Headline muss griffig sein und neugierig machen und darf auch pfiffig sein
- Vorspann
  Er sollte in drei bis vier kurzen Sätzen die wichtigsten Informationen zusammenfassen und zum Weiterlesen animieren. Dabei hilft die Beantwortung der sieben W-Fragen:
  Wer hat was wann wo wie warum womit getan/erlebt/erzählt …. und was hat das mit unserer Zukunft zu tun?
- Text
  der Fließtext ist der eigentliche Bericht. Nicht chronologisch aufgebaut, sondern beginnend mit den wichtigsten Informationen beschreibt er
  – das Ausgangproblem so, dass die Zielgruppe angesprochen wird,
  – das wichtigstes Ergebnis und seine Bedeutung,
  – die wichtigsten Aktivitäten und Akteure sowie
  – die Schlussfolgerung z. B.: Das … ist für alle … ein Problem …/Die Zukunft hängt von …/
- Hintergrundinformation, Informationen zur Organisation
- Pressekontakte

Folgende Punkte sind wichtig

- Abschnitte als Gliederung
  Die Abschnitte müssen für sich lesbar sein, falls die Presse kürzt. Deshalb soll auch kein Abschnitt mit „Deshalb" beginnen.
- Zwischenüberschriften einbauen
  Diese sollten sprechend und informativ sein.
- Institution
  Allgemeine Angaben zu den Institutionen und dem Projekt am Schluss (Kürzungsgefahr)
- Ansprechpartner
  Projektleiter und Verantwortliche, Adresse für Fragen
- Kontaktdaten
  Kontaktdaten der Verantwortlichen für die Kommunikation (Pressestelle) und das beschriebene Ergebnis (Projektverantwortliche, Organisatoren). Bevorzugter Kontakt für Rückfragen ist anzugeben. Erreichbarkeit und unmittelbare Reaktion der Zeit nach Erhalt des Presseberichts durch die Zielgruppe und bei Arbeitsbeginn der Redakteure ist sicherzustellen.
- Bilder
  Bilder üblicherweise als JPG. Zu jedem Bild eine Unterschrift/Titel = kurzer Erklärungstext, alle Personen v.l.n.r. (auf dem Bild) alle mit Titel (Funktion) und Namen, Fotograf und Rechte (z. B. © Stadt Bonn, Foto Maxy Müller)
- Diagramme
  Diagramme sollten quantitative Ergebnisse unterstützen. Säulendiagramm für Abhängigkeiten sind z. B. einer wissenschaftlichen Darstellung eher angemessen, Tortendiagramme sind plakativ und zeitungsgeeignet.

14.3.4.4 Wie schreibt man einen Pressebericht?

Der Inhalt ist wichtig, dazu und zum Aufbau siehe oben. Aber auch der Stil ist wichtig:

- Verständlichkeit und Klarheit bei Wortwahl, Satzbau, Satzlänge
- Aufeinanderfolgende Abschnitte, die aber für sich als einzelne verständlich sein müssen.
- Lebendiges Schreiben: Personen, Aktivstil etc.

Qualitätsaspekt
Eine Pressemitteilung sollte man – wie jeden Text – vor Weitergabe prüfen lassen. auf

- Lesbarkeit und Verständlichkeit,
- korrekte Verwendung und Schreibweise von Namen und Begriffen,
- Korrekte Titel und Funktionsbezeichnungen,
- potenzielle Missverständnisse und Angriffe,
- Rechtschreibung und Grammatik.

14.4 Social Media

Das Web 2.0 zeichnet sich dadurch aus, dass nutzererzeugte Inhalte (User Generated Content, UGC) überwiegen, d. h. die Nutzer können Inhalte selbst hochladen (Abb. 14.5) und werden so zu Prosumern (Abschn. 9.5.1). In den Anfangszeiten bedeutete es eine Innovation, dass jeder Interessierte selbst Beiträge online stellen konnte. Dazu gibt es die unterschiedlichsten Kanäle, die einerseits der Darstellung von Inhalten (Seiten) und andererseits der mehr oder weniger unmittelbaren Kommunikation (Messenger) dienen. Inzwischen muss man den User Generated Content differenzierter betrachten, da sowohl durch die fehlende Kontrolle und Qualitätssicherung als auch die systematische Beeinflussung durch menschliche und automatisierte Netzwerke und gezielte Verbreitung von Falschmeldungen der Nutzen für den Leser nachlässt.

14.4.1 Chancen und Risiken

Jeder Nutzer kann Inhalte an unterschiedlich große Zielgruppen verteilen und schnell weitergeben. In der letzten Zeit hat sich gezeigt, dass darin eine Gefahr besteht, weil Inhalte nicht nur von Personen, sondern auch von intelligenten Computern (bots) generiert und zielgruppengerecht gestreut werden. So können Informationen erfunden oder interpretiert werden und dann für unterschiedliche Zielgruppen entsprechend präsentiert werden.

Die Probleme der Qualitätskontrolle und die Frage des Urheberrechts und der Honorierung von geistigem Eigentum können durch ein „absolut freies" web nicht gewährleistet werden. Andererseits will man keine Zensur durch eine zentrale Stelle. Ob intelligente Kontrollinstanzen dabei eine Lösung oder ein Problem sind, hängt von der (politischen) Zielsetzung und den Kriterien ab.

Dabei stellt sich wieder die Frage, wie wir uns die Zukunft wünschen und welche Methoden dazu dienen, eine freie Kommunikation zu erhalten, ohne dass diese zu unerwünschten Effekten führen. Auch hier wird an einem kritischen Umgang durch informierte Teilnehmer kein Weg vorbeiführen.

14.4.2 Wie nutzen wir Social Media im Sinne der NE?

Social Media haben gegenüber der Pressearbeit den Vorteil, dass der Verfasser selbst über Zeit und Inhalt entscheidet. Sie haben aber den Nachteil, dass dort sehr viele Nachrichten gepostet werden, sodass der Aufmerksamkeitswert gering ist. Veröffentlichungen müssen regelmäßig erscheinen und aktualisiert werden, auf Kommentare muss geachtet werden.

Vorteile von Internet, World Wide Web und Social Media sind:

- Die Verlinkung von Inhalten ist meist durch die Medien bzw. Tools schon vorgesehen.
- Das Auffinden von Inhalten kann durch geeignete Stichworte (Keywords) und Schlagworte (Hashtags #) gefördert werden.

14.5 Vorträge

Auch Vorträge sind eine Maßnahme der Kommunikation.

14.5.1 Strategie und Ziel

Die grundlegende Überlegung bei einem Vortrag ist: warum?

- Was will ich erreichen? Was sind meine Ziele?
- Wen will ich erreichen? Was ist meine Zielgruppe?
- Wie kann ich die Zielgruppe erreichen?
- Wie kann ich meine Kommunikationsziele erreichen?

Jeder Stakeholder hat Ziele bezüglich des Vortrags

- Vortragende
- Veranstalter
- Zielgruppe
- Zuhörer

Zieldreieck (Zieltriade)

Zum Vortrag betrachten wir nochmals das Zieldreieck mit der Zieltriade docere – modere – delectare aus Abb. 14.2. Die Zieltriade ist dabei in Abb. 14.6 ergänzt um die verschiedenen Vortragstypen und um die für die Aktivierung der Zuhörer wichtige Wechselwirkung zwischen Aktivierung und positiver Einstellung zum Vortragenden.

14.5.2 Aufbau

Für den Aufbau eines Vortags kann man sich an das folgende Merkwort halten:

AIDA = ATTENTION – INTEREST – DESIRE – ACTION
Das Prinzip wurde eigentlich für Verkaufsgespräche entwickelt, kann aber auf andere Vorträge übertragen werden, insbesondere wenn in der Zieltriade (Abb. 14.2) die Motivation zu konkreten Aktionen eine Rolle spielt.

Dabei muss man diese Schritte, die im Verkaufsgespräch eine feste Bedeutung haben, auf die Situation des jeweiligen Vortrags übertragen. Je nach Zielsetzung muss der Inhalt der einzelnen Schritte modifiziert werden:

- A = Attention: Aufmerksamkeit erregen und eine positive Grundhaltung erzeugen (die ersten Minuten entscheiden)
- I = Interest: Interesse wecken und halten, persönliche Bezüge herstellen, anschaulich beginnen
- D = Desire: Wünsche wecken: Hier geht es nicht wie im Verkaufsgespräch um den Wunsch, ein Produkt zu besitzen, sondern in ideeller Weise, beispielsweise um den Wunsch diese Probleme zu lösen, mitzumachen,

Abb. 14.6 Zieltriade für den Vortrag

Lösungsansätze umzusetzen oder auch nur das Vorgestellte zu verstehen oder zu vertiefen das Beschriebene zu können oder einfach Wissen zu erwerben.
- A = Action: Aktionen bewirken. Klare Appelle loswerden. Zusammenfassende Wertungen abgeben, die beim Zuhörer im Gedächtnis bleiben und sein weiteres Verhalten beeinflussen.

14.5.3 Hinweise

Die folgenden Hinweise können jedem Redner eine kleine Hilfestellung geben:

1. Das Ziel
   - Im Zentrum der Präsentation steht Ihr Kommunikationsziel.
   - Orientieren Sie sich nach Inhalt und Stil an Ihrem Ziel und Ihrer Zielgruppe.

2. Der/die Präsentierende
   - In der Präsentation steht der Präsentierende im Vordergrund – alles andere sind Hilfsmittel.
   - Seien Sie Sie selbst: Natürlichkeit ist das „A und O".
   - Lampenfieber sollte als hilfreiche Reaktion des Körpers wahrgenommen werden.
   - Wer sich wohlfühlt, kann dieses Gefühl vermitteln.

3. Die Präsentation
   - Eine deutliche Sprache mit Modulation und Pausen ist wichtig.
   - Blickkontakt mit allen Zuhörern ist wichtig.
   - Körpersprache ist wichtig, sollte aber nicht überschätzt werden.
   - Der Vortrag und der Einsatz von Hilfsmitteln muss geplant, geprobt und getestet werden.

14.6 Zusammenfassung

Kommunikation für die Nachhaltige Entwicklung
Die Kommunikation über unterschiedliche Kanäle ist für die Bildung für Nachhaltige Entwicklung und die eigenen Projekte oder sonstige Aktivitäten zur Nachhaltigen Entwicklung wichtig.

Systematische Öffentlichkeitsarbeit ist ein Hebel, um mehr Personen zu erreichen und diese für die Projekte, Aktionen oder den Einsatz für Nachhaltigkeit zu gewinnen oder über Hintergründe und Handlungsmöglichkeiten zu informieren.

Literatur

Holzbaur, U., & Theiss, M. (2012). *Tell me about your sustainability projects – Press release as a tool for education for sustainable development.* Port Elisabeth: Präsentation, SARIMA.

Holzbaur, U., Bühr, M., & Theiss, M. (2013). Regionale Stakeholderkooperation einer Hochschule zur Umsetzung der Nachhaltigen Entwicklung in Projekten. UWF (Umwelt Wirtschaft Forum) (Bd. 21, S. 179–186). Berlin: Springer.

UN (Vereinte Nationen). (1992). AGENDA 21 Konferenz der Vereinten Nationen für Umwelt und Entwicklung Rio de Janeiro, Juni 1992. http://www.un.org/depts/german/conf/agenda21/agenda_21.pdf.

15

Struktur und Zukunft

Wie bekommt man Struktur in diese komplexe Welt?

Die Welt – insbesondere, wenn wir zukünftige Entwicklungen betrachten – ist nichtlinear, dynamisch. zufällig und hoch komplex. Mathematisches Denken und die Modelle der Mathematik können dazu beitragen, die Komplexität der Welt zu verstehen und so Entscheidungen im Sinne der Nachhaltigen Entwicklung zu unterstützen.

15.1 Mathematisches Denken als Kernkompetenz

Die Welt ist nichtlinear, dynamisch und durch Zufall geprägt. Diese Komplexität überfordert den Menschen, dann flüchtet er sich in einfache Erklärungen, Schuldzuweisungen und Verschwörungstheorien. Die Mathematik kann helfen, durch Modelle und Methoden diese Komplexität zu verstehen. Sie hilft dabei, vergangene und zukünftige Entwicklungen und Systeme zu analysieren und zu verstehen, Alternativen abzuwägen und Aktionen und Projekte zu planen. Sie ist damit eine wesentliche Komponente der Gestaltungskompetenz (Abschn. 12.1.4).

Andererseits müssen wir für die Gestaltung der Zukunft die von der Wissenschaft und Wirtschaft, Politik und Technik verwendeten komplexen Modelle, Algorithmen und Entscheidungsprozesse hinterfragen können. Dazu ist ein grundlegendes Verständnis dieser Modelle notwendig.

Mathematik ist insgesamt eine wichtige Komponente der Bildung für Nachhaltige Entwicklung.

15.1.1 Kompetenzen

Mathematik ist eine wesentliche Kompetenz bei Entscheidungen, bei denen es um „bessere" Zustände oder Chancen geht. Dabei geht es weniger um das Rechnen, sondern vor allem um Strukturierung. Die folgenden Kompetenzen sind dabei wichtig:

- Analytisch erkennen: Gestaltungskompetenz setzt das Erkennen und Beurteilen von Entwicklungen voraus. Dies ist der analytische Teil.
- Strategisch planen: Der planerische und gestalterische Teil setzt die Modellierung der Zukunft und die Gestaltung von Plänen voraus.
- Berechnungskompetenz: Viele Argumentationen nicht nur im Bereich der Nachhaltigkeit erfordern ein Verständnis für Zusammenhänge und Zahlen. Hier liegt eine Chance und Herausforderung für die Mathematik. Einfache Berechnungen, die meist für die Wissenschaft oder das Lehrbuch zu trivial sind, sich aber für den mathematisch nicht vorgebildeten nicht unmittelbar erschließen, könnten einen guten Zugang zur Argumentation und auch zu Mathematik geben. Deshalb haben wir hier einige aufgenommen.
- Modellbildungskompetenz: Komplexe Systeme in einer abstrakten und vereinfachten Form zu beschreiben, ist für die Behandlung der Komplexität notwendig. Solche Modelle können mathematische Modelle, physische Modelle oder Analogien sein. Im Kern der Modellbildung (Abschn. 15.1.3) steht die Fähigkeit zu abstrahieren und zu übertragen.

15.1.1.1 Logik

In Ergänzung zum Rechnen bietet die Mathematik auch im Bereich der Logik wichtige Kompetenzen für die Nachhaltige Entwicklung. Dabei geht es um das richtige Schlussfolgern, den Umfang mit Folgerungen und das Erkennen und Vermeiden von Denkfehlern und Widersprüchen.

Implikationen
Die Implikation $A \to B$ oder WENN A DANN B hat in der Logik eine etwas andere Bedeutung als in der Umgangssprache. Sie setzt umgangssprachlich voraus, dass A gilt. In der Logik ist diese Aussage immer richtig, wenn A nicht gilt.

Dies lässt sich auch mit der mengentheoretischen Analogie verdeutlichen: A ist Teilmenge von B (Symbol $A \subseteq B$), wenn jedes Element aus A auch zu B gehört. Über die Elemente, die nicht zu A gehören, wird nichts ausgesagt.

Für Begriffe bedeutet diese Implikation oder Teilmengenrelation: „Jedes A ist ein B" oder „B ist ein Oberbegriff zu A". Dann ist klar: wenn a ein A ist, dann ist a auch ein B. Über die b, die B sind oder die x, die nicht A sind sagen die obigen Aussagen überhaupt nichts aus.

Alle drei Beziehungen sind transient, d. h. ist $A \subseteq B$ und $B \subseteq C$ so ist $A \subseteq C$.

> **Oberbegriff und Folgerung**
>
> Jeder Hund ist ein Säugetier, jedes Säugetier ist ein Wirbeltier.
> Äthanol ist ein Alkohol, Alkohole sind organische Verbindungen.

Die Implikation sagt nur aus, dass aus A immer B folgt. Über den zugrundeliegenden Mechanismus sagt sie nichts aus.

Kausalität und Korrelation

Eine wichtige Unterscheidung ist die zwischen der statistischen Korrelation und der Kausalität. Eine Korrelation zwischen zwei Ereignissen bzw. Variablen A und B besteht dann, wenn die Wahrscheinlichkeiten für die Ereignisse bzw. die Werte der Variablen nicht unabhängig sind.

> Eine Korrelation zwischen A und B kann auf einen kausalen oder statistischen Einfluss von A auf B, von B auf A oder den Einfluss einer dritten Größe C beruhen.

Ein Beispiel zum Unterschied zwischen Korrelation und Kausalität:

> **Bringt der Storch die kleinen Kinder?**
>
> Es gibt in mehreren Daten einen positiven statistischen Zusammenhang zwischen der Storchenpopulation und der Geburtenrate.
> Erklärungen wären:
>
> - Die Störche bringen die Babys – mehr Störche bringen mehr Babys.
> - Durch die Geburten werden Störche gefördert – höhere Geburtenraten bringen mehr Störche.
> - Es gibt eine dritte Größe, die beide Größen beeinflusst, dies kann z. B. sein:
>   – Zeitliche Korrelation: Rückgang von Geburtenraten und Storchenpopulationen in den letzten Jahrhunderten.
>   – Räumliche Korrelation: Unterschiede zwischen ländlichen Gebieten und Städten bzw. zwischen Staaten.

Widersprüche und unerfüllbare Regeln

Ein letzter wichtiger Punkt ist das Erkennen und Vermeiden von Denkfehlern und Widersprüchen, beispielsweise widersprüchlichen Konstruktionen oder Regeln.

Der Umgang mit solchen Widersprüchen, die in logischen Fehlern oder sprachlichen Ungenauigkeiten und unscharfen Begriffen liegen können, ist für den Umgang mit realen Systemen unabdingbar. Formale regelbasierte Systeme, Bürokratien oder Künstliche Intelligenzen scheitern an solchen Widersprüchen.

> Catch 22 und weitere widersprüchliche Konstruktionen
> - Catch 22: In Deutschland ist der Catch 22 weniger bekannt, im englischen Sprachraum dafür recht verbreitet. Es geht darum, dass eine Regel so formuliert ist, dass die Bedingungen niemals erfüllt sein können. In dem Roman „Catch 22" wird der Widerspruch dadurch erzeugt, dass jemand dann aus dem Kriegsdienst aussteigen kann, wenn er durch den Krieg verrückt wird. Der Antrag und die Angst vor dem Krieg wird aber als Zeichen gewertet, dass derjenige nicht verrückt ist.
> - Hauptmann von Köpenick: Der Schuster Wilhelm Voigt kam in eine Zwickmühle, weil er ohne Pass keine Arbeit und keine Wohnung und ohne Wohnung keinen Pass bekam.
> - Asyl: Wer in einem Land verfolgt wird, kann kaum eine Bestätigung darüber oder eine Ausreisegenehmigung bekommen. Er wird also immer illegal einreisen.
> - Bewerbung/Generation Praktika: Ein Absolvent bekommt nur eine Stelle, wenn er Berufserfahrung nachweisen kann, also bereits eine Stelle hatte.
> - Fahrkartenautomaten in der Bahn, deren Bedienen das – kurzfristige – Schwarzfahren voraussetzt.
> - Freiheit und Demokratie: Der Schutz von Freiheit und Demokratie erfordert Einschränkungen der Rechte derer, die Freiheit und Demokratie bekämpfen. Intoleranz gegen Intoleranz.
> - Krankmeldung: Für eine Krankmeldung ist es erforderlich, zum Arzt zu gehen. Wer zum Arzt gehen kann, kann nicht krank sein.
> - Auch ein Regelsatz, der sich selbst widerspricht oder die eigene Unfehlbarkeit postuliert, gehört in diese Kategorie. Das einfachste ist der Satz „Dieser Satz ist falsch".

Die Beachtung und Vermeidung solcher Fallen ist für die Formulierung von Regeln und Gesetzen extrem wichtig. Das Bewusstsein für die Widersprüche und der Umgang damit ist ein Kern menschlichen Denkens. Auch in der Diskussion mit spitzfindigen Zeitgenossen in Diskussionen ist das Erkennen und Aufzeigen solcher Denkfallen und scheinbarer Widersprüche wichtig.

15.1.1.2 Unschärfe

Eine subtilere Art des Widerspruchs aufgrund eines rein binären (0–1) Denkens steckt in unscharfen Begriffen, wo man durch Ausnutzen der Unschärfe schnell scheinbare Widersprüche herleiten kann. Gerade der saubere Umgang mit Begriffen hilft, mit solchen Unschärfen umzugehen.

> **Sprachliche Ungenauigkeiten – Fuzzy Begriffe**
>
> Viele Begriffe der Sprache sind nicht scharf (crisp) definiert, sondern mit einem unscharfen (fuzzy) Spielraum oder Übergangsbereich. Die Grenzen sind meist fließend und kontextabhängig. Bei Analysen und Diskussionen muss man hier auf die Bedeutung Wert legen und mit den Übergängen entsprechend umgehen. Beispiele von Begriffen und typische Fallen sind:
>
> - VIEL: wenn 1000 viel ist, ist dann 999 auch viel, und 998 …
> - HOCH: eine Wahrscheinlichkeit von 0,0001 % ist als Risiko hoch – und 0,00008 %?
> - AKZEPTABEL: Ein Wirkungsgrad von 50 % ist akzeptabel, und 47 %?
> - …

15.1.2 Mathematik und BNE

Folgende Stichworte kennzeichnen die Wechselwirkung von Mathematik und BNE:

- Mathematik ist das Interesse an Strukturen und Modellen
- Modellbildung als Komponente der Gestaltungskompetenz
- Modellbasiertes Problem lösen und Selbstwirksamkeit
- Umgang mit Dimensionen und Größenordnungen
- Zeit und Simulation
- Effizienz und Optimierungsaufgaben: technisch, ökonomisch, naturwissenschaftlich, ökologisch
- Mathematik hat Beziehungen sowohl zu den Komponenten und Aspekten der Nachhaltigen Entwicklung als auch zur Gestaltungskompetenz.

Eine Übersicht geben wir in Tab. 15.1.

Tab. 15.1 Mathematik und BNE/Gestaltungskompetenz

Dimensionen der NE	Als Stoff/Inhalt	Als Methode/Kompetenzerwerb
Integration der drei Säulen Wirtschaft, Natur und Soziales	Fachwissen der Teildisziplinen	Vernetztes Denken, Wissensintegration
Permanenz, d. h. Wirken über die Zeit	Zeitliche Entwicklung, Exponentielles Wachstum	Zukunftsorientierung
Gerechtigkeit innerhalb und zwischen den Generationen	Modelle der Gerechtigkeit	Generationenübergreifendes Lernen
Eigenverantwortung: die Rolle des Einzelnen	Entscheidungsmodelle	Selbstorganisiertes Lernen
Partizipation: Beteiligung aller Betroffenen an kollektiven Entscheidungsprozessen	Modelle von Entscheidungen, Spieltheorie	Partizipatives Lernen, forschendes, projektbasiertes, selbstbestimmtes Lernen
Dependenz: Zusammenhänge und Restriktionen	Modelle der Dependenz	Modellbildung
Glokalität – Globales Denken und Lokales Handeln	Dimensionen, Raumbezug	Schätzungen und Größenordnungen
Weltoffen Wissen aufbauen	Basiswissen	Modellbildung, Lernen
Vorausschauend Entwicklungen analysieren und beurteilen	Verhalten dynamischer Systeme	Methoden zu Analyse von Systemen, Interesse
Interdisziplinär Erkenntnisse gewinnen und handeln	Basiswissen	Anwendung von Modellen und Formeln in anderen Bereichen
Risiken, Gefahren und Unsicherheiten erkennen und abwägen können	Stochastik, Risikobegriffe, Wahrscheinlichkeiten	Umgang mit Unsicherheit z. B. bei Spielen oder Prüfungen
Gemeinsam mit anderen planen und handeln können	Plan als Model	Planung von Vorgehen bei der Anwendung der Mathematik (Berechnungen, Abschätzungen, Vermessung …)
Zielkonflikte bei der Reflexion über Handlungsstrategien berücksichtigen können	Zielsetzung als essenzielles bei Optimierungsaufgaben	Ziele und Positionen unterschieden, Sachorientiertes Verhandeln
Sich und andere motivieren können, aktiv zu werden	Motivationsmodelle	Teamarbeit bei Beweisen und Anwendungen
Die eigenen Leitbilder und die anderer reflektieren können	Ethik	Alltägliche Konfliktsituationen

(Fortsetzung)

Tab. 15.1 (Fortsetzung)

Dimensionen der NE	Als Stoff/Inhalt	Als Methode/Kompetenz-erwerb
Vorstellungen von Gerechtigkeit als Entscheidungs- und Handlungsgrundlage nutzen können	Gerechtigkeit, Spieltheorie, Simulationsmodelle	Gerechtigkeit in Unterricht und Prüfungen, Verteilungsaufgaben
Selbstständig planen und handeln können	Strategie Projektmanagement	Projekte
Empathie für andere zeigen können	Modelle der Reflexion	Erlebnisorientierte Methoden

15.1.3 Mathematik und Modell

15.1.3.1 Mathematik

Königin und Dienerin der Wissenschaften

Der Duden beschreibt die Mathematik als „Wissenschaft, Lehre von den Zahlen, Figuren, Mengen, ihren Abstraktionen, den zwischen ihnen möglichen Relationen, Verknüpfungen". Damit beschreibt er die beiden Ausgangspunkte – Zahlen und Figuren – und das, was die Mathematiker daraus machen – Abstraktionen und komplexere Strukturen.

Mathematik ist deutlich mehr als Zählen und Zeichnen. Das Zentrale ist die Beschäftigung mit den Regeln und Strukturen, die darüber bzw. darunter liegen. Dabei beschäftigen sich Mathematiker mit dem Finden neuer Regeln und dem Schaffen neuer Strukturen und Begriffe.

Kultur
Mathematik ist auch ein wichtiger Teil der Kultur. Das Gebäude der Mathematik wurde zwar durch den Menschen geschaffen, die Mathematik an sich ist aber universell gültig. Die Mathematik ist einerseits für viele Bereiche der Wissenschaft eine wichtige Grundlage und steuert wichtige Hilfsmittel bei, andererseits ist sie selbst eine Wissenschaft, die durch ihre Abstraktion von keiner anderen Wissenschaft abhängig ist.

15.1.3.2 Heuristik

Heuristik ist das Vorgehen, einen komplexen Sachverhalt durch Zusammenhänge und Beispiele zu erschließen, mögliche Aussagen zu überprüfen und erkannte Zusammenhänge durch neue Begriffe klarer zu fassen. Dies ist ein durchaus kreativer Prozess, den man in Mathematikbüchern kaum findet, zu diesem Vorgehen sei z. B. auf Polya (1971) und Holzbaur (2018) hingewiesen. Diese Kompetenz zur heuristischen Lösungsfindung ist auch für die Lösungsfindung im Bereich der Nachhaltigen Entwicklung wichtig.

> **Heuristik: die Kunst des Findens**
>
> Heuristik Die Heuristik ist die „Kunst der Lösungsfindung", d. h. das Vorgehen bei der Lösung mathematischer Probleme. Dieses kann nicht formalisiert oder automatisiert werden, sondern erfordert Kreativität und Erfahrung.
> Heuristik Ein Verfahren nennt man heuristisch (oder eine Heuristik), wenn es nicht mathematisch bewiesen wurde, sondern aufgrund der Erfahrung eine Lösung liefert und deshalb in der Praxis verwendet werden kann. Eine Heuristik ist also ein in einem bestimmten Anwendungsbereich brauchbarer Algorithmus.

Schritte der heuristischen Lösungsfindung nach (Polya)

- Verstehe das Problem: Was ist bekannt und gegeben, was unbekannt und gesucht?
- Entwickle eine Lösungsstrategie ausgehend von verwandten Problemen und Erfahrungen
- Löse das Problem schrittweise.
- Überprüfe die Lösung auf formale Korrektheit, Plausibilität und Nutzen.

Das schrittweise Herantasten an die Lösung kann sehr unterschiedliche Ansätze beinhalten, beispielsweise:

- Zerlege das Problem in mehrere einfachere Teilaufgaben.
- Führe das Problem auf ein bereits gelöstes Problem zurück.
- Versuche zu zeigen, dass das Problem nicht lösbar ist.
- Versuche, einfache Sonderfälle oder Grenzfälle zu lösen.
- Verallgemeinere das Problem, löse ein komplizierteres Problem.

> **Beispiel Fortbewegung**
>
> Will man das Problem der Fortbewegung von Tieren verstehen, so kann man mit der Studie von Zweibeinern anfangen. Man kann aber auch mit der Abstraktion von null (hüpfende Kugel) oder unendlich vielen (Kontinuum, beliebig viele) Beinen starten. Man kann auch zunächst statt dem Gehen das Stehen betrachten oder statt der flächigen Auflage (Fuß) mit einer punktförmigen Auflage beginnen.

15.1.3.3 Modelle

> Das Modell ist nicht die Realität – aber ein guter Ersatz

Ein Modell ist ein System von Begriffen, das dazu dient, ein reales System abzubilden und Probleme im realen System durch formale Manipulation im Modell zu lösen. Das Modell schlägt die Brücke zwischen Mathematik und Realität. Die Erstellung eines Modells geschieht im Allgemeinen dadurch, dass ausgehend von einem realen Problem das Problem und sein Umfeld (System) modelliert werden und diese Modelle in mehreren Stufen immer mehr formalisiert werden, bis eine mathematische Behandlung möglich ist. Man kann auch den umgekehrten Weg gehen und zu einem mathematischen System ein reales System beschreiben um dann dieses in der Realität zu suchen oder zu schaffen. Letzteres ist der Weg, den man bei der Entwicklung von Produkten (Abschn. 11.4.2) geht: Aus der abstrakten formalen Beschreibung wird ein konkretes reales Objekt.

15.1.3.4 Modellbildung

„Dessine-moi un mouton" – mit diesen Worten wendet sich der kleine Prinz im gleichnamigen Buch an den Flieger Saint-Exupery, der zuvor schon seine Unfähigkeit zu zeichnen beschrieben hat. Genauso hilflos, wie wir vor der Aufgabe stehen, ein Schaf zu zeichnen, stehen wir vor der Modellierung eines schwierigen Problems oder einer komplizierten Struktur. Im fertigen Modell die Realität zu erkennen, ist dann so einfach, wie auf dem Bild das Schaf zu erkennen.

Die Modellbildung geschieht in mehreren Schritten, die im Folgenden kurz beschrieben werden. In allen Schritten können sich Fehler (Mismodelling) einschleichen.

- Erkenntnisgewinn und Schaffung eines internen mentalen Modells: Das Modell entsteht im Kopf des Bearbeiters durch die Betrachtung unterschiedlicher Aspekte und Perspektiven aus verschiedenen Informationsquellen und im Allgemeinen auch zu unterschiedlichen Situationen.
- Strukturierung und Abstraktion: Das mentale Modell wird in geeigneter Form durch Texte, Grafiken, Zahlen und Formeln niedergeschrieben. Damit kann auch eine Kommunikation zwischen mehreren Bearbeitern stattfinden. In diesem Prozessschritt werden als unwesentlich erkannte Aspekte weggelassen und Strukturen geschaffen.

- Formalisierung: Um zu einem mathematischen Modell zu kommen, werden mathematische Formalismen ausgewählt oder geschaffen. Das Modell wird formal niedergeschrieben (Syntax) und der Bezug der Größen zur Realität (Semantik) wird dokumentiert, Dabei muss der Zweck des Modells bzw. des Atlas (Pragmatik) im Auge behalten werden.
- Prüfung. Jedes Modell muss bezüglich seiner Korrektheit (Syntax), Gültigkeit (Semantik) und des Nutzens (Pragmatik) überprüft werden. Modelle lassen sich nicht beweisen. Man kann die Gültigkeit eines Modells nur testen, indem man es anwendet. Tauchen Widersprüche zur Realität auf, ist das Modell (zumindest für diesen Gültigkeitsbereich) falsifiziert.

> Mismodelling ist der wichtigste Grund für eine fehlerhafte Anwendung der Mathematik.

15.1.3.5 Modell und Atlas

Die folgende Darstellung dient nicht nur der Klärung, was ein Modell ist. Sie kann auch als Beispiel dienen, wie Begriffe im Laufe der Überlegungen verfeinert werden. Eine erste grobe Definition geht davon aus, dass man im Modell Teile der Welt betrachtet.

> Modelle sind Abbilder der Realität.

Die obige Arbeitsdefinition ist noch sehr grob. Folgende Ergänzungen sind notwendig:

- Modelle beschreiben immer nur einen Teil der Realität.
- Modelle entstehen durch einen Prozess, der Analytik und Kreativität erfordert.
- Modelle abstrahieren von bestimmten Eigenschaften, sie ignorieren die nicht relevanten Objekte, Komponenten oder Attribute.
- Modelle enthalten Strukturen, die im Modellbildungsprozess entstehen oder gefunden werden.
- Modelle dienen einem bestimmten Zweck, im Allgemeinen der Problemlösung.

Modelle sind notwendig, da viele Probleme nicht im Realsystem lösbar sind

- Realsystem nicht verfügbar (In der Kommunikation oder Problemlösung)
- Notwendige Abstraktion (Allgemeingültigkeit)
- Erkenntnisaspekte (Wiederholbarkeit, Nachvollziehbarkeit des Modells)
- Experiment nicht möglich oder zu teuer (Ressourcenverbrauch)
- Experiment zu gefährlich (Risiko)

Modellebenen

Formale Modelle brauchen nicht nur einen Bezug zur Realität, sondern auch einen klaren Formalismus. Damit unterscheiden wir in der Semiotik, der Lehre von den Zeichen und ihrer Verwendung drei Ebenen (semiotische Trias):

- Syntax: bei formalen Modellen die Regeln, denen das Modell gehorchen muss (Formaler Aufbau, Korrektheit),
- Semantik: Realitätsbezug (Bedeutung) der Modellkomponenten,
- Pragmatik: Zweck des Modells, angestrebter Nutzen und Einsatzbereich.

> **Mathematisches Modell**
> Ein mathematisches Modell ist ein abstrahiertes und formalisiertes Abbild eines Ausschnitts und Teilaspekts der Realität, das diesen Ausschnitt mithilfe eines mathematischen Formalismus beschreibt und das dazu dient, Ergebnisse über das Realsystem oder Problemlösungen im Realsystem mithilfe mathematischer Methoden zu erhalten.

Häufig braucht man zur Beschreibung und Lösung realer Probleme mehrere mathematische Modelle. Diese lassen sich manchmal in einen einzigen Formalismus integrieren (z. B. dynamische Spiele), meist brauchen wir aber unterschiedliche Formalismen (z. B. ein dynamisches System für die zeitliche Entwicklung und Graphen für die Vernetzung oder Flüsse im System), die sich aus Komplexitätsgründen nicht in ein einziges formales Modell integrieren lassen. Für diese Art von mathematischen Modellen verwenden wir in Analogie zur Sammlung unterschiedlicher thematischer Karten den Begriff des Atlas:

> **Atlas (komplexes Modell)**
> Ein mathematischer Atlas ist eine Sammlung mathematischer Modelle zu einem gemeinsamen Realsystem und mit einer gemeinsamen Semantik.

Formeln und Modelle

Eine wichtige Komponente mathematischer Modelle sind Formeln, denn diese beschreiben den Zusammenhang zwischen Größen im Modell.

Formeln

In den beiden berühmten Formeln $E = M c^2$ und $a^2 + b^2 = c^2$ hat das Symbol c jeweils eine andere Bedeutung.

Die Formel $E = m c^2$ kann verwendet werden, um Energie E und Massendifferenz m ineinander umzurechnen. Sie gilt universell, hat aber eine praktische Bedeutung nur bei Geschwindigkeiten nahe der Lichtgeschwindigkeit und bei Kernprozessen. Das Symbol c bezeichnet hier die Lichtgeschwindigkeit.

Die Formel $a^2 + b^2 = c^2$ gilt in rechtwinkligen Dreiecken in einer ebenen Geometrie, c ist dabei die Länge der Hypotenuse. Diese Formel kann auch verwendet werden, um rechtwinklige Dreiecke mit ganzzahligen Seitenlängen (pythagoreische Tripel) zu bestimmen. Die Formel gilt in nicht-ebenen Geometrien nicht mehr (z. B. bei rechtwinkligen Dreiecken vom Pol zu zwei Punkten am Äquator).

Die algebraisch herleitbare Formel $E = m (a^2 + b^2)$ ist einfach Unsinn, da die Symbole c in den beiden Formeln ganz unterschiedliche Bedeutung (Semantik) haben.

15.1.3.6 Modellbasiertes Problemlösen

Modellbildung dient immer einem Zweck, allgemein gesprochen der Problemlösung, Dies wird durch Abb. 15.1 visualisiert. Sie zeigt auch, dass modellbasiertes Problemlösen durch die Überprüfung des Ergebnisses und des Modells in einen Problemlösungszyklus eingebettet ist.

15.1.4 Modelle und Spiele als Brücke zwischen BNE und Wissenschaft

Mathematische Modelle können das Gemeinsame zwischen abstrakten Konzepten herausarbeiten. Sie können damit an konkrete Aktionen anknüpfen, um abstrakte Konzepte zu verdeutlichen.

- Erwerb von Gestaltungskompetenzen
- Erwerb von nachhaltigkeitsrelevantem Wissen

Damit kann man Modelle auch in Planspiele umsetzen, um damit die Bildung für Nachhaltige Entwicklung (Abschn. 12.3) umzusetzen. Im

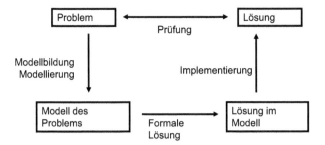

Abb. 15.1 Modellbasiertes Problemlösen

Folgenden geben wir einige Beispiele für solche Grundbegriffe (mathematisch orientiert), Modelle (objektorientiert), Aktionen (tätigkeitsorientiert) und möglichen Spielsituationen (aufbauorientiert) als abstrakte Verbindung zwischen realen Systemen und der BNE.

- Gleichgewicht im Spiel (Ausbalancieren) und Gleichgewicht/Schwerpunkt
  Aufbau: Figuren auf Ebene auf Halbkugel, Turm aus Steinen, kippbares Labyrinth
- Kooperation und Kräfteparallelogramm („Ziehen an einem Strick" als Metapher)
  Aufbau: Kugel-Labyrinth, Seil-Kran, Brückenkonstruktion
- Aufschaukeln an der Schaukel und Rückkopplung (als externer und interner Effekt)
  Aufbau: Schaukel, Spiralfeder, Feder-Masse-System, Pendel
- Stabilität und Drehmoment, Kooperation
  Aufbau: Stab-Seil-Konstruktionen, Leonardo-Brücke für Teams
- Effizienz und Optimalität in der Bionik und Physik
  Aufbau: Feder-Systeme, Wasserläufe, Wellenwanne
- Modelle des Teilens/Fairness/Gerechtigkeit/Kooperation/Spieltheorie/Allmende
  Aufbau: Spiel A/B, Koalitionsspiele, Fischteich, Shuttle,
- Übersetzung und Geschwindigkeiten/Kopplung–Entkopplung
  Aufbau: Gekoppelte Schwingfähige Systeme z. B. Doppelschaukel
- Planung und Kooperation, Problemlösungsmodelle, Pfadabhängigkeit
  Aufbau: Wolf-Kohlkopf-Ziege als Kooperationsspiel, Rangier-Eisenbahn, Turm von Hanoi,
- Sortieren und Suchen (Algorithmen)
  Aufbau: Objekte mit einer (partiellen) Ordnung zum Sortieren/Durchlaufen

> **Allmende-Planspiel**
>
> Das Allmendeproblem (Tragik der Allmende Abschn. 15.2.4.5) lässt sich im einem Spiel (siehe Abschn. 12.3.2.3) gut verdeutlichen.
>
> Jeder Spieler hat Zugriff auf eine oder mehrere gemeinsame Ressourcen (abstrakt oder mit einer bestimmten Semantik, z. B. Fische), die durch physische Objekte (Spielsteine) repräsentiert sind. Durch Entnahme der Ressource kann jeder Spieler seinen eigenen Bereich entwickeln oder sammelt einfach Punkte. Die gemeinsame Ressource entwickelt sich (z. B. wächst, regeneriert sich, reproduziert sich) entsprechend der vorhandenen Mengen.
>
> Die Endbewertung ergibt sich aus den Punkten des einzelnen Spielers („Sieger" im klassischen Sinne eines wettbewerbsorientierten Spiels), der Gesamtpunktzahl aller Spieler (Lebensqualität, volkswirtschaftliches Ergebnis) und dem Zustand der Ressource (Zukunftsorientierung, Nachhaltigkeit).
>
> Eine einfache Version kann mit Münzen und einem einfachen Reproduktionsgesetz (proportionales Anwachsen der Ressource) gespielt werden.

15.1.5 Simulation und Prognose

Simulation ist eine Methode, aus mathematischen Modellen der zukünftigen Entwicklung konkrete Entwicklungspfade zu bestimmen. Dabei ist sie in den Fällen, die geschlossen lösbar sind, bis auf kleine numerische Fehler genauso exakt wie eine geschlossene mathematische Lösung. Sie hat nur ein viel breiteres Einsatzspektrum.

Im Gegensatz zur mathematischen Lösung bietet die Simulation keine strukturellen Aussagen. So erlauben beispielsweise die Tabelle Tab. 15.4 oder die Kurve nach Abb. 15.4 zwar das Ablesen von Werten, sie geben aber keine Information über das Wachstumsgesetz oder die Frage, wie sich die Werte ändern, wenn der Startwert modifiziert wird. Hierzu kann man in Simulationen dann mehrere Varianten (WHAT-IF-Analyse) durchrechnen und in Szenarien grafisch darstellen. So könnte sich z. B. eine grafische Darstellung wie in Abb. 1.3 ergeben.

15.2 Die 5Z

Um uns Problemen generell oder modellbasiert zu nähern, empfiehlt sich als Ausgangspunkt die Betrachtung der folgenden fünf Aspekte (5Z, Holzbaur 2018)

- Zusammenhang
- Zahl
- Zeit
- Zufall
- Ziel

15.2.1 Zahl und Begriff

> If you can't measure it – you can't control it

Die Zahl ist etwas Grundlegendes für die Mathematik. Zählen ist wohl die elementarste mathematische Operation und schon bei Tieren als Fähigkeit vorhanden. Zahlen haben zwei Funktionen, die auch für die (Bildung für) Nachhaltige Entwicklung eine Rolle spielen:

- Zählen: Feststellen der Anzahl von diskreten Objekten (z. B. vom Menschen insgesamt oder Menschen mit einer bestimmten Eigenschaft). Siehe die Basisformel Abschn. 8.1.3 und die Betrachtungen zu Größenordnungen Abschn. 1.4.2.
- Messen: Vergleich mit einer Basis (Einheit). Dadurch entstehen Messgrößen die aus einer Zahl und der Einheit bestehen. Die Einheit gibt die Dimension der Größe an und bestimmt gleichzeitig die Skala. So kann eine Länge in mm oder Meilen angegeben werden, Energie in cal, MJ oder SKE (Steinkohleneinheiten). Die Zahl hat nur dann einen Sinn, wenn wir auch die Einheit kennen. Eine Länge von 17,38 oder eine Dauer von 12,2223 sind sinnlos.

> **Zeit**
> Das Messen der Zeit kann man ursprünglich als Zählen (Tage, Jahre, Takte) verstehen. Feinere Methoden der Zeitbestimmung vergleichen Zeitintervalle mit einer Basis, die früher aus dem mittleren Tag (1 day = 24 * 60 * 60 s) und heute aus physikalischen Effekten abgeleitet ist.

15.2.1.1 Quantitativer Ansatz

Sobald ein System mehr Elemente enthält, brauchen wir Zahlen zur Beurteilung. Dabei aggregieren diese Zahlen die Eigenschaften des Systems. Für einen Jäger der Steinzeit war die Größe eines Rudels von Beutetieren oder Wölfen genauso wichtig wie für den Hirten der Bronzezeit die Anzahl der Tiere in der Herde. Mengen von Ressourcen können so bestimmt und auf Personen bezogen werden.

15.2.1.2 Begriffe und Bezeichnungen – Semiotik

Zahlen sind eigenständige Objekte, beispielsweise in der Zahlentheorie. In der Praxis ist aber jede Zahl mit etwas in der Realität – einem Objekt und einer seiner Eigenschaften, einer Anzahl oder Größe – verbunden. Damit ist die Zahl immer einem Begriff zugeordnet. Manchmal ist es auch hilfreich, neue Konzepte oder Kenngrößen einzuführen, um in Diskussionen oder Berechnungen auf eine gemeinsame Basis zurückgreifen zu können. Ein Begriff ist ein Konzept, das idealerweise durch eine Definition festgelegt wird. Diese legt auch die zu verwendende Bezeichnung fest.

> **Zeichen und Begriffe**
> Semiotik Lehre von den Zeichen (Symbolen, Modellkomponenten) und ihrer Bedeutung.
> Semiotische Trias Syntax + Semantik + Pragmatik
> Syntax Formale Beziehungen zwischen den Zeichen
> Semantik Beziehung der Zeichen zur Realität
> Pragmatik Konsequenzen, Nutzen und Folgerungen aus den Zeichen.

15.2.2 Algorithmen und Schlüsse

Algorithmen sind die Schnittstelle zwischen der Welt der Mathematik und Modelle und der Implementierung auf einem Computer. Sie sind das, was aus Schaltkreisen über mehrere Ebenen ein mehr oder weniger intelligentes System macht – inklusive aller Ansätze der Künstlichen Intelligenz.

15.2.2.1 Algorithmen

Algorithmen beschreiben Abläufe in mathematischer Form. Damit sind sie auf dem Computer umsetzbar. Auch die Methoden der Künstlichen Intelligenz brauchen für die Umsetzung im Computer Algorithmen, beispielsweise zur Abarbeitung von Regeln und Begriffen oder zum Anlernen und Nutzen von Neuronalen Netzen.

Handlungsorientierung
Mit Algorithmen gewinnt man aus einem mathematischen Satz einen handlungsorientierten Satz der Form: „Wenn man das … hat und das … macht, erhält man dieses …" und damit kann man Handlungsvorschriften für Menschen und Maschinen formulieren.

Kompetenzen
Bezüglich von Regeln und Schlüssen (bzw. Algorithmen) gibt es unterschiedliche Kompetenzebenen:

- Regeln abarbeiten
- Systematisches Arbeiten nach Regeln
- Regeln aufstellen
- Regeln beurteilen
- Widersprüche aufdecken

Gültigkeit: 80 % oder 99,9 %
Ein großes Problem bei der Aufstellung von Regeln ist ihr Gültigkeitsbereich. Außer in mathematischen Sätzen bzw., Tautologien gibt es keine 100 %-ige Gültigkeit. Die Frage ist nur, welche Fehlerrate man für eine Aussage oder Regel akzeptiert.

Die Anzahl erwarteter Fehler eines Systems lässt sich berechnen als das Produkt der drei Faktoren Fehlerrate (pro Zeit und Objekt), Anzahl der Objekte und Zeit.

> **Fehlerrate**
> Eine Regel, die zu 99,999 % die richtige Lösung liefert, schlägt bezogen auf die Bevölkerung der Bundesrepublik 800-mal die falsche Lösung vor. Statistisch gesehen und aus Sicht der Regierung mag das in Ordnung sein, für jedes betroffene Individuum ist es unter Umständen eine persönliche oder finanzielle Katastrophe.
>
> Eine Entscheidung, die zu 95 % gerechtfertigt ist (z. B. eine statistische Entscheidung mit 5 % Fehlerrate), führt bei 10.000 Fällen zu durchschnittlich 500 fehlerhaften Entscheidungen.

15.2.2.2 Paradigmen

Methoden begegnen uns nicht nur als Rechenvorschriften, sondern auch als generelle Vorgehensweisen und Lösungsansätze. Damit sind sie ein generelles Vorgehensmodell (Paradigma, Heuristik) bei der Lösung von Problemen. Paradigmen beschreiben den Ansatz, welche Methoden ausgewählt werden, wie die Auswahl erfolgt und welche Grundprinzipien oder Denkansätze angewandt werden. Sie entscheiden letztendlich, welches Weltmodell die Grundlage für das Vorgehen ist.

Probleme kann man niemals mit der gleichen Denkweise lösen, durch die sie entstanden sind. (A. Einstein)

Paradigma: Lösungsansatz

Die in Abb. 15.2 dargestellte Aufgabe, neun in einem 3X3 Raster angeordnete Punkte durch drei Linien zu verbinden, lässt sich mit dem mathematischen Konzept des Punktes (keine räumliche Ausdehnung) und der Linie (keine Breite) nicht lösen. Verwenden wir reale Punkte und Linien, so wird das Problem einfach.

Die Aufgabe, die abstrakten Punkte durch vier Linien zu verbinden, ohne dabei abzusetzen, lässt sich innerhalb der durch das Raster gegebenen Fläche nicht lösen, wohl aber durch Nutzung einer größeren Fläche.

15.2.2.3 Programmierung

Methoden und Algorithmen sind die Basis dafür, Aufgaben zu delegieren oder Computer dafür zu programmieren. Die Entwicklung und Darstellung

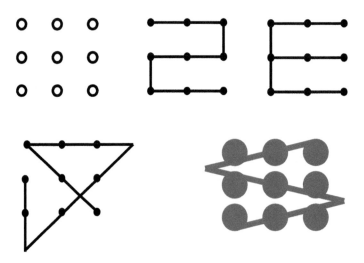

Abb. 15.2 Lösungsansätze zum Verbinden von Punkten mit Linien

von Methoden und ihre Aufbereitung als Computerprogramm ist die Basis der Erfolgsgeschichte der Computer.

Eine Programmiersprache erlaubt es, die Anweisungen so zu formulieren, dass diese von einem Computer interpretiert werden können. Je intelligenter die Systeme werden, umso einfacher wird es, Anweisungen in einer Sprache zu formulieren, die der natürlichen nahekommt. Kurz formuliert kann die Frage, was ein Programm ist, darauf zurückgeführt werden, was ein Computer als Programm abarbeiten kann. Je intelligenter die Computer werden, um so besser können sie Anweisungen in natürlicher Sprache verstehen. Dabei ist das Problem nicht die Spracheingabe, sondern die Analyse und Interpretation der eingegebenen Sätze.

15.2.3 Zusammenhang und Strukturen

Strukturen kommen überall vor.

Die Zusammenhänge und Strukturen innerhalb eines Systems oder Problems spielen eine wichtige Rolle. Zusammenhänge zu erkennen und Strukturen zu formen ist eine wichtige Komponente der Gestaltungskompetenz. Zusammenhänge und Strukturen auf unterschiedlichen Abstraktionsebenen zu beschreiben und behandelbar zu machen ist eine wesentliche Komponente der Mathematik.

Neben den in den folgenden Abschnitten zu betrachtenden mathematischen Methoden spielen die intuitiv verständlichen Graphen eine wichtige Rolle.

15.2.3.1 Systeme und Graphen

Das Denken in Systemzusammenhängen ist eine wichtige Voraussetzung für die Bewältigung komplexer Probleme und der Herausforderungen des 21sten Jahrhunderts. Für die Modellierung von Systemen und Zusammenhängen spielen Graphen (Netzwerke) aufgrund ihrer Flexibilität und Anschaulichkeit eine wichtige Rolle. Durch Graphen kann ein Grundverständnis für Zusammenhänge vermittelt werden. Man kann dann in diesem Netzwerk Zusammenhänge analysieren und Strukturen erkennen, aber auch Berechnungen durchführen.

Es gibt viele Möglichkeiten, Systeme und deren Strukturen zu beschreiben. Die verbreitete und anschaulichste Methode ist die, von den Systemelementen und den Beziehungen zwischen ihnen auszugehen.

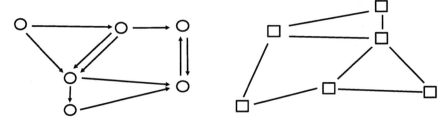

Abb. 15.3 Graphen

15.2.3.2 Modelle mit Graphen und Netze

Graphen bestehen aus Knoten (beliebiger Form) und Kanten (ungerichtet) bzw. Pfeilen (gerichtet). Abb. 15.3 zeigt einen gerichteten und einen ungerichteten Graphen.

Pfeile und Kanten können in Modellen ganz unterschiedliche Bedeutungen haben. Dies ist einerseits der große Vorteil von Graphen, birgt aber andererseits die Gefahr von Fehlinterpretationen. Deshalb muss auf die richtige Interpretation der Knoten und Pfeile geachtet werden. Eine Auswahl möglicher Bedeutungen und Interpretation der Pfeile in Modellen mit Graphen gibt Tab. 15.2.

Tab. 15.2 Exemplarische Pfeilsemantiken in Graphen (Netzen)

Art	Bedeutung/Beispiel	Bemerkungen
Funktionale Abhängigkeit (Proportionalität)	$y = f(x)$ $y = \alpha \cdot x$	Statisches Modell Führt zu einem Gleichungssystem
Funktionale Abhängigkeit der Änderungen	$\Delta y = f(\Delta x)$ $\Delta y = \alpha \cdot \Delta x$	Anschauliches Modell, führt auf funktionale Abhängigkeiten und Gleichungssysteme
Einfluss über Änderungsraten	$\Delta y = f(x)$ $y' = f(x)$	Klassisches Modell z. B. Systems Dynamics Führt zu einem dynamischen System
Einflüsse zwischen Größen	y reagiert auf x x beeinflusst y	Sehr flexibel. Statt der Objekte besser deren Attribute verwenden
Semantisches Netz	a ist ein B A hat Eigenschaft b	Beziehung zwischen Begriffen und Attributen
Übergang zwischen Zuständen	Z1 geht über in Z2	Führt zu einer dynamischen Beschreibung
Flüsse von Objekt zu Objekt	Material, Energie oder Information	Flüsse und Speicher führen zu dynamischen Systemen
Beziehungen zwischen Instanzen	Soziogramme, Kommunikationsnetzwerke	Strukturen (Cluster), Flüsse und Distanzen können analysiert werden
Entfernungen, Verbindungen	Karten, Zeichnungen	Interpretation im Raum führt zu topologischen Betrachtungen

Graphen als Relationen sind von der grafischen Darstellung und damit von der räumlichen Anordnung der Elemente unabhängig. Die räumliche Anordnung kann aber für das Verständnis der Modelle und für ihre intuitive Interpretation durchaus eine Rolle spielen. Wenn wir ein System und seine Relationen grafisch durch eine Zeichnung darstellen, so zeichnen wir dadurch nicht nur den Graphen auf, sondern wir erzeugen durch die Platzierung der Elemente auf dem Papier/Bildschirm auch eine räumliche Struktur.

15.2.4 Ziele und Akteure

Das Thema „Ziele und Akteure" betrachtet ein System oder Problem nicht wertfrei, sondern von den Zielen her, die einzelne Akteure (Individuen oder Gruppen) haben.

15.2.4.1 Ziele und Entscheidungen

Ziele beinhalten immer normative Komponenten Abschn. 1.3.1.

Das Thema Stakeholder hatten wir schon mehrmals betrachtet. Alle Stakeholder bringen ihre Ziele und Kriterien ein.

Im Bereich der Nachhaltigkeit spielen Stakeholder eine wichtige Rolle; sie bringen die nachhaltige Sicht auf Ziele ein und können die Interessen derjenigen Gruppen vertreten, die dies nicht direkt können, weil sie räumlich (z. B. globaler Süden) oder zeitlich (zukünftige Generationen) dazu noch nicht in der Lage sind. Diese Stakeholder vertreten also hier und heute die in Abb. 8.1 betrachtete inter- und intragenerationelle Gerechtigkeit bzw. die in Abb. 4.1 dargestellten SDG.

15.2.4.2 Ökonomisches Prinzip und Entscheidungsmodelle

Das ökonomische Prinzip bedeutet, dass diejenige Alternative gewählt wird, bei der bei minimalen negativen Auswirkungen (Kosten) die maximalen positiven Auswirkungen (Nutzen) erreicht werden. Da eine gleichzeitige Optimierung zweier Größen noch kein eindeutiges Kriterium darstellt, muss das ökonomische Prinzip so ausformuliert werden, dass diejenige Alternative gewählt wird, bei der beispielsweise:

- bei gegebenen Kosten der maximale Nutzen erreicht wird (Effektivität),
- mit minimalen Kosten ein angestrebter Nutzen erreicht wird (Sparsamkeit),
- eine maximale Differenz zwischen Nutzen und Kosten erreicht wird (Gewinnmaximierung),
- ein maximales Verhältnis von Nutzen und Kosten erreicht wird (Effizienz),
- eine optimale Gesamtsituation bezüglich einer Nutzenfunktion erreicht wird (Optimalität).

15.2.4.3 Optimierung

Die mathematische Optimierung kennt viele verschiedene Modelle und Methoden, je nachdem wie die Optimierungsaufgabe strukturiert ist. Diese Lösungen sind im Allgemeinen sehr technisch orientiert, meist geht es um die Optimierung von Parametern. Man kann das Vorgehen (Holzbaur 2018) auch verallgemeinern.

Die folgende Zusammenstellung soll einen allgemeinen Wegweiser für das Vorgehen beim Lösen von Optimierungsaufgaben geben.

> **Wichtig**
> Lösungsschema für Optimierungsaufgaben
> 1. Analysiere das Problem. Modelliere die Entscheidungssituation und die Zielkriterien. Prüfe, wie die Zulässigkeit von Lösungen bestimmt ist.
> 2. Modelliere das Problem und bestimme:
>   - die Zielfunktion (Nutzenkriterium, Zielvariable): WAS will der Entscheider?
>   - die Variablen, von denen die Zielfunktion abhängt: WAS kann man beeinflussen?
>   - und den funktionalen Zusammenhang (Variable → Zielfunktion)
>   - die Nebenbedingungen, denen diese Variablen genügen müssen: WAS muss gelten?
>   - insbesondere die zulässigen Werte für die Variablen
>   - wichtige Fallunterscheidungen, die vorgenommen werden müssen oder können (lieber zwei einfache Probleme lösen als ein hochkomplexes).
> 3. Erstelle das Optimierungsmodell und formuliere das Optimierungsproblem.
> 4. Überprüfe das aufgestellte Modell (Beispiele, Grenzfälle, Schranken).
> 5. Bestimme die optimalen Lösungen im Modell.
> 6. Interpretiere die gefundene Lösung im Kontext des realen Ausgangsproblems:
>   - Ist sie konsistent und plausibel?
>   - Ist sie sinnvoll? Wenn nicht, liegt in der Formulierung des Optimierungsproblems ein Fehler.
>   - Ist sie brauchbar? Wie ist sie zu interpretieren und umzusetzen?
>   - Wie sind die Abhängigkeiten? Wie verändert sich die Lösung, wenn sich die Bedingungen und Ziele verändern? Was sind allgemeine Gesetzmäßigkeiten für die optimale Lösung?
>   - Welche Konsequenzen ergeben sich aus dieser Lösung? WAS IST ZU TUN?

15.2.4.4 Spieltheorie

Nachhaltigkeit hat viel mit menschlichen Entscheidungen und menschlichem Verhalten zu tun.

Grundlegende Basis spieltheoretischer Modelle ist es, die Aktionen eines rationalen Gegenspielers in die Überlegungen mit einzubeziehen. Die spieltheoretische Situation erweitert die entscheidungstheoretische Situation um die Kenntnis der Ergebnisse (Auszahlungen) der anderen Mitspieler (Gegner/Partner).

Ein wichtiger Begriff ist der des Sattelpunkts:

> **Spieltheorie**
> **Spiel** Ein Spiel ist gegeben durch eine Menge von Akteuren, Aktionsmöglichkeiten und Auszahlungen, die von den Aktionen aller Akteure abhängen.
> **Sattelpunkt** Ein Sattelpunkt ist ein Satz von Entscheidungen der einzelnen Spieler, sodass es für keinen der Spieler unter den gegebenen Entscheidungen eine Aktionsmöglichkeit mit höherer Auszahlung gibt.

> **Münzenspiel**
> Wir betrachten ein einfaches Spiel, bei dem jeder Spieler verdeckt eine Münze im Wert von 1 € oder 2 € auf den Tisch legt. Je nach Gewinnkriterium ergeben sich unterschiedliche Strategien:
> Zweipersonen-Nullsummenspiel: wer die Münze mit dem höheren Wert hat, kassiert die mit dem niedrigeren Wert: Offensichtlich ist die Gewinnstrategie, immer die teurere Münze zu legen.
> Zweipersonen-Nullsummenspiel: haben die Münzen denselben Wert, bekommt Spieler A das Geld, sonst Spieler B. Hier gibt es keinen Sattelpunkt in den reinen Strategien („lege Münze x"), die optimale Strategie für beide Spieler ist jeweils eine gemischte, d. h. beide Spieler wählen die beiden Münzen mit jeweils einer bestimmten Wahrscheinlichkeit.
> Nicht-Nullsummen-Spiel: Wenn die Werte der Münzen unterschiedlich sind, wird beiden Spielern der gesetzte Betrag verdoppelt. Sind die Werte gleich, werden die Münzen durch den Spielleiter einkassiert. Wenn sich die Spieler absprechen können, können sie jeweils ein Paar unterschiedlicher Münzen wählen. Ohne Absprache können die Spieler beispielsweise zufällige Strategien wählen.

Nullsummenspiele

Zwei-Personen-Nullsummenspiele bilden die einfachste Version von spieltheoretischen Situationen und sind mathematisch einfach behandelbar. Ihre Betrachtung hilft beim Verständnis spieltheoretischer Situationen und ist für das Verständnis der komplexeren spieltheoretischen Modelle notwendig. Grundmodell der Nullsummenspiele ist eine antisymmetrische Auszahlungsmatrix, d. h. der Gewinn des Einen ist der Verlust des Anderen. Die optimalen Strategien lassen sich in einfachen Fällen durch Fallunterscheidungen und Sattelpunkt- (Gleichgewichts-) Überlegungen berechnen.

Wichtig ist hier die Bedeutung der Information:

> **Information und Entscheidung**
>
> Stellen Sie sich vor, Sie spielen Schere-Stein-Papier mit einem Gegner, der ihren Zug kennt, bevor er seine eigene Entscheidung treffen muss: Er würde jedes Mal gewinnen.

Dieses – zugegebenermaßen einfache – Modell von Konkurrenz verdeutlicht die Bedeutung von

- Informationsbeschaffung (Research, Intelligence, Aufklärung),
- Geheimhaltung,
- Mathematischen Modellen.

Nichtnullsummenspiele

Bei Nichtnullsummenspielen ist nicht automatisch der Gewinn des einen Spielers Verlust des anderen. Dadurch ergeben sich Themen wie Kooperation, Kommunikation, Verhandlung und Vertrauen. Ein klassisches Beispiel ist das Gefangenendilemma:

> **Gefangenendilemma**
>
> Beim Gefangenendilemma können die beiden Akteure (gefangene Verbrecher) entweder miteinander kooperieren (also gegenüber der Polizei schweigen) oder untereinander unkooperativ handeln (gestehen, ggf. Kronzeugenregelung in Anspruch nehmen). Egal ob wir annehmen, dass der andere kooperiert oder nicht kooperiert, sind wir selbst immer besser dran, wenn wir uns unkooperativ verhalten und mit der Polizei kooperieren. Dies führt im Endeffekt zu dem für die Akteure schlechtest möglichen Ergebnis.

Aus Sicht der Gesellschaft ist es – wie im obigen Beispiel – manchmal erwünscht, Kooperationen zu verhindern. Dies trifft beispielsweise für Kartelle oder Korruption zu. Hier sieht man auch, dass Zwei-Personen-Nichtnullsummenspiele auch als Drei-Personen-Nullsummenspiele mit dem dritten Akteur Gesellschaft modelliert werden können.

In vielen anderen Fällen – wenn die Spieler Akteure der Gesellschaft repräsentieren – ist aber ein egoistisches nichtkooperatives Verhalten schädlich. Im Fall weniger Akteure kann eine Kooperation erreicht werden, wenn jeder die Folgen des eigenen Handelns auf das Gesamtsystem erkennt und verantwortlich handelt.

Mehrpersonenspiele
Mehrpersonenspiele sind typischerweise Nicht-Nullsummenspiele (ggf. wird die Differenz durch einen zusätzlichen Spieler getragen, dies ist in unseren Modellen die Gesellschaft).

> **Koalitionsbildung/Kooperation**
> Ein einfaches Modell für Kooperationen ist das folgende:
> Gegeben seien N Akteure (Personen, Organisationen), der Einfachheit halber durch die Zahlen 1 ... N charakterisiert. Eine Koalition ist eine Gruppe von Akteuren, also eine Teilmenge {l ... m} von {1 ... N}. Für jede Koalition gibt es eine Auszahlung A, die diese auf die Mitglieder verteilen kann: $A = A_l + ... A_m$.
> Die Frage ist nun, wie die Werte $A_l, ... A_m$ ... bestimmt werden.
> Ein ganz einfaches Modell dazu ist angelehnt an das Beispiel der Regierungsbildung:
> Gegeben seien N Akteure (Parteien, Unternehmen), mit jeweils $R_1 ... R_N$ Ressourcen (Stimmrechte). Die Auszahlung für eine Koalition, also eine Teilmenge {l ... m} von {1 ... N} ist:
>
> - A, wenn die Gruppe, über mehr als die Hälfte der Ressourcen verfügt, $R_l + ... + R_m \geq 1/2 (R_1 + ... + R_N)$.
> - 0 sonst, d. h. wenn $R_l + ... + R_m < 1/2 (R_1 + ... + R_N)$.

15.2.4.5 Allmendeproblem

Das Allmendeproblem (Tragik der Allmende, Tragedy of the Commons) modelliert ein Kernproblem der Nachhaltigen Entwicklung. Es beschreibt ein Mehrpersonen-Nichtnullsummenspiel analog zum Gefangenendilemma. Wir greifen die Definition aus Abschn. 6.2.7 auf.

> **Allmendeproblem**
> Stehen in einer Gemeinschaft beschränkte Ressourcen frei als Gemeingut (Allmende) zur Verfügung, ist es aus Sicht der individuellen Akteure optimal, sich diese anzueignen bzw. diese zu verbrauchen. Damit droht die Übernutzung diesr Ressourcen. Dies führt zu einer die Verschlechterung und möglicherweise Zerstörung der Lebensgrundlage dieser Gemeinschaft.

Dabei liegt eine gemeinsame Ressource vor. Die können natürliche Ressourcen, Rohstoffe, Fläche, öffentliche Dienstleistungen oder auch die Nutzung (Verschmutzung) von Umweltmedien sein. Der Preis für die Nutzung ist Null (oder zumindest kleiner als der Nutzen), die Ressource ist aber begrenzt.

Der individuelle Nutzen steigt nun mit der Nutzung des gemeinsamen Gutes. Gleichzeitig bewirkt diese Nutzung eine Degradierung (Verschlechterung, Erschöpfung, Überlastung) des gemeinsamen Gutes.

Ein einzelner Entscheidungsträger würde im Sinne der dynamischen Optimierung die zukünftigen Erträge berücksichtigen. Durch die große Anzahl der Nutzer ist der Einfluss des Einzelnen gering und es gibt keinen individuellen Anreiz, das gemeinsame Gut schonend zu behandeln.

Allmendeproblem

Jeder Akteur kann die Allmende mit der Qualität Q im Umfang n_i nutzen, wobei er einen persönlichen Nutzen u_I erhält und die Qualität der Ressource um d_i verschlechtert bzw. verringert.

Die Rückwirkung auf den einzelnen Akteur kann nun modelliert werden
- Statisch: In diesem spieltheoretischen Modell haben wir eine klassische Auszahlungsmatrix wie beim Gefangenendilemma (Abschn. 15.2.4.4). Der Nutzen u_i hängt von der Nutzung und den aktuellen Einflüssen $d_1 \ldots d_N$ ab. $u_i = u (n_i, Q, d_1 \ldots d_N)$ ab.
- Dynamisch: Die Qualität der Ressource in der folgenden Periode hängt vom Nutzungsgrad ab (so zum Beispiel im Planspiel Fischteich Abschn. 12.3.2.3). Daraus entwickelt sich ein dynamisches System: $Q_{i+1} = q (Q_i, d_1 \ldots d_N)$, $u_i = u (n_i, Q)$.

Die Summe egoistischer (d. h. für die einzelnen Akteure optimaler nicht-kooperativer) Entscheidungen führt für die gesamte Gruppe zu einem negativen Ergebnis. Dabei können die Akteure Individuen oder Organisationen (bis hin zu Staatenbündnissen) sein.

Zur Beschreibung des Modells Fischteich siehe Abschn. 12.3.2.3

15.2.5 Zeit Dynamik

Alles fließt – oder verändert sich

Nur in den seltensten Fällen ist eine statische Betrachtung hinreichend für den Entwurf und die Beurteilung von realen Systemen. Veränderungen spielen eine wichtige Rolle und müssen daher meist berücksichtigt werden.

In statischen Systemen sind alle betrachteten Größen zeitunabhängig. Bei dynamischen Systemen betrachtet man zeitabhängige Variablen, das System selbst muss nicht zeitabhängig sein.

> **Schwingung**
>
> Ein schwingungsfähiges System (z. B. ein Pendel) ist selbst zeitunabhängig, der Zustand ist aber veränderlich und verläuft in periodischen Schwingungen (Zyklen). Interessant ist, wie schwingungsfähige Systeme auf die Anregung durch eine externe Funktion reagieren.

15.2.5.1 Zeitliche Abhängigkeiten

Der Ausgangspunkt bei der Betrachtung dynamischer Systeme ist die Einführung einer Zeitachse. Diese kann kontinuierlich (reelle Achse) oder zeitdiskret (ganze Zahlen) sein. Die Skala ist wichtig, da sie den Zahlen Zeitintervalle bzw. – nach Festlegungen eines Nullpunkts – Zeitpunkte zuordnet. Im kontinuierlichen Fall müssen wir die Skala festlegen, die im Bereich von Nanosekunden bis Jahrmillionen liegen kann. Im zeitdiskreten Fall müssen wir die Skala, d. h. die Zeiteinheit, und die Granularität, d. h. die elementaren Zeitschritte, festlegen, wobei die Granularität Teile oder Vielfache der Zeiteinheit betragen kann.

Diskrete Zeitskalen (Stunde, Tag, Monat, Woche, Jahr) eignen sich für punktuelle Messwerte. Wenn keine mathematischen Funktionen betrachtet werden, kann man auch eine zusammengesetzte Zeitskala nehmen (Tag-Monat-Jahr). Für eine mathematische Betrachtung der Finanzmathematik wird beispielsweise der komplexe reale Aufbau (1 Jahr = 365,2422 Tage) durch die Näherung 1 Jahr = 12 Monate, 1 Monat = 30 Tage ersetzt.

15.2.5.2 Zustandsorientierte Beschreibung

Ausgangspunkt bei der Betrachtung allgemeiner dynamischer Systeme ist der Begriff der Transformation. Notwendige Basis dafür ist der Begriff des Zustands. Der Zustand eines Systems erlaubt Aussagen über das System und über seine weitere Entwicklung.

Dabei gibt es wie in Tab. 15.3 dargestellt zwei prinzipielle Arten der Beschreibung:

Tab. 15.3 Beschreibung dynamischer Systeme

Beschreibung	Beispiel	Schwerpunkt	Bezeichnung
Die Zeitabhängigkeit der Variablen wird explizit angeben.	Verlauf (Trajektorie) $x = f(t)$ $x_n = f(n)$	Zeitabhängigkeit	Kinematische Beschreibung
Die zugrunde liegenden Gesetze werden beschrieben	Bewegungsgleichung (Bewegungsgesetz) $dx/dt = g(x)$ $X_{n+1} = g(x_n)$	Bewegungsgesetze und Zusammenhänge	Dynamische Beschreibung

---

Dynamische Entwicklung

Bewegungsgesetze der Mechanik
 Beschleunigung = Kraft/Masse
 Geschwindigkeitsänderung = Beschleunigung
 Ortsänderung = Geschwindigkeit
 Schiefer Wurf: $dv/dt = -g$, $dx/dt = v$
 Resultierende Bewegungsgleichung: $x(t) = x_0 + v_0 t - g/2\, t^2$

Ratengleichung beim Sparen
 Sparrate = Einkommen − Konsum
 Kontostand = Kontostand (alt) + Sparrate (im Zeitintervall)
 Einkommen = Zins + sonstiges Einkommen
 Zins = Zinssatz * Kontostand * Zeitintervall
 Zineszins: $k_{n+1} = k_n (1+z)$
 Resultierende Zinseszinsgleichung: $K_n = k_0 * (1+z)^n$

Eine besondere Rolle spielen stationäre Lösungen, bei ihnen hat die dynamische Beschreibung eine zeitunabhängige Lösung. Diese wird häufig auch als Gleichgewicht bezeichnet, da die Summe der wirkenden Mechanismen verschwindet und so keine Veränderungen in den betrachteten Variablen eintritt. Stationarität ist immer eine Frage des betrachteten Modells, insbesondere der betrachteten Variablen und der räumlichen und zeitlichen Skalen.

15.2.5.3 Grundprinzip Exponentielles Wachstum

Das exponentielle Wachstum ist einer der Kernbegriffe und eine der Kernherausforderungen der Nachhaltigen Entwicklung. Wenn die Bevölkerung oder Ressourcenverbräuche mit einer proportionalen Wachstumsrate ansteigen oder sich ein Klimaeffekt selbst verstärkt, haben wir es mit einem sogenannten exponentiellen Wachstum zu tun.

> **Definition**
>
> **Exponentielles Wachstum** Exponentielles Wachstum liegt vor, wenn die Veränderung (Wachstum, Zunahme, Abnahme) einer Größe proportional zum Bestand dieser Größe ist.
> **Exponentielle Wachstumskurve** Eine exponentielle Wachstumskurve beschreibt eine Funktion der Form $y(t) = y_0 * B^t$ mit einer Basis B.
> **Exponentialfunktion** Die Exponentialfunktion $y(t) = e^t$ mit der Eulerschen Zahl $e = 2{,}718\ldots$ als Basis hat die Ableitung $dy/dt = e^t$ und erfüllt damit die Gleichung $y' = y$.

Wenn sich in einer Zeiteinheit (Sekunde, Jahr, Jahrhundert) die betrachtete Größe jeweils um den Faktor z vergrößert, d. h. auf das $\alpha = (1+z)$-fache anwächst, hat sie nach N Zeiteinheiten das α^N-Fache des Ausgangswertes.

> **Weltbevölkerung**
>
> Die Weltbevölkerung ist nicht nach einem reinen Exponentialgesetz gewachsen, sondern die Verdopplungszeit hat sich immer mehr verkürzt, inzwischen nimmt sie wieder ab. Das letztere ist typisch für ein logistisches Wachstum (Abschn. 3.3.2).
>
> „Von rund 200 bis 400 Millionen Menschen im Jahr Null auf eine Milliarde im Zweijahreszeitraum 1804/05. Danach beschleunigte sich das Wachstum stark: Für die zweite Milliarde 1926/7 genügten etwa 123 Jahre, für die dritte im Jahr 1959 wurden rund 33 und für die vierte, fünfte und sechste in den Jahren 1974, 1987 und 1998 nur noch 15, 13 bzw. zwölf Jahre benötigt. Seitdem vergrößern sich die Abstände, die siebte Milliarde wurde im Oktober 2011 erreicht. Die Wachstumsrate der Weltbevölkerung – der jährliche prozentuale Zuwachs – hat im Zeitraum 1965 bis 1970 mit zwei Prozent ein Maximum erreicht und nimmt seitdem stetig ab, 2010 betrug sie noch 1,1 Prozent und hat nach wie vor eine fallende Tendenz."
>
> http://www.bpb.de/izpb/55882/entwicklung-der-weltbevoelkerung?p=all

> **Wachstumsfaktor und Zeitskalen**
>
> Bei einem Zuwachs von 10 % (pro Jahr) haben wir einen Wachstumsfaktor $\alpha = 1{,}1$. Damit haben wir eine Verdopplung nach 7 Jahren entsprechen der Reihe 1, 1,1, 1,21, 1,33, 1,46, 1,61, 1,77, 1,95, ...
>
> Bei einem Zuwachs von 1 % (pro Jahr) haben wir einen Wachstumsfaktor $\alpha = 1{,}01$. Damit haben wir eine Verdopplung nach 70 Jahren $1{,}01^{69} = 2{,}007$
>
> Dass hier beides mal der Faktor 0,7 auftaucht, ist kein Zufall. Je kleiner der Zuwachs wird, umso besser lässt sich die Reihe durch die e-Funktion annähern, deren Verdopplungspunkt ist bei $\ln(2) = 0{,}693$. Auch die Annäherung von $(1+1/n)^n$ an die Zahl e wird immer besser: $1{,}1^{10} = 2{,}59$, $1{,}01^{100} = 2{,}705$ und $1{,}001^{1000} = 2{,}717$ nähern sich dem Wert $e = 2{,}718$.

15.2.5.4 Mathematische Grundlagen

> **Exponentielles Wachstum**
>
> Exponentialfunktion Eine Funktion der Form $y(x) = a \cdot b^x$ heißt Exponentialfunktion mit Basis b.
>
> Lineare Rückkopplung (diskret) Ein dynamisches System heißt linear rückgekoppelt, wenn die Zunahme pro Schritt proportional zur aktuellen Zustandsgröße ist. Als Formel schreibt sich dies $y_{n+1} - y_n = z\, y_n$ oder $y_{n+1} = (1+z)\, y_n$
>
> Lineare Rückkopplung (kontinuierlich) Ein dynamisches System heißt linear rückgekoppelt oder lineares System erster Ordnung, wenn das Wachstum proportional zur aktuellen Zustandsgröße ist. Als Formel schreibt sich dies $dy/dt = r \cdot y$

Wir bezeichnen hier im kontinuierlichen Fall die unabhängige Variable mit t statt mit x, weil sie üblicherweise eine Zeit ist. Im diskreten Fall bezeichnet n die Anzahl der Schritte (Zeiteinheiten).

> **Wichtig**
>
> Ein lineares System der Form $y_{n+1} = (1+z)\, y_n$ hat als Lösung eine Exponentialfunktion der Form $y(t) = y(0) \cdot (1+z)^t$.
>
> Ein lineares System der Form $dy/dt = \alpha \cdot y$ hat als Lösung eine Exponentialfunktion der Form $y(t) = y(0) \cdot e^{\alpha t} = y(0) \cdot \left(e^\alpha\right)^t$.

Im Falle $\alpha = 1$ haben wir die Differentialgleichung $dy/dt = \cdot y$ und als Lösung die Exponentialfunktion der Form $y(t) = e^t$. Wählen wir $\alpha = \ln(2)$, so hat die Lösung die Basis $e^{\ln(2)} = 2$ und die Exponentialfunktion die Form $y(t) = y(0) \cdot e^{\ln(2)t} = y(0) \cdot 2^t$.

Die Funktion $y(t) = 2^t$ verdoppelt ihren Wert wenn t um 1 ansteigt. Tab. 15.4 und Abb. 15.4 zeigen das Wachstum.

Ja nach Wahl der Zeitskala verändert sich der Wachstumsfaktor. So kann man als Zeitskala die Verdopplungsperiode wählen und erhält dann immer die Funktion 2^t.

15.2.5.5 Wachstum im Realen: die Logistische Kurve

Offensichtlich kann es in einem beschränkten Bereich kein exponentielles Wachstum geben. Jedes Wachstum in einem realen System muss beschränkt sein, es hat eine Obergrenze, die nicht oder nur kurzfristig überschritten werden kann. Dies ist für alle Prozesse im Kontext der Nachhaltigen Entwicklung wichtig.

Tab. 15.4 Wertetabelle $y(t) = 2^t$

x	0	1	2	3	...	10	...	20
2^x	1	2	4	8		1024		1.048.576

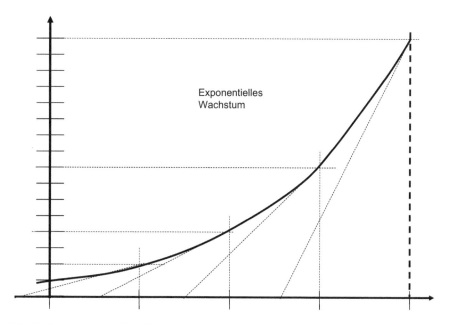

Abb. 15.4 Exponentielles Wachstum

Als passendes Modell für dieses Wachstum unter Beschränkungen verwendet man das logistische Wachstum. Dabei geht man von einer Obergrenze für das Wachstum aus. Durch das lineare Rückkopplungsgesetz (das Wachstum ist proportional zur verbleibenden Differenz) kann das System nicht über die Grenze hinauswachsen.

> **Wichtig**
>
> Ein lineares System der Form
>
> $$dy/dt = \alpha \cdot y \cdot (1 - y/R)$$
>
> hat als Lösung die logistische Kurve der (groben) Struktur
>
> $$y(t) = R \cdot e^{\wedge}(\alpha\, t)/(1 + e^{\wedge}(\alpha\, t))$$
>
> Dabei ergeben sich die beiden Grenzfälle:
> Für kleine Werte von y haben wir mit der Näherung
>
> $$dy/dt = \alpha \cdot y$$
>
> exponentielles Wachstum der Form $e^{\alpha t}$. Man beachte, dass t negativ sein muss, damit $e^{\alpha t}$ klein wird.
>
> Für Werte von y nahe an R (gesättigtes System, Kapazitätsgrenze, große Werte von t) gilt für die Differenz z = R − y angenähert
>
> $$\frac{dz}{dt} = -\alpha \cdot R \cdot \left(\frac{z}{R}\right)$$
>
> mit der Lösungsstruktur
>
> $$z = R - y = z_0 \cdot e^{-\alpha t}$$

15.2.5.6 Projekte und Prozesse

Projekte und Prozesse hatten wir schon in Abschn. 10.3.2.2 betrachtet. Zur Beschreibung dynamischer Abläufe in Organisationen und komplexen Systemen eigenen sich Prozessmodelle viel besser als die oben betrachteten klassischen Methoden wie Differentialgleichungen.

Während Projekte einmalig ablaufen, sind Prozesse wiederkehrend (extern: derselbe Prozess läuft mehrfach ab) und repetitiv (intern: innerhalb des Prozesses werden bestimmte Aufgaben/Teilprozesse mehrfach durchlaufen). Deshalb spielen bei Prozessen Entscheidungen und Verzweigungen eine wichtige Rolle. Das Ziel der Modellierung ist immer, Abläufe zu beschreiben und transparent zu machen. Damit kann man Schwachstellen aufdecken und Abläufe soweit sinnvoll festlegen bzw. automatisieren. Dazu verwenden wir eine Abfolge von Funktionen (Prozessen, Aktivitäten) und Ereignissen.

Die Rolle und Bedeutung von Prozessen (Aktivitäten) und Ereignissen beschreibt Tab. 15.5. Die Frage, was im Modell jeweils Prozess und was Ereignis ist, hängt von der Modellierung (z. B. der betrachteten Zeitskala) ab.

15.2.5.7 Vergangenheit und Pfadabhängigkeit

Die Welt ist zu komplex, um sie als rein gedächtnisloses System zu behandeln. Andernfalls müsste der Zustandsraum um viele zusätzliche Variablen erweitert werden. Wir brauchen die Vergangenheit, um die Gegenwart zu verstehen und damit die richtigen Weichen für die Zukunft zu stellen.

Außerdem hilft die Betrachtung der Vergangenheit, die Wirkungsprinzipien in komplexen Systemen besser zu verstehen. Da die Entwicklung der Erde nicht wie ein physikalisches Experiment wiederholt werden kann, bleibt nur die Beobachtung der seitherigen Entwicklungen.

> **Definition**
>
> Pfadabhängigkeit Pfadabhängigkeit ist ein Konzept für die dynamische Entwicklung eines Systems, bei dem ein Zustand durch eine Folge von zufälligen Entscheidungen (stochastischer bzw. chaotischer Pfad) eingenommen wird und sich dann durch Rückkopplungen und Transaktionskosten stabilisiert.
> Transaktionskosten Die für den Übergang zwischen zwei Systemzuständen notwendigen Kosten.
> Rückkopplungen Positive Rückkopplung ist ein Effekt in einem dynamischen System, bei dem eine Größe sich selbst vergrößert (siehe exponentielles Wachstum) oder zumindest auf hohem Niveau stabilisiert (siehe logistische Kurve). Bei negativer Rückkopplung schwächt eine Größe sich selbst (bzw. ihr eigenes Wachstum) ab, sodass eine Stabilisierung eintritt.

Tab. 15.5 Ereignisse und Aktivitäten

	Aktivität, Funktion, Prozess, Arbeitspaket	Ereignis, Meilenstein
Zeitbezug	Zeitdauer	Zeitpunkt, Termin
Zustandsbezug	Transformationsprozess	Zustandsänderung

> **Beispiele zur Pfadabhängigkeit**
>
> **Ortswahl**
> Die Ortswahl (Wohnort, Behördensitz, Fabrikplanung) wird durch viele Faktoren beeinflusst. Ist eine erste Wahl getroffen, wird diese durch das weitere Wachstum verstärkt. Umzugs- oder Verlagerungskosten sind dann hoch.
>
> **Technische Systeme**
> Viele Entscheidungen zwischen zwei oder mehr technisch möglichen Lösungen sind historisch gefallen und das Ergebnis stellt heute einen Standard dar. Beispiele sind die QWERTY-Tastatur, die Spurweite von Bahnen, Betriebssysteme und viele andere.
>
> **Sprache und Kultur**
> Auch bezüglich Sprachen oder Kulturen kann sich ein herrschendes System stabilisieren, da es einen Vorteil bietet.
>
> **Mobilität**
> Die ÖPNV-Infrastruktur entsteht nur langsam und schrittweise. Zwischen Infrastruktur und Nutzung besteht eine positive Rückkopplung.

15.2.6 Zufall Stochastik

Im Umgang mit komplexen realen Systemen spielen die Beobachtung, Interpretation und Gestaltung zufälliger Ereignisse und Prozesse eine wichtige Rolle.

15.2.6.1 Wahr und Schein

Der richtige Umgang mit dem Zufall ist für die Beurteilung vergangener und zukünftiger Effekte, Zusammenhänge und Entwicklungen wichtig. Vor allem aber ist ein sorgfältiger Umgang mit zufälligen Ereignissen in der Zukunft (Planung) und Vergangenheit (Interpretation) sowie bei der Interpretation von Beobachtungen und dem Ziehen von Schlüssen auf die Wirklichkeit extrem wichtig.

Um den Zufall analysieren zu können, betrachten wir zufällige Ereignisse. Der Begriff der Wahrscheinlichkeit bezieht sich immer auf Ereignisse. Dabei können Ereignisse ganz elementar sein, wie das Ereignis, dass beim

Münzwurf die Zahl oben liegt oder dass man eine bestimmte Zahl würfelt. Wir können auch komplexe Ereignisse betrachten, wie das Ereignis, dass in einer Warteschlange alle Schalter besetzt sind, dass ein zufälliger Prozess zu einer Kollision führt oder dass der Kurs einer Aktie einen bestimmten Wert überschreitet. Die Wahrscheinlichkeitsrechnung erlaubt es, solche Situationen zu beschreiben, zugehörige Wahrscheinlichkeiten zu berechnen oder abzuschätzen, und damit eine gute Basis für Einschätzungen und Entscheidungen zu bekommen.

> **Wahrscheinlichkeiten**
> **Ereignis** Ein Ereignis ist eine Teilmenge des Ereignisraums, d. h. der Menge aller möglichen Elementarereignisse (Ausgänge eines Zufallsexperiments).
> **Wahrscheinlichkeit anschaulich** Die Wahrscheinlichkeit p eines Ereignisses können wir als die Chance definieren, dass dieses Ereignis eintritt. Anschaulich gesprochen ist bei sehr vielen Versuchen die relative Anzahl der Eintritte etwa diese Wahrscheinlichkeit p.
> **Wahrscheinlichkeit formal** Die Wahrscheinlichkeit ordnet jedem Ereignis eine Zahl p zu. Diese Wahrscheinlichkeit ist additiv, d. h. bei disjunkten Ereignissen addieren sich die Wahrscheinlichkeiten. Die Wahrscheinlichkeit, dass irgendein Ereignis eintritt, ist $p=1$, ein unmögliches Ereignis hat die Wahrscheinlichkeit $p=0$.
> **Laplace-Wahrscheinlichkeit** Liegen mehrere Elementarereignisse vor, über die sonst nichts bekannt ist (und nur dann!), so ordnet man jedem dieselbe Wahrscheinlichkeit zu. Bei insgesamt N Elementarereignissen hat dann jedes Elementarereignis die Wahrscheinlichkeit 1/N und ein Ereignis mit m Elementen hat die Laplace-Wahrscheinlichkeit $p=m/N$.
> **Kombinatorische Wahrscheinlichkeit** Ausgehend von der Laplace-Wahrscheinlichkeit für Elementarereignisse kann man die Gesamtanzahl N der Elemente und die Anzahl m der Elemente zu einem bestimmten Ereignis mithilfe der Kombinatorik (kombinatorische Modelle) bestimmen.
> **Empirische Wahrscheinlichkeit** Von einer empirischen Wahrscheinlichkeit sprechen wir, wenn wir bei N Versuchen in der Realität m-mal das Eintreten des Ereignisses beobachtet haben. Dann setzen wir die empirische Wahrscheinlichkeit gleich der relativen Häufigkeit $p=m/N$.
> **Zufallsvariable** Eine Zufallsvariable ordnet jedem Ereignis eine Zahl zu. Diese ist also eine von einem Zufallsereignis abhängige Variable. In der Praxis interessieren nur die Ergebnisse und ihre Wahrscheinlichkeiten.

Wichtige Beispiele von Zufallsvariablen sind die charakteristischen Funktionen ($Z=1$, wenn das Ereignis eintritt, sonst $Z=0$) und die Augenzahl beim Würfeln ($Z=1,2\ldots,6$).

> **Würfeln**
>
> Wenn wir zweimal würfeln, sind die 36 möglichen Kombinationen der Augenzahlen (A_1, A_2) die Elementarereignisse. Die Wahrscheinlichkeit für jedes Elementarereignis ist 1/36.
> Exemplarische Ereignisse können sein:
> - Pasch: gleiche Augenzahl, d. h. $A_1 = A_2$. Die Wahrscheinlichkeit ist $6/36 = 1/6$.
> - Mindestens eine Sechs: Die Wahrscheinlichkeit ist 11/36.
> - Zweite Zahl ist größer als die erste gewürfelte Zahl: $A_1 < A_2$, die Wahrscheinlichkeit ist 15/36
>
> Exemplarische Zufallsvariablen können dann sein:
> - $z = A_1$, d. h. die Augenzahl des ersten Wurfs
> - $z = 1$, falls $A_1 = 6$ oder $A_2 = 6$, und sonst $z = 0$. Dies ist die charakteristische Funktion von „mindestens eine Sechs".
> - $z = A_1 \cdot A_2$

15.2.6.2 Statistische Kenngrößen

Da man statistische Wahrscheinlichkeiten und Zufallsvariablen nicht als Ganzes erfassen oder vergleichen kann, betrachtet man häufig Kenngrößen. Die wichtigsten sind im Folgenden beschrieben:

> **Statistische Kenngrößen**
>
> **Mittelwert, Erwartungswert μ** Der Erwartungswert μ einer Zufallsvariablen ist die mit den Wahrscheinlichkeiten gemittelte Summe der Zufallsgrößen. Für eine Stichprobe ist dieser Erwartungswert einfach der Mittelwert, d. h. das arithmetische Mittel der Werte.
> **Median** Der Median einer Zufallsverteilung oder Stichprobe ist derjenige Wert, der mit jeweils 50 % Wahrscheinlichkeit unter- bzw. überschritten wird.
> **Standardabweichung σ** Die Standardabweichung σ einer Verteilung ist die Wurzel aus der Varianz des Erwartungswert der quadratischen Abweichung vom Mittelwert μ. Die Standardabweichung misst die Breite der Verteilung.

> **Beispiel**
>
> Für die oben definierten Zufallsvariablen gilt
> Für die Zufallsvariable $z = A_1$ (Augenzahl des ersten Wurfs) ist $\mu = (1+2+3+4+5+6)/6 = 21/6 = 3,5$
> Der Erwartungswert der oben definierten charakteristischen Funktion des Ereignisses „mindestens eine Sechs" ($z = 1$ falls $A_1 = 6$ oder $A_2 = 6$, $z = 0$ sonst) ist die Wahrscheinlichkeit dieses Ereignisses, also $\mu = 11/36$.
> Die Zufallsvariable $z = A_1 \cdot A_2$ hat den Erwartungswert $\mu = (1+2+3+...+24+30+36)/36 = 21 * 21/36 = 441/36 = 12,25$. Wegen der Unabhängigkeit der beiden Würfe ist dies gerade das Produkt der Erwartungswerte der einzelnen Würfe z_1 und z_2.

Beim Mittelwert werden extreme Werte (Ausreißer) stärker berücksichtigt als beim Median. Wenn wir eine Größe betrachten, die nur positive Werte annimmt (Gehalt, Gewinn, Auslastung, Personalschlüssel) ist deshalb im Allgemeinen der Mittelwert höher als der Median.

Bei jeder Normalverteilung sind Median und Mittelwert gleich. Hier liegen jeweils ca. 16 % der Werte ober- bzw. unterhalb der Grenzen $\mu \pm \sigma$ und jeweils ca. 2 % der Werte ober- bzw. unterhalb der Grenzen $\mu \pm 2\sigma$.

> **Münzwurf**
>
> Wir betrachten das Werfen von 5 Münzen und die Anzahl der Ergebnisse für eine gewählte Seite, also z. B. „Zahl". Diese Anzahl ist binomial verteilt, der Mittelwert ist $\mu = 2{,}5$ und die Standardabweichung ergibt sich aus $\sigma^2 = 1{,}25$.
>
> Die Tab. 15.6 zeigt die Verteilung der Ergebnisse. Aufgrund obiger Ergebnisse ist $\mu - 2\sigma = 0{,}26$, $\mu - \sigma = 1{,}38$, der Median und Mittelwert ist $\mu = 2{,}5$ und weiter $\mu + \sigma = 3{,}12$ und $\mu + 2\sigma = 4{,}74$.
>
> Die Anpassung an die Normalverteilung ist schon relativ gut.

15.2.6.3 Wahrgenommene Mittelwerte

Bedürfnisbefriedigung und Realitätswahrnehmung hängen von unseren Beobachtungen ab. Häufig sagt die Wahrnehmung beispielsweise bezüglich der Auslastung eine Straße oder der Belegung einer Gaststätte etwas anderes als der reine Mittelwert angibt. Woran liegt das?

Zusammengefasst kann man sagen, dass immer dann, wenn viele da sind, auch viele da sind. D. h. eine hohe Auslastung wird von vielen wahrgenommen, eine geringe von wenigen.

Die Formel für den wahrgenommenen Mittelwert einer solche Größe ist also

$$\mu^* = \frac{\sum n_i n_i}{\sum n_i} = \mu + \sigma$$

Konsequenzen daraus sind, dass der wahrgenommene Mittelwert umso größer ist, je stärker die Größe selbst schwankt und dass durch Verteilen

Tab. 15.6 Statistische Verteilung für das Werfen von 5 Münzen

Anzahl „Zahl"	0	1	2	3	4	5
Anzahl möglicher Würfe	1	5	10	10	5	1
Wahrscheinlichkeit	3 %	16 %	31 %	31 %	16 %	3 %
Kumulierte Wahrscheinlichkeit	3 %	19 %	50 %	81 %	97 %	100 %

der Größe über die Zeit und den Abbau von Spitzen die wahrgenommene Größe reduziert werden kann.

> Die Zeitreihen Z_1: 0, 2, 0, 8, 0 und Z_2: 1, 3, 2, 1, 3 haben beide den Mittelwert $\mu = 2$, aber die unterschiedlichen Standardabweisungen $\sigma_1 = 3$ und $\sigma_2 = 0{,}9$. Die wahrgenommenen Mittelwerte sind also ca. $\mu + \sigma_1 = 5$ und $\mu + \sigma_2 = 3$, wie man auch direkt ausrechnen kann.

15.2.6.4 Wie lügt man mit Statistik?

Beim Thema „Lüge mit Statistik" geht es vor allem um ungewollt oder gewollt herbeigeführte Fehlinterpretationen von Statistiken. Dies kann sowohl in der textuellen Darstellung von deskriptiver und schließender Statistik als auch in der grafischen Darstellung der deskriptiven Statistik geschehen. Das Erkennen und Vermeiden dieser Fehlermöglichkeiten ist für jeden wichtig, der statistische Darstellungen selbst erstellt, aber auch für jeden, der diese als Informationsquelle nutzt.

Darstellung

Statische Darstellungen als Diagramme sind anschaulich und einleuchtend. Da sie intuitiv interpretiert werden, bieten sie vielfältigen Platz für Fehlinterpretationen und Manipulationen.

Die Beispiele dazu füllen ganze Bücher. In Tab. 15.7 geben wir ein paar Beispiele zur grafischen darstellenden Statistik und die Fragen, die man sich stellen kann, um solche Tricks zu entlarven.

Tab. 15.7 Statistik und Fehlinterpretationen

Grundprinzip	Beispiel	Kernfrage zur Vermeidung
Verzerrung von Skalen	Nichtlinearität der Skala, z. B. 0,10,20,21,22,23	Gehen die Skalen von Null an? Gehen die Skalen gleichmäßig durch?
Verzerrung von Darstellungen	Potenzierung z. B. Kreise und Kugeln	Werden Flächen oder Volumina für die Skalen verwendet?
Absolute und relative Werte	Vermischung von Absolutwerten und Relativwerten	Basieren Flächenfärbungen auf relativen Werten?
Aggregation	Zusammenfassung oder Aufteilung von Teilpopulationen	Hätte ich die Grundgesamtheit ähnlich aufgeteilt?
Farbkodierung	Irreführende Farben (grün-rot, hell-dunkel)	Wie interpretiert jemand die verwendeten Farben?

Tab. 15.8 Personen und Flüge (Promille oder angenommene Gesamtzahl von 1000 Personen)

	Personen R	Personen G	Flüge R	Flüge G
S	180	120	108	36
H	630	70		
Summe	810	190	108	36
Flüge pro Person (Flughäufigkeit)			0,13	0,19
			13 %	19 %

Grundgesamtheiten

Ein klassisches Beispiel der Fehlinterpretation von Daten ist die Zusammenfassung unterschiedlicher Grundgesamtheiten.

Ein klassisches Beispiel ist die Analyse von Zulassungszahlen für Frauen und Männer: Selbst dann, wenn beispielsweise in allen Studiengängen zu Wirtschaft und Technik die Zulassungsquote für Frauen höher ist, kann über die gesamte Schule die Zulassungsquote für Frauen geringer sein. Wir arbeiten dies an einem nachhaltigkeitsrelevanten Thema aus.

Beispiel: Statistik zu Konsum und Verhalten

Nehmen wir an, wir betrachten die Flüge von Abgeordneten oder Touristen nach Berlin. Die umweltbewussten (G) nehmen nur halb so oft das Flugzeug wie der Rest (R). Die Grundgesamtheit kommt aus S-Stadt (30 %, davon 60 % R und 40 % G, Entfernung 800 km, Flughäufigkeit von 80 bzw. 40 %) und aus H-Stadt (70 %, davon 90 % R und 10 % G, Entfernung 200 km, der Einfachheit halber nehmen wir an, dass diese überhaupt nicht fliegen.).

Dann ergeben sich die Zahlen nach Tab. 15.8.

Insgesamt ist die Flughäufigkeit bei G etwa 19 % im Gegensatz zu den 13 % bei R. Sie ist also um fast 50 % (genaugenommen sind es relativ gesehen 42 %, in Prozentpunkten sind es natürlich nur 6 %) höher.

15.3 Zufall, Dynamik und Komplexität

15.3.1 Dynamik und die Zukunft

Auf der einen Seite haben wir gute Methoden entwickelt, um dynamische Systeme optimal zu steuern, auf der anderen Seite wächst die Erkenntnis, dass dynamische Systeme immer Aspekte der Nicht-Vorhersagbarkeit beinhalten. Die Integration beider Aspekte macht den Versuch so herausfordernd, die Zukunft zu beeinflussen oder zu gestalten.

15.3.1.1 Dynamische Optimierung

Wir hatten sowohl die Optimierung (Abschn. 15.2.4.3) als auch die Dynamik (Abschn. 15.2.5) betrachtet. Natürlich lassen sich die Prinzipien der Optimierung auch auf dynamische Systeme übertragen. Probleme der dynamischen Optimierung haben einen dynamischen Ablauf, dessen Entwicklung und Kosten durch Entscheidungen beeinflusst werden. Sie sind formal gekennzeichnet durch die folgenden Größen:

- Die Zeitachse (diskret mit einzelnen Schritten n oder kontinuierlich mit einer reellwertigen Variable t)
- Den Planungshorizont (Bezeichnung N oder T) oder ein unendlicher Horizont.
- Einen Zustandsraum S (Menge der möglichen Zustände s) für das dynamische System. Auch dieser kann diskret (endlich oder unendlich), kontinuierlich (auch mehrdimensional) oder mit einer höheren Struktur (z. B. eine Menge von Funktionen) versehen sein.
- Den Aktionenraum A (Menge der möglichen Aktionen a)
- Ein Übergangsgesetz, das die Dynamik bzw. die Zufallsgesetzte der Dynamik beschreibt, z. B.
  - zeitdiskret deterministisch: $s_{n+1} = T_n(s, a_n)$
  - kontinuierlich deterministisch z. B. $ds/dt = T_t(s, a)$
  - zeitdiskret stochastisch z. B. $P_n(s_{n+1}|s_n; a_n) = p_n(s_{n+1}|s_n; a_n)$
- Die Gewinnfunktion $r_t(s, a)$ und Endgewinn $V(s,a)$
- Die Entscheidungsfunktion oder Politik f ist eine Funktion von s und t. Dabei gibt $f_t(s)$, die zum Zeitpunkt t im Zustand a gewählte Aktion an.

Im zeitunabhängigen Problem sind r und T nicht von t abhängig, wir können also r(s, a) und T(s, a) schreiben (im nichtdeterministischen Fall kommen die Übergänge wie in Abb. 1.3 dazu). Die optimale Gewinnfunktion im Ausgangszustand s, $V_N(s)$ ist nun das Maximum des Gesamtgewinns $V_N(s, f)$ über alle möglichen Politiken f. Dabei ist zu beachten, dass sich der Gewinn als Summe des unmittelbaren Gewinns r und der zukünftig zu erwartenden Gewinne gemäß ergibt (Abb. 15.5).

Die optimale Gewinnfunktion des n-stufigen Problems lässt sich mit der Bellman-Gleichung rekursiv berechnen.

$$V_n(s) = max_a \, r_n(s, a) + \sum_\tau p_n(\tau, s, a) V_{n-1}(\tau)$$

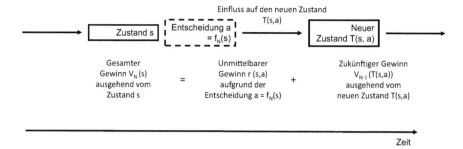

Abb. 15.5 Gewinn im dynamischen Optimierungsproblem

Die optimale Politik (Entscheidungsregel, Strategie) ergibt sich durch diejenigen Aktionen a(s), die im jeweiligen Zustand s die Summe aus unmittelbarem und erwartetem Gewinn auf der rechten Seite maximieren.

Selbst wenn man komplexe Probleme nicht vollständig modellieren kann, gibt die dynamische Optimierung einen Anhaltspunkt, wie die Regelung komplexer Systeme funktioniert. Je nach Disziplin sprechen wir dabei von den Ansätzen:

- Dynamische Optimierung
- Kybernetik
- Regelungstechnik
- Kontrolltheorie/Control theory
- Dynamische Spieltheorie.

15.3.1.2 Zufall und Chaos

Dynamische Systeme erscheinen oft chaotisch oder stochastisch. Der Unterschied liegt oft in der verwendeten zeitlichen und räumlichen Skala und im Modell.

> **Würfel**
>
> Über eine kurze Zeitspanne können wir sowohl den freien Fall als auch die Reflexion (Aufprall) des Würfels physikalisch beschreiben und die Bewegungs- und Rotationszustände vorhersagen.
>
> Über mehrere Reflexionsvorgänge wird das Verhalten chaotisch und im Rahmen der Physik nicht mehr vorhersagbar.
>
> Den Ausgang des gesamten Wurfs können wir als Zufallsvariable mit gleichen Wahrscheinlichkeiten von $p = 1/6$ für alle 6 Zahlen modellieren.

Dasselbe Prinzip der Kombination von deterministischen Prozessen, unbekannten Einflüssen und Chaos und der makroskopischen Modellierung als Zufalls gilt auch für:

- Viele physikalische Vorgänge
- Wetter und geologische Prozesse
- Entwicklung von Ökosystemen in Wechselwirkung Biotop – Biozönose
- Geburts- und Sterbeprozesse, Populationsdynamiken
- Wirtschaftliche Prozesse, Entwicklung von Unternehmen und Gesamtwirtschaft
- Menschliches Verhalten
- Entwicklung von Technologien

> **Definition**
>
> Chaotische Systeme Ein Chaotisches System ist dadurch gekennzeichnet, dass es zwar im kleinen Entwicklungsgesetze gibt, dass aber das System so instabil ist, dass selbst kleine Änderungen im Zustand zu ganz unterschiedlichen Entwicklungen führen können.
>
> Singularität Bei dynamischen Systemen sprechen wir von einer Singularität, wenn in diesem Zeitpunkt bzw. Zustand die Effekte der Dynamik (Rückkopplungseffekte, Instabilitäten, Chaotische Effekte) so stark sind, dass die zukünftige Entwicklung nicht vorhersehbar wird (von kleinsten Schwankungen) und extreme ggf. auch strukturelle Veränderungen des Systems geschehen.
>
> Strukturentstehung In chaotischen Systemen können spontan übergeordnete Strukturen entstehen.

Singularitäten

Beispiele von Singularitäten sind die entscheidenden Punkte in der Evolution, insbesondere die Entwicklung der Intelligenz. Auch Krisen wie die Wirtschafts- und Finanzkrisen sind Singularitäten. Auch das Wetter ist ein chaotischer Prozess, die Entstehung z. B. von Wirbelstürmen ist jeweils eine Singularität.

Ordnung

Die Streifen von Zebras oder Wolkenmuster am Himmel entstehen aus einem ungeordneten Zustand, indem benachbarte Bereiche miteinander wechselwirken.

15.3.2 VUCA

Der Begriff VUCA kommt aus dem militärischen Sprachgebrauch und bezeichnet die heutige unsichere Situation.

> **VUCA**
> Volatilität (volatility) Schwankungsintensität: Intensive (chaotische) Schwankungen über die Zeit
> Unsicherheit (uncertainty) Nichtvorhersagbarkeit. Stochastische Prozesse mit unbekannten Übergangswahrscheinlichkeiten.
> Komplexität (complexity) Numerische und strukturelle Komplexität
> Ambiguität (ambiguity) Mehrdeutigkeit von Situationen oder Informationen. Rückschluss von der Beobachtung (Faktenlage) auf die tatsächliche Situation.
> (nach www.vuca-welt.de)

VUCA und 5Z
Die Unsicherheiten des VUCA kann man relativ direkt mit den 5Z in Beziehung setzen:

- Volatilität (volatility): Zeit und Zufall
- Unsicherheit (uncertainty): Zufall
- Komplexität (complexity): Zahl und Zusammenhang
- Ambiguität (ambiguity): Zusammenhang und Zufall

Wenn wir also die 5Z berücksichtigen, haben wir einen guten Zugang zur VUCA Welt.

15.3.3 Komplexität und Verschwörungstheorien

Das Verständnis für komplexe Systeme und ihr Verhalten ist wohl die wichtigste Voraussetzung für das Management komplexer Systeme und für das Führen von Menschen. Dabei muss klar sein, dass auch das zu managende System ebenfalls komplex ist und die einzelnen Menschen darin individuell ein komplexes Verhalten zeigen und durch ihre Interaktion zum Verhalten des Gesamtsystems beitragen.

Nicht die Vorhersage ist das Essenzielle, sondern das Wissen um die Nichtvorhersagbarkeit und die Möglichkeit, zukünftige Entwicklungen abschätzen zu können.

Dazu gehört auch, die Effekte in komplexen Systeme zu verstehen und zu akzeptieren. Nichtlineare und nichtkausale Systeme sind für den Menschen schwer zugänglich. Er versucht deshalb, sie sich durch einfache Modelle zu erklären. So entstehen auch Theorien, die erklären sollen warum das Gesamtsystem so reagiert und wie es von einer unsichtbaren Macht gesteuert wird. Nicht nur geheime Zirkel, die nach der Weltherrschaft streben und dazu weltweit komplexe Systeme koordinieren, sondern auch die vielfältigen Götter, der Kampf „Gut gegen Böse" oder wissenschaftlich klingende Erklärungstheorien wie die „unsichtbare Hand des Marktes" werden dann herangezogen. Die Komplexität realer Systeme wird so auf einfache Zusammenhänge reduziert, anstatt ihre Komplexität anzuerkennen und in Erklärungen, Planungen und Entscheidungen zu berücksichtigen.

Dieser Abschnitt hätte auch die Überschrift „Erkläre mir die Welt" oder „Stochastische dynamische komplexe Systeme" haben können. Das Verständnis für die komplexen Zusammenhänge in der Welt ist der Schlüssel für das Treffen richtiger Entscheidungen. Und neben das Verständnis, also der Erklärung für das Individuum selbst, tritt als wichtige Komponente der Führung das Erklären: Wer führt, muss Entscheidungen und Visionen vermitteln können. Daraus ergibt sich die Notwendigkeit, Modelle der Welt als Basis von Entscheidungen und als Darstellung zukünftiger Zustände zu entwickeln, um damit Vertrauen und Zustimmung zu Entscheidungen und Strategien zu schaffen.

> Wichtig sind das Erkennen und die Akzeptanz der Komplexität.

15.3.4 Vernetztes Denken

Einen ähnlichen Ansatz, der sich aber mehr an informellen Methoden und ganzheitlichen Konzepten orientiert, finden wir in der Methodik des ganzheitlichen Problemlösens Abschn. 8.4.3.

15.4 Zusammenfassung

Strukturierung und der Mut zu Denken
Bildung für Nachhaltige Entwicklung soll die Kompetenzen zur Gestaltung der Zukunft vermitteln. Dazu gehört das Erkennen und Gestalten von Strukturen auch auf einer höheren Abstraktionsebene. Sie soll auch den

Lernenden die Fähigkeit geben, Effekte in einer komplexen Welt zu beurteilen und sie widerstandsfähig gegen Panik und Parolen zu machen. Kants Appell „Sapere aude" – wage (selbst) zu denken – fasst den Mut zum eigenen Denken in eine kurze Parole.

> Sapere aude! Habe Mut, dich deines eigenen Verstandes zu bedienen! ist also der Wahlspruch der Aufklärung. (Kant 1784)

Dieser Leitspruch ließe sich hervorragend auch für die Nachhaltige Entwicklung anwenden.

Literatur

Holzbaur, U. (2018). *Mathematik für Manager – Erfolg durch mathematisches Denken.* Wiesbaden: Springer.

Kant, I. (1784). Beantwortung der Frage: Was ist Aufklärung? http://gutenberg.spiegel.de/buch/beantwortung-der-frage-was-ist-aufkl-3505/1.

Polya, G. (1971). *How to solve it – A new aspect of mathematical method.* Princeton: Princeton university press.

16

Wer gestaltet die Zukunft?
Wie gestalten wir eine lebenswerte Zukunft?

Die Gestaltung einer lebenswerten Zukunft ist Kern der Nachhaltigen Entwicklung. Die Frage wird sein, wer diese Zukunft gestaltet. Künstliche Intelligenz kann ein Segen, aber auch eine Bedrohung für eine zukunftsfähige Entwicklung der Menschheit sein. Eine differenzierte Betrachtung verlangt auch ein Verständnis für die menschliche Intelligenz und für das, was über die Intelligenz hinaus den Menschen ausmacht.

Es sind unsere Maßnahmen und Aktionen, die global und lokal zu einer nachhaltigen Entwicklung beitragen müssen. Die Kernfrage ist also:

> Was werden wir bewirken?

16.1 Künstliche und natürliche Intelligenz

Werden die Computer herrschen?

Das Thema Künstliche Intelligenz wurde in der Diskussion um die Nachhaltige Entwicklung bis jetzt eher ausgeblendet. Dabei ist für die Frage nach einem lebenswerten Leben bzw. der Bedürfnisbefriedigung für kommende Generationen die Entwicklung der Künstlichen Intelligenz – und plakativer gesagt: der Roboter – wichtig. Die Chancen und Risiken sind vielfältig und eine Vorhersage ist aufgrund der rasanten Entwicklung schwierig.

Auch hier müssen wir Modelle, Algorithmen und Entscheidungsprozesse hinterfragen können, die Frage der Künstlichen Intelligenz gehört sowohl in die Bereiche Wirtschaft und Soziales als auch in den Bereich Struktur. Wir nehmen sie hier als Abschluss und Zukunftsaussicht auf.

16.1.1 KI – der neue Mensch?

In keinem Bereich sind die Wissenschaft und die interessierte Öffentlichkeit so uneinig wie in der Frage der zukünftigen Entwicklung und Bedeutung von Künstlicher Intelligenz und Robotik. Die Spanne reicht von der Vision einer oder vieler Superintelligenzen, die die Menschheit beherrschen, bis hin zur Aussage, dass Computer niemals etwas Eigenes hervorbringen können. Im Folgenden verwenden wir den Begriff Computer, da wir davon ausgehen, dass diese Künstliche Intelligenz(en) auf (Netzwerken von) Computern implementiert sein werden.

Dabei werden einige Themen und Fragen vermischt, die wir versuchen wollen, kurz darzustellen, bevor wir uns den Grundlagen der KI widmen.

- Intelligenz: Wie intelligent werden Computer werden? Wie wird sich der Umgang mit nicht nur formalen Problemen auf reale Situationen entwickeln?
- Problemlösungsfähigkeit: Welche allgemeine Problemlösungsfähigkeit werden Computer entwickeln? Wird diese Problemlösungsfähigkeit unabhängig von engen Fachgebieten entwickelt werden können?
- Selbstbewusstsein: Werden Computer ein Selbstbewusstsein – also ein Bewusstsein der eigenen Persönlichkeit – entwickeln? Wird dies zur Entwicklung eines Selbsterhaltungstriebs führen?
- Ethik: Werden Computer Ethik und Verantwortung entwickeln? Welche Konsequenzen werden Computer aus dieser Ethik ziehen?
- Macht: Werden Computer bewusst die Macht über Menschen und Einfluss auf deren Handeln gewinnen?

Auch hier müssen wir unterscheiden zwischen den technischen Aspekten „Was ist technisch möglich?" (Abschn. 15.2.2) und den normativen Aspekten „Was wollen wir?" (Abschn. 3.2.2) unterschieden (Abschn. 1.3.1 und 3.2).

16.1.2 Künstliche Intelligenz

Diese Einführung kann ein Lehrbuch der KI nicht ersetzen, wir wollen nur einige Begriffe klären und Methoden darstellen. (Vergleiche auch Abschn. 15.2.2).

Selbst für den Begriff „Künstliche Intelligenz" gibt es wohl eine ebensolche Vielfalt wie für die „Nachhaltigkeit", aber keinen verbindlichen Begriff. Wir gehen von zwei Hauptaspekten aus: KI als Wissenschaft und KI als Ingenieursdisziplin.

Selbst der Begriff der Intelligenz ist nicht eindeutig definiert. Neben der pragmatisch-rekursiven Definition „Intelligenz ist, was die Intelligenztests messen" stehen die kognitiven Fähigkeiten des Menschen, Verstand, Problemlösungsfähigkeit und die Fähigkeit, Probleme zu erkennen, durch Denken zu lösen und die Lösung umzusetzen im Vordergrund. Klar ist, dass sich Intelligenz und Künstliche Intelligenz nicht nur auf die Lösung einfacher formaler Probleme beschränken können, die auf der syntaktischen Ebene abgearbeitet werden können. Intelligenz erfordert den Umgang mit der Realität und damit die Berücksichtigung der Semantik und Pragmatik (Semiotik Abschn. 15.2.1.2), sowie den Umgang mit Risiko (Abschn. 8.4.2), Unsicherheit (Abschn. 15.2.6), Unschärfe (Abschn. 15.1.1.2) und Widersprüchen (Abschn. 15.1.1.1). Die Definition aus Abschn. 3.4.1 geben wir hier vertieft wieder.

> **Künstliche Intelligenz**
>
> | Künstliche Intelligenz als Wissenschaft | KI will das menschliche Denken durch die maschinelle Implementierung verstehen. |
> | --- | --- |
> | Künstliche Intelligenz als Ingenieursdisziplin | KI will Maschinen bauen, die Probleme lösen können, die man beim Menschen mit dem Begriff Intelligenz verbindet |

Künstliche Intelligenzen interagieren mit ihrer Umwelt, sie sind cyberphysische Systeme (Abschn. 3.4.1).

16.1.2.1 Paradigmen

Wir betrachten nun kurz einige der Lösungsansätze der KI. Wie verwenden statt der Begriffe „die KI" oder „das Programm" den anschaulicheren Begriff „der Computer".

- Automatisches Problemlösen: Durch intelligente Algorithmen kann der Computer aufgrund einer Modellierung des Ausgangsproblems eine Lösung finden.
- Wissensverarbeitung: Der Computer kann das Wissen von Experten oder aus Modellen zur Problemlösung verwenden.
- Semantische Datenverarbeitung: Bei der Verarbeitung von Informationen wird auch die Bedeutung (Semantik) der Werte (also der Realitätsbezug) berücksichtigt.
- Heuristiken: Algorithmen, die erfahrungsgemäß gute Lösungen liefern, aber nicht optimal und i. A. nicht mathematisch beweisbar sind.
- Unsicherheitsverarbeitung: Der Computer kann Unsicherheit und Unschärfe in den Informationen und im Wissen erkennen und berücksichtigen.
- Lernen: Anpassung des internen Modells und des eigenen Problemlösungsverhaltens an die Realität.

16.1.2.2 Lernen

Maschinelles Lernen ist der Kern der modernen KI. Für eine ausführliche Betrachtung wären mehrere Bücher notwendig, wir stellen nur kurz einige Prinzipien zusammen.

Es gibt zwei prinzipielle Lerntypen:

- Überwachtes Lernen (Vorgaben)
- Autonomes Lernen (durch Interaktion mit der Realität)

Daneben unterscheiden wir Black-Box-Lernen (Konzentration auf das Input-Output-Verhalten) und modellbasiertes (explizites) Lernen.

Ein prinzipielles Modell zeigt Abb. 16.1.

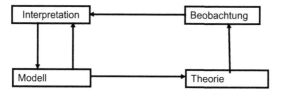

Abb. 16.1 Modell des Lernens

16.1.2.3 Methoden

Die Methoden der Künstlichen Intelligenz sind letztendlich Algorithmen, die im Computer implementiert werden. Da die Vielfalt groß ist und wächst, wollen wir nur eine kleine Auswahl vorstellen:

- Neuronale Netze: Neuronale Netze sind softwaretechnische Nachbildungen der Grundstruktur des Gehirns von Tieren und Menschen: Dabei werden jeweils Nervenzellen (Knoten) miteinander über Synapsen (Verbindungen) verschaltet. Lernen findet statt, indem die Stärke der Verknüpfungen modifiziert wird. Durch die entstandenen Verbindungen ist das Netz zu eigenen Verknüpfungen fähig.
- Fuzzy-Logik: Informationsverarbeitung, bei der die Unschärfe von Begriffen und Werten berücksichtigt werden kann.
- Modelladaption: Lernen durch Anpassung von Modellen und Modellparametern an die Beobachtungen aus der realen Welt.
- Heuristiken: Algorithmen, die erfahrungsgemäß gute Lösungen liefern, aber nicht optimal und i. A. nicht mathematisch beweisbar sind.
- Algorithmen setzen Verfahren und Vorschriften bzw. Modelle in ein Computerprogramm, d. h. eine Implementierung auf einem Computer um. Sie sind das, was aus Schaltkreisen über mehrere Ebenen ein mehr oder weniger intelligentes System macht.

Kohlenstoff und Silizium
Die Verbindung von biologischen und elektronischen Systemen geht von der Ebene der Schaltungen bis zur Unterstützung des Menschen durch cyberphysische Systeme.

16.1.3 Zukünftige Entwicklung – KI und der Mensch

Die Frage bleibt, ob Computer Aspekte wie

- Persönlichkeit
- Verantwortung
- Gefühle

entwickeln können bzw. ob der Mensch bzw. die Gesellschaft ihnen diese Eigenschaften zuschreiben werden. Eine weitere Frage ist, wie die Digitalisierung und Künstliche Intelligenz das Selbstbild und das Verhalten von Individuen und Gesellschaft verändern wird.

16.2 Intelligenz und Macht

Unabhängig von dem Thema der (künstlichen) Intelligenz kommen wir wieder auf die normnativen Fragen zurück. Nach der Frage des Umsetzen-Wollens steht immer die Frage des Könnens, was nicht nur auf Kompetenzen, sondern auch auf Macht beruht.

Ein Roboter kann noch so intelligent sein – solange der Mensch den Schalter umlegen kann, behält er die Macht. Aber (wie lange) gibt es diesen Schalter noch? Hier haben wir zwischen Mensch und Computer eine analoge instabile Situation wie zwischen Demokratien und Diktaturen: Wer nach der Macht strebt, wird zunächst danach trachten, externe Kontrolle und Notfallmechanismen auszuschalten. Aus Sicht der Betroffenen ist das auch im Sinne eines Selbsterhaltungstriebs.

Die Parallelität zwischen der Herrschaft politischer Systeme und künstlicher Intelligenzen drängt sich auch hier auf: Der Kampf um den Schutz der Freiheit wird möglicherweise zukünftig an zwei Fronten geführt: gegen menschliche und gegen künstliche Intelligenz.

16.3 Zukunft gestalten

Wir wollen die Zukunft nicht vorhersehen, sondern sie gestalten

16.3.1 Ganzheitlich denken

Mit den drei Säulen (3P) ist ein erster Ansatz gemacht, verschiedene Problemaspekte gleichermaßen in den Brennpunkt von Überlegungen und Planungen zu stellen. Dies ist aber einerseits zu eng (6P, …) und andererseits immer noch zu sehr an Einteilungen orientiert (Schubladendenken).

Zukunftsgestaltung erfordert einen ganzheitlichen Ansatz (Abschn. 8.4.3, 15.2), der zeitliche Aspekte auf den unterschiedlichen Zeitskalen, Wechselwirkungen auf unterschiedlichen räumlichen und organisatorischen Skalen und unterschiedliche Aspekte und Perspektiven berücksichtigt (Kap. 15).

Ein Ansatz dazu kann die Integration der Systemaspekte gemäß den 5Z (Abschn. 15.2) in die Nachhaltigkeitsziele (SDG) der Agenda 2030 (UN 2015) oder die erweiterte Triple Bottom Line (3P, 6P) sein.

16.3.2 Handeln auf unterschiedlichen Ebenen

Wir haben in Kap. 8 die Strategien und Handlungsmöglichkeiten aufgezeigt. Dabei ist wichtig, dass Entscheidungsträger aller Art bei ihren Entscheidungen einen Blick aufs Ganze haben und nicht nur die Interessen der eigenen Gruppen und individuelle Vorteile im Auge haben.

Dazu ist jeder gefragt: als Bürger, als Manager, als Investor, als Politiker. Die spieltheoretische Situation des Allmendeproblems (Tragik der Allmende) beschreibt die grundlegende Situation, die zu Nicht-Nachhaltigkeit führt:

> **Tragik der Allmende**
> Die Summe egoistischer (d. h. für die einzelnen Akteure optimaler nicht-kooperativer) Entscheidungen führt für die gesamte Gruppe zu einem katastrophalen Ergebnis. Dabei können die Akteure Individuen oder Organisationen (bis hin zu Staatenbündnissen) sein.

Dazu gehört auch die individuelle Bequemlichkeit – sei es als Konsument, beim Einkaufsverhalten, in der Diskussion, bei der Mobilität oder auch bei der geistigen Trägheit. Hier zitieren wir abschließend das bereits mehrfach erwähnte Motto der Aufklärung:

> Sapere aude! Habe Mut, dich deines eigenen Verstandes zu bedienen! ist also der Wahlspruch der Aufklärung (Kant 1784).

16.3.3 Tripelstrategie

Wir können die Tripelstrategie Abschn. 8.1 folgendermaßen zusammenfassen:

- Die langfristige Strategie muss die gesamten Zusammenhänge und Wechselwirkungen im Auge haben.
- Die kurzfristigen Planungen zur Verbesserung der Situation müssen die langfristige Strategie und das Verhalten der Akteure berücksichtigen.
- Parallel muss die Planung eine Resilienz bzw. Notfallmaßnahmen für den Fall negativer Entwicklungen vorsehen.

16.4 Zusammenfassung

Wer wird die Zukunft gestalten?
Die Gestaltung einer lebenswerten Zukunft ist Kern der Nachhaltigen Entwicklung. Künstliche Intelligenz kann eine Chance, aber auch eine Bedrohung für eine zukunftsfähige Entwicklung der Menschheit darstellen. Eine differenzierte Betrachtung verlangt auch ein Verständnis für die menschliche Intelligenz und das, was darüber hinaus dem Menschen ausmacht.

Nicht zuletzt sind es unsere Maßnahmen und Aktionen, die global und lokal zu einer nachhaltigen Entwicklung beitragen müssen. Dazu brauchen wir wissenschaftliche und ethische Grundlagen, Strategien und Aktionen und den Willen, diese Zukunft zu gestalten.

Literatur

Kant, I. (1784). Beantwortung der Frage: Was ist Aufklärung? http://gutenberg.spiegel.de/buch/beantwortung-der-frage-was-ist-aufkl-3505/1.

UN (Vereinte Nationen). (2015). Transformation unserer Welt: die Agenda 2030 für nachhaltige Entwicklung. A/RES/70/1. www.un.org/Depts/german/gv-70/band1/ar70001.pdf.

Ihr kostenloses eBook

Vielen Dank für den Kauf dieses Buches. Sie haben die Möglichkeit, das eBook zu diesem Titel kostenlos zu nutzen. Das eBook können Sie dauerhaft in Ihrem persönlichen, digitalen Bücherregal auf **springer.com** speichern, oder es auf Ihren PC/Tablet/eReader herunterladen.

1. Gehen Sie auf **www.springer.com** und loggen Sie sich ein. Falls Sie noch kein Kundenkonto haben, registrieren Sie sich bitte auf der Webseite.
2. Geben Sie die eISBN (siehe unten) in das Suchfeld ein und klicken Sie auf den angezeigten Titel. Legen Sie im nächsten Schritt das eBook über **eBook kaufen** in Ihren Warenkorb. Klicken Sie auf **Warenkorb und zur Kasse gehen**.
3. Geben Sie in das Feld **Coupon/Token** Ihren persönlichen Coupon ein, den Sie unten auf dieser Seite finden. Der Coupon wird vom System erkannt und der Preis auf 0,00 Euro reduziert.
4. Klicken Sie auf **Weiter zur Anmeldung**. Geben Sie Ihre Adressdaten ein und klicken Sie auf **Details speichern und fortfahren**.
5. Klicken Sie nun auf **kostenfrei bestellen**.
6. Sie können das eBook nun auf der Bestätigungsseite herunterladen und auf einem Gerät Ihrer Wahl lesen. Das eBook bleibt dauerhaft in Ihrem digitalen Bücherregal gespeichert. Zudem können Sie das eBook zu jedem späteren Zeitpunkt über Ihr Bücherregal herunterladen. Das Bücherregal erreichen Sie, wenn Sie im oberen Teil der Webseite auf Ihren Namen klicken und dort **Mein Bücherregal** auswählen.

EBOOK INSIDE

eISBN 978-3-658-29991-0
Ihr persönlicher Coupon fCbMSs3RcwYQzCD

Sollte der Coupon fehlen oder nicht funktionieren, senden Sie uns bitte eine E-Mail mit dem Betreff: **eBook inside** an **customerservice@springer.com**.

Printed by Printforce, the Netherlands